# 놀이치료 실습 및 슈퍼비전

유미숙 · 이영애 · 유재령 · 차효정 · 진미경 · 최진희 · 이소연 · 채은영 공저

Play Therapy Practicum and Supervision

학지사

# 머리말

우리나라의 놀이치료는 1971년 숙명여자대학교 아동복지학과를 설립하신 (고) 주정일 교수님께서 『딥스』를 소개하며 시작되었다. 그 후 놀이치료는 발전되어 한국놀이치료학회도 만들어지고 많은 대학교에서 놀이치료를 가르치고 있다. 뿐만 아니라 보건복지부의 아동복지 바우처 사업의 일환으로 놀이치료 영역은 더욱 확대된 현장에서 많은 아동에게 다가가는, 국가가 지원하는 아동복지 전문 영역이 되었다.

2018년 보건복지부 고시로 「장애아동복지지원법」에 근거한 '발달재활서비스 제공인력 자격인증'의 놀이심리재활 필수 과목 중의 하나로 '놀이치료 실습 및 슈퍼비전' 과목이 확정되었다. 그러나 이 과목의 교재가 없어서 수업을 감당하는 교수나 강사들이 고군분투한다는 현장의 목소리가 안타깝게 들렸다. 이러한 어려움을 해결하고자 대학교수와 현장 전문가가 의기투합하여 『놀이치료 관찰 및 실습』에 이어 『놀이치료 실습 및 슈퍼비전』 교재를 집필하게 되었다.

『놀이치료 실습 및 슈퍼비전』의 구성은 '발달재활서비스 제공인력 자격인증' 절차의 교과목 인증 내용에 부합되게 구성되었다. 각 장의 집필 교수진은 다음과 같다. 제1장은 진미경, 제2장과 제12장은 유재령, 제3장, 제4장, 제13장은 채은영, 제5장과 제11장은 차효정, 제6장과 제7장은 최진희, 제8장은 이소연, 제9장과 제10장은 이

영애가 초고를 작성하였다. 취합된 원고는 유미숙과 이영애가 형식과 내용을 수정하여『놀이치료 실습 및 슈퍼비전』을 완성하였다.

이 책은 '발달재활서비스 제공인력 자격인증'의 놀이심리재활 필수 과목 교재 집필의 동기로 시작되었지만, 놀이를 활용하여 심리치료적 접근을 하는 모든 상담자와 심리치료자의 훈련에도 도움이 클 것이라고 기대한다.

여러 교수의 목소리를 담아 책을 완성하고 보니 아쉬운 점도 많지만 보완해 가기를 작정하고 우선 세상에 내놓는다. 아울러 저자들은 교재로 사용하시는 모든 교수님과 슈퍼바이저들의 충언을 기대하며 다음 수정판에서는 업그레이드되기를 고대한다.

더운 여름, 급히 세상에 내놓도록 마음을 보태고 격려해 주신 학지사 김진환 사장님과 김순호 이사님, 특히 꼼꼼하게 살펴 주신 이세희 선생님에게 감사드립니다!

2022년 8월

저자들

# 차례

## 제6장 놀이치료에서의 발달평가 • 139



## 제7장 사례개념화 • 161



## 제8장 아동놀이의 구조적 분석 • 181

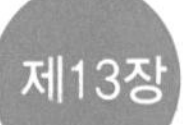

## 제13장 놀이치료자 상호작용 역할 연습 • 341

제1장

# 놀이치료 실습 및 슈퍼비전

## 1. 놀이치료 실습

대학원 수업, 토론, 독서, 워크숍, 역할극, 관찰 경험 등은 놀이치료자가 되기 위한 학습의 중요한 필요조건이다. 그러나 가장 중요한 학습은 경험에서 나오며, 놀이치료 경험에서 자기 자신, 아동, 놀이치료에 관해 배울 수 있는 가능성은 무한하다. 치료자가 아동과 관계 맺으려는 노력을 하지 않고는 놀이치료 경험을 이해할 수 없으며, 치료자가 훈련하지 않고는 기술이 발전되지 않는다.

실제로 전문적인 놀이치료자 양성을 위해 대부분의 상담 분야 석사학위 과정은 슈퍼비전을 받는 상담 실습을 포함하고 있다. 학회에서 발급하는 자격증 규정도 상담 실습과 슈퍼비전 경험을 명시하고 있으며, 발달재활 서비스를 제공하는 인증된 전문인력이 되려면, 전공필수 교과목인 '놀이치료 관찰 및 실습'과 '놀이치료 실습 및 슈퍼비전'의 실습 교과목 이수를 통해 놀이치료 실습과 슈퍼비전을 경험해야 한다.

구체적으로 '놀이치료 관찰 및 실습' 과목에서는 놀이치료 회기에 대한 직접 또는 간접 관찰과 분석(놀이치료 시 아동 반응 분석, 치료자의 태도 및 기법 분석, 아동과 치료자 간의 상호작용 분석, 놀이 주제 분석, 아동-치료자 역할 연습, 축어록 작성 연습), 아동평가 과정에 대한 직접 또는 간접 관찰과 분석(놀이평가, 아동-부모 상호작용 평가, 발달평가)이 포함된다. '놀이치료 실습 및 슈퍼비전' 과목에서는 직접 아동평가 및 놀이치료를 실시하고 이에 대한 개별 및 집단 슈퍼비전을 받는 과정으로 10회기 이상의 놀이치료 회기, 부모상담, 실습 과정에 대한 보고서 작성 및 슈퍼비전, 평가가 다루어져야 한다.

Skovholt와 Rønnestad(1995)는 상담자 발달 단계를 총 8단계로 보고 제1단계부터 4단계까지를 대학, 대학원에서 훈련과 교육을 받는 예비 상담자 단계라고 정의하였다. 이러한 예비 놀이치료자에게 실습이란 이론적 지식과 단편적인 상담 관련 경험을 실제로 통합하는 경험이며, 놀이치료를 진행하는 첫 번째 공식적인 경험이라는 의의가 있다. 또한 예비 놀이치료자는 실습을 통해 자신의 정체성을 성찰하고 전문놀이치료자로 성장하는 과정의 가장 기초적인 단계를 경험하며, 그 과정을 어떻게 경험하고 겪어 내느냐는 그 이후의 전문적인 상담자가 되어 가는 발달 과정에서 큰 영향을 미칠 것이다.

# 2. 놀이치료 슈퍼비전

## 1) 슈퍼비전의 개념

상담 슈퍼비전은 상담교육자가 상담자의 효율성을 촉진하거나 활성화하는 주된 방법이다. 많은 학자들이 상담에서의 슈퍼비전을 다르게 정의하고 있으며, 슈퍼비전에 대한 다양한 논쟁들로 인하여 하나의 합의된 정의를 찾는 것이 어려운 것이 사실이다. 하지만 슈퍼비전에 대한 다양한 정의들을 검토하여, 슈퍼비전을 정의하면 다음과 같다.

어떤 학자들은 슈퍼비전이란 상담 장면이 어떻게 이루어지는지를 이해하기 위하여 가치 있는 통찰을 제공하는 것이라고 대략적으로 정의하여 사용하고 있다. Inskipp과 Proctor(1993)는 슈퍼비전이란 "슈퍼바이저들이 슈퍼비전 과정에서 또 다른 견해(extra vision)를 제공하는 것"으로 정의하며, Hawkins와 Shohet(1989)은 슈퍼비전은 새로운 방식으로 생각하고 배우는 학습의 환경을 만드는 상호 창조자(co creator)의 역할을 한다고 설명한다.

또한 Ladany와 Inman(2012)은 슈퍼비전이란 "슈퍼바이저가 슈퍼바이지에게 피드백을 주는 양자구조적 행위로, 양자구조에서 두 구성원 사이에 벌어지는 대인관계 의사소통에 기반하는 것"으로 정의한다. 여기서 양자구조적 행위는 슈퍼비전 작업, 슈퍼바이지, 슈퍼바이지의 내담자, 또는 슈퍼바이저와 관련된다(Ladany & Inman, 2012). 또한 Loganbill, Hardy 그리고 Delworth(1982)는 "슈퍼비전이란 한 사람이 다른 사람의 치료적인 역량을 발달시키기 위한 집중적인 일대일의 인간관계다."라고 정의하였다. 하지만 이러한 정의는 개인 슈퍼비전에 초점을 둔 정의로, 슈퍼비전의 다양한 형태를 포괄하는 데는 한계가 있다.

이러한 정의는 다음과 같이 슈퍼비전의 모든 형태를 포괄할 수 있는 정의로 확장할 수 있다. 상담자 슈퍼비전은 교육적이며 대인관계적인 행동으로, 슈퍼바이저는 한 사람 혹은 그 이상의 슈퍼바이지들에게 피드백을 제공해 준다. 이런 피드백은 슈퍼비전 과정에서의 작업, 슈퍼바이지(들), 슈퍼바이지의 내담자 혹은 슈퍼바이저에 관한 것일 수 있으며, 슈퍼비전을 받는 상담자의 효율성과 내담자에 대한 결과에 부정적으로 혹은 긍정적으로 영향을 미칠 수 있다.

한편 슈퍼비전의 다양한 개념들을 고려하여 이미경과 최영희(2006)는 놀이치료에서의 슈퍼비전을 정의하였는데, 놀이치료 슈퍼비전이란 "놀이치료에 대한 학문적인 교육과 훈련 및 임상적인 치료 경험이 많은 놀이치료 전문가가 학문적인 교육과 훈련 및 임상적인 치료 경험이 적은 놀이치료사(들)에게 주는 하나의 집중적인 개입방법"으로 정의하였다. 이러한 개입은 전문적인 심리치료사로서의 심리적 · 인지적 역량을 발달시키며, 내담자의 복리를 보호하는 데 목적이 있다고 하였다.

## 2) 슈퍼비전의 목적

슈퍼비전은 슈퍼바이저가 수련생의 치료적인 능력을 발달, 촉진시키기 위해 인간관계에 초점을 맞추어 이루어지는 집중적인 일대일의 관계로서, 내담자의 안녕과 복지를 점검할 뿐만 아니라 수련생의 성장을 촉진하고 평가하는 기능을 한다(Loganbill, Hardy, & Delworth, 1982). 즉, 슈퍼비전은 수련생의 상담기술 습득뿐만 아니라 상담자로서의 정체감 확립을 도와주고, 수련생의 발달 조력과 함께 상담자로서의 수행에 대한 질적인 통제와 평가 기능을 하는 것이라고 하겠다(김경실, 1999).

이러한 슈퍼비전의 정의은 슈퍼비전의 목적을 함축하고 있다. 슈퍼비전의 목적에 대해서는 기존의 많은 상담심리학자들이 언급해 왔고(Bernard & Goodyear, 2004; Bradley & Kottler, 2001; Bradley & Ladany, 2001; Campbell, 2000; Haynes et al., 2003; Holloway, 1999), 이들은 슈퍼비전의 목적에 대해 각기 다른 의견을 보임에도 불구하고, 공통적으로 언급하는 목적들에 대해 살펴보고자 한다.

### (1) 슈퍼바이지의 개인적 · 전문적 성장과 발달의 촉진

슈퍼비전의 첫 번째 목적은 슈퍼바이지의 개인적인 그리고 전문가로서의 성장과 발달이다. 슈퍼바이저들은 자신의 중심 이론과 모델, 구체적인 슈퍼비전 기법들로 슈퍼바이지들의 발달 수준에 맞는 체계적인 목표를 설정하여 발달시키도록 도와야 한다(Bernard & Goodyear, 2004).

Bradley와 Kottler(2001)는 특히 슈퍼비전에서의 교육과 훈련이 슈퍼바이지들의 발달 수준에 맞게 이루어져야 함을 강조한다. 일반적으로 경험이 적은 슈퍼바이지

들은 슈퍼바이저가 어떻게 상담하는지에 대해 구체적인 정보를 제공해 주기를 원하는 반면, 좀 더 경험 있는 슈퍼바이지들은 슈퍼바이저와 생각이나 아이디어들을 나누는 것을 선호한다(Bernard & Goodyear, 2004; Ward & House, 1998). 궁극적으로 슈퍼비전의 목적은 슈퍼바이저가 슈퍼바이지의 발달 수준에 맞게 체계적인 훈련을 통하여 자율적이고 책임감 있는 상담 전문가로서 역할을 하도록 하는 것이다.

### (2) 내담자의 복리 보호

슈퍼비전의 목적으로 내담자들을 보호하는 슈퍼비전의 목적 또한 중요하다. 미국에는 특히 슈퍼바이저들이 자신들의 슈퍼바이지들의 행동에 책임을 지는 '간접책임제(vicarious liability)'가 있는데, 이는 슈퍼바이저들이 자신의 슈퍼바이지들이 상담하는 내담자들의 복리에도 책임이 있음을 의미한다.

슈퍼바이저들은 여러 가지 방법으로 슈퍼바이지들이 상담하는 내담자들을 보호하고 감독하는 슈퍼비전을 진행한다(Carroll, 1996). 비디오 녹화나 오디오 녹음 자료를 통해, 때로는 슈퍼바이저들이 상담 장면들을 직접 관찰하는 라이브 슈퍼비전을 통해 슈퍼비전을 진행한다. 중요한 것은 내담자들이 보호되고 효과적인 상담을 받을 수 있도록, 슈퍼바이저들이 슈퍼바이지들의 상담 활동을 감독하는 것이다. 슈퍼비전에서 슈퍼바이저는 수련생에게 자신이 행하고 있는 상담에 대한 피드백을 주고, 수련생이 혼란스러워하거나 도움이 필요할 때 적절한 안내를 해 주며, 상담 장면에서 내담자의 역동이나 개입 또는 치료의 방향에 대한 대안적인 견해와 조망을 가질 수 있도록 도움으로써 내담자를 보호하고 감독해야 한다.

### (3) 슈퍼바이지의 상담 활동에 대한 감독의 역할

슈퍼바이지의 역량을 검토하고 평가하는 것은 상담 분야에서 자격증을 얻을 때 요구되는 필수적인 요소다(Haynes et al., 2003). 슈퍼바이저는 슈퍼바이지들의 전문적이고 치료적인 역량을 평가할 필요가 있으며, 전문적인 상담 분야에 적합한 사람인지를 파악해야 한다. 또한 슈퍼바이저는 슈퍼바이지들이 전문적으로 상담하는 것뿐만 아니라 윤리적인 행동들을 감독하는 것을 통해 슈퍼바이지들이 자신의 행동이 어떤 영향을 미칠 수 있는가에 민감할 수 있도록 도와야 한다. 슈퍼바이저는 슈퍼바이지뿐만 아니라 그들의 내담자에 대한 책임이 있고, 내담자들이 최상의 효과적인 치료를 받을 수 있도록 보장하기 위해, 슈퍼바이지들이 전문적인 상담 영역에 적합한 사람인지를 살펴보는 것은 매우 중요하다(Bernard & Goodyear, 2004; Carroll, 1996).

Lumadue와 Duffey(1999)에 의하면, 슈퍼바이지들의 전문적 · 윤리적 행동들을 감독하는 것은 대학원 과정에서 이루어져야 한다. 슈퍼비전은 슈퍼바이지들의 전문적인 역량을 검토하고 평가하는 역할을 한다. 따라서 슈퍼바이저는 슈퍼바이지들이 전문적인 상담가로서 윤리적인 지침과 기준들을 잘 인식하고 있는지, 그 지침에 따른 의사결정을 할 수 있는지를 살펴보아야 한다. 전문적인 상담가로의 수련과정에서, 슈퍼바이지들은 때로는 실수를 할 수 있지만, 이러한 실수는 슈퍼비전에서 다루어져야 하고, 슈퍼바이지들은 이러한 과정을 통하여 성장할 수 있다. 그러나 슈퍼바이지들의 잘못된 행동이 지나치게 심각할 경우, 슈퍼바이저는 슈퍼바이지가 본격적으로 상담가로서 입문하기 전에 슈퍼바이지와 함께 그의 상담가로서의 적합성을 다시 한번 살펴보아야 한다. 슈퍼바이저는 슈퍼바이지들의 잘못된 행동에 직면시키며, 그들의 전문적인 행동이나 능력에 대한 의심이 있을 때 적극적인 행동을 취할 것이며, 극단적인 경우에는 슈퍼바이지들에게 상담가가 아닌 다른 직업을 찾도록 권고하기도 한다(Carroll, 1996).

## 3) 슈퍼비전의 특성

슈퍼비전은 교육, 상담, 자문의 개입방법을 포괄하는 특성을 갖는다. 여기서는 슈퍼비전이 갖는 개입방법의 특성들에 대해 살펴본다.

### (1) 슈퍼비전과 교육

슈퍼비전과 교육은 공통적으로 슈퍼바이지와 학생들에게 새로운 지식과 기술들을 가르치는 교육의 기능과 특정 영역에 입문하는 사람들을 감독하는 평가의 기능을 가지고 있다. 하지만 교육은 일련의 교육과정이며 계획안에 의하여 이루어지나, 슈퍼비전은 좀 더 광범위한 의미를 지니고 있다. 슈퍼비전에 따르는 목표는 동일할 수 있으나, 슈퍼바이지에게 개입하는 방법은 슈퍼바이지들의 수준과 그들의 내담자에 따라 달라질 수 있기 때문이다(Bradley & Kottler, 2001).

### (2) 슈퍼비전과 상담

슈퍼바이저들은 슈퍼바이지들이 상담 장면에서 내담자와의 치료적인 상담을 방해하는, 또는 내담자에 의하여 자극되는 슈퍼바이지들의 행동, 사고, 감정들을 주의 깊게 살피도록 돕는다. 즉, 슈퍼비전과 상담 모두 슈퍼바이지나 내담자의 행동적 · 인지적 · 감정적 문제들을 다룬다. 그러나 슈퍼비전은 슈퍼바이지가 효과적인 상담 치료사로서 발달하도록 한다는 목적을 두고 이루어지는 반면, 일반적인 상담의 목적은 내담자의 개인적인 성장을 목적으로 이루어진다는 차이가 있다. 따라서 슈퍼비전에서 슈퍼바이지의 효과적인 상담가로서의 성장을 돕는 목적이 아닌 다른 목적을 지니고 슈퍼바이지를 위한 상담에 임하는 것은 윤리적으로 맞지 않다(Bradley & Kottler, 2001). 또한 슈퍼바이저들은 상담가들과 달리 슈퍼바이지를 평가하는 책임이 있다. 반면에 상담가들은 내담자를 평가하거나 자신들의 가치를 내담자들에게 요구하지 않는다(Bernard & Goodyear, 2004).

### (3) 슈퍼비전과 자문

Worthen과 McNeil(1996)은 수련생의 발달 단계에 따라 슈퍼비전의 내용에 대한 기대에 차이가 있다고 주장한다. 즉, 초보 단계의 수련생들은 접수면접 기술과 상담에 대한 직접적인 교육, 그리고 자기인식 경험을 선호하는 반면, 중간 단계의 수련생들은 대안적인 개념화 기술 습득과 일관된 이론 시도, 자기의 기대에 대한 명확한 의사소통이 이루어지기를 바라고 숙련된 수련생들은 복잡한 개인적 발달의 주제들과 전이/역전이, 슈퍼비전과 상담과정 사이의 병렬적 관계성, 내담자와 상담자의 저항과 방어를 검토하기를 원한다는 것이다. Rønnestad와 Skovholt(1993)는 초보 수련생들은 자신이 전문적인 지식과 경험이 부족하다는 인식 때문에 슈퍼비전을 '교육의 순간'으로, 슈퍼바이저를 '교육자'로 지각하는 경향이 있으며 보다 구조적이고 교육적이며 기술에 초점을 맞춘 슈퍼비전을 선호한다고 하였다. 이러한 일련의 연구 결과들은 수련생의 발달 수준에 따라 슈퍼비전에서 교육되는 내용과 슈퍼비전의 방식이 달라야 함을 시사한다.

특히, 상담 경험이 많은 전문가들에게 슈퍼비전은 자문과 같은 성격을 갖는다. 즉, 경험이 많은 전문가들은 다른 전문가들과 가끔씩 비공식적으로 만나서 상담하기 어려운 내담자를 어떻게 접근해야 하는지에 대한 의견을 주고받음으로써 상담에 필요한 객관성을 다시 얻을 수 있다. 이러한 자문 형태의 슈퍼비전은 훈련이 아닌 전문적인 교류 활동에 가깝다(Carroll, 1996). 이러한 자문은 한 번으로 끝나는 일시적인 것일 수도 있으며, 가장 큰 차이점은 자문은 평가적이지 않다는 점이다(Bernard & Goodyear, 2004). 그러나 슈퍼비전은 자문과 달리 슈퍼비전 과정에서 슈퍼바이지들을 평가한다. 이는 슈퍼바이지들이 상담하는 내담자들을 보호하기 위함이다. 이러한 슈퍼비전의 평가적인 요소는 슈퍼바이저와 슈퍼바이지들의 관계가 평등한 관계라기보다는 상하의 관계임을 암시하지만, 자문은 보다 평등한 관계임을 암시한다.

## 4) 놀이치료 슈퍼비전의 방법들

슈퍼바이저는 슈퍼바이지의 발달 수준, 슈퍼바이저와 슈퍼바이지가 지향하는 핵심 이론, 슈퍼비전이 이루어지는 환경, 슈퍼비전의 목적 등과 더불어, 슈퍼바이저가 활용하기에 가장 편안한 방법과 슈퍼바이지들의 교육을 최대화할 수 있는 방법들을 추구해야 한다. 다양한 슈퍼바이지들의 슈퍼비전과 교육을 위한 여러 가지 접근 방법들 중 예비 놀이치료자들에게 실시되는 대표적인 접근법들에 대한 소개를 제시하고자 한다.

### (1) 셀프 슈퍼비전

슈퍼바이지들에게, 상담을 하는 모든 상담가들에게는 자신들의 상담 사례와 상담 활동을 점검하고 효과적으로 평가하며 때에 따라서는 다른 치료 개입으로 전환하는 등과 같이 끊임없는 슈퍼비전이 이루어져야 한다. 그러한 의미에서 셀프 슈퍼비전(self-supervision)은 상담에 입문하는 순간부터 이루어지는 일생에 거친 과업이라 할 수 있다.

놀이치료자들은 끊임없이 자기비판을 해야 하며, 녹화된 자신의 놀이치료 과정을 보는 것은 셀프 슈퍼비전과 다른 전문가에 의한 슈퍼비전을 탐구하는 데 가장 좋은 방법일 것이다. 자기 자신을 찍은 비디오를 보는 것은 자기 성장에 필수적이며, 슈퍼비전에서 꼭 해야 하는 일이라고 할 수 있다. 놀이치료자의 통찰은 자기를 평가해 보고, 슈퍼바이저의 평가와 비교해 보며, 불일치에 대해서 인식을 통해 확대된다.

그러나 셀프 슈퍼비전이 가치 있고 필수적인 과업이라 할지라도 그것만으로는 충분한 슈퍼비전이 되기 어렵다. 오히려 셀프 슈퍼비전은 다른 슈퍼비전 형태를 위한 준비 과정으로 활용될 수 있으며, 개인 또는 집단 슈퍼비전과 같이 다른 접근 방법들과 함께 이루어질 때 더욱 효과적으로 사용될 수 있다(Carroll, 1996).

### (2) 개인 슈퍼비전

개인 슈퍼비전은 한 명의 슈퍼바이저와 한 명의 슈퍼바이지로 이루어지는 일대일의 슈퍼비전으로 가장 보편적인 형태의 슈퍼비전이다. 개인 슈퍼비전에서 슈퍼바이저는 슈퍼바이지에게 구체적이고 집중적인 개인적인 관심을 부여하여 체계적이고 지속적인 슈퍼비전을 제공하므로 상당히 교육적이다. 슈퍼비전 과정에서 슈퍼바이저와 슈퍼바이지는 상담 사례와 슈퍼바이지의 상담가로서의 발달에 대한 다양한 주제들을 논의한다(Haynes et al., 2003). 개인 슈퍼비전의 가장 큰 장점은 각각의 슈퍼바이지에게 가장 적합하고 중점을 둔 슈퍼비전이 이루어질 수 있다는 점이나, 한 명의 슈퍼바이저로부터의 평가와 피드백이 주어질 수 있다.

### (3) 집단 슈퍼비전

Bernard와 Goodyear(2004)는 집단 슈퍼비전을 "한 집단의 슈퍼바이지들과 한 명 또는 그 이상의 슈퍼바이저들 간의 정기적인 모임"으로 정의하였다. 집단 슈퍼비전에서 슈퍼바이지들은 슈퍼바이저(들)로부터, 슈퍼바이저(들)의 피드백을 통해, 그리고, 슈퍼바이지들 간의 상호작용을 통하여 도움을 받을 수 있다. 이러한 집단 슈퍼비전은 대학과 대학원에서 수련의 일환으로 가장 많이 활용되고 있는 슈퍼비전의 형태일 것이다. 이는 집단 슈퍼비전의 장점들에 해당하는 비용의 경제성과 슈퍼바이지들의 학습을 최대화할 수 있다는 집단의 구성으로 인한 것일 것이다.

많은 저자들은 집단 슈퍼비전에 대해 다양한 장점과 한계를 서술하였지만(Bernard & Goodyear, 2004; Cohen, 2004), 아마도 집단 슈퍼비전의 가장 큰 장점은 대리학습의 기회를 제공한다는 점일 것이다. 집단 슈퍼비전을 통해 상담에 대한 여러 방식에 대해 관찰하고 경청할 수 있다는 것이다. 내담자에 대한 동료의 상담회기를 경청하고 관찰하는 것 그리고 동료로부터 내담자에 대한 이야기를 경청하는 것은 슈퍼바이지에게 상담 작업과 사례개념화를 위한 여러 가지 방법을 배울 수 있는 기회를 제공한다. 슈퍼바이저는 또한 집단으로 하여금, 사례 발표를 하는 슈퍼바이지가 상담관계 혹은 그 과정에 접근할 수 있는 다른 방법에 대해서, 자신들의 생각을 나누도록 요청하고 이를 통해 대리학습을 보다 고양시킬 수 있다. 그러나 집단 슈퍼비전하에서 슈퍼바이지들이 개인 슈퍼비전에서와 동일한 수준의 관심을 얻는다는 것은 불가능하다. 그렇지 않다 하더라도 극히 어려운 일이다. 한 시간의 집단 슈퍼비전은 (개인적 관심의 측면에서) 한 시간의 개인 슈퍼비전과 동일할 수 없다. 이 사실을 집단 슈퍼비전 초기에 슈퍼바이지들에게 명확하게 알려 현실적 기대치를 갖게 하여야 한다. 뿐만 아니라, 개인 슈퍼비전에서 발생하는 동일한 종류의 지도와 도움을 제공하는 것은 집단 슈퍼비전의 목표가 아니다. 결과적으로 많은 상담 및 상담심리 교육과정은 학생들에게 개인과 집단 슈퍼비전 둘 다 요구하고 있다.

#### (4) 동료집단 슈퍼비전

동료집단 슈퍼비전은 집단 슈퍼비전의 한 변형이며, 동료 집단원들이 서로에게 슈퍼비전을 제공하는 방법이다. 집단원들이 자신들의 전문성과 상담 경험들을 구체적인 사례를 통하여 나눈다는 측면에서, 기존의 슈퍼비전이 갖는 슈퍼바이저와 슈퍼바이지의 상하 관계와 슈퍼바이저의 슈퍼바이지에 대한 평가적인 특성이 배제된 슈퍼비전이라는 의미에서 자문의 성격에 가깝다고 볼 수 있다(Bernard & Goodyear, 2004). 그러나 동료집단 슈퍼비전은 지속적으로 이루어지며, 집단원들이 서로에게 갖는 책임감이 강하기 때문에 자문과는 다른 점이 있다.

상담가들이 자신의 상담 활동과 그에 따른 문제들을 다른 경험 있는 상담가들과 나누는 동료집단 슈퍼비전은, 서로 간의 아이디어를 나누고 내담자들을 서로 의뢰하는 네트워크의 역할과 상담 분야에 대한 새로운 뉴스와 상호 지지적인 역할을 제공한다(Carroll, 1996).

그러나 때에 따라서는 동료집단 슈퍼비전은 까다로운 집단원들로 인하여 슈퍼비전의 효율성이 최대한으로 발휘되기 어려울 수 있다. 또한 집단원들 중에는 슈퍼바이저라는 전문가로서의 역할을 행사하려는 욕구가 강한 집단원이 있을 수 있다(Bernard & Goodyear, 2004). 따라서 동료집단 슈퍼비전이 효율적으로 이루어지기 위해서는 슈퍼비전에 참여하는 집단원들의 심리적 성숙도가 중요한 요소로 작용한다.

### (5) 라이브 슈퍼비전

슈퍼바이저의 직접적인 관찰과 슈퍼바이지와의 상호작용을 촉진하는 라이브 슈퍼비전은 상담가인 슈퍼바이지와 내담자 간의 상담과정을 직접적으로 관찰할 수 있을 뿐만 아니라, 상담과정 중에 슈퍼바이지가 인식하지 못하는 상담 내용이나 패턴 그리고 행동들을 확인하는 것을 촉진시킬 수 있다(Kaufman, Morgen, & Ladany, 2001).

때로는 라이브 슈퍼비전에서 슈퍼바이저의 지시에 따른 슈퍼바이지의 반응이 부자연스러울 수도 있고, 상담의 역동을 방해할 수 있다. 또한 슈퍼바이지의 개입은 슈퍼바이지의 자신감 발달을 방해하고 의존성을 야기할 수 있다. 슈퍼바이지의 전문적·개인적 역량을 발달시키는 과정을 방해하며 슈퍼바이지의 의존성을 야기할 수 있다. 그러나 라이브 슈퍼비전은 슈퍼바이저의 즉각적인 개입을 통해 슈퍼바이지의 즉각적인 학습이 이루어질 수 있는 매우 긍정적인 가치를 갖는다. 또한 슈퍼바이저가 상담을 하는 과정에 개입할 수 있고, 치료 개입을 조정할 수 있다. 중요한 것은 슈퍼바이저가 자신의 개입이 내담자와 슈퍼바이지에게 미칠 수 있는 잠재적인 영향에 대하여 인식하고 있어야 하며, 내담자의 복리를 보호하는 것과 동시에 상담가인 슈퍼바이지의 존엄성을 유지하는 것을 최우선으로 삼아야 한다는 것이다(Haynes et al., 2003).

### (6) 비대면 슈퍼비전

2020년 초부터 코로나 19의 확산과 장기화로 인하여 대학 및 교육기관에서의 교육 방식이 비대면 방식으로 이루어지는 변화의 추세에 있다. 상담 분야와 관련해서도 상담 관련 교육이 실시되는 학회, 대학의 상담 교육 프로그램 대부분이 비대면으로 진행되고 있다. 비대면 교육 방식은 주로 미리 제작된 동영상을 공유하는 방식, 실시간으로 진행되는 강의를 스트리밍하는 방식, 그리고 온라인 화상회의 프로그램을 통해 실시간 상호작용을 포함하여 교육하는 방식으로 실시된다. 특히, 상담 슈퍼비전은 이 중 줌(Zoom)이라는 화상회의 프로그램을 활용한 실시간 상호작용 방식으로 진행되는 경우가 많은데, 개인 슈퍼비전의 형태로도 집단 슈퍼비전의 형태로도 가능하다.

이러한 비대면 슈퍼비전 방식은 슈퍼바이저와 슈퍼바이지, 슈퍼비전 참여자, 슈퍼비전 과정에서의 상호작용 관찰, 슈퍼비전에서의 자각과 통찰, 변화가 일어나도록 조력하는 데 있어 대면 슈퍼비전보다 어려움을 갖는다. 또한 전체적으로 슈퍼비전의 집중도와 긴장도가 낮아질 확률이 높다. 그러나 슈퍼바이저가 슈퍼비전을 진행하면서 지금 여기에서 슈퍼비전 및 참여자가 경험하는 현상들을 주의 깊게 관찰하고 즉각적인 피드백을 주며, 비대면 상황이기 때문에 슈퍼비전에서 모호하거나 혼란스러웠던 내용과 감정을 슈퍼바이저에게 전달할 수 있도록 촉진한다면 슈퍼비전의 자기 성찰과 자각, 긍정적인 변화를 보다 촉진할 수 있을 것이다(최은영, 2021).

한편 비대면 슈퍼비전은 화상회의 플랫폼에서 내담자의 이야기가 공유되는 슈퍼비전 장면이 녹화될 수 있고, 내담자에 대한 자료가 공유될 수 있을 가능성을 높여주므로 슈퍼바이저는 이에 대한 대비와 주의에 철저해야 한다.

## 5) 놀이치료 슈퍼비전에서의 발표 형태들

놀이치료 슈퍼비전에서 슈퍼바이지들이 자신들의 상담 활동과 내담자들에 대하여 발표나 제시를 하는 방법에는 여러 가지 형태들이 활용될 수 있다.

### (1) 문서화된 사례 정리 자료

슈퍼바이지로부터 정리된 문서화된 자료는 가장 많이 그리고 쉽게 활용되는 슈퍼비전 자료 형태로, 슈퍼바이지가 자신의 상담 사례를 상담이론에 통합할 수 있는 능력의 발달을 촉진시키는 데 도움을 줄 수 있다. 그러나 슈퍼바이지에 의해 문서화된 사례 정리 자료는 슈퍼바이지에 의하여 지각된 내담자며 그 내담자와의 상담 활동이다. 슈퍼바이지들은 자신의 내담자나 상담 장면에서 일어나는 것을 해석하여 주관적으로 제시하며 부정확한 정보들을 제시할 수 있다. 따라서 슈퍼바이저는 슈퍼바이지가 보고하는 상담 자료와 실제로 일어난 상담 장면 간에 차이가 있는지, 또는 어떤 연관이 있는지를 살피는 작업이 필요하다. 그러한 측면에서 슈퍼바이지의 기법과 능력들을 정확하게 파악하고, 그에 따른 슈퍼비전을 제공하기 위하여 슈퍼바이저는 직접적인 관찰기법을 병행하여 활용할 필요가 있다.

특히, 실습 중인 학생들이나 초보 상담가들은 자신들의 상담 활동에 대한 파악이 어렵고 상담 사례에 관련된 정보들에 대해 압도감마저 느낄 수 있기 때문에, 상담

장면에 대한 직접 적인 관찰이나 비디오 녹화 및 오디오 녹음 등과 같은 방법들을 함께 활용하는 것이 중요하다(Haynes et al., 2003).

### (2) 오디오 녹음

상담과정에 대한 오디오 녹음 자료는 슈퍼바이지의 상담 활동에 대한 직접적이고 유용한 자료들을 제공한다. 또한 녹음 자료의 활용은 일방경이 갖추어진 상담실과 비디오 녹화에 필요한 장소 없이도, 슈퍼바이지들의 상담에 대한 정확한 기록이 가능하다(Bernard & Goodyear, 2004). 그러나 녹음 자료는 녹화된 비디오보다는 내담자와 슈퍼바이지의 보디랭귀지나 얼굴 표정들에 대한 정보, 슈퍼바이지와 내담자의 상담 환경 등에 대한 정보를 얻기 어렵다는 한계점을 지니고 있다(Haynes et al., 2003).

슈퍼바이지들이 상담과정을 녹음하기 위해서는 문서화된 내담자의 동의서가 필요하고, 내담자가 언제든지 녹음에 대한 동의를 취소할 수 있다는 것을 알고 있어야 한다(Haynes et al., 2003).

오디오 녹음 자료를 통한 슈퍼비전 방식은 슈퍼바이지들의 주도로 이루어질 수도 있고 슈퍼바이저의 주도로 이루어질 수도 있다(Carroll, 1996). 슈퍼바이지들이 주도하는 방식은 슈퍼바이지들이 오디오 자료를 모니터하고 슈퍼비전에서 다룰 부분을 정할 수 있다. 이때 슈퍼바이지들은 선택한 부분을 왜 선택하였는지에 대한 이유와 상담 내용들을 간단하게 언급하고, 슈퍼비전을 통하여 얻고자 하는 것이 무엇인지, 슈퍼바이저로부터 바라는 도움이 어떤 것인지를 구체적으로 설명할 필요가 있다(Bernard & Goodyear, 2004). 슈퍼바이저가 주도하는 방식은 슈퍼바이저에 따라 슈퍼바이지의 오디오 녹음 자료를 전부 다 들은 후에 피드백을 주기도 하고, 처음, 중간, 마지막 부분을 부분적으로 들은 후 피드백을 줄 수도 있다.

슈퍼비전이 시작되는 초기에는 녹음한 상담을 모두 듣는 것이 권고되는데, 이는 슈퍼바이저가 슈퍼바이지의 현재 능력을 파악함과 동시에 슈퍼비전에서 다루어야 하는 부분을 정할 수 있기 때문이다(Bernard & Goodyear, 2004). 특히, 슈퍼바이저는 슈퍼비전에서 다루기 위해 선택한 상담 장면에 대한 이유를 슈퍼바이지가 이해할 수 있도록 도와야 한다. 슈퍼바이저는 여러 가지 이유에서 특정 상담 장면을 선택한다. 가장 중요한 부분을 선택하기도 하고, 가장 힘들어하는 어려운 상황을 선택하기도 한다. 계속되는 주제나 은유적인 표현들을 포함하는 내용들을 다루기 위해 선택하기도 하고, 혼동스러운 부분이나 대인관계의 역동들이 나타난 부분들을 선택하기도 한다.

### (3) 비디오 녹화

슈퍼바이지들의 상담과정에 대한 비디오 녹화 자료를 통해 이루어지는 슈퍼비전은 녹음된 오디오 자료를 활용한 슈퍼비전과 달리 시각적인 상담 정보들을 제공해 준다. 녹화된 슈퍼비전 자료는 내담자나 상담가의 얼굴 표정, 앉은 자세, 시선, 손 제스처 등의 보디랭귀지가 질적인 측면뿐 아니라 양적인 측면에서 훨씬 많은 정보들을 전달해 준다. 슈퍼바이저들은 슈퍼바이지들의 상담기법이나 그들의 태도에 대한 직접적인 관찰이 가능하며, 녹화된 영상의 앞이나 뒤의 장면들을 조정하여 중요한 상호작용 장면들을 계속해서 보거나 그에 대한 슈퍼비전을 제공해 줄 수 있다. 또한 슈퍼바이저는 필요에 따라 슈퍼바이지와의 역할극을 통하여 대안적인 기법들을 적용해 볼 수 있으며, 상담의 여러 단계들을 녹화한 장면들을 보면서 슈퍼바이지의 상담가로서의 성장을 비교해 볼 수 있는 자료로도 활용할 수 있다(Haynes et al., 2003). 그러나 상담 장면을 비디오 녹화하기 위해서는 일정한 공간과 기술적인 능력이 필요하다. 때로는 잘못 녹화된 비디오테이프의 경우 슈퍼비전을 제공하기 어려울 수 있다. 또한 슈퍼바이지들은 자신들의 상담수행 능력이 비디오 영상을 통해 시각적으로 제시되는 측면에서 지나친 '상담수행 불안감'을 경험할 수 있다.

비디오 녹화를 통한 슈퍼비전 진행 시, 내담자에게 비디오 녹화와 녹화된 자료의 활용에 대해 명확한 설명을 제공할 필요가 있다. 비디오 녹화는 슈퍼비전의 목적에만 쓰이고 그 이후에는 삭제될 것이며, 내담자들은 자신들의 동의를 언제든지 취소할 수 있는 선택권이 있다는 내용을 충분히 이해하도록 하고 비디오 녹화에 대한 문서화된 동의서를 작성할 필요가 있다.

녹화된 자료를 활용한 슈퍼비전 시, 녹화된 영상 전체를 보는 것은 실질적으로 어려울 수 있다. 따라서 슈퍼바이저는 정해진 특정 상담 장면들을 선택적으로 볼 수 있으며, 슈퍼바이지는 슈퍼비전이 필요한 장면들을 고정시켜 슈퍼비전 시간의 효율을 최대화할 수 있다. 슈퍼바이저는 슈퍼바이지에게 녹화된 영상 자료를 통해 배운 것이 무엇이며, 상담과정에 어떻게 활용할 것인지를 다룰 수 있다.

## 참고문헌

김경실(1999). 효과적인 슈퍼비전. **인간이해 제20호.** 서강대학교 학생생활상담연구소.

김계현(1992). 상담교육방법으로서의 개인 수퍼비전 모형에 관한 복수 사례 연구. **한국심리학회지: 상담과 심리치료, 4**(1), 19-53.

박재황, 김계현, 노안영, 김진숙(1996). **청소년상담 수퍼비전.** 서울: 청소년 대화의 광장.

방기연(2003). **상담 수퍼비전.** 서울: 학지사.

왕은자(2001). 소집단 수퍼비전 만족도에 영향을 미치는 변인연구. 서울대학교 대학원 석사학위논문.

유성경, 김영빈, 김형수, 민경화, 이일화, 최한나(2004). 수퍼비전 회기 평가도구 개발 및 타당화 연구. **상담학연구, 5**(2), 263-275.

이미경, 최영희(2006). **놀이치료 수퍼비전.** 서울: 학지사.

정방자(1998). **정신역동적 상담.** 서울: 학지사.

최은영(2021). 비대면 상담 수퍼비전의 활용. **횃불트리니티저널, 24**(1), 105-129.

최해림(2003). **수퍼비전, 수퍼바이저, 수퍼바이지.** 상담 및 심리치료학회 동계학술연수 자료집.

Bernard, J. M., & Goodyear, R. K. (2004). *Fundamentals of clinical supervision* (3rd ed.). Boston: Allyn & Bacon.

Bradley, L. J., & Kottler, J. (2001). Overview of counselor supervision. In L. Bradley and N. Ladany (Eds.), *Counselor supervision: Principles, process, and practice* (3rd ed., pp. 3-27). Philadelphia, PA: Brunner-Routledge.

Bradley, L. J., & Ladany, N. (2001). *Counselor supervision: Principles, process, and practice* (3rd ed.). Philadelphia, PA: Brunner-Routledge.

Campbell, J. M. (2000). *Becoming an effective supervisor: A workbook for counselors and psychotherapists.* Philadelphia, PA: Accelerated Development.

Carroll, M. C. (1996). *Counselling supervision: Theory, skills, and practice.* London: Cassell.

Cohen, R. I. (2004). *Clinical supervision: What to do and how to do it.* Belmont, CA: Brooks/Cole-Thomson Learning.

Hawkins, P., & Shohet, R. (1989). *Supervision in the helping professionals.* Milton Keynes: Open University Press.

Haynes, R., Corey, G., & Moulton, P. (2003). *Clinical supervision in the helping professions: A practical guide.* Pacific Grove, CA: Brooks/Cole.

Holloway, E. (1999). A framework for supervision training. In E. Holloway and M. Carroll

(Eds.), *Training counseling supervisors: Strategies, methods, and techniques* (pp. 8-41). Thousand Oaks, CA: SAGE Publication.

Inskipp, F., & Proctor, B. (1993). *Making the most of supervision: A professional development resource for counsellors, supervisors and trainees*. Twickenham: Cascade.

Kaufman, M., Morgen, K. J., & Ladany, N. (2001). *Family counseling supervision*. Brunner-Routledge, New York, NY, US.

Ladany, N., & Inman, A. G. (2012). Training and supervision. In Altmaier, E. M., Hansen, J. C. (Eds.), *The Oxford handbook of counseling psychology*. New York: Oxford University Press.

Loganbill, C., Hardy, E., & Delworth, U. (1982). Supervision: A Conceptual Modal. *The counseling Psychologist, 10*, 3-42.

Lumadue, C. A., & Duffey, T. H. (1999). The role of graduate programs as gatekeepers: A model for evaluating student counselor competence. *Counselor Education and Supervision, 39*(2), 101-109.

Park, Young & Lee, Young-ae (2012). The Relationships between The Big Five Personality Factors of the Novice Play Therapists, Cognitive Emotion Regulation and the Burnout. *Korean Journal of Play Therapy, 15*(2), 179-195.

Rønnestad, M. H., & Skovholt, T. M. (1993). Supervision of beginning and advanced graduate students of counseling and psychotherapy. *Journal of Counseling & Development, 71*(4), 396-405.

Skovholt, T. M., & Rønnestad, M. H. (1995). *The Evolving professional self: Stages and themes in therapist and counselor development*. New York: John Wiley & Sons.

Ward, C. C., & House, R. M. (1998). Counseling supervision: A reflective model. *Counselor Education and Supervision, 38*, 23-34.

Worthen, V., & McNeil, B. W. (1996). A phenomenological investigation of "good" supervision events. *Journal of Counseling Psychology, 43*, 25-34.

발달재활서비스 자격관리사업, 영역별 제공인력 자격기준 중 놀이심리재활분과 https://www.broso.or.kr/cert/ct/pag/contents.do?menuId=0202000000

제2장

# 놀이치료자 윤리

책에서 배운 내용을 임상 현장에서 적용하다 보면 예상하지 못한 다양한 상황들을 마주하게 되고, 이때마다 다양한 딜레마를 경험하게 된다. 대학과 대학원에서 배워 왔던 이론을 적용해 가기가 그리 단순하지 않다는 체험을 하게 된다. 그러므로 대학원 과정 중에 안전이 확보된 임상 실습에서 이론적 내용을 실제로 구현해 보는 연습이 필요하겠다.

Corey(1991; 1996; 2001)는 "상담에서 윤리적 원리와 이슈들을 이해하는 것이 윤리적인 실무자로서의 첫걸음"이라고 하였다. 즉, 어떤 분야의 임상실무자들도 준수해야 할 윤리적 표준이 있어야 하고, 상담자들은 자신의 업무와 관련된 윤리적 영역과 표준이 되는 실천행동을 숙지할 필요가 있다.

특히, 이 장에서는 놀이치료자들이 숙지해야 할 주요 윤리적 영역들을 살펴볼 것이고, 이를 바탕으로 윤리적 표준이 어떻게 구체화되고, 공표되는지를 학회의 윤리강령을 중심으로 살펴보겠다.

〈표 2-1〉 **윤리적 실천을 위한 놀이치료자들의 기본 태도**

1. 아동을 대상으로 심리상담 및 치료를 진행할 때, 가장 최우선으로 고려해야 하는 것은 **아동의 권리 보장**이다.
2. 놀이치료자는 아동의 권리를 침해하지 않기 위해, 그리고 의도하지 않게 발생하는 당혹스러운 상황에서 아동의 권리와 복지를 보호하기 위해, 그리고 치료자 자신을 보호하기 위해 **놀이치료 윤리의 기준들을** 알아야 한다.
3. 초보 놀이치료자들의 경우, 치료자로서의 역량 부족과 내담 아동의 복지 간에 발생하는 윤리적 딜레마를 해결하기 위한 방안으로 '임상 실습 및 수련 과정'을 밟아 나가는 것이 중요하다.

출처: 유미숙, 박현아, 이영애(2021).

## 1. 놀이치료자의 윤리

놀이치료자는 기본적으로 내담 아동의 권리와 복지에 대해 고려해야 한다. 이런 측면에서, 놀이치료자는 아동의 권리를 침해하지 않기 위해, 그리고 당혹스러운 다

양한 상황들에 적절히 대응하기 위해 윤리적인 판단을 내릴 수 있다. 놀이치료자의 윤리적 판단과 실천은 아동을 보호하고, 동시에 치료자 자신을 보호하게 된다.

### 1) 임상 현장의 기본 행동 원칙으로서의 윤리

놀이치료자의 개입은 내담 아동과 그 가족들의 삶에 영향을 미치기에 놀이치료자는 자신의 전문적 능력과 힘을 책임감 있게 사용할 수 있어야 한다. 그러나 놀이치료 및 상담의 영역은 모호하고 불확실한 측면들이 발생할 수 있어서 놀이치료자들은 모든 상황에서의 정답을 다 알 수 없기도 하다. 이때 놀이치료자가 내담 아동의 성장과 복지를 촉진하면서 자신의 전문적 역할을 적합하게 수행하기 위해 윤리적 기준이 필요하다.

이에 놀이치료 및 상담 관련 학회들에서는 전문가들의 견해, 사회적 인식, 법률 등을 토대로 '윤리강령'이라는 하나의 기준을 제시하고, 윤리위원회를 운영한다. 물론 윤리강령도 상담자가 추구해야 할 가치와 방향성을 좀 더 체계화하여 제시할 뿐 여전히 광범위하게 보일 수도 있다. 윤리강령은 '하나의 골격'이다. 임상 현장에서 마주하게 되는 다양한 상황의 개별성과 특수성을 고려하여 마련한 나름의 전문적 경계이자 범위이기 때문이다.

놀이치료자가 상담의 과정에서 직면할 수 있는 딜레마에서 스스로 전문적이고, 윤리적인 판단을 하기 위해 수련 과정에서 부터 윤리강령에 '담겨 있는 원리와 가치'를 이해하여 윤리적 추론 능력과 감수성을 훈련해야 한다.

### 2) 온라인 윤리

인터넷 환경의 급속한 발전으로, 상담자들도 온라인 활용과 관련된 새로운 윤리적 도전들을 마주한다(강수정, 유금란, 2018). 이러한 사회적 환경에서 놀이치료자들은 〈표 2-2〉에서처럼, 온라인상에서 윤리적 실천을 위한 유의점들을 숙지하고, 윤리를 위반하지 않도록 주의해야 한다.

〈표 2-2〉 온라인상의 윤리적 실천을 위한 유의점

1. 상담자는 소셜 미디어와 같은 매체를 통해 내담자와 **사적 관계**를 맺거나 유지하지 않는다(한국상담심리학회 윤리강령, 2018).

2. 상담자의 온라인 자기개방(예: 전체 공개 상태의 소셜 미디어 계정을 운영하는 것)은 상담자의 사생활을 침해할 가능성이 있고, 이중관계, 내담자의 비밀보장을 위배할 수 있으므로, **개인과 직업인으로서의 온라인 공간을 별도로 관리**하기를 권고한다(ACA, 2014).

3. 만약 상담자가 내담 아동의 정보를 검색하고 싶다면, 다음 질문에 대해 숙고해 볼 것을 권한다(강수정, 유금란, 2018). 즉, **내담자의 정보 전체가 공개되는 쇼셜 미디어를 왜 검색하고 싶은지에 대한 자기질문 및 자기점검이 먼저 필요**하다는 것이다.

- 내담자의 정보를 온라인으로 검색하고 싶은 이유는 무엇인가?
- 나의 검색 행동이 상담을 이롭게 하는가, 위태롭게 하는가?
- 검색 전에 내담자에게 사전 동의를 받아야 하는가?
- 검색한 결과를 해당 내담자와 공유해야 하는가?
- 검색으로 발견한 내용을 상담 자료로 문서화시켜야 하는가?
- 나의 온라인 검색 동기와 실제 검색 행동이 지니는 이로움과 위험성을 어떤 방식으로 감찰할 수 있는가?

출처: 유미숙, 박현아, 이영애(2021).

## 3) 윤리적 발달 단계

최해림 등(2014)에 의하면, 상담자의 전문성 발달과 윤리성 발달은 불가분의 관계라고 하였다. 상담자가 초보자 발달 수준에 있느냐, 더 숙련된 발달 수준에 있느냐에 따라, 자신의 전문성에 대한 자기인식이 달라져 그 결과 윤리적 판단과 실천을 함에 있어서도 차이를 보일 수 있다는 것이다.

〈표 2-3〉 상담자의 전문성과 윤리성

*** 전문성 발달의 첫 번째 단계에서, 상담자들은**
–자신의 상담 능력을 의심하고 수행불안을 경험(Rønnestad & Skovholt, 2013).
–윤리성에 있어서도 두려움으로 인해 규정된 윤리 기준을 글자 그대로 적용하려는 특성 뚜렷(최해림 외, 2014).
–긴장과 불안이 높아져 윤리적 판단이 필요한 상황에서 다양한 관점과 상황에 대한 숙고 없이 윤리 기준을 규칙처럼 적용하게 될 가능성이 높다(유미숙, 박현아, 이영애, 2021).

출처: 유미숙, 박현아, 이영애(2021).

물론, 초보 놀이치료자의 전문성이 발달하면서 앞의 〈표 2-3〉과 같이 긴장하고 불안해하는 모습은 줄어 가고, 윤리적 이슈의 궁극적 목적을 이해하게 된다. 그렇게 되면 놀이치료자는 '이상적인 윤리'와 '반드시 지켜야 하는 최소한의 법적 윤리' 간의 균형을 지키며, 판단할 수 있는 노련함을 늘려 갈 수 있다.

따라서 초보 시기에는 윤리적 판단 능력을 기르기 위해 꾸준히 노력해야 하며, 다양한 상황에서 자신의 개인적 특성과 가치관을 성찰하고, 치료자로서의 자기를 인식해 보고, 슈퍼바이저나 동료들과의 대화를 통해 윤리적 감수성을 키워 가야 한다.

## 4) 윤리적 기준과 표준

Jackson 등(2001)에 의하면, 윤리적 표준(ethical standards)은 전문직을 위해 매우 중요하고, 적절한 전문적 수행을 위한 하나의 지침으로 기여할 수 있다고 하였다. 또한, 윤리적 지침(ethical guidelines)은 어떤 심리치료 실무자들에게도 절대 필요하다고 하였다. 따라서 놀이치료자들도 내담 아동의 심리치료 및 놀이치료의 과정을 효과적으로 촉진하기 위해 윤리적 실천을 위한 표준들을 아는 게 중요하겠다.

## 5) 한국놀이치료학회 윤리강령의 제정과 발전

윤리적 실천을 위한 표준은 '윤리강령'의 형태로 구체화된다. 한국놀이치료학회 윤리강령(이하 '학회 윤리강령')은 2005년 11월 26일부터 시행된 것이 시초다. 물론 한국놀이치료학회에서 '학회 윤리강령'을 제정하기 위해 사전에 여러 연구와 토론, 회의, 선행연구의 검토 등 오랜 과정을 거쳐 '한국놀이치료학회 윤리강령'이 탄생한 것이다.

한국놀이치료학회 홈페이지에 탑재된 '학회 윤리강령'을 보면, 01. 놀이심리상담사부터 08. 회원의 의무까지 8개의 큰 제목이 있고, 가장 끝 페이지에 최초 제정 및 시행 일자와 가장 최근의 개정 시행일자가 명기되어 있다.

〈표 2-4〉 **한국놀이치료학회의 윤리강령 제정 연혁**

| |
|---|
| (1) 본 윤리강령은 2005년 11월 26일부터 시행한다. |
| (2) 본 개정 윤리강령은 2016년 12월 3일부터 시행한다. |
| (3) 본 개정 윤리강령은 2019년 5월 11일부터 시행한다. |
| (4) 본 개정 윤리강령은 2019년 12월 27일부터 시행한다. |

출처: 한국놀이치료학회 홈페이지.

## 6) 놀이치료자를 위한 윤리강령의 역할

### (1) 놀이치료자들을 바람직한 방향으로 안내하는 역할을 한다. 윤리강령은 놀이치료자 개개인들을 지지하고, 윤리적 실천행동을 향상시킬 수 있다

윤리강령은 놀이치료자들에게 안내 역할을 해 줌과 동시에 놀이치료자들을 지지해 줄 수 있다. 놀이치료자들이 적용 가능한 표준을 검토하는 것은 책임감 있는 행동이며, 어떤 딜레마 상황에서 고민을 줄여 줄 수 있다. 물론, 윤리강령이 모든 딜레마 상황에서 아주 자세한 해결책을 다 제공해 주진 않지만, 최선의 판단을 시사할 수 있다.

### (2) 놀이치료 및 아동상담 분야의 전문적 위상을 향상시킬 수 있다

Welfel(2002)은 비교적 새로운 전문직에 속해 있을 때, 상담자로서 강력한 전문적 정체성을 발전시켜야 하고, 이를 위해 전문적·윤리적 표준을 알고 준수하는 것이 중요하다고 하였다. 놀이치료 분야에서 임상 실무의 발전, 학문연구의 발전과 더불어 윤리강령의 제정과 시행, 개정과 발전이 상호 유기적으로 이루어지는 게 중요하겠다.

### (3) 내담 아동과 그 가족의 권익을 보호할 수 있다

Welfel(2002)은 "상담자들이 대중의 복지를 보호하기 위해 책임감을 신중하게 가짐으로써 내담자들이 무책임한 실무자들로부터 손해 입는 것을 최소화하게 돕는다"고 하였다. Remley와 Herlihy(2005)도 "윤리강령은 합의되고 공유된 신념"이라고 하였다. 즉, '윤리강령'에는 놀이치료를 적절하게 진행하기 위해 이 분야에서 합의된 신념이 구체화된 표준으로 명시되었기 때문에, 놀이치료자가 어떤 범위 내에

서 어떤 내용과 방식으로 상담관계를 진행하는 것이 내담자의 권익을 보호하고 존중하는 것인지를 알려 줄 수 있다.

## 2. 내담 아동의 권리

내담 아동들은 성인이 될 때까지 법적 권리에 대한 제한점을 갖는다. 또한 인지발달의 측면에서 보아도 놀이치료자가 부모에게 설명하는 내용을 내담 아동에게 설명할 때, 내담 아동들은 어른들의 용어와 문장을 경청하고 이해하기가 어렵고 버거울 수 있다. 또한, 미성년자에게 있어서 '보호자', 대부분의 경우에 '부모'는 법적 권한자이며 의사결정자다. 오직 보호자 또는 부모만이 치료를 허가할 수 있고 치료과정(진단, 치료계획 등을 포함)에 대한 정보를 얻을 수 있다.

하지만 아동도 한 인격체로 존중받을 권리가 있으며, 자신이 참여할 상담이 어떤 것인지 듣고 동의할 권리, 비밀을 보장받을 권리가 있다. 유재령(2006)에 의하면, 아동상담에서의 '동의 구하기'는 내담 아동과 부모가 모두 동의해야 하는 점 때문에 더 복잡해질 수 있지만, 가장 중요한 것은 아동의 의사결정권을 존중하면서 부모가 아동상담의 과정에 협력하도록 돕는 것이라고 하였다. Jackson(1998)도 아동이 치료에 참여하기 위해서는 부모나 법적 보호자가 동의해야 함을 강조하였고, Adelman 등(1984)도 치료를 결정하는 과정에서 아동을 포함시키는 것이 치료에 대한 저항을 감소시키고 치료 동기를 증가시켰음을 보고하였다.

한국놀이치료학회의 윤리강령(2019)에서는 내담 아동의 권리와 복지에 대한 놀이치료자의 책임감에 대해 다음과 같이 언급하였다.

〈표 2-5〉 **한국놀이치료학회 윤리강령 02-I-1. 내담자 복지에 대한 위임과 책임감**

02. 놀이치료 활동

I. 아동

1. 내담자 복지에 대한 위임과 책임감

(1) 일차적 책임감

놀이심리상담사의 일차적인 책임감은 **아동을 존중하고, 독특한 개성을 인식하며, 복지**

**를 증진시키는 치료를 수행하는 것**이다. 놀이심리상담사는 아동의 가족 역시 내담 아동의 삶에 중요하다는 점을 인식하여 **가족의 이해와 참여를 얻기 위해 노력**한다. 내담 아동에게 최상의 도움이 되도록, 아동의 삶에서 주요 성인을 대상으로 교육 및 부수적 치료(부모상담, 부모교육, 부부상담 등)를 포함시킬 수 있다.

(2) 최적의 성장과 발달
놀이심리상담사는 놀이와 놀이의 치료적 개입을 통해 내담 아동의 심리사회적 발달 및 정신건강의 향상을 촉진함으로써 아동이 건강한 삶을 영위하도록 양육의 역할을 담당해야 한다.

---

## 3. 놀이치료 및 아동상담에서 주요 윤리적 영역 4가지

Jackson(1998)은 전문가들이 내담 아동과의 일대일 관계에 있을 때, 높은 윤리적 표준들을 실천해야 한다고 강조하면서, 아동상담에서 중요한 5가지 영역을 제시하였다. 치료적 관계 구조화, 구체적 정보에 근거한 자발적 동의, 비밀보장 및 사생활 보호, 치료의 적합성과 효과성, 아동상담자의 능력이 그것들이다. Lawrence 등(2000)도 성인상담에서의 효과성이 미성년자 상담에서 그대로 나타나지 않는다고 하면서, 비밀보장, 상담자의 능력, 구체적 정보에 근거한 자발적 동의, 아동학대 신고의무 등의 윤리적 영역들을 강조하였다.

Mannheim 등(2002)도 성인상담에서 고안된 기준을 미성년자 상담에서 곧이곧대로 받아들이는 것은 발달상 관점에서 적합하지 않다고 하였다. 이에 유재령과 김광웅(2006)이 국내 아동상담자들을 대상으로 하여 윤리적 실천행동 척도를 개발한 연구에서 주요 윤리적 영역으로 4가지를 제시하였는데, 그것은 치료적 관계의 구조화, 치료의 적합성과 효과성, 아동상담자의 능력, 비밀보장 및 사생활 보호다.

### 1) 치료적 관계 구조화

유재령과 김광웅(2006)의 연구에서 '치료적 관계 구조화 및 구체적 정보에 근거한 자발적 동의'는 '치료적 관계 구조화'라는 요인으로 명명하였는데, '치료적 관계 구조화' 영역 안에 구체적 정보에 근거한 자발적 동의와 관련된 내용을 포함해서 보았다.

'치료적 관계 구조화'에서 가장 중요한 의미는 내담 아동과 부모의 의사결정권을 존중한다는 것이다. 즉, 내담자에게 치료에 관한 충분한 정보를 타당성 있는 방식으로 안내한 후, 자발적 동의를 구한다는 점이 핵심이다. Jackson이 아동상담에 APA의 윤리강령을 적용한 연구(1998)에서 첫 번째 논의점이 '치료적 관계의 구조화'였다. 이 영역은 APA의 윤리강령(1992)에서도 3가지 세부 사항으로 명시되기도 하였다(〈표 2-6〉의 상단 첫째~셋째 참조). 또한 개정된 APA 윤리강령(2017)도 이런 내용을 계속 유지하고 있다(〈표 2-6〉의 하단 참조).

〈표 2-6〉 APA, 1992, standards, 4.01 & APA, 2017, standards, 3.10

| |
|---|
| [APA, 1992, standards, 4.01]<br>첫째, 윤리적인 치료자는 상담관계를 이루는 초기에 치료의 특성과 과정, 치료 비용 등을 내담자와 의논한다.<br>둘째, 치료자가 슈퍼비전을 받는지, 학생인지를 알려야 한다.<br>셋째, 치료자는 내담자가 이해할 수 있는 정보를 제공하기 위한 합당한 노력을 해야 한다. |
| [APA, 2017, standards, 3.10]<br>1. 치료자는 연구를 수행하거나, 평가, 치료, 상담 또는 자문 서비스를 제공할 때, 합리적으로 이해할 수 있는 언어를 사용하여 사전 동의를 얻습니다.<br>2. 법적으로 고지에 입각한 동의를 제공할 수 없는 사람의 경우에도,<br>치료사는 (1) 적절한 설명을 제공하고, (2) 개인의 동의를 구하고,<br>(3) 내담자의 선호와 최선의 이익을 고려하고,<br>(4) 대체 동의가 필요한 경우 법적 권한이 있는 사람으로부터 적절한 허락을 얻습니다.<br>3. 치료사는 심리 서비스가 법원 명령 혹은 위임된 경우 그 사실과 비밀보장의 한계를 포함하여 심리 서비스 진행하기 전 개인에게 알립니다.<br>4. 심리학자는 서면 또는 구두 동의, 허락 및 동의를 적절하게 문서화합니다. |

더불어 다른 여러 문헌들에서도 '치료적 관계의 구조화'는 치료 개입 방식의 특징을 알려 주는 데에 초점을 두었다(유재령, 2006; 유재령, 김광웅 2006; 유재령, 2007; Sweeney et al., 2019). 이는 치료 개입을 결정하는 과정에서, 그리고 정기적인 놀이치료를 시작하기에 앞서, 내담 아동의 의사결정권을 존중하여 아동이 긍정적 이익을 얻도록 돕는다는 점에 초점을 두고 있다. 결국, '치료적 관계의 구조화'는 아동상담에서 중요한 윤리적 영역으로 고려되어 왔음을 알 수 있다.

한국놀이치료학회에서는 윤리강령에 이와 관련된 조항을 여러 곳에 명시했는데, 그중 01-I-2. 성실성 조항에 언급된 내용은 〈표 2-7〉과 같다.

〈표 2-7〉 **한국놀이치료학회 윤리강령 01-I-2. 성실성 조항(2019)**

01. 놀이심리상담사

I. 태도

2. 성실성

(1) 상담에 대한 정보 제공

놀이심리상담사는 자신의 신념체계, 가치, 제한점 등이 상담에 미칠 영향력을 자각하고, **내담자에게 상담의 목표, 기법, 상담의 이점, 한계점, 위험성, 상담자의 강점과 제한점, 심리평가와 보고서의 목적과 용도, 상담비용 및 지불방법 등을 명확히 알려야** 한다.

물론 윤리강령의 조항을 실천하면서 성실한 치료사의 업무를 하는 게 중요하지만, 이 조항의 내용들 중 심리평가에 대한 자세한 안내, 상담비용 및 지불방법, 놀이치료자의 이론적 배경과 그 장단점 등은 내담 아동의 법적 보호자인 부모에게 상세히 안내하고, 의논하게 된다.

내담 아동이 최소한으로 알아야 할 내용들을 아동이 '이해할 수 있는 범위에서, 이해할 수 있는 언어로' 놀이치료자가 아동에게 전달하는 것이 중요하다. 내담자가 청소년일 경우 놀이치료와 관련하여 이해할 수 있는 내용이 늘어나기도 하고, 스스로 궁금한 것을 놀이치료자에게 묻기도 하기 때문에, 이에 적절하게 답변해야 한다. 유재령(2006)은 "아동상담에서는 연령을 기준으로 '치료적 관계 구조화'와 관련된 실천 방법들을 강구해야 한다"고 하였다. 많은 임상가들이 '구체적 정보에 근거한 사전 동의 구하기'(Informed Consent)를 강조하면서, "내담자가 놀이치료 과정에 대한 정보와 설명을 듣고 이해한 후, 스스로 참여 여부를 결정하도록 하는 과정"이라고 하였다. 내담자 및 법적 보호자의 동의는 '자율성', '알고 있는 상태'(knowledgeable), '유능한 상태'가 보장되었을 때 이루어져야 한다고 하였다(유미숙 외, 2021; 이미경, 2009; Sweeney & Homeyer, 2009). 즉, 내담 아동은 타인의 강요에 의해서가 아니라, 자신이 참여할 상담에 대해 충분히 이해한 후, 자발적으로 동의할 수 있어야 한다는 뜻이다.

결국, 아동상담에서는 내담자가 미성년자이기 때문에 내담 아동과 성인 보호자 각각에게 적합한 언어로 사전 동의를 받는 절차가 중요하다. 가장 중요한 것은 놀이치료자가 성인들 간의 대화의 용이성 때문에 부모에게만 집중적으로 설명하면서 아동을 배제하는 일이 벌어지지 않도록 주의하는 것이다. 아동에게도 자신이 참여할 놀이치료에 대해 '이해 가능한 언어로' 설명을 듣고 정보를 얻을 권리가 있으니, 놀이치료자가 내담 아동과 놀이치료 관계를 시작하는 시점에서 사용할 수 있는 상담 동의서 양식 예시와 그 내용을 〈표 2-8〉에서 참고해 보길 권한다.

유미숙 등(2021)에 의하면, 대부분 놀이치료 첫 번째 회기에 놀이치료자는 아동에게 놀이치료실과 시간, 비밀보장과 한계 등을 구조화하는 시간을 갖지만, 사전 동의는 초기에 단 한 번 이루어지는 이벤트로 끝나는 것이 아니다. 필요한 경우, 아동이 이해할 때 까지 여러 차례에 걸쳐서 점진적으로 이야기할 수도 있다.

〈표 2-8〉 **양육자 대상의 사전 동의서에 포함될 내용**

1. 기관의 방침 및 놀이치료의 목적과 일반적 효과
2. 비밀보장의 원칙과 예외 사항
3. 치료 시간 및 스케줄 정하는 방식
4. 치료 방법, 목표 등
5. 양육자를 대상으로 한 놀이치료에 관한 설명
6. 일반적인 치료 기간
7. 불편한 점이 생겼을 때, 센터로 연락을 취하는 방식과 절차
8. 타 기관에 대한 간단한 안내
9. 내담자의 권리와 책임
10. 서명란(2부 작성: 내담자 보관용, 기관 보관용)
11. 치료자에 대한 소개(훈련 배경, 슈퍼바이저 자격 등을 명시)

출처: 유미숙, 박현아, 이영애(2021).

〈표 2-9〉 **아동용 정기상담 동의서 예시**

## 동의서

_______________에게

안녕?
선생님은 (                )라고 해. 여기는 네가 하고 싶은 놀이와 이야기를 할 수 있는 곳이야. 이곳에서 네가 놀이하고, 화나고 속상한 일에 대해 이야기할 때, 선생님은 네가 좀 더 행복해질 수 있는 방법을 너와 함께 찾아볼 거야.

너는 매주 (      )번씩 여기에 와서 (      )분 동안 선생님을 만나게 된단다. 너와 놀이 시간이 끝나고 나면 선생님은 집에서 너를 잘 키울 수 있는 방법에 대해 부모님과 상의한단다.

이 방에서 너와 함께 놀이하고 이야기하는 것에 대해서 선생님은 아무에게도 말하지 않아. 하지만 어떤 경우에는 너의 부모님이 너를 잘 이해할 수 있도록 너의 놀이와 마음에 대해 이야기해야 할 때가 있어. 그때에도 선생님은 너에게 어떤 이야기를 할지 상의할 거야.

선생님이 소개하는 내용을 잘 이해했고, 동의한다면 여기에 사인해 주면 좋겠어.
네가 여기에 사인하면, 우리는 매주 ______요일 ______시 ______분에 만나게 될 거야.

20______년______월______일

아동:                (서명)
보호자:                (서명)
놀이치료자:                (서명)

### 2) 치료의 적합성과 효과성

윤리적 영역들은 각각을 별개로만 보기 어려울 때가 많다. 한 예로, '치료적 관계 구조화'를 실천하는 과정에서 '치료의 적합성과 효과성'에 대한 정보 제공을 내담 아동과 보호자에게 해야 하기 때문이다.

한국놀이치료학회 윤리강령(02-I-3-(2) 선택의 자유) 조항을 보면, "미성년자인 아동은 치료를 받을 것인지, 누구에게 받을지 선택할 자유를 항상 가질 수는 없다. 그러므로 놀이심리상담사는 놀이치료를 설명하고 치료를 시작할지, 어떤 전문가가

아동에게 최상의 도움을 제공할 수 있을지 판단할 수 있도록 법적 보호자에게 조언한다. 또한, 내담 아동의 선택에 수반된 제한점들을 충분히 설명해야 한다"고 명시되어 있다. 즉, 어떤 내담 아동이 놀이치료가 적합한지, 다른 전문가에게 약물처방이나 심리평가, 언어치료를 받아야 할지 등도 접수상담이나 상담의 초기 과정에서 고려해 보아야 할 수 있다.

놀이치료자는 우리를 찾아온 내담자에게 가장 이로운 치료접근이 무엇인지를 고려하고 보호자에게 전달해야 한다. 이와 관련하여 학회 윤리강령(02-I-3-(3) 동의할 수 있는 능력의 부족) 조항을 보면, "놀이심리상담사는 구체적인 정보에 근거한 자발적인 동의를 할 수 없는 미성년 아동이나 다른 내담자들과 작업하는 데 있어서 내담자의 최상의 이익을 위해 행동해야 한다"고 명시되었다. 〈표 2-10〉과 같이, 토론과 숙고가 필요할 수 있다.

〈표 2-10〉 **'치료의 적합성과 효과성' 영역을 실천하기 위한 토론 과제**

〈에피소드〉

발음이 부정확한 만 4세의 유치원생, 표현언어가 또래보다 유창하지 않아 또래들을 밀거나 때리는 방식으로 자신의 감정과 욕구를 표현하곤 한다. 이때 놀이치료자가 내담 아동 부모에게 제공할 수 있는 조언들로는 무엇이 있을까요? 토론해 보고, 메모해 보세요.

〈토론의 방향과 단서〉

1. 놀이치료자는 놀이치료의 특징, 장점, 보편적 효과를 설명하되, 이 내담 아동에게 놀이치료를 적용했을 때의 한계점에 대해 설명한다.
2. 아동의 표현언어의 발달 수준을 객관적으로 검사하고, 평가하도록 권한다.
3. 놀이치료자의 임상적 관찰과 다른 분야의 평가 결과들을 토대로 내담 아동에게 가장 적합한 치료 개입들에 무엇이 있는지 조언해 줄 내용을 모색한다.

윤리적 영역의 두 번째인 '치료의 적합성과 효과성' 영역에서의 핵심은 〈표 2-11〉에서 보는 것처럼 4가지로 요약해 볼 수 있다.

〈표 2-11〉 **'치료의 적합성과 효과성' 영역에서 핵심 내용 4가지**

**1. 치료의 적합성에 대한 숙고**
– 놀이치료사가 적용할 놀이치료 및 이론적 배경이 내담 아동의 어려움을 해결해 가는 데 적합하지 않다면, 다른 치료 방식으로 의뢰해야 한다.

**2. 치료의 효과성 유지 및 점검을 위한 노력**
– 치료 진행에 대한 효과성을 점검하기 위해 전문적 평가 방식을 활용할 수 있다.

**3. 상담기록의 성실한 관리**
– 평소 놀이치료 회기와 과정에 대한 상담기록을 성실히 이행하고 관리한다.

**4. 치료의 효과를 증진하기 위한 추가적인 공부**
– 놀이치료사는 아동의 놀이치료에서 그 효과를 증진시키기 위해 지속적인 훈련과 교육을 받고, 슈퍼비전에 임하며, 관련 내용을 연구하는 노력을 꾸준히 한다.

### (1) 치료의 적합성에 대한 숙고

놀이치료실을 찾아온 내담 아동에게 놀이치료를 권하는 것은 아주 자연스러운 모습으로 보인다. 하지만 간혹 놀이치료자는 초기 면접(접수상담)을 한 내담 아동과 부모에게 다른 치료 개입을 권해야 할 경우가 발생하기도 한다. 즉, '이 아동이 겪는 어려움을 초보 놀이치료자인 내가 놀이치료 회기를 통해서 이해하고, 사례개념화하며, 치료적 반응을 적절히 해낼 수 있나? 그런 과정을 통해 아동의 주요 어려움을 충분히 해결할 수 있을까?'를 평소보다 더욱 심사숙고해서 짚어 봐야 할 때가 있다. 그러한 경우를 예로 들면, 다음과 같다.

- 부모의 이혼을 경험하면서 정서적 불안정이 심해진 아동
- 심각한 학대를 경험해 온 아동
- 선택적 함묵증이 심하게 진행되어 온 아동
- 분리불안의 정도가 심하여 몇 주가 지나도 놀이실에 독립적으로 입실이 어려운 아동 등

결국, 놀이치료사가 이제까지 훈련해 왔거나 경험해 온 범위를 벗어난 내담 아동을 만났을 때, 일차적으로는 슈퍼비전을 받으면서 내담 아동의 놀이를 이해하고 소

통하려는 노력을 기울이면서, 치료적 반응과 태도를 증진시켜 갈 수 있다. 하지만 초보 놀이치료자가 해당 아동과의 치료적 과정에 대해 단기간에 보완하고 대처하기 어렵다면, 해당 경험이 있는 숙련 놀이치료자에게 의뢰하는 것이 최선일 수도 있다.

한편, 놀이치료자가 적용할 치료 방식이 아동이 겪는 어려움의 종류에 적합하지 않다면, 다른 치료 방식으로 의뢰해야 하는 경우도 있다. 언어치료, 감각운동통합치료, 인지학습치료 등을 놀이치료와 병행하는 것이 아동에게 더 이로울 경우도 있지만, 한 가지 단일 개입을 우선적으로 시작하는 것이 더 이로운 아동도 있다. 세부적인 경우는 아동의 어려움의 종류와 정도, 일상생활 적응도 등을 고려하여 놀이치료자와 부모가 의논해 가면서 최종 결정을 할 수 있다.

또한, 놀이치료를 받는 아동 중 소아청소년정신건강의학과 전문의의 면접과 진단, 약물처방을 병행하는 것이 더 이로운 경우들도 흔하다. 주의력결핍 과잉행동장애, 틱장애, 불안장애, 우울증 등이 있는 아동은 이런 병행을 고려해야 하는 아동들로 언급된다.

결국, 놀이치료자의 현재 놀이치료 개입만으로 아동의 근본적 원인을 해결하는 데 한계가 뚜렷하다면, 숙련놀이치료자에게 의뢰를 하든, 다른 치료교육이나 정신건강의학의 영역으로 의뢰를 하든, 놀이치료와 타 전문치료 동시 병행을 권고하든, 해당 아동에게 어떤 의뢰 계획이 가장 적합한지 반드시 짚어 보고, 보호자와 의논해 봐야 한다. 이 과정에서 〈표 2-12〉 및 관련된 조항을 숙지하길 권고한다.

〈표 2-12〉 **한국놀이치료학회 윤리강령 01-I-2-(3) 적합한 대안 모색 조항(2019)**

01. 놀이심리상담사

I. 태도

2. 성실성

(3) 적합한 대안 모색

놀이심리상담사는 능력의 한계나 개인적인 문제로 내담자를 적절하게 도와줄 수 없을 때에는 상담을 시작해서는 안 되며, 다른 놀이심리상담사나 정신건강전문가에게 의뢰하는 등 도움을 제공할 수 있는 최선의 방법을 강구한다.

### (2) 치료의 효과성에 대한 노력 유지

놀이치료자는 내담 아동에게 적용하는 놀이치료의 진행에 있어서 그 효과성을 점검하기 위해 전문적 평가 방식을 활용한다. Jackson(1998)은 아동상담에서 '치료의 적합성(treatment adequacy)'을 점검하는 책임감 있는 자세를 강조했다. 그는 "윤리적인 치료자라면, 현재 문제의 질과 양적 심각성을 판단하기 위해 그리고 치료의 효과성을 모니터하기 위해 유용한 측정도구를 사용할 것"을 강조했다.

실제로 임상 현장에서는 놀이치료 과정에서 내담 아동의 긍정적 변화를 점검하기 위해 다음과 같은 방법을 활용한다(유재령, 2006; Jackson et al., 2001).

- 지난 일주일간 아동의 일상생활에 대한 부모의 관찰과 보고 내용 활용
- 놀이치료자의 전문적 관점에서 아동을 관찰하고 임상적 판단을 토대로
- 놀이 회기와 일상생활에서 아동의 피드백을 활용해서
- 표준화된 사정평가 척도를 활용해서

현실적으로 전체 놀이치료 과정에서 매 회기마다 객관적 측정도구를 사용할 수는 없다. 접수상담 이후 및 상담 초기에는 아동의 현재 어려움을 좀 더 면밀하게 평가하고 이해하기 위해 임상심리전문가가 종합심리평가를 실시하기도 하고, 단일한 자가 체크리스트를 활용하기도 한다. 더욱 자세한 결정은 아동의 연령과 발달 수준, 어려움의 종류에 따라 놀이치료자가 아동과 가족에게 적합한 방안을 선택할 수 있어야 한다.

놀이치료자가 전문적 관점으로 관찰하고 상호작용한 내용과 함께 객관적 척도를 통해 나온 결과를 종합함으로써, 놀이치료자는 아동을 더욱 깊고 정확하게 이해할 수 있기 때문에, 놀이치료의 상담 초기에서부터 상담의 중기 과정을 거치면서 아동이 긍정적인 내적 변화를 이루며 성장할 수 있게 촉진해 볼 수 있다.

〈표 2-13〉 **한국놀이치료학회 윤리강령 02-I-1(내담자 복지에 대한 위임과 책임감) 중 (1), (2), (3) 조항(2019)**

02. 놀이치료 활동

I. 아동

1. 내담자 복지에 대한 위임과 책임감

(1) 일차적 책임감

– 놀이심리상담사의 일차적 책임감은 '아동을 존중하고, 독특한 개성을 인식하며, 복지를 증진시키는 치료를 수행하는 것'이다. 놀이심리상담사는 아동의 가족 역시 내담 아동의 삶에 중요하다는 점을 인식하여 가족의 이해와 참여를 얻기 위해 노력한다. 내담 아동에게 최상의 도움이 되도록, 아동의 삶에서 주요 성인을 대상으로 교육 및 부수적 치료(부모상담, 부모교육, 부부상담 등)를 포함시킬 수 있다.

(2) 최적의 성장과 발달

– 놀이심리상담사는 놀이와 놀이의 치료적 개입을 통해 내담 아동의 심리사회적 발달 및 정신건강의 향상을 촉진함으로써 아동이 건강한 삶을 영위하도록 양육의 역할을 담당해야 한다.

(3) 치료계획

– 놀이심리상담사는 내담 아동에게 **적합한 치료계획을 아동과 부모/법적 보호자가 충분히 이해할 수 있는 방식으로 설명**한다. 치료목표들의 범위 내에서 아동의 성장 능력, 효과 및 아동에 대한 지속적 지지와 성인의 참여를 확인하기 위해 치료계획을 정기적으로 검토해야 한다.

### (3) 상담기록의 관리

놀이치료의 과정에서 내담 아동이 긍정적 변화 및 성장을 하는 효과를 경험하기 위해 놀이치료자의 다각적인 노력이 꾸준해야 함이 자명하다. 이런 노력 중 대표적인 것이 놀이치료 '상담 회기에 대한 기록'이다. 놀이치료자는 매주 놀이치료 회기에서 아동이 드러낸 놀이와 언어화 중 핵심적인 내용을 적절히 요약하며 기록해 놓는다.

유재령의 연구(2006)에 의하면, 치료의 적합성과 효과성을 점검하기 위해 기본적으로 필요한 것이 '상담기록'이라고 하였다. 미국놀이치료학회(APT)의 실무지침에서는 내담 아동의 발달 상 기능 수준, 치료목표, 치료자의 회기 내 반응, 관찰된 놀이주제들, 내담 아동의 사고 · 정서 · 놀이 주제 · 행동의 변화들, 타인들에 대한 치료개입, 중요한 타인들의 관찰 내용 등을 기록하도록 명시하였다(APT, 2001, Section, A).

한국놀이치료학회 윤리강령(2019)에도 이러한 기록의 방법과 필요한 내용을 02-I-1-(4) 기록 보관 조항에 명시한 바, 〈표 2-14〉를 참고해 본다.

〈표 2-14〉 **한국놀이치료학회 윤리강령 02-I-1-(4) 기록 보관 조항(2019)**

1. 내담자 복지에 대한 위임과 책임감

(4) 기록 보관

– 놀이심리상담사들은 내담 아동과의 회기 과정을 다음의 내용을 반영하도록, 사실대로 기록해야 한다.

* 현재의 발달상 기능 수준(예: 인지, 놀이 발달, 정서 발달 등등)
* 치료 개입의 장단기 목표
* 행동 및 목표와 연관된 회기 내의 언어 표현
* 관찰된 놀이 주제 및 사용된 놀이도구
* 내담 아동의 행동 및 목표와 관련된 사실적인 이미지
* 사고과정, 정서, 놀이 주제, 그리고 행동에서의 변화
* 주요 다른 성인에 대한 개입(예: 부수적인 치료, 의뢰 등)
* 자살이나 타살의 의도나 상상,
* 주요 다른 성인들이 관찰한 내용
* 가족 기능의 수준과 가족 환경
* 종결 상황

### (4) 전문인으로서의 훈련, 교육, 슈퍼비전에 대한 지속적 책임

결국, 놀이치료자는 '놀이치료가 내담 아동에게 적합하고 효과적으로 적용될 수 있도록' 다양한 노력들에 최선을 다해야 할 것이다. 자신이 만나는 내담 아동의 놀이치료 효과를 증진시키기 위해 훈련, 교육, 슈퍼비전을 받고 연구하려는 노력을 기울이길 권고한다.

윤리에 대한 여러 문헌들에서는 아동상담에 대한 효과성을 평가하고, 책임감 있는 전문인이 되기 위해 상담자들이 과학적 · 이론적 토대를 갖는 것을 강조한다. APT의 실무지침(2001)에서도 "아동치료자들은 전문인들로서 그들의 효과성을 점검하고, 훈련 · 교육 · 슈퍼비전을 받는다"고 명시했다(유재령, 2006; APT, 2001, Section, D; Welfel, 2002).

이런 점은 〈표 2-15〉에서 보는 것과 같이, 한국놀이치료학회 윤리강령 01-II-1(질 높은 치료를 제공하기 위한 책임감) 조항들에서도 명기되어 있다. 윤리강령의 해

당 조항들을 살펴보면, 놀이치료자가 놀이치료에 대해 기본적으로 '질 높은 치료를 제공하기 위한 책임감'을 갖고, 이를 위해 치료자로서의 발전을 위한 다각적 노력을 하도록 권고하는 내용들이다. 놀이치료자의 노력이 내담 아동의 정서적 · 사회적 성장에 직접적 · 간접적으로 영향을 주기 때문이다.

놀이치료자가 자신의 전문적 역량을 발전 · 향상시키는 더 구체적인 방법에 대해서는 이 책의 '제1장 놀이치료 실습 및 슈퍼비전'을, 그리고 자신이 속한 학회의 자격 및 교육 규정을 더 상세히 참고하길 바란다.

〈표 2-15〉 **한국놀이치료학회 윤리강령 01-II-1(질 높은 치료 제공 위한 책임감) 중 (1), (2) 조항**

01. 놀이심리상담사

**II. 사회적 책임**

**1. 질 높은 치료를 제공하기 위한 책임감**

(1) 치료의 효과성 점검

놀이심리상담사는 전문가로서 치료 진행에 대한 효과성을 점검하기 위해 전문적으로 표준화된 평가 방식을 활용해야 하고, 진행되는 치료의 효과를 향상시키기 위해 그에 적합한 훈련, 교육, 슈퍼비전을 받으며, 연구 · 실천하는 노력을 해야 한다.

(2) 지속적인 교육과 연구

놀이심리상담사는 새로운 연구방법을 개발하고, 그들이 만나는 다양하고, 또는 특별한 인구 집단에 대한 경향에 주목하면서, 놀이치료에서 최근 조사연구에 대한 지식을 유지하기 위해 지속적인 교육을 받는다. 놀이심리상담사는 내담자의 다양성에 대한 새로운 연구방법 및 모형에 대한 지식을 실천하고 능력을 유지시켜야 한다.

## 3) 아동상담자의 능력

놀이치료자 및 아동상담자들의 윤리강령이 충분히 활용되기 이전 시기였던 1980~1990년대에 이루어진 상당수 선행연구들에서 윤리적 신념과 실천행동 간에 불일치가 많았던 윤리적 영역 중 하나가 '아동상담자의 능력'으로 보고되었다(Haas et al., 1986, 1988; Neukrug et al., 1992; Pope et al., 1988; Smith et al., 1991; Welfel, 2002; Wilkins et al., 1990; Zibert et al., 1998).

유재령(2006)은 많은 선행연구들이 "아동상담자로서 활동하기 위한 특수한 준비를 강조하였음"을 확인하였다. Lawrence 등(2000)은 성인상담에서의 효과성이 미성년자 상담에서 그대로 나타난다고 보지 않았고, 다른 연구자들도 미성년자의 상담자들은 아동 발달 · 청소년 발달 이론들을 철저하게 이해하고, 가족 및 부모를 효과적으로 다룰 수 있는 지식도 겸비해야 한다고 하였다(Darden et al., 1996; Weiner & Kurpius, 1995). Jackson(1998)도 "윤리적인 놀이치료자들은 그들 능력의 경계를 잘 인식해야 하고, 그들의 준비된 영역과 방법들로만 치료를 제공해야 한다"고 강조하였다. 즉, 놀이치료자는 자신이 교육훈련을 받은 범위 내에서 상담해야 하고, 상담을 효과적으로 진행할 수 있는 신체적 · 정신적 상태를 유지해야 하며, 능력을 향상 · 유지하기 위해 지속적인 교육 참여와 지식 향상 노력을 해야 한다.

결과적으로, 놀이치료자가 책임감 있는 전문인으로서의 능력을 준비하고, 그러한 전문성을 적절한 범위 내에서 활용할 때, 앞서 언급한 '치료적 적합성과 효과성'을 잘 유지할 수 있게 된다고 본다.

〈표 2-16〉 **한국놀이치료학회 윤리강령 01-I-1(전문적 능력) & 2(성실성) 조항**

01. 놀이심리상담사

Ⅰ. 태도

1. 전문적 능력

(1) 능력의 경계

놀이심리상담사는 자신의 능력의 경계 내에서만 실무를 해야 한다. 능력은 정규 교육, 실습 및 훈련, 슈퍼비전 받은 상담 경험, 학회의 자격 취득, 그리고 그 외의 전문적 경험 등에 기반을 두어야 한다.

(2) 전문성 향상

놀이심리상담사는 적절한 교육, 훈련, 그리고, 슈퍼비전 받은 상담 경험을 쌓아 반드시 전문성을 향상시켜야 한다.

(3) 자격의 명시

놀이심리상담사는 자신이 가진 능력 이상의 것을 주장하거나 암시해서는 안 되며, 타인에 의해 능력이나 자격이 잘못 명시되었을 때에는 수정해야 할 의무가 있다.

(4) 지속적인 교육과 연수

놀이심리상담사는 자신의 활동분야에 있어서 최신의 과학적이고 전문적인 정보와 지식을 유지하기 위해 지속적인 교육과 연수의 필요성을 인식하고 참여해야한다.

(5) 자기반성과 평가

놀이심리상담사는 전문인으로서의 능력에 대한 지속적인 자기반성과 평가를 해야 하며, 자신의 능력을 향상시키기 위해 지도감독을 받을 책임과 의무가 있다.

(6) 윤리강령의 준수

놀이심리상담사는 윤리강령과 시행세칙을 준수할 책임이 있다. 놀이심리상담사는 윤리적 책임이나 전문적 실무에 관한 의문점들에 대해 지식과 경험이 풍부한 전문가의 의견을 들어야 한다.

(7) 자격 있는 놀이심리상담사 채용

상담기관은 적합한 자격과 전문적인 능력을 갖춘 놀이심리상담사를 채용해야 한다.

2. 성실성

(2) 전문인으로서의 가치와 권위 유지

놀이심리상담사는 개인의 이익을 위해 상담전문직의 가치와 권위를 훼손하는 행동을 해선 안 된다.

(3) 적합한 대안 모색

놀이심리상담사는 능력의 한계나 개인적인 문제로 내담자를 적절하게 도와줄 수 없을 때에는 상담을 시작해서는 안 되며, 다른 놀이심리상담사나 정신건강전문가에게 의뢰하는 등 도움을 제공할 수 있는 최선의 방법을 강구한다.

(4) 상담 중단 시의 대처

놀이심리상담사는 자신의 질병, 죽음, 이동, 기관의 폐업 등과 같은 요인에 의해 상담이 중단될 경우, 이에 대한 적절한 조치를 취해야 한다.

(5) 종결에 대한 대처

놀이심리상담사는 종결 시 내담자의 관점과 요구에 대해 의논해야 하며, 다른 전문가를 필요로 할 경우에는 적절한 과정을 거쳐서 의뢰해야 한다.

(6) 동료에 대한 태도

놀이심리상담사는 내담자나 학생, 연구 참여자, 동료가 피해를 입지 않도록 조치를 취해야 한다.

(7) 오용에 대한 대처

놀이심리상담사는 자신의 기술이나 자료가 다른 사람들에 의해 잘못 사용될 가능성이 있는 활동에 참여해서는 안 된다.

## 4) 비밀보장 및 사생활 보호

상담 관계의 가장 큰 특징 중 하나는 내담자에 대한 비밀보장이다. 그러나 아동이나 미성년자를 대상으로 놀이치료 및 상담을 하는 경우에는 법적 보호자인 주 양육자가 아동의 치료에 대한 정보를 얻고 이에 동의하는 권리를 갖기 때문에, 놀이치료자는 내담 아동이 놀이실에서 드러낸 정보를 부모와 공유함에 있어 딜레마를 겪게 된다.

Sweeney(2019)에 의하면, 아동에 대한 심리치료를 승인하기 위해서는 부모의 동의가 필요하다. 즉, 부모는 자녀의 치료에 대한 정보를 얻을 권리를 갖는다. 결과적으로, 비밀보장은 일반적으로 미성년자에게 온전하게 보장되기 어려워지고, 이런 점은 치료적 관계를 맺고자 노력하는 치료자에게는 도전이 될 수 있다. 놀이치료자는 내담 아동 · 청소년과 언어적 · 비언어적으로 공유한 내용의 전부를 부모에게 알리지 않겠다는 식으로 비밀보장 약속을 할 수가 없다. 내담 아동과 있었던 놀이치료 회기의 내용 중 일부를 부모에게 설명하고, 부모가 자녀에 대한 이해를 넓혀 가도록 도와야 하기 때문이다. 이러한 딜레마를 해결하기 위해 놀이치료자들은 '비밀보장의 기본적 원칙과 예외 사항'을 함께 공부해 볼 수 있다.

#### (1) 비밀보장의 원칙과 의미

유재령의 연구(2006)를 보면, 여러 전문직의 윤리강령들에서도 "비밀보장 정보의 불법적이고 부당한 공개는 삼가", "비밀보장과 그 한계점에 대해 내담자와 논의"하도록 권고하였다. 또한 "내담자의 개인적 정보기록을 철저히 보관"하며, "전문적인 목적을 위해서만, 그리고 내담자와 명확히 관련된 실무자들에게만 내담자 정보들을 논의할 수 있다"고 명시하였다.

그러나 미성년자를 상담하는 놀이치료의 과정에서는 부모나 법적 보호자가 상담에 긴밀히 관여하기 때문에, 내담 아동이 치료적 도움을 받을 수 있는 비밀보장의 범위를 잘 판단할 수 있어야 한다.

일반적으로 놀이치료 회기에서 아동이 내적 세계를 안전하게 표현하고 문제해결의 방향을 편안하게 찾아가도록 돕기 위해 제한된 정보를 부모에게 전달하게 되고, 이를 위해 놀이치료자의 숙련된 기술이 필요하다. 또한 많은 임상가들은 '부모에게 어느만큼의 정보가 전달되는지를 아동에게 미리 알려 주는 것'도 중요하다고 하였다(Geldard & Geldard, 1997; Jackson et al., 2001; Landreth, 1991; Lawrence et al., 2000). '〈표 2-9〉 아동용 정기상담 동의서 예시'의 세 번째 단락의 언급이 이런 내용을 반영하여 작성된 것이다.

더불어 내담 아동 자신이나 타인의 안전과 이익을 위해 비밀보장을 깨야 하는 경우들도 알아두면 도움 될 것이다(APA, 2002; APT, 2001; Gibson & Pope, 1993).

Sweeney 등(2019)은 치료자들에게 '사생활', '비밀보장', '특권'이라는 용어들 간 차이에 대해 혼란이 있다고 보았다. '사생활'의 근본적인 의미는 타인이 그들 자신

에 대하여 알 수 있는 혹은 알 수 없는 것들을 선택할 권리를 갖는 것을 뜻한다고 하였다. '비밀보장'은 내담 아동의 사적인 정보에 대한 접근을 제한하고, 이를 존중하는 치료자의 윤리적 책임을 구체화한 것이다. '특권'은 내담 아동의 비밀보장을 보호해야 하는 치료자의 법적 책임을 나타낸다고 하였다. 기본적으로, "비밀보장은 내담 아동의 사적인 정보에 대해 치료자가 지켜야 할 윤리적 의무이며, 동시에 내담자의 권리"라고 보았다.

### (2) 비밀보장의 예외

놀이치료 및 아동상담 현장에서는 간혹 내담 아동과의 비밀보장을 100% 다 지켜 줄 수 없는 예외적인 상황들이 일어나곤 한다. 그 대표적인 경우 3가지를 알아보고자 한다.

#### ① 회기 후 부모상담

- 정기적인 상담을 시작하는 첫 회기에 내담 아동에게 '회기 후 부모상담의 긍정적 취지'를 알려 주도록 한다.
- 놀이치료가 끝난 후, 10분간 부모상담실에서 놀이치료자와 엄마가 이야기 나누는 이유와 범위에 대해 간단히 설명해 준다. 다음과 같이 미리 말해 주면, 내담 아동들의 괜한 오해와 걱정을 줄일 수 있다.

> "여기서 네가 한 놀이나 네가 했던 말을 선생님이 엄마에게 모두 다 말씀드리지는 않아. 하지만 네가 한 놀이나 말 중에 어떤 내용을 엄마에게 말씀드려서 엄마가 네 마음을 더 잘 알게 되거나, 가족들이 너와 지내는 더 좋은 방법을 배울 수 있다면, 그런 내용은 선생님이 엄마랑 얘기 나누게 될 거야."

- 양육자 상담 시에는 놀이 내용을 상세히 전달하기보다 놀이 내용의 핵심 부분과 놀이 주제를 전달하는 것이 안전하다. Landreth(2017)는 "양육 상담에서의 일반적인 규칙은 아동의 구체적인 놀이행동이나 내용을 노출하기보다는 일반적인 관찰에 대해 이야기를 나누는 것"이라고 하였다. 즉, 놀이치료자의 전문적 관점으로 관찰했던 아동의 놀이 내용과 핵심 주제, 중요한 감정과 지각

(perception), 소망 등을 부모가 이해할 수 있는 언어로 설명하는 게 아동과 부모 모두에게 도움 될 것이다.

〈표 2-17〉 **내담 아동에 대한 비밀보장과 예외에 대한 토론 과제**

**〈상황〉**

놀이치료 회기를 끝내고 나온 만 5세 남아에게 양육자가 매우 궁금한 표정으로 "오늘 ○○이 뭐하고 놀았어?"라고 질문한다. 이때 놀이치료자는 뭐라고 대응하는 게 좋을까요? 토론해 보세요.

**〈토론의 방향〉**

이런 상황에서 놀이치료자는 양육자가 원하는 답을 해야 한다는 부담감을 갖고 섣불리 반응하게 될 수도 있는데, 이를 주의한다. 오히려 '아이가 무엇을 했는지 궁금한 양육자의 마음'을 공감해 준 후, 양육자가 무엇을 알고 싶은지, 어떤 이야기를 나누고 싶은지 되물음으로써 현재 양육자에게 필요한 정보를 줄 수 있다. 내담 아동에게는 비밀을 최대한 보장해 주면서 양육자에게는 놀이치료 과정에서 아동이 표현하거나 경험했던 핵심을 전달해 줌으로써, 부모-내담 아동 간의 관계를 호전시킬 수 있는 시작점을 만들어 갈 수 있다.

### ② 아동학대에 대한 신중한 사전 고지

내담 아동의 양육자와 상담을 하다 보면, 드물게 '내담 아동이 가정 내에서 신체적 학대, 정서적 학대, 방임을 당하고 있음'을 놀이치료자가 인지하게 되는 경우가 있다. 자세한 내용은 유미숙 등(2021)의 제2장 중 '(2) 아동학대와 비밀보장' 부분을 참고해 본다. 이를 바탕으로 〈표 2-18〉에서는 놀이치료자가 이런 상황에서 어떻게 대처하는 것이 아동의 안전을 최대화할 수 있고, 부모와 가족을 안전하게 돕는 방법인지를 고민해 보아야 한다. 〈표 2-18〉에서는 내담 아동이 부모나 중요한 성인으로부터 학대당한다는 정황을 인지했을 때 대처할 수 있는 기본적 방법이 될 수도 있다. 가능한 방법을 토론해 보고 정리해 보길 권한다.

〈표 2-18〉 **아동학대를 인지했을 때, 놀이치료자가 대처할 수 있는 순서**

**〈상황〉**

만약 초등학교 2학년 내담 아동이 아빠가 거슬려 하는 만들기 놀이를 집에서 종종 한다. 그러다 보면, 아빠가 아동을 신체적으로 체벌하는 일이 잦아진다는 사실을 놀이치료자는 엄마로부터 듣게 되었다. 자 이때, 놀이치료자는 어떻게 대응하는 것이 아동을 위해 가장 안전하고 이로울까요? 토론해 보세요.

1. 주 양육자인 모에게 공감과 감정 반영 전달하기
   –"어머니도 아이 아버지가 이렇게 하실 때마다 많이 놀라고 무섭고 걱정 되셨겠어요."
2. 아동학대 관련 법[1]이 최근 강화되었음을 상기시켜 드리기
   –"어머님도 뉴스를 보셔서 아시겠지만요. 요즘은 부모가 자녀에게 신체적 체벌을 하는 것도 학대로 보지요? 사회적으로 아동보호와 관련된 법들이 강화되고 있어서요."
   –"저희 놀이치료자들도 신고 의무자에 포함됩니다."

* 그런데 여기서 중요한 것은 신고에 대해 사전 의논하는 취지가 '단순한 고발을 하려는 것'이 아니라, 아동과 주 양육자가 안전한 상황에서 지내도록 돕기 위한 실제적인 해결책들을 논의하려는 취지임을 잘 설명 드린다. 즉, 내담 아동의 부모를 놀이치료자가 신고하는 것보다는 가해자인 가족으로부터 아동과 다른 가족원이 안전하게 지낼 수 있는 방법들을 논의하는 게 더 우선되어야 한다.

3. 주 양육자인 엄마의 이야기만을 듣고 성급히 신고했다가 엄마와 아이가 더 위험해지는 건 아닌지, 신고 후의 결과적 상황을 예측해 본다.
   –'신고 후, 자녀가 안전한 상황을 바로 보장받을 것인가?'
   –'출동경찰이 자녀와 가해 부모를 한 집에 둔 채로 돌아갔을 경우, 아동의 신체적 안전이 유지될 수 있는가? 비가해자인 엄마까지 위험해질 수 있나?' 등을 예측해 본다.

4. 동시에 주 양육자(가해자가 아닌)인 엄마가 취할 수 있는 대안을 의논해 보고, 아동과 가족의 안전을 유지할 방법을 엄마가 자발적으로 찾을 기회를 주는 것도 중요할 것이다.

### ③ 집단놀이치료

2명 이상의 아동이 만나는 집단놀이치료에서 각 아동이 드러낸 사적인 내용이 모두 비밀보장 받을 수 있을 것이라 확신하기는 어렵다(Sweeney & Homeyer, 2009). 따라서 집단놀이치료를 시작하기 전에 집단 내에서 서로 비밀보장을 유지하는 것의 중요성에 대해 이야기를 나누어 보는 것이 좋다. Sweeny 등(2019)에 의하면, 비밀보장과 관련된 내용의 중요성을 집단구성원에게 가르쳐야 한다고 했다. 또한 이는 내담자의 정기상담에 앞서 작성되는 '사전 동의 문서'의 한 부분이 되어야 한다고 권고하였다.

미성년자인 내담자를 놀이치료 및 상담하는 것은 비밀보장 및 사생활 보호 측면에서 쉽지 않은 점들이 종종 있다. 이에 한국놀이치료학회 윤리강령에서는 비밀보장과 관련된 조항들을 상세히 규정해 놓았으니, 숙지해 보길 바란다.

---

1) 「아동학대범죄의 처벌 등에 관한 특례법」(제10조 제2항)

〈표 2-19〉 **한국놀이치료학회 윤리강령 03-I-1, 2, 3, 4조항 및 03-II-1, 2조항**

03. 놀이치료 정보의 보호와 비밀보장

I. 사생활에 대한 권리

1. 비밀보장

(1) 놀이심리상담사는 사생활에 대한 아동의 권리를 존중한다. 놀이심리상담사의 관심은 오로지 내담 아동의 최상의 이익에 두고 내담 아동의 치료에 불리하게 영향을 미칠 수 있는 비밀보장 정보의 불법적이고 부당한 공개는 삼간다.

(2) 놀이심리상담사는 고용인, 슈퍼바이저, 사무보조원, 그리고 자원봉사자들을 포함한 직원들에게도 내담 아동과 부모의 사생활과 비밀이 보호되도록 주지시켜야 한다.

(3) 놀이심리상담사는 공개적인 사례 발표 등을 통해 알게 된 다른 상담사의 상담 정보에 대해서도 비밀을 보장할 의무가 있다.

2. 최소한의 공개

(1) 서면보고, 구두보고, 자문 등 비밀보장 정보의 공개가 필요한 상황이 발생했을 때, **의사소통 목적과 관련된 필요한 정보만을 공개**한다.

(2) 치료적 관계, 자문관계, 연구 참여자, 고용인들에 대한 평가자료 등에서 얻은 정보는 **학문적 목적이나 전문적 목적을 위해서만** 사용하여야 한다.

3. 비밀보장의 예외

놀이심리상담사는 **아동의 안전에 의심이 가는 경우**, 또는 **법원이 비밀을 보장해야 할 정보를 공개하라고 요구할 때**, 아동의 법적 보호자로부터의 허락 없이 정보를 제공할 수 있다.

4. 전자 정보의 비밀보호

컴퓨터를 사용한 자료의 보관은 정보의 보호와 관리에 있어 한계가 있다는 사실을 알아야 한다.

내담 아동과 부모에 대한 기록이 전자 정보 형태로 보존되어 제3자가 내담 아동과 부모의 동의 없이 접근할 수 있을 때, 놀이심리상담사는 적절한 방법(패스워드 설정 등)을 통해 내담자의 신상이 드러나지 않도록 조치를 취한다.

놀이심리상담사는 컴퓨터, 이메일, 팩스, 전화, 기타의 장치를 통해 내담자의 정보를 전송할 때에 비밀이 유지될 수 있도록 주의를 기울여야 한다.

II. 기록, 조사 연구 및 훈련에서의 신원보호

1. 신원보호

훈련, 조사연구, 또는 책 발간에 참여하는 놀이심리상담사는 관련된 내담자를 가명으로 명시하여 익명을 보장해 주어야 한다.

2. 신원 공개에 대한 동의
**특정 내담자에 관한 정보의 공적인 공개**는 내담자 또는 법적 보호자가 그 자료에 대해 완전히 알고, 그 자료들을 검토했고, 그 자료의 공적 공개에 동의했을 때에만 허용될 수 있다. 단, 놀이심리상담사는 모임의 성격에 따라 구체적인 **서면 승낙**을 받아야 한다.

〈표 2-19〉의 03-I의 1항과 2항에서 보는 것처럼, 놀이치료자가 어떤 내담 아동의 놀이치료 회기와 과정에 대해 공개 사례 발표를 하게 된다면, 〈표 2-20〉을 꼭 참고해서 준비해야 할 것이다.

〈표 2-20〉 **사례연구 발표회 사전 동의서 예시**

사례 발표 설명서 및 동의서

1. 발표 학회 일정

▷학회 : 한국놀이치료학회 사례연구회
▷발표자 : 이름 __________, 소속 __________, 직위 __________
▷발표일 : __________년 __________월 __________일
▷장소 :
▷참석 인원 : 10명 이상

2. 사례 발표의 목적
① 사례연구회는 놀이치료사/놀이치료전문가 자격 취득을 위한 모임으로 좀 더 심도 있게 내담 아동을 이해하고 보다 양질의 놀이치료 및 부모상담을 제공하려는 것입니다.
② 참석한 회원들은 임상 현장에서 만나는 유사한 어려움을 겪는 아동과 부모에 대한 이해를 높이고 놀이의 과정 및 의미, 놀이치료와 부모상담 기법을 함께 공부하고자 합니다.
③ 사례연구회 이후 보호자에게 서면, 이메일, 전화, 면담 등으로 결과를 알려드리며, 보호자에게 내담 아동의 양육에 대한 도움을 드리고자 합니다.

3. 사례 발표 동의 및 철회
① 상담자는 내담 아동에게 사례 발표의 목적에 대해 연령을 고려하여 설명하고 동의를 구하였습니다.
② 사례 발표에 대한 동의 결정은 보호자의 자발적인 것이며, 보호자는 발표 자료가 완성되는 사례 발표 8주 전까지는 아무런 불이익 없이 사례 발표 동의를 철회할 수 있습니다.

4. 비밀보장

① 내담 아동과 보호자의 신원을 파악할 수 있는 기록은 비밀로 보장될 것이며, 내담 아동과 보호자를 알아차릴 수 있는 사소한 단서에도 기호나 가명을 사용할 것입니다.

② 보호자는 상담자가 내담 아동에게 보다 양질의 서비스를 제공하기 위해 아동 및 보호자의 동의하에 놀이치료 및 부모상담 시 녹음 또는 녹화를 하고, 비밀이 보장되는 상태에서 전문가에게 슈퍼비전을 받을 수 있다는 사실을 알고 있습니다.

③ 사례연구회의 토론자들에게는 내담 아동과 보호자의 비밀보장을 침해하지 않는 범위 안에서 내담 아동과 보호자의 상담 및 검사 자료 등이 공개됩니다.

④ 발표 시 참석한 회원들에게 배포되는 발표 자료는 사례 발표 후 모두 수거하여 폐기합니다.

5. 사례 발표 일정 변경 및 취소

① 사례 발표 일정 및 진행 방식(대면, 비대면)에 변동이 있을 수 있습니다.

② 사례 발표의 내용이 학회 규정에 부적합할 때는 발표가 취소될 수 있습니다.

③ 사례 발표 일정에 변동 및 취소가 있을 경우 상담자는 즉시 내담 아동과 보호자에게 알릴 것입니다.

6. 문의

사례 발표와 관련된 추가 정보를 얻고자 할 때는 상담자(기관 전화번호: ____________ /상담자 이메일: ____________)나 한국놀이치료학회(010-3343-5275/www.playtherapykorea.or.kr/kapt@playtherapykorea.or.kr)에 문의할 수 있습니다.

위 사항에 대하여 충분한 설명을 듣고 본 설명서와 동의서의 사본을 보호자에게 제공함을 확인합니다.

| | | | |
|---|---|---|---|
| 법적 보호자: | 아동과의 관계 | 이름________ | 서명________ |
| 상담자: | | 이름________ | 서명________ |
| 날짜: | ________년 ________월 ________일 | | |

한국놀이치료학회 윤리위원회

출처: 한국놀이치료학회 사례연구위원회 양식(2021).

### (3) 비밀보장을 위한 기본: 기록의 보관과 폐기

놀이치료자는 평소 내담 아동에 대한 상담기록을 잘 보관해야 한다. 내담 아동과 가족의 사생활과 사적인 정보를 보호하는 것은 중요한 윤리적 영역이다. 물론 기본적인 지침은 앞서, ① 비밀보장의 원칙과 의미, ② 비밀보장의 예외에서 어느 정

도 제시하였고, 관련 윤리강령 조항을 숙지하면 된다. 더불어 관련 학회의 윤리규정들을 참고함으로써 놀이치료자들의 윤리적 지침을 더 발전시키고, 놀이치료자들의 윤리적 실천을 더욱 향상시켜 가는 노력도 필요하다.

이를 위해 한국상담심리학회(2018)의 상담심리사 윤리규정과 한국상담학회(2016)의 윤리강령의 관련 조항도 참고하길 권한다.

#### ① 한국상담심리학회(2018) 상담심리사 윤리규정

한국상담심리학회는 상담심리사 윤리규정 중 5.정보의 보호 및 관리–나.기록–1항에서는 상담의 기록, 보관 및 폐기에 관해 숙지할 규정을 마련하고 있다. 2항은 상담심리사가 법, 규정 혹은 제도적 절차에 따라, 상담기록을 일정 기간 보관하는 방안에 관한 것인데, 일정한 보관 기간이 경과된 기록은 파기한다. 3항은 공공기관이나 교육기관 등은 각 기관에서 정한 기록 보관 연한을 따르고, 이에 해당하지 않는 경우 3년 이내 보관을 원칙으로 한다.

나머지 4~10항도 놀이치료자들이 참고해서 숙지하고 실천하는 것이 필요한 내용들이다.

〈표 2-21〉 **한국상담심리학회(2018) 상담심리사 윤리규정**

V. 정보의 보호 및 관리

나. 기록

1. **상담기관이나 상담심리사는 상담의 기록, 보관 및 폐기에 관한 규정을 마련하고 준수해야 한다.**
2. **상담심리사는 법, 규정 혹은 제도적 절차에 따라, 상담기록을 일정 기간 보관한다. 보관 기간이 경과된 기록은 파기해야 한다.**
3. **공공기관이나 교육기관 등은 각 기관에서 정한 기록 보관 연한을 따르고, 이에 해당하지 않는 경우에는 3년 이내 보관을 원칙으로 한다.**
4. 상담심리사는 상담의 녹음 및 기록에 관해 내담자의 동의를 구한다.
5. 상담심리사는 면접기록, 심리검사 자료, 편지, 녹음 파일, 동영상, 기타 기록 등 상담과 관련된 기록들이 내담자를 위해 보존된다는 것을 인식하며, 상담기록의 안전과 비밀보호에 책임을 진다.
6. 상담심리사는 내담자가 합당한 선에서 기록물에 대한 열람을 요청할 경우, 열람할 수 있도록 한다. 단, 상담심리사는 기록물에 대한 열람이 내담자에게 해악을 끼친다고 사료될 경우 내담자의 기록 열람을 제한한다.

7. 상담심리사는 내담자의 기록 열람에 대한 요청을 문서화하며, 기록의 열람을 제한할 경우, 그 이유를 명기한다.
8. 복수의 내담자의 경우, 상담심리사는 각 개별 내담자에게 직접 해당되는 부분만을 공개하며, 다른 내담자의 정보에 관련된 부분은 노출되지 않도록 한다.
9. 상담심리사는 기록과 자료에 대한 비밀보호가 자신의 죽음, 능력 상실, 자격 박탈 등의 경우에도 보호될 수 있도록 미리 계획을 세운다.
10. 상담심리사는 상담과 관련된 기록을 보관하고 처리하는 데 있어서 비밀을 보호해야 하며, 이를 타인에게 공개할 때에는 내담자의 직접적인 동의를 받아야 한다.

---

### ② 한국상담학회(2016)의 윤리강령

한국상담학회(2016)에서도 윤리강령[제2장 정보의 보호–제6조(상담기록)–1~5항]을 마련함으로써 내담자의 정보를 보호하는 지침을 제시하였다. 〈표 2–22〉에 그 부분의 내용을 제시하였다.

〈표 2–22〉 **한국상담학회 윤리강령**

---

제2장 정보의 보호
제6조(상담기록)

1. 상담자는 내담자에게 전문적인 서비스를 제공하기 위해 **내담자에 대한 상담기록 및 보관을 본 학회의 윤리강령 및 시행세칙에 따라 시행**한다. 또한 상담기록을 안전하게 보관하고 허가된 사람 이외에는 기록에 접근할 수 없도록 한다.
2. 상담자는 상담 내용의 녹음 혹은 녹화에 관해 내담자 또는 대리인의 동의를 구한다.
3. 상담자는 상담 내용의 사례 지도나 발표, 혹은 출판 시 내담자의 동의를 구한다.
4. 상담자는 내담자가 상담기록의 열람을 요구할 경우, 그 기록이 내담자에게 잘못 이해될 가능성이 없고 내담자에게 해가 되지 않으면 응하도록 한다. 다만 여러 명의 내담자를 상담하는 경우, 내담자 자신과 관련된 부분에 대해서만 공개할 수 있다. 다른 내담자와 관련된 사적인 정보는 제외하고 열람하거나 복사하도록 한다.
5. 상담자는 상담과 관련된 기록을 보관하고 처리하는 데 있어서 비밀을 유지해야 하며, 이를 타인에게 공개할 때에는 내담자의 동의를 구한다. 내담자에게 해를 끼치지 않는 범위 내에서 공개해야 한다.

---

출처: 한국상담학회(2016).

# 4. 요약 및 토론 과제

**요약**

1. 놀이치료를 제공함에 있어서 가장 우선되는 지침은 내담 아동의 복지를 보호하는 데 초점을 둔다.

2. 놀이치료자의 윤리적 실천이란, 치료과정에서 치료자의 의사결정과 행위가 내담자의 복지와 권익을 위해 효과적이고 이롭게 작용할 건지, 내담자의 복지와 권리를 침해하는 방향으로 작용할지를 미리 심사숙고한 후, 내담자의 성장과 회복에 이로운 방향의 경계를 설정하여 실천하는 것이다.

3. 초기 면접(접수상담)에서 준비할 양식
   1) 접수 면접지 양식
   2) 놀이치료에 대한 안내책자
   3) 정기상담 동의서 양식
   4) 놀이치료자의 프로필 안내 자료(홈페이지 상담원 소개란 활용 가능)
   5) 부모 자가 체크리스트(예: CBCL 등)

4. 상담의 초기 과정에서 준비할 양식(이미경, 2009)
   1) 부모 자가 체크리스트(예: 기질 및 성격검사, 부모양육태도검사 등)
   2) 종합심리검사 안내 자료 및 동의서
   3) 법적 보호자 확인 서류(예: 가족관계증명서, 이혼판결문 사본 등)
   4) 아동에게 줄 치료시간 약속 카드(최근엔 부모 휴대전화로 문자 발송 등)

토론 주제

1. 상황: 학회의 정기사례발표회에 참가한 A가 다음의 상황을 경험했다. 다음과 같은 상황은 어떤 윤리적 영역과 연결해서 생각하고 행동해야 할까요? A라는 상담자는 어떻게 하는 것이 윤리적 실천을 하는 건가요? 토론해 보세요.

2. A의 상황과 생각: A는 오랜만에 학회에서 개최한 정기 사례 발표회에 참석하였다. 발표자인 B가 틱 증상이 있고, 부모-자녀관계 어려움을 겪는 초등학생에 대한 놀이치료 사례를 발표하는 시간이었다. 참가자 A는 발표자 B의 사례 발표를 들으면서, 자신이 만났던 내담아동도 떠올려 보았고, 여러 가지로 배우고 공부할 점이 많다고 생각하였다. 토론자 선생님들의 말씀도 깊이 새기고 싶었다. 다 수기로 메모하려니 듣고 적어야 할 내용이 너무 많았다. 그래서 얼른 스마트폰으로 발표 자료를 촬영하였다. 이 상황에서 B의 사례 발표 자료를 A가 촬영한 것은 어떻게 생각해 볼 수 있을까요?

3. 윤리적 실천을 위한 표준과 단서: "놀이치료자는 자신이 실시한 상담 정보에 대해서도, 그리고 다른 상담사의 상담 정보에 대해서도 비밀을 보장할 의무가 있다." 한국놀이치료학회 윤리강령에서 어느 부분에 이런 문구가 나왔는지도 다시 한번 찾아보면서 토론해 주세요.

## 참고문헌

강수정, 유금란(2018). 상담자의 온라인 윤리: 내담자 정보 검색 및 활용과 상담자 자기개방. **한국심리학회지: 상담 및 심리치료, 30**(3), 575-600.

김광웅, 강은주, 진화숙 공역(2008). **놀이치료에서의 부모상담**. 서울: 시그마프레스.

유미숙, 박현아, 이영애(2021). **놀이치료 관찰 및 실습**. 서울: 학지사.

유재령(2006). 아동상담자의 윤리적 실천행동 관련변인. 숙명여자대학교 대학원 박사학위 논문.

유재령, 김광웅(2006). 아동상담자의 윤리적 실천행동 척도 개발. **한국심리학회지: 상담심리, 18**(2), 373-398.

유재령(2007). 아동상담자 윤리강령에 나타난 기본 윤리영역 연구. **한국놀이치료학회지(놀이치료연구), 10**(1), 1-18.

이미경 역(2009). **놀이치료 관계형성을 위한 핸드북**. 서울: 학지사.

최해림, 이수용, 금명자, 유영권, 안현의(2014). **전문적 상담 현장의 윤리**. 서울: 학지사.

Adelman, H. S., Kaiser-Boyd, N., & Taylor, L. (1984). Children's participation in consent for psychotherapy and their subsequent resistance to treatment. *Journal of Clinical Child Psychology, 13*, 170-178.

American Counselor Association (2014). *ACA code of ethics*. Alexandria, VA: Author.

American Psychological Association (1992). *Ethical principles of psychologists and code of conduct*. Washington, DC: Author.

American Psychological Association (2002). *Ethical principles of psychologists and code of conduct*. Washington, DC: Author.

American Psychological Association. (2017). *Ethical principles of psychologists and code of conduct* (2002, amended effective June 1, 2010, and January 1, 2017). Washington, DC: Author.

Association for Play Therapy (2001). Voluntarily Play Therapy Practice Guidelines.

Corey, G. (1991). *Theory and practice of counseling and psychotherapy*. Brooks: Cole.

Corey, G. (1996). *Theory and practice of counseling and psychotherapy*. Brooks: Cole.

Corey, G. (2001). *Theory and practice of counseling and psychotherapy*. Brooks: Cole.

Darden, C. A., Gazda, G. M., & Ginter, E. J. (1996). Life-skills and mental health counseling. *Journal of Mental Health Counseling, 18*(2), 134-141.

Geldard, K., & Geldard, D. (2017). *Counselling children*. New York: SAGE Publication Ltd.

Gibson, W. T., & Pope, K. S. (1993). The ethics of counseling: A national survey of certified counselors. *Journal of Counseling & Development, 71*(3), 330-336.

Giordano, M., Landreth, G. L., & Jones, L. (2009). **놀이치료 관계 형성을 위한 핸드북**(이미경 역). 서울: 학지사. (원서 출판 2005).

Haas, L. J., Malouf, J. L., & Mayerson, N. H. (1986). Ethical dilemmas in psychological practice: Results of a national survey. *Professional Psychology: Research and Practice, 17*, 371-321.

Haas, L. J., Malouf, J. L., & Mayerson, N. H. (1988). Personal and professional characteristics as factors in psychologists' ethical decision making. *Professional Psychology: Research and Practice, 19*, 35-42.

Jackson, Y. (1998). Applying APA ethical guidelines to individual play therapy with children. *International Journal of Play Therapy, 7*(2), 1.

Jackson, Y., Puddy, R. W., & Lazicki-Puddy, T. A. (2001). Ethical practices reported by play therapists: An outcome study. *International Journal of Play Therapy, 10*(1), 31.

Landreh, G. L. (1991). *Play therapy: The art of relationship*. Bristol, PA: Accelerated Development.

Landreth, G. L. (2017). **놀이치료, 치료관계의 기술(제3판)**(유미숙 역). 서울: 학지사. (원서 출판 2012).

Lawrence, G., Kurpius, R., & Sharon, E. (2000). Legal and ethical issues involved when counseling minors in nonschool settings. *Journal of Counseling & Development, 78*(2), 130-136.

Mannheim, C. I., Sancilio, M., Phipps-Yonas, S., Brunnquell, D., Somers, P., Farseth, G., & Ninonuevo, F. (2002). Ethical ambiguities in the practice of child clinical psychology. *Professional Psychology: Research and Practice, 33*(1), 24-29.

Neukrug, E. S., Healy, M., & Herlihy, B. (1992). Ethical practices of licensed professional counselors: An updated survey of state licensing boards. *Counselor Education and Supervision, 32*, 130-141.

Pope, K. S., Tabachnick, B. G., & Keith-Spiegel, P. (1988). Good and poor practices in psychotherapy: National survey of beliefs of psychologists. *Professional Psychology: Research and Practice, 19*(5), 547.

Remley, T. P., & Herlihy, B. (2005). *Ethical, legal, and professional issues*. Columbus: Pearson Prentice Hall.

Rønnestad, M. H., & Skovholt, T. M. (2013). *The developing practitioner: Growth and stagnation of therapists and counselors*. New York: Routledge.

Smith, T. S., McGuire, J. M., Abbott, D. W., & Blau, B. I. (1991). Clinical ethical decision

making: an investigation of the rationales used to justify doing less than one believes one should. *Professional Psychology: Research and Practice, 22*(3), 235-239.

Sweeny, D. S., Baggerly, J. N., & Ray, D. C. (2019). **집단놀이치료**(이은아김, 한희영, 서영숙 공역). 서울: 학지사. (원서 출판 2014).

Sweeny, D. S., & Homeyer, L. E. (2009). **집단놀이치료 핸드북**(유미숙, 유재령, 우주영 공역). 서울: 시그마프레스. (원서 출판 1999).

Weiner, N., & Kurpius, S. E. R. (1995). *Shattered innocence: A practical guide for counseling women survivors of childhood sexual abuse.* Washington, DC: Taylor & Francis.

Welfel, E. R. (2002). *Ethics in counseling and psychotherapy: Standards, research, and emerging issues* (2nd ed.). Pacific Grove, CA: Brooks/Cole.

Wilkins, M. A., McGuire, J. M., Abbott, D. W., & Blau, B. I. (1990). Willingness to apply understood ethical principles. *Journal of Clinical Psychology, 46*(4), 539-547.

Zibert, J., Engels, D. W., Kern, C. W., & Durodoye, B. A. (1998). Ethical knowledge of counselors. *Counseling and Values, 43*(1), 34-48.

한국놀이치료학회 사례연구위원회 양식(2021). http://www.playtherapykorea.or.kr/

한국놀이치료학회 윤리강령(2019). http://www.playtherapykorea.or.kr

한국상담심리학회 상담심리사 윤리 규정(2018). https://krcpa.or.kr

한국상담학회 윤리강령(2016). https://counselors.or.kr

제3장

# 놀이치료 초기 면접 실습

## 1. 초기 면접을 위한 준비

놀이치료를 적절히 수행하기 위해서 내담 아동과 양육자에 대해 깊이 있는 이해가 필요하다. 놀이치료자는 각 내담 아동의 주관적 세계를 이해해야 하며, 아동의 주관적 세계 이해를 위해 내담 아동 문제의 원인과 발달에 대한 가설을 정리하고 내담자 치료의 기초를 확립해야 한다. 이를 위해서 첫 번째 만남인 초기 면접이 중요하다(유미숙, 박현아, 이영애, 2021).

초기 면접의 목표는 상담관계(라포) 형성, 부모와 아동으로부터 관련 정보 수집(접수 면접지를 통해 구체적으로 탐색), 원인에 대한 가설 설정(내적 갈등, 성격적 왜곡, 방어기제에 대한 추론, 문제 원인에 대한 가설 설정), 부모와 아동의 잠재적인 능력 평가(강점과 약점, 치료 동기와 통찰 수준, 예후 추정), 치료계획 수립(적절한 목표설정과 치료 방법 선택, 심리 및 발달평가 계획) 등이다. 놀이치료 현장에서는 내담 아동에 대한 광범위한 정보를 통합하기 위해 행동 관찰과 면담 방법을 함께 활용하고 있다. 초기 면접의 적절한 수행을 위해서 다음과 같은 사항들을 알고 있는지 스스로 점검해야 한다. 〈표 3-1〉은 유미숙 등(2021)을 참고하여 작성하였다.

〈표 3-1〉 **효과적 초기 면접을 위한 자가 점검 사항**

| 분류 | 점검 사항 |
|---|---|
| 아동의 발달에 대한 통합적 이해 | Q. 전형적인 아동의 발달에 대한 이해를 하고 있는가?<br>(Piaget, Gesell, Freud, Erikson, Kohlberg 등의 학자별 아동의 발달에 대한 이해/신체, 언어, 인지, 도덕성, 사회성 발달, 애착이론 등의 이해)<br>Q. 아동의 발달에 따른 놀이의 형태를 이해하고 있는가?<br>(아동의 연령에 따른 전형적 놀이의 형태 이해)<br>Q. 상상놀이에 대해 이해하기 위한 이론들을 이해하고 있는가?<br>(탈중심화, 탈맥락화, 통합의 개념/사회적 놀이의 단계: 혼자놀이, 방관자 놀이, 병행놀이, 연합놀이, 협동놀이 등) |
| 면담 기법 이해 | Q. 면담의 유형에 대해 이해하고 있는가?<br>(비시적 면담, 반구조화된 면담, 지시적 면담 등)<br>Q. 질문 유형에 대해 숙지하고 있는가?<br>(개방형 질문, 폐쇄형 질문 등)<br>Q. 면담 기법을 적절히 이해하고 활용할 수 있는가?<br>(명료화, 직면, 재진술, 감정의 반영, 요약하기 등) |

| | |
|---|---|
| 주 호소와 양육자 면접 내용, 아동 놀이 특성 연결 | Q. 객관적이고 통합적인 사고 능력을 갖추고 있는가? |
| 구조화된 검사 실시 및 해석 | Q. 구조화된 검사를 실시하고 적절히 해석할 수 있는가?<br>• 사회정서: 아동청소년행동평가척도(CBCL), 기질 및 성격검사(J-TCI), 집-나무-사람 검사(HTP), 동적 가족화 검사(KFD)/양육자용 부모양육스트레스 검사(PSI), 부모양육태도검사(PAT)<br>• 발달: 사회성숙도 검사(SMS), 단축 감각 프로파일(Short Sensory Profile: SSP)/양육자용 마샥 상호작용 평가(MIM) |

아동에 대한 초기 면접 시 연령별로 고려해야 하는 사항들이 있다. 이 또한 아동의 연령별 발달 단계에 따른 것이다. 〈표 3-2〉는 유미숙 등(2021)이 제시한 내용을 정리한 것이다.

〈표 3-2〉 **초기 면접 시 고려 사항**

| 단계 | 고려 사항 |
|---|---|
| 유아기 | – 아기 취급 하지 말기<br>– 애착뿐 아니라 발달의 전 영역을 유기적으로 연결하는 종합적인 시각 갖기<br>– 최소한의 질문을 짧고 구체적으로 하기<br>– 첫 질문은 일반적이고 쉽게 답할 수 있도록 하기<br>(예 몇 살이야? 무슨 놀이를 제일 좋아해?)<br>– 아동이 대답할 때까지 기다려 주기<br>– 아동이 이해할 수 있는 단어 사용<br>– 연속된 질문 피하기<br>– 과도한 친절보다는 진정한 태도가 중요함 |
| 학령기 | – 처음에는 익숙하고 일상적 이야기로 시작하기<br>– 공감적 태도로 경청하기<br>– 개방형 질문 사용<br>– 몇 가지 질문을 동시에 하지 말기<br>– 눈맞춤을 너무 지속적으로 하지 않음<br>– 질문을 오해하거나 대답을 하지 않으면 질문을 단순화하고 다시 설명해 주기 |
| 청소년기 | – 존중하는 태도<br>– 청소년 내담자의 생각과 감정에 대해 이야기하도록 요청하고 적극적으로 경청하기<br>– 청소년 자신의 의견과 생각이 중요하다는 것을 강조하기<br>– 비밀유지의 한계에 대해 명확히 설명하기<br>– 문제해결에 있어 가능한 대안적인 방법에 대해 질문하기<br>– 자살 위험의 표식 찾기 |

초기 면접 후 비밀보장 및 추후 상담과정에 대한 동의서를 받을 수도 있다. 동의서의 예는 〈표 3-3〉과 같다.

〈표 3-3〉 **동의서의 예**

1. 놀이치료는 아동 상담 40분, 양육자 상담 10분으로 진행됩니다. 상담은 예약제로 운영되어 시작 시간과 끝나는 시간이 일정하고, 이는 안전하고 안정적인 상담 진행을 위해 중요합니다.
2. 상담 내용과 개인 정보에 대해서 비밀을 보장합니다. 본 기관의 경우 상담기록 보관은 3년이며 그 이후 폐기됩니다.
3. 개인 사정으로 인한 상담 취소 및 연기는 상담 24시간 전까지 가능합니다. 천재지변, 질병 등의 사유로 당일 취소하는 경우 상담비는 이월됩니다.
4. 대기실 상황이나 양육자 상담 시 상담자와 협의되지 않은 녹음 혹은 녹화를 할 수 없습니다.

상담자 ○○○ (인) / 양육자 ○○○ (인)

## 2. 양육자와의 첫 번째 면접

양육자와의 초기 면접은 내담 아동의 어려움을 이해하고 상담 계획을 수립하는 데 중요하다. 처음 양육자와 아동이 상담센터를 방문하면 양육자는 '접수 면접지' 양식을 작성하게 된다. 일반적으로 첫 면접은 전화로 상담 예약 시 알게 되는 아동의 나이, 성별, 주 호소문제 등 간략한 정보와 인적 사항 등만 알고 진행하게 된다. 때문에 상담의 필요 여부, 유지 가능성, 내담 아동의 주 호소에 대한 이해와 상담 계획 수립을 위해서 첫 번째 면접은 매우 중요하다. 다음은 첫 번째 면접 시간에 다루어야 할 사항들을 나타낸 것이다(이미경, 2009).

① 주 문제: 무슨 문제로 인하여 놀이치료를 받으려 하는가?(문제의 발생, 빈도, 시간, 장소)

② 시도한 해결책: 어떤 방법들을 시도해 보았는가?

③ 변화: 아동이 상담을 받아서 부모가 기대하는 변화는 무엇인가?

④ 관계: 각 부모/보호자와의 관계(이혼 가정이라면 자녀 면접권, 어떻게 자녀 면접

이 이루어지는가? 부모들 간의 관계)/형제자매, 교사, 다른 성인들과의 관계/교우 관계(또래, 나이가 많은 아동들, 나이가 어린 아동들과 노는지, 리더 또는 리더를 따라다니는 추종자 또는 외로운 아동인지)

⑤ 아동기: 질환, 사고, 스트레스(죽음/이별-사람, 반려동물의 죽음 또는 이별, 이혼, 전학, 이사 등)

⑥ 상담: 이전에 상담을 받은 경험이 있는가?(상담가는 누구인지, 상담을 받은 이유, 상담 기간, 상담 효과 등 이전 상담기록을 얻을 수 있도록 부모/양육자에게 허락 서명 받기)

⑦ 약: 아동이 복용하고 있는 약이 있는가?

⑧ 학교: 학교에 대한 일반적인 태도, 교사와 아동의 변화에 대한 부모의 인식

⑨ 상담: 부모가 스트레스를 받거나 부모 개인적인 문제들을 많이 논의할 경우에는 부모를 위한 개인 상담, 부모 면담 또는 부모놀이치료(filial therapy)를 제공함

⑩ 유인물: 부모와 아동이 알아야 할 것, 놀이치료에 대한 아동의 첫 번째 책

⑪ 일관성: 놀이치료에 아동을 정기적으로 데리고 오는 일관성을 중요성을 언급하기. 아동들은 체계적인 환경과 앞으로 무슨 일이 일어날지에 대하여 예측할 수 있을 때 좀 더 안전감을 느낄 수 있음

일반적으로 접수 면접에서 파악해야 할 것과 그것을 위해 필요한 구체적 질문 내용은 다음과 같다.

### 1) 주 호소문제 명료화하기

아동과 양육자가 직면하고 있는 현재의 문제들은 치료목표를 세우고 적절한 치료를 하는 데 기초가 된다. 따라서 치료자는 가장 먼저 주 호소문제를 확인하고 명료화하는 작업이 필요하다. 접수 면접지에 양육자가 정보를 이미 기재해 주었을 수 있으나, 부족한 부분은 면담을 통해 파악해야 하므로 적절한 질문이 중요하다. 접수 면접지에서 주 호소를 질문하는 부분은 문제의 발생, 빈도, 시간, 장소, 시도한 해결책 등을 질문한다. 지금 온 이유는 내담 아동의 문제에 대한 촉발 요인이 되거나 양

육자가 놀이치료를 시작하게 된 당시 주요 동기와 원인이 되므로 상담 진행에 중요한 정보가 된다. 접수 면접지의 예는 숙명여자대학교 심리치료대학원 놀이치료실 접수 면접지를 참고하여 작성하였다. 또한 주 호소문제를 명료화하기 위한 질문은 유미숙 등(2021)을 참고하였다.

〈표 3-4〉 **주 호소 파악을 위한 접수 면접지의 일부 예**

| | 아동에 대해 걱정되는 점은? | 시작된 시기는? | 부모님은 어떻게 반응하셨나요? |
|---|---|---|---|
| 1<br>2<br>3 | | | |

※ 지금 온 이유:

〈표 3-5〉 **주 호소문제를 명료화하기 위한 질문**

| 목표 | 구체적 질문 내용 | |
|---|---|---|
| 1. 양육자의 주 호소 알기 | "아동에게 걱정하시는 것을 구체적으로 말씀해 주세요."<br>"자녀에 대해 가장 걱정하는 것은 무엇입니까?" | |
| 2. 내담 아동의 주 호소 알기 | "오늘 엄마(아빠)와 여기에 왜 온 것 같니?"<br>"너는 너의 어떤 부분이 변화되었으면 좋겠니?"<br>"너의 어떤 점이 달라지면 더 행복해질 수 있을까?"<br>"네가 어떻게 변화되면 더 좋아질 것이라고 생각하니?"<br>"너를 어떻게 변화시키고 싶니?" | |
| 3. 지금 내방한 이유 알기 | "왜 지금 찾아왔나요?" | |
| 4. 주 호소문제 구체화하기 | 기간 | "이 문제가 언제부터 시작되었나요?" |
| | 빈도 | "얼마나 빈번히 발생하였나요?" |
| | 강도 | "그 문제가 어느 정도로 나타나나요?" |
| | 맥락 | "그 문제는 어떤 상황에서 발생하나요?" |
| 5. 주 호소문제를 해결하기 위한 양육자의 대처 | "그동안 이 문제행동이 나타날 때 어떻게 대처하셨나요?" | |
| 6. 아동의 문제가 다른 사람 및 환경에 미친 영향 | "이 문제는 양육자 및 가족들에게 어떤 영향을 주었나요?" | |
| 7. 아동과 양육자의 문제의식의 일치 정도 | "자녀는 이 문제에 대해 어느 정도 어려움을 느끼고 있나요?" | |

**연습문제 3-1 주 호소문제 명료화를 위한 질문을 기록해 보기**

| 목표 | 구체적 질문 내용 | |
|---|---|---|
| 1. 양육자의 주 호소 알기 | | |
| 2. 내담 아동의 주 호소 알기 | | |
| 3. 지금 내방한 이유 알기 | | |
| 4. 주 호소문제 구체화하기 | 기간 | |
| | 빈도 | |
| | 강도 | |
| | 맥락 | |
| 5. 주 호소문제를 해결하기 위한 양육자의 대처 | | |
| 6. 아동의 문제가 다른 사람 및 환경에 미친 영향 | | |
| 7. 아동과 양육자의 문제의식의 일치 정도 | | |

## 2) 발달사 및 가족관계 탐색

접수 면담에서는 아동의 주 호소 파악 후 아동의 생물학적 연령, 발달 연령을 기초로 하여 생리, 신체, 인지, 언어, 사회정서 발달에 대해 탐색하고 기능 수준을 파악한다. 또한 양육자와의 관계, 가족, 교육기관 관계자, 또래관계와의 상호작용에서의 아동의 기능 수준을 파악한다.

**연습문제 3-2 발달사 및 가족관계 탐색의 필요성에 대해 보호자에게 설명할 내용을 기술해 보기**

발달사와 가족관계 탐색이 주 호소 파악을 위해 어떤 면에서 중요한지를 설명함.
개인적인 부분에 대해 이야기하는 것이 어려울 수 있음을 이해하고 공감하는 것이 중요함.

〈표 3-6〉 **양육사 탐색을 위한 접수 면접지의 일부 예**

(1) 출생 시

| 산모 연령 | 세 | 출산 시기 | 예정일 출산: 예□ 아니요□<br>※'아니요'인 경우:<br>( 일) 전□ 후□ |
|---|---|---|---|
| 분만 상태 | 순산□ 난산□ 제왕절개□ | 신생아 체중 | kg |
| 산소호흡기 사용 | 무/유, 기간: | 인큐베이터 사용 | 무/유, 기간: |
| 황달 | 무/유, 치료 기간 및 방법: | | |
| 기타 | | | |

(2) 수유 및 식사

| 수유 방법 | 모유(  )개월/분유(  )개월/모유 + 분유(  )개월, 젖병 뗀 시기(  )개월 |
|---|---|
| 이유식 | 시작 시기:<br>방법: |
| 식습관<br>(3세 이전) | 편식(무/유), 내용:<br>식사 태도: |
| | 부모의 대처 방법: |
| 식습관<br>(3세 이후) | 편식(무/유), 내용:<br>식사 태도: |
| | 부모의 대처 방법: |

(3) 대소변 훈련

| 대변 | 시작 시기: 가린 시기: 현재: 정상□ 변비□ 유분□ |
|---|---|
| | 방법:<br>아이 반응:<br>양육자 반응: |
| 소변 | 시작 시기: 가린 시기: 현재: 정상□ 유뇨□ 빈뇨□ |
| | 방법:<br>아이 반응:<br>양육자 반응: |

(4) 수면 및 활동

| 보채기 | 무/유 보챘다면, 언제까지: 그 정도: |
|---|---|
| 잠버릇 | |
| 잘 때는 누구와<br>함께 자나요 | 3세 이전: |
| | 현재: |
| 활동량 | 3세 이전: 과소/보통/과다 기타: |
| | 현재: 과소/보통/과다 기타: |

(5) 병력

| 고열 | 무□ 유□ 시기: 최고: | 경기 | 무□ 유□ 시기: |
|---|---|---|---|
| 질환 | (시기, 병명, 입원 유무, 치료 기간): | | |
| 현재 건강상태 | | | |
| 기타 | 가족, 친인척 중 아동과 비슷한 어려움이 있는 사람 여부<br>가족, 친인척 중 심리적 어려움이 있는 사람 여부와 증상 | | |

〈표 3-7〉 **아동 발달사 탐색을 위한 접수 면접지의 일부 예**

(1) 신체 발달

| 목 가누기 | 개월 | 기어 다니기 | 개월 |
|---|---|---|---|
| 걷기 | 개월 | 숟가락질하기 | 개월 |
| 옷 벗기 | 개월 | 옷입기 | 개월 |

(2) 건강 및 기질

| 수유 및 이유식 | | 불규칙한 습관 | |
|---|---|---|---|
| 수면 문제 | | 반응성 | |
| 배앓이 | | 에너지 수준 | |
| 애정 표현 정도 | | 활동 수준 | |
| 쉽게 달래짐 | | 고집 | |

(3) 언어 및 인지 발달

| 옹알이 | 개월, 정도: 많음□ 보통□ 적음□ 없음□ |
|---|---|
| | 양육자 반응: |
| 첫말 단어 | 개월, 내용: |
| | 양육자 반응: |
| 현재 언어 | ✓ 표현력:<br>✓ 이해력: |
| 인지 상태 | 빠름□ 보통□ 느림□ 기타: |

<table>
<tr><th colspan="4">(4) 사회 및 정서 발달</th></tr>
<tr><td>눈맞춤</td><td>무□ 유□</td><td>낯가림</td><td>없음□ 적음□ 보통□ 많음□</td></tr>
<tr><td rowspan="2">언제부터 주 양육자 없이 잘 놀았나요</td><td>개월</td><td rowspan="2">주 양육자와 분리될 때 어려움이 있었나요</td><td>예□ 아니요□</td></tr>
<tr><td>양육자 반응:</td><td>양육자 반응:</td></tr>
<tr><td>좋아하는 놀이나 활동</td><td colspan="3"></td></tr>
<tr><td rowspan="2">성격</td><td colspan="3">잘 운다□ 잘 싸운다□ 겁 많다□ 샘 많다□ 눈치 본다□ 욕심 많다□<br>고집 세다□ 말대꾸가 심하다□ 말이 없다□ 순하다□ 짜증이 많다□<br>피해의식이 있다□ 화를 잘 낸다□ 쉽게 상처를 받는다□</td></tr>
<tr><td colspan="3">기타:</td></tr>
<tr><td rowspan="2">부모와의 관계</td><td>아버지와의 관계:</td><td colspan="2"></td></tr>
<tr><td>어머니와의 관계:</td><td colspan="2"></td></tr>
<tr><td rowspan="2">형제자매와의 관계</td><td>손위 형제자매와의관계:</td><td colspan="2"></td></tr>
<tr><td>동생과의 관계:</td><td colspan="2"></td></tr>
<tr><td>또래와의 관계</td><td colspan="3"></td></tr>
<tr><td>기타 관계</td><td colspan="3">※가족은 아니지만 아동에게 영향을 미치는 사람을 포함하여 적어 주세요.</td></tr>
<tr><td>특별히 좋아하는 사람</td><td colspan="3"></td></tr>
<tr><td>특별히 싫어하는 사람</td><td colspan="3"></td></tr>
</table>

## 3) 애착관계 탐색

아동과 양육자와의 애착관계를 탐색하는 것은 아동 주 호소의 기질적 · 생물학적 원인을 찾는 것만큼 중요하다. 다음은 애착관계 탐색을 위한 질문 내용이며 송영혜 등(2009)을 참고하였다.

〈표 3-8〉 **애착관계 탐색을 위한 질문 내용**

| 유목 | 질문내용 |
|---|---|
| 분리-재결합 반응 | 아동은 주 양육자와 분리될 때 어떤 행동을 보이는가?<br>재결합 시에는 어떤 반응을 보이는가? |
| 신체 접촉 용이성 | 주 양육자가 안아 줄 때 자연스럽게 안기고 이완되는가? |
| | 아동은 어른들에게 신체적 접촉을 허락하는가 ? |
| 외부 환경 수용성 | 아동은 자유롭게 환경을 탐색하는가?<br>아동은 새로운 도전과 과제를 즐기는가? |
| | 아동은 새로운 정보를 활용할 수 있는가? |
| 대인관계 | 아동은 먼저 안거나 뽀뽀하는 등 자발적으로 애정을 보여 주는가? |
| | 아동은 사람들에게 일관되게 애정을 구하는가? 선택적으로 친근함을 보이는가? |
| | 보살핌을 받기 위해 대상을 찾고자 하는가? 아니면 사람보다 사물에 더 관심을 기울이는가? |
| | 아동은 스스로 즐거운 시간을 가질 수 있는가? |
| | 아동은 필요할 때 다른 사람에게 도움을 요청하는가?<br>아동은 자신에게 관심이 주어지는 것을 좋아하는가? |
| | 아동은 타인의 감정을 이해하고 공감할 수 있는가? |
| | 아동은 어른들이 인정하는 다른 아동의 행동의 모방할 수 있는가? |
| | 아동은 어른의 지도감독 없이도 연령에 적절한 놀이를 할 수 있는가?<br>또래와 상호작용을 원하고 어른의 중재 없이도 또래와 잘 어울리는가? |

연습문제 3-3 **애착관계 탐색을 위한 질문 연습**

| 유목 | 질문 내용 |
|---|---|
| 분리-재결합 반응 | |
| 신체 접촉 용이성 | |
| | |
| 외부 환경 수용성 | |
| | |

| 대인관계 | |
|---|---|
| | |
| | |
| | |
| | |
| | |
| | |
| | |

### (1) 생후 3년까지 모자 체계 탐색

아동의 생후 3년까지 모자 체계 탐색을 하는 것은 애착관계 탐색을 위해 매우 중요하다. 모자 체계 탐색 목록 및 세부 점검 사항은 〈표 3-9〉와 같으며 유미숙 등(2021)을 참고하여 작성하였다.

〈표 3-9〉 **모자 체계 탐색**

| 목록 | 세부 점검 사항 |
|---|---|
| 1. 주 양육자(들)<br>(만일 여러 명이라면 □ 안에 순서를 적으시오.) | □모 □부 □외조부모<br>□친조부모<br>□기타 ____________ |
| 2. 출산 직후 아동에 대한 첫인상 | (                    ) |
| 3. 생후 1년 | |
| 1) 양육자의 정서 상태 | □우울 □불안 □안정<br>□기타 ____________ |
| 2) 아기 유형 | □까다로움 □늦게 반응 □순함<br>□기타 ____________ |

| | |
|---|---|
| 3) 아동과의 관계에 대한 부모의 경험 | □많이 부정적(힘겨움, 무기력, 우울, 부담감 등)<br>□어느 정도 부정적(힘겨움, 무기력, 우울, 부담감 등)<br>□보통<br>□긍정적(편안함, 즐거움 등) |
| 3) 부모에 대한 아동의 애정 반응 | □무반응 □많이 찾지 않음<br>□적절함 □과도함 |
| 4. 생후 2년 및 3년 | |
| 1) 유아의 유형 | □까다로움 □늦게 반응 □순함<br>□기타 ______________ |
| 2) 양육자의 태도 | □과잉보호 □심리적 통제<br>□과잉통제 □과잉허용<br>□적절한 훈육 □공감적 태도 |
| 3) 아동의 양육자에 대한 태도 | □많이 부정적(눈치 보기, 힘겨루기 등)<br>□어느 정도 부정적(눈치 보기, 힘겨루기 등)<br>□보통<br>□어느 정도 긍정적(편안함, 즐거움 등)<br>□많이 긍정적(편안함, 즐거움 등) |
| 4) 다른 가족구성원들과의 관계에 대해 설명하기 | □불편 □보통 □편안 |
| 4) 아동의 탐색적 행동 양상 | □새로운 것은 거의 거부하고 하지 않으려고 함<br>□새로운 것에 익숙해지는 데 시간이 많이 소요되지만 익숙해지면 잘함<br>□보통 □활발 □산만 |
| 5) 대소변 훈련 | |
| (1) 훈련의 강도 | □엄격 □보통 □허용 |
| (2) 아동의 반응 | □심하게 거부 □거부 □순응 |
| 6) 분리와 재결합 | |
| (1) 어린이집/유치원 참석 여부 | □심하게 거부 □거부 □순응 |
| (2) 분리에 대한 아동의 반응 | □관심 없음 □심하게 거부 □거부<br>□분리 시에는 거부하지만 양육자가 떠나면 곧 적응<br>□몇 주 지나서는 분리에 문제없음<br>□처음부터 적응 |

| | |
|---|---|
| (3) 재결합에 대한 아동의 반응 | □관심 없음 □화, 짜증을 냄<br>□계속 기다리고 있음<br>□처음에는 모른 척하다가 시간이 지나면 양육자에게 접근<br>□반갑게 맞이함 |
| (4) 아동이 보인 부정적인 반응에 대한 부모의 반응 | □모른 척함 □화를 냄<br>□함께 불안해짐 □마음을 공감해 줌 |
| 5. 아동-양육자 상호작용 관찰 | □주도권<br>□애정적 태도<br>□상호성<br>□도전 및 촉진적 태도<br>□훈육에 대한 순응정도 |

### (2) 가족관계 탐색

일반적으로 놀이치료자는 접수 면접지에 가족관계를 적고, 초기 면담을 하면서 가계도를 그리고 각 가족과 내담 아동과의 관계를 탐색하는 것이 필요하다. 가계도는 주로 3세대 가계도를 그린다.

〈표 3-10〉 **가족관계 탐색을 위한 접수 면접지의 일부 예**

| 관계 | 성명 | 연령(만) | 최종 학력 | 직업 | 월 수입 | 기타 |
|---|---|---|---|---|---|---|
| | | | | | | |

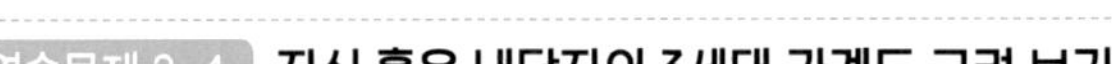

## 연습문제 3-4 자신 혹은 내담자의 3세대 가계도 그려 보기

<예시>

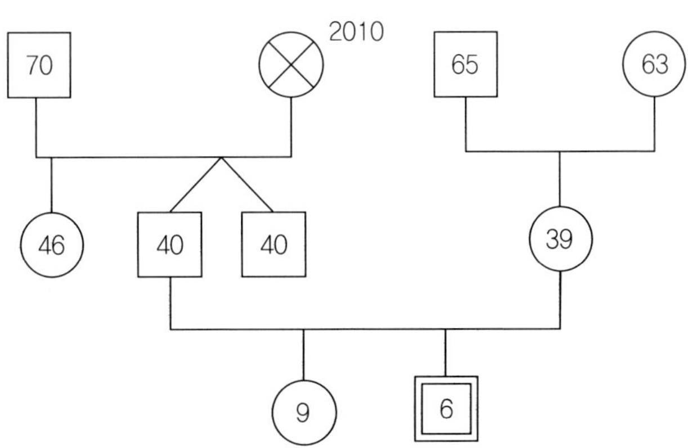

### (3) 또래 및 타인, 교육기관과의 관계

내담 아동이 만 3세 이후가 되면 또래관계 및 교육기관과의 접촉이 많아진다. 놀이치료자는 내담 아동의 또래관계의 질과 또래관계에서 주로 어떤 역할을 하는지, 친한 친구는 얼마나 있는지 등을 탐색해야 한다. 또래 및 타인, 교육기관과의 관계 탐색을 위한 질문은 Taylor, Menarchek-Fetkovich와 Day(2000)를 참고하였다.

〈표 3-11〉 **아동 교육사 탐색을 위한 접수 면접지의 일부 예**

<table>
<tr><td rowspan="3">학령 전 교육</td><td>연령</td><td>내용</td><td>아이 반응</td><td>양육자 반응</td></tr>
<tr><td></td><td></td><td></td><td></td></tr>
<tr><td>교육기관에서의 아이에 대한 반응</td><td colspan="3"></td></tr>
<tr><td rowspan="6">초등학교</td><td>초등학교 입학 시 아동의 반응</td><td colspan="3"></td></tr>
<tr><td>자신 있어 하는 과목</td><td colspan="3"></td></tr>
<tr><td>어려워하는 과목</td><td colspan="3"></td></tr>
<tr><td>학년별 성적</td><td colspan="3"></td></tr>
<tr><td>공부 태도 (숙제 포함)</td><td colspan="3"></td></tr>
<tr><td>교육기관에서의 아이에 대한 반응</td><td colspan="3"></td></tr>
<tr><td rowspan="2">과외활동</td><td>시기</td><td>내용</td><td>아이 반응</td><td>양육자 반응</td></tr>
<tr><td></td><td></td><td></td><td></td></tr>
</table>

〈표 3-12〉 **또래 및 타인, 교육기관과의 관계 탐색을 위한 질문의 예**

① 아동이 가장 좋아하는 놀이 친구는 누구인가?
② 아동은 혼자 노는 것을 더 좋아하는가? 다른 아이와 함께 노는 것을 더 좋아하는가?
③ 아동은 다른 아이와 놀이를 잘 하는 편인가?
④ 아동은 놀이 집단에서 리더인가? 아니면 추종자인가?
⑤ 아동이 장난감을 기꺼이 다른 아이들과 공유하려고 하는가?
⑥ 다른 아동이 가지고 놀고 있는 장난감을 가지고 놀고 싶어 할 때 아동은 어떻게 하는가?
⑦ 아동이 가상놀이를 할 때 다른 아동을 참여시키는가?
⑧ 어머니와 아버지는 아동과 함께 놀 때, 어떤 종류의 놀이를 하는가?
⑨ 아동은 아이들보다 어른들과 함께 하는 놀이를 더 좋아하는가?

(4) 기타

**① 양육상의 특기 사항**

아동의 적응에 어려움을 주었을 수도 있는 환경적 변화에 대해서 탐색해 본다. 아동 연령에 따른(0~1세/1~3세/3~6세/학령기 등) 주 양육자, 동생 출생 시 상황, 이사, 전학, 충격적 사건, 집착 물건 등에 대해서 탐색하고 그때의 반응을 탐색한다.

**② 상담의뢰 경로**

현 상담센터에 어떻게 방문하게 되었는지를 탐색하면 양육자가 상담에서 도달하기 원하는 목표나 기대에 대해 파악할 수 있다.

**③ 이전 검사 및 진단, 상담 경험 여부(종류/기간)**

양육자의 아동발달에 대한 이해, 아동에 대한 민감성, 성향 등을 알아볼 수 있다.

접수 면접 후 주 호소와 관련 있을 것으로 판단되는 아동의 양육사, 발달사의 정보들을 〈표 3-13〉을 이용하여 정리해 본다. 접수 면접 시 아동 놀이 면접이 함께 진행되었을 경우 아동의 실제 놀이와 행동 특성들을 종합하여 관찰한 결과들을 표를 이용하여 정리해 볼 수 있다. 정리한 자료는 이후 사례개념화를 작성하는 데 기초 자료로 활용할 수 있다(유미숙 외, 2021 참고).

〈표 3-13〉 **접수면접 결과 정리표**

| 내담 아동 정보 | 이름, 성별, 생년월일(만 연령), 미취학/초등 ○학년 |
|---|---|

| 주 호소 |
|---|
| |

| 평가 영역 | |
|---|---|
| 인상<br>(Impression) | 양육자:<br><br>아동: |
| 양육자 특성 | 양육태도:<br>스트레스 요인:<br>아동과의 관계: |
| 아동 특성 | 기질적 특성: 순한 기질/까다로운 기질/느린 기질<br>발달 특성: 행동/언어/인지/사회성 발달 등<br>놀이 특성: |
| 촉발 원인 | |
| 유지 원인 | |

| 종합 소견 |
|---|
| |

## 참고문헌

유미숙, 박현아, 이영애(2021). 놀이치료 관찰 및 실습. 서울: 학지사.

이미경(2009). 놀이치료 관계 형성을 위한 핸드북. 서울: 학지사.

O'Connor, K. J., & Ammen, S. (2009). 놀이치료 치료계획 및 중재(송영혜, 김은경, 김귀남 공역). 서울: 시그마프레스. (원서 출판 1997).

Taylor, K. M., Menarchek-Fetkovich, M., & Day, C. (2000). The play history interview. In K. Gitlin-Weiner, A. Sandgrund, & C. Schaefer (Eds.), *Play diagnosis and assessment* (2nd ed.). NY: John Willey & Sons.

# 제4장

# 놀이평가

놀이평가는 놀이치료 회기 내에서 아동의 자유놀이에 대한 체계적 관찰을 통한 평가를 의미한다. 놀이평가는 아동에게 익숙한 활동인 놀이를 통해 아동의 현재 발달 및 기능 수준을 이해하는 방법이다. 또한 추상적 사고가 충분히 발달하지 않아 자신의 감정과 심리적 어려움을 의식화하여 언어로 표현하는 데 한계가 있는 학령 전기 아동들의 기능을 관찰하는 데 유용하다(이영애, 2019). 놀이평가는 비교적 스트레스가 적고, 자연스럽게 드러나는 아동의 기능 수준을 관찰할 수 있으며, 언어를 사용하기 어려운 아동에게도 활용 가능하다는 이점이 있다(Gitlin-Weiner, Sandgrund, & Schaefer, 2004).

놀이평가를 통해 아동의 자아발달, 인지 양식, 적응성, 언어기능, 정서 및 행동 반응성, 사회성, 도덕성, 지적 능력, 대처 양식, 문제해결 능력, 주변 세계에 대한 지각 등의 특성을 관찰할 수 있다(Gitlin-Weiner et al., 2004). 이와 같이 아동의 놀이행동이나 패턴은 아동의 내면 세계뿐 아니라 언어, 인지, 정서, 사회성 등 다양한 측면의 발달 수준에 관한 구체적 정보를 제공해 주기 때문에 아동평가 도구로서 가치가 있다(이영애, 2019).

놀이평가는 표준화된 검사에서 드러나지 않는 의미 있는 자료를 제공해 줄 수 있다. 또한 질의 응답이나 표준화 검사 등의 다른 자료들을 통해 얻은 결과의 타당성을 높이고 확장하는 데 기여한다(Gitlin-Weiner et al., 2004). 임상 현장에서 놀이평가는 아동을 진단하고 분류하기 위해서가 아니라 아동의 대처 양식, 강점 및 약점, 심리내적 과정과 지각, 대인관계 능력 등을 확인하는 데 중점을 둔다(O'Connor & Ammen, 2009).

놀이치료자는 놀이평가를 통해 놀이치료 초기 단계에서 관찰되는 놀이행동 및 내용을 평가함으로써 아동에 관한 유용한 정보를 얻고 이를 토대로 치료계획을 세울 수 있다. 또한 놀이치료 과정에서 아동의 놀이를 주기적으로 평가하여 영역별로 어떠한 부분이 얼마나 변화되었는지를 알기 위해 놀이평가가 시행되기도 한다.

〈표 4-1〉은 놀이평가를 위한 자가점검표다. 유미숙 등(2021)과 저자의 경험을 참고하여 작성하였다.

〈표 4-1〉 **놀이평가를 위한 자가점검표**

| 번호 | 내용 | 확인 |
|---|---|---|
| 1 | 아동의 발달에 따른 놀이의 형태를 이해하고 있는가? | ☐ |
| 2 | 감각운동기에 적절한 놀잇감을 알고 있는가? | ☐ |
| 3 | Piaget의 인지발달 단계에 따른 놀이의 특성을 이해하고 있는가? | ☐ |
| 4 | 상징놀이에 대해 이해하고 있는가? | ☐ |
| 5 | 상징놀이의 주요 요소(탈중심화, 탈맥락화, 통합)를 이해하고 있는가? | ☐ |
| 6 | 사회적 놀이의 분류 및 발달 단계를 알고 이해하고 있는가?<br>(혼자놀이-방관자 놀이-병행놀이-연합놀이-협동놀이 등) | ☐ |
| 7 | 구체적 조작기(학령기) 아동 놀이의 특징을 알고 있는가? | ☐ |
| 8 | 게임 놀이치료의 방법과 특성을 숙지하고 있는가? | ☐ |
| 9 | 청소년기 발달의 특성을 이해하고 있는가? | ☐ |
| 10 | 아동 놀이에서 나타나는 적응적 · 비적응적 전략에 대해 이해하고 있는가? | ☐ |
| 11 | 아동의 행동 관찰 능력과 보고서 쓰기 능력을 갖추고 있는가? | ☐ |

## 1. 초기 단계에서 놀이평가

초기 단계에서 이루어지는 놀이평가에서는 아동 놀이와 행동의 특징과 패턴을 파악하고 놀이와 행동의 의미를 파악하여 이를 주 호소문제와 연결하는 작업이 필요하다. 아동의 놀이를 통해 치료자는 첫 인상 및 입실 시 태도, 언어 및 인지발달, 행동 특성, 정서 및 감정, 사회성, 관계성 및 상호작용 패턴, 놀이 내용과 놀이 주제 등을 파악한다.

〈표 4-2〉 **놀이평가에서 평가하는 항목**

| 항목 | 내용 |
|---|---|
| ① 첫인상 및 입실 시 태도 | |
| ② 행동 및 활동 | |
| ③ 언어 및 인지 | |
| ④ 정서 및 감정 | |
| ⑤ 관계성 및 상호작용 패턴/사회성 | |
| ⑥ 놀이 내용 및 놀이 주제 | |

놀이평가에서 평가하는 항목들을 적절히 기술하려면 치료자의 관찰 능력이 요구된다. 다음은 유미숙 등(2021)이 초기 면접 시 관찰하는 항목과 확인해야 할 사항들을 정리한 자료인데, 놀이평가의 각 항목을 평가하기 위해 도움이 될 것이다. 이것은 내담 아동을 적절히 이해할 수 있도록 놀이평가에서 나타난 모습을 통해 양육자에게 확인해야 할 부분을 알 수 있도록 할 것이다.

〈표 4-3〉 **관찰 항목 및 확인 사항**

| 상황 | 유목 | 세부 관찰 항목 | 정도 | 양육자 면담 시 확인 사항 |
|---|---|---|---|---|
| 입실 전 | 양육 상태 | 옷차림 | □나쁨 □보통 □좋음 | 방임<br>주의산만<br>기질 |
| | | 위생 상태 | □나쁨 □보통 □좋음 | 방임 |
| | | 발육 상태 | □나쁨 □보통 □좋음 | 방임<br>기질 |
| | 신체 발달 | 걸음걸이 | □부적절 □적절 | 발달<br>감각통합 문제 |
| | 사회 정서 | 근긴장도 | □긴장 □보통 □편안 | 기질 |
| | | 얼굴 표정 | □긴장 □보통 □편안 | 기질 |
| | | 시선 처리 | □나쁨 □보통 □좋음 | 기질<br>ASD |
| | | 양육자와 분리 시 태도 | □어려움 □보통 □편안 | 기질<br>애착 |
| 입실 후 | 사회 정서 | 치료 시 입실 시 태도 | □어려움 □보통 □편안 | 기질<br>주의산만 |
| | | 놀이치료실에 적응하는 정도 | □끝까지 긴장함 | 기질 점검 |
| | | | □중간 정도에 편안해짐 | 기질 점검 |
| | | | □처음에는 긴장했으나 곧 편안해짐 | |
| | | | □처음부터 편안함 | |
| | | 놀이치료사와 친밀해지는 정도 | □끝까지 긴장함 | 기질 및 애착 점검 |
| | | | □중간 정도에야 친밀감 표현 | 기질 및 애착 점검 |
| | | | □처음에는 긴장했으나 곧 친밀감 표현 | |
| | | | □처음부터 친밀감 표현 | |

| | | | |
|---|---|---|---|
| | 시선 처리 | □나쁨 □보통 □좋음 | 기질<br>감각통합 문제 |
| (놀이 태도) | 놀잇감 탐색 정도 | □전혀 하지 않음<br>□오래 걸림 □산만<br>□적절 | 기질<br>인지능력<br>주의산만 |
| | 상징놀이 | □나타나지 않음 | 기질, 인지 수준 고려 |
| | | □단순한 수준 | 기질, 인지 수준 고려 |
| | | □스토리 있음 | 주 호소문제와 연결해서 고려할 것 |
| | 정서 | □부정적 □보통 □긍정적 | |
| | 놀이치료자 참여시키는 정도 | □혼자 놀이<br>□적절히 참여시킴<br>□적극적으로 참여시킴 | 기질, 애착 |
| | 독립성 | □의존적 □보통 □좋음 | |
| | 좌절 인내력 | □부족 □보통 □좋음 | |
| | 숙달 동기 | □부족 □보통 □좋음 | |
| | 문제해결 능력 | □부족 □보통 □좋음 | |
| (그림 검사 태도) | 그림검사 시 태도 | □소소하게 지시 사항 어김<br>□너무 많은 시간이 소요됨<br>□질문 단계에서 그림을 덧붙여 그리거나, 대답 내용이 산만해짐<br>□필압이 강함<br>□성의 없이 금방 그림<br>□그림의 질이 떨어짐 | 주의산만<br>반항장애<br>불안 등<br>눈-손 협응능력 |
| | 놀이치료실에서의 전반적인 활동량 | □과소 □적절 □과다 | 기질, 주의산만, 불안 등 |
| | 놀이치료실에서의 전반적인 정서 표현 | □과소 □적절 □과다 | 기질, 주의산만, 불안 등 |
| | 제한 설정 시 태도 | □수용 □위축 □반복 | 양육태도<br>조절 능력 |

| | | | | |
|---|---|---|---|---|
| | 발달 | 수용언어 발달 정도 | □지연 □보통 □좋음 | 가정에서의 수용언어 수준 점검<br>인지능력 점검 |
| | | 표현언어 발달 정도 | □지연 □보통 □좋음 | 가정에서의 표현언어 수준 점검<br>조음문제 확인 |
| | | 의사소통 내용 | □부적절 □적절 □좋음 | 인지능력 점검<br>주의력 점검<br>양육태도(언어 자극) |
| | | 말의 속도 | □느림 □적절 □빠름 | |
| | | 말더듬 | □나타남<br>□나타나지 않음 | 긴장 및 불안 정도 점검 |
| | | 놀잇감 선택 시 태도 | □어려움 □보통 □편안 | 기질<br>인지능력<br>양육태도 |
| | | 놀잇감 사용 종류 | ( ) | |
| | | 놀잇감 사용 적절성 | □우수 □적절 □부적절 | -집착하는 특정 장난감 유무<br>-연령에 적절한 장난감 선택 |
| | | 소근육 사용 정도 (힘) | □과소 □적절 □과다 | |
| | | 소근육 사용 정도 (정교함) | □지연 □보통 □좋음 | |
| | | 대근육 사용 정도 | □지연 □보통 □좋음 | |
| | | 자세유지 | □늘어짐 □긴장 □적절 | 감각통합 |
| 퇴실 후 | | 퇴실 시 태도 | □계속 거부하고 퇴실 지연<br>□거부하다가 곧 수용<br>□미리 종료 시간 확인하고 먼저 나가고 싶어 함<br>□수용하고 곧 퇴실 | 기질<br>조절 능력(전환)<br>양육태도 |
| | | 퇴실 후 양육자와의 만남 | □무관심 □보통 □반김 | 기질<br>애착 |
| | | 내담 아동 퇴실 시 양육자 태도 | □무관심 □보통 □반김 | 양육태도 |
| 면접 종료 후 | | 내담 아동에 대한 놀이치료자의 느낌 | | |
| | | 양육자에 대한 놀이치료자의 느낌 | | |

다음으로는 놀이평가의 각 평가 항목에 대해 적절히 기술하기 위해 항목별로 구체적으로 설명하였다.

### 1) 첫인상 및 입실 시 태도

아동의 신체 성숙도(키, 몸무게)가 평균 수준인지 연령보다 작은지, 큰지 등에 대해 평가한다. 평가자가 아동의 연령 대비 체격에 대해 확실하지 않은 경우, 키, 몸무게에 대한 정보를 묻고 최신의 아동·청소년 발육 표준치(예: 소아·청소년 성장도표)를 참고하여 평가할 수 있다. 아동의 신체 특징과 옷차림, 위생 상태 등에 대해서도 평가하며, 아동의 표정과 첫인상에 대해 느낀 대로 기술한다.

입실 시 아동 태도가 안절부절못했는지, 긴장/위축되었는지, 느리게 행동하거나 과잉행동이 있었는지, 평가자에게 적대적으로 행동했는지, 모와의 분리에 어려움이 있었는지, 독특한 버릇이 있었는지에 대해서도 기록한다.

### 2) 행동 및 활동

아동 행동과 활동에 대한 특징에 대해 평가하는 항목이다. 탐색활동이 과잉인지, 적극적/소극적인지, 활동량은 과다/과도한지, 적절한지 등을 관찰하여 평가한다. 아동의 행동 범위, 활동량, 대소근육 조작 및 협응, 충동성, 주의력, 공격행동 등의 특성에 관해 평가한다. 공격행동에 대해서는 어떠한 상황에서 어떠한 대상(사람/사물)에게 나타났는지를 평가한다.

### 3) 언어 및 인지

언어적인 측면에 대한 평가는 언어 표현과 언어 이해 등에 대한 것이다. 언어 표현에는 발화량, 발화 수준, 말의 속도, 크기, 말의 양, 조음 명료도, 말더듬 유무, 목소리 톤, 말하기 태도 등이 포함되며, 언어 이해에는 지시 따르기, 질문의 이해, 반향어 유무 등이 포함된다. 또한 어휘력과 언어 유창성, 적절히 화용 언어를 사용하고 있는지, 사회적 상호작용을 위해 의사소통을 사용하고 있는지도 관찰한다. 인지 언어의 활용은 아동의 이야기 내용에서 말의 논리성과 보속성을 관찰하여 평가할 수 있다.

인지적인 측면에 대한 평가는 아동의 지능, 현실 검증력(사고력 미숙, 왜곡, 비현실성), 인지 및 대처 양식, 주의집중력 등에 대한 것이다. Piaget의 인지발달 단계에 도움을 받을 수 있다. 아동의 놀이에서 분명하게 나타나는 놀이 유형, 가장 많이 나타나는 놀이 유형, 주된 놀잇감 범주, 놀잇감 사용 수준, 논리적으로 놀이 장면을 구성할 수 있는 놀이 수준, 상징화 수준, 가상놀이로 확장되는지에 대한 여부, 놀이의 조직화 수준, 가상놀이 내용, 게임놀이 이해 및 활용, 놀이 내용에 대한 언어화 수준 등을 평가한다. 또한 놀이에서 현실 검증과 위기 대처 부분에서 문제해결력이 어떠한지에 대해서도 관찰한다.

### 4) 정서 및 감정

정서 및 감정에 대한 평가는 겉으로 드러나는 정서 표현과 놀이 주제를 통해 나타나는 아동이 경험하는 내재된 감정에 대한 평가를 모두 포함한다. 아동이 나타내는 정서가 얼마나 다양한지, 정서 유형의 정도와 상황에 적절한지 등을 평가한다. 내재된 감정에 대한 평가는 놀잇감에 투사하는 감정 표현이 긍정적인지 부정적인지 평가하고, 자신에 대한 표현이 긍정적인지 부정적인지에 대해서 평가한다. 또한 가상놀이를 할 때 반복되는 주제와 단어가 있는지, 놀이에 나타나는 바람이나 욕구가 어떠한 것인지를 살핀다. 또한 아동의 불안의 정도를 평가하는 데 불안을 느끼게 되는 대상이 있는지도 함께 평가한다. 두려움, 긴장 및 경계성, 이완 정도, 우울감, 충동성, 공격성, 애정/인정 욕구, 자기조절감, 자기상, 자기통제감, 자기효능감, 자기유능성에 대한 부분도 상징놀이나 게임놀이 등을 통해 평가할 수 있다.

### 5) 관계성 및 상호작용 패턴/사회성

입실 후 평가자와의 관계를 통해 아동의 관계성과 상호작용 패턴, 사회성 등을 평가할 수 있다. 모와 분리가 용이했는지, 입실 직후 긴장 수준은 어떠했는지 관찰하고, 상담자와의 상호작용 욕구 수준과 상담자를 놀이에 참여시키는지, 상담자와 대

화 수준은 어떠한지를 살핀다. 또한 상담자를 대상으로 공격성이 표현되는지, 필요시 평가자에게 도움을 요청하는지도 관찰한다. 제한 설정에 대한 수용도나 제한받을 상황이나 행동이 발생하는지도 관찰하여 평가한다.

### 6) 놀이 내용 및 놀이 주제

아동이 선택한 놀이는 무엇인지, 놀이행동 및 놀이 주제에 대해 기술한다. 선택한 놀이나 나타난 놀이 주제가 다양하다면 그에 대해 모두 기록한다. 놀이 맥락의 변화나 단절이 있었는지와 그때의 상황에 대해서도 관찰하여 평가한다. 또한 평가 종료 및 퇴실 시 아동의 태도에 대해 기재할 수 있다. 언어로 상호작용이 가능한 아동들의 경우 언어로 짧은 면담을 진행할 수도 있는데, 주 호소와 관련된 내용, 가족관계에 대한 질문이나 '세 가지 소원', '마법사가 된다면 바꾸고 싶은 것' 등을 주제로 이야기 나눌 수 있다.

## 2. 놀이치료 과정 중 놀이평가

놀이치료 과정에서 놀이치료자는 내담 아동의 변화에 대해 알아보기 위해 주기적으로 놀이평가를 실시할 수 있다. 놀이평가의 각 항목들(언어, 인지, 정서, 사회성, 행동 특성 등)에 대해 초기, 중기, 종결 등의 단계별로 평가하여 점수화하거나, 회기별로 평가하여 점수화한 후 시각화한다면, 아동에 대해 전반적으로 이해하는 데 도움이 되고 놀이치료를 통한 아동의 변화를 한눈에 알아볼 수 있을 것이다. 이를 위해 인지, 언어, 정서, 사회성, 감각통합의 5가지 영역으로 이루어진 이영애(2019)의 놀이치료 다영역 평가척도(Multidimensional Screening Scale in Play Therapy: MSSPT) 또는 Chazan(2002)이 아동의 욕구, 정서 표현 방식, 관계적 특성, 인지적 수준 등 아동에 대한 전반적 이해를 위해 개발한 아동 놀이치료 척도(Children's Play Therapy Instrument: CPTI)를 활용하는 것도 긍정적이다.

[그림 4-1]과 [그림 4-2]는 단계별, 또는 각 놀이치료 회기 후의 평가 결과를 시각화한 것이다.

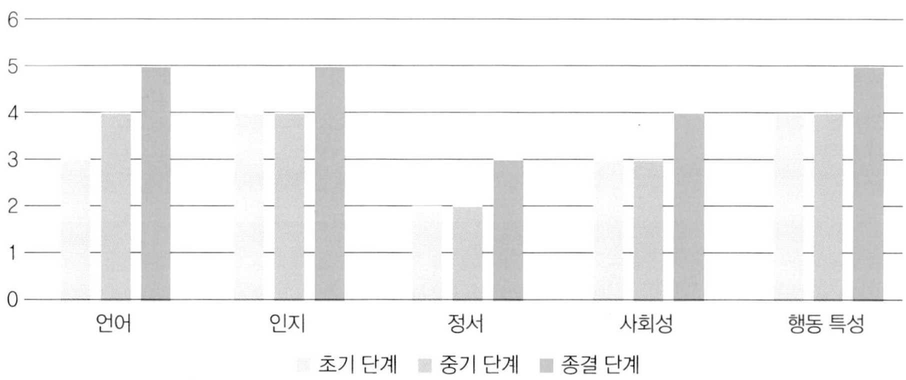


[그림 4-1] 초기, 중기, 종결 단계에 따른 아동의 변화

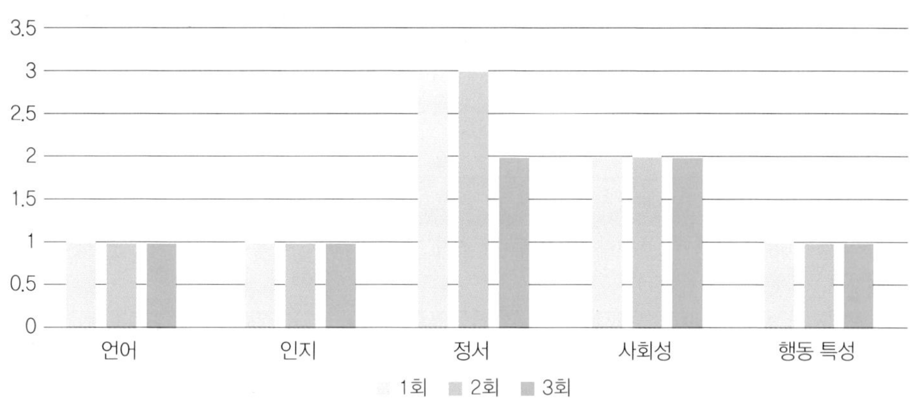


[그림 4-2] 회기별 아동의 변화

## 3. 보고서 작성

놀이평가에 대한 보고서를 작성할 때는 평가 시에 관찰한 부분을 여러 발달 이론에 적용하여 객관적이고 논리적으로 쓸 수 있도록 한다. 치료자의 평가가 객관적이고 논리적이기 위해서는 많은 경험과 노력이 필요하다. 또한 평가서를 작성할 때 평가자의 결론을 뒷받침할 수 있는 예를 들어 기술하도록 한다.

초기 놀이평가는 아동의 사례개념화에 영향을 미치고, 과정 중 놀이평가는 아동의 진전을 알아보고 치료목표 달성과 종결을 위한 판단 도구가 되므로 중요한 역할을 한다. 〈표 4-4〉는 놀이평가 양식 및 내용에 대해 유미숙 등(2021)이 제시한 것이다.

〈표 4-4〉 **놀이평가 양식 및 내용**

| 아동명: | 성별: | 연령: | 만 세 개월 □ 미취학<br>□ 취학( 학년) |
|---|---|---|---|
| 평가자: | | 평가일: | 년 월 일 |

| 1. 첫인상 및 태도 |
|---|
| 평가자의 눈으로 확인할 수 있는 외적 특성을 묘사하듯 기술한다. 아동의 신체 성숙도(예 키, 체격)와 신체 특징(예 피부색, 머리 모양 등), 표정과 인상, 옷차림, 위생 상태 또는 계절에 맞는 옷을 입었는지 등에 대해 기술한다. 이때 '아동이 실제 연령보다 어려 보이거나 나이 들어 보이는지? 시간과 장소에 따라 발달의 기능 수준이 달라지는지?'에 대해 관찰하는 것은 유용하다(Gitlin-Weiner et al., 2004). 놀이치료자는 이를 통해 타인에게 아동이 어떻게 인식될지, 그리고 아동이 사회적 상황에서 어떤 반응을 보일지 알 수 있다.<br>또한 기관에 방문해서 평가 전까지 아동이 어떤 행동을 했는지, 보호자와 분리 시 어떤 태도를 보였는지, 평가자를 처음 마주했을 때 반응은 어땠는지 기술한다. 아동의 발달 수준이 다양한 대인관계에서 일관적인지 확인하는 것은 아동이 자신의 욕구를 충족시키기 위해 사용하는 전략을 이해할 수 있게 한다. |
| 2. 행동 및 활동 |
| 아동의 행동 범위와 크기, 활동량, 탐색 수준, 조작 및 협응 능력, 충동성, 주의력, 공격행동, 기타 행동 특성에 관해 기술한다. |
| 3. 언어 |
| 2가지 측면의 언어 사용에 관해 기술한다.<br>1) 언어 표현 : 발화량과 발화 수준, 조음 명료도, 말 더듬 유무, 목소리 톤<br>2) 언어 이해 : 지시 따르기, 질문의 이해, 반향어 유무 |
| 4. 인지 |
| 아동의 지능, 현실 검증력(사고력 미숙, 왜곡, 비현실성), 인지 및 대처 양식, 주의집중력에 대해 기술한다. 앞서 언급한 Piaget의 발달 단계와 연결하여 아동의 인지기능을 설명할 수도 있다(예 아동은 학령기 아동이나 인지기능이 전조작기 수준으로, 논리적이고 체계적으로 자신의 경험을 구조화하고 행동을 계획하는 데 어려움이 있을 것으로 보임). |
| 5. 정서와 감정 |
| 놀이 상황에서 관찰되는 감정의 다양성과 유형(기쁨, 즐거움, 불안, 우울, 분노, 적개심), 정서(놀이 주제를 통해 볼 수 있는 아동이 주로 경험하고 있는 감정)를 기술한다. 또한 아동의 연령을 고려하여 자신의 정서 경험을 언어로 전달할 수 있는지를 살펴볼 필요가 있다.<br>다음에 기술한 질문은 네 가지 범주의 감정(불안 관련 정서, 우울 감정, 화난 감정 및 공격적인 감정, 긍정적인 감정)을 관찰할 때 유용하다(Gitlin-Weiner et al., 2004).<br>• 내담 아동은 이 모든 감정을 느낄 수 있는가?<br>• 어떤 유형의 감정이 우세한가? |

- 불쾌한 감정들 중 아동이 가장 혐오적으로 경험하는 것은 무엇인가?
- 아동의 정서적 균형이 유쾌한 혹은 불쾌한 쪽으로 치우치고 있는가?
- 아동은 감정의 범주 안에서 어느 정도의 강렬함을 경험하는가? 극치의 즐거움뿐 아니라 사소한 기쁨도 경험할 수 있는가?
- 아동은 정서를 유발한 상황에 맞게 정서의 강도를 조율할 수 있는가?(지나친 반응, 과소 반응은 자신의 욕구를 일관되고 적절하게 충족시킬 수 없음)

**6. 사회성**

평가자에 대한 아동의 태도, 눈 맞춤 정도, 상호작용 및 친밀감에 대한 욕구, 언어적·비언어적 상호작용의 양상 및 수준, 수용 정도, 의존 정도, 자기표현 및 주장의 양상 및 수준, 제한에 대한 수용, 경쟁적 태도 등에 대해 기술한다.

**7. 놀이 내용**

아동이 선택한 놀이, 놀이행동과 주제를 기술한다. 또한 놀이 시의 주도성, 놀이 맥락의 변화, 놀이 단절, 놀이를 종료하고 퇴실 시의 태도를 기재할 수 있다. 초등학교 중학년 이상의 아동인 경우 짧은 면담을 병행할 수도 있다. '세 가지 소원', '변하고 싶은 동물'과 같은 질문을 활용하거나 주 호소문제와 관련하여 이야기를 나눌 수도 있다.

경우에 따라 양육자–아동의 자유놀이를 실시하여 상호작용 및 놀이에서 나타나는 특성을 관찰하고 놀이 내용을 기술하기도 하며, 가족놀이 평가를 실시하고 내용을 기술하는 경우도 있다.

**8. 종합 소견**

앞의 내용들을 요약하고 주 호소와 발달사 등을 종합적으로 고려하여 아동의 놀이에서 나타나는 특성을 기술한다. 양육자 초기 면접을 함께 진행한 경우, 아동의 주 호소에 대한 촉발 요인과 유지 요인 등을 파악하여 기술하며, 간략한 치료계획 등을 제시하기도 한다.

〈표 4–5〉 **놀이평가서의 예**

| 아동명: | 김○○ | 성별: | 남 | 연령: | 만 7세 4개월 □ 미취학<br>(○○년 ○월 ○일 생) ☑ 취학(초 2학년) |
|---|---|---|---|---|---|
| 평가자: | 상담자: ○○○ | | | 평가일: ○○○○년 ○월 ○일 | |

내방 이유: 학교에서 집중력이 부족하고 산만하는 이야기를 듣고 아동에 대해 이해하고 적절히 도움을 주기 위해 내방함.

**1. 첫인상 및 태도**

귀여운 인상에 보통 체격인 남아로 별다른 반응 없이 무표정으로 입실함.
모와 분리하여 입실하는 것에 어려움은 없었음.

**2. 행동 및 활동**

입실하자마자 여러 가지 놀잇감을 보고 만지면서 탐색하였음.
과잉행동은 두드러지지 않았으나 놀이 시 부주의하여 실수를 하거나 자기 순서를 지키는 것이 어려운 충동성을 보일 때가 있음.

| 3. 언어 |
|---|
| 아동은 말의 속도가 빨라서인지 알아듣기 어려운 발음들이 있었음.<br>언어 이해 및 표현에는 어려움이 없는 것으로 보였으나 단답식의 대답을 하거나 끝까지 듣지 않고 수행할 때가 있는 것으로 보임. 그러나 아동은 언어적인 측면에서 적절히 발달되어 있는 것으로 생각됨. |
| **4. 인지** |
| 연령에 적절한 놀잇감 선택과 활용, 게임놀이의 이해 및 적절한 수행으로 보아 인지적인 측면에서 큰 어려움은 없는 것으로 보임. 그러나 부주의하여 지시문을 잘못 읽거나 평가자의 이야기를 끝까지 듣지 못하여 생기는 작은 실수들이 있음. 또한 게임놀이 시 즉각적 인상에 의해 부정확하게 빨리 반응하는 인지적인 충동성도 나타나는 것으로 보임. |
| **5. 정서와 감정** |
| 아동은 겉으로 드러나는 정서는 많지 않은 편이어서 대부분 무표정하였으며, 게임에서 불리한 상황에서 불만스러운 표정을 간혹 보였음. 게임놀이나 상징놀이에서 공격성이 드러날 때가 있었으며, 인정과 애정에 대한 욕구를 억압하고 있는 것으로 생각됨. |
| **6. 사회성** |
| 아동은 평가자와 눈맞춤이 적절하였고, 상호작용에 대한 욕구가 있는 것으로 보였음. 말수가 많다거나 친밀감을 표현하지는 않았으나, 언어적 · 비언어적으로 상호작용하고자 하는 욕구를 드러냄. 인지적 충동성으로 인하여 순서를 지키지 못할 때가 있었으나 제한에 대한 수용은 가능함. 평가자에게 의존하기보다는 스스로 탐색하고 궁금한 것에 대해 질문하는 경우가 많았음. |
| **7. 놀이 내용** |
| 아동은 축구 게임, 낚시 게임, 군인들의 싸움놀이를 진행함. 축구와 낚시 게임은 적절히 이해하였고, 잘 되지 않는다는 생각이 들 때 반칙을 하기도 하고 행동과 말이 다소 거칠어지기도 함. 상상놀이에서 군인들은 서로 땅을 빼앗기 위해 싸우고 있다고 하였으며 많은 무기와 탱크를 배치하고 서로 싸우게 하였음. 전반적으로 제한 설정에 잘 따르는 편이었고, 놀이는 아동이 주도하였음. 아동은 '변하고 싶은 동물'에 대해 질문하자 '강아지'라고 답하였고 이유는 귀여워서라고 하였음. 가족에 대한 질문에서는 엄마와 더 놀고 싶은 마음을 표현하였음. 학교 생활에 대해서는 친구들과 노는 시간은 좋지만, 공부 시간은 따분하고 지루하다고 함. |
| **8. 종합 소견** |
| 아동은 학교에서 집중력이 부족하고 산만하다는 교사의 보고로 내방하게 되었음. 언어 인지적 발달의 측면에서는 크게 제한점이 있어 보이지는 않으나, 부주의함이나 인지적인 충동성으로 인해 실수할 때가 생길 것으로 생각되며 관심이 적은 수업에서는 다소 부주의하거나 산만한 모습을 보일 수도 있을 것으로 생각됨. 아동은 드러나는 표정이 다양하지 않고 주로 부정적인 감정만 표현하게 되는 것으로 보이고, 내적으로는 애정 욕구 좌절로 인한 공격성 등의 부정적인 감정이 내재되어 있는 것으로 생각됨.<br>이에 아동에게는 좌절된 욕구를 충족시키고 충동성을 조절하여 보다 학교 생활에 잘 적응할 수 있도록 하는 놀이치료가 필요할 것으로 보인다. 또한 아동의 애정 욕구 충족을 위해서 양육자와 아동의 상호작용 시간을 늘리고 보다 긍정적인 관계를 형성하기 위한 양육상담도 병행되는 것이 필요할 것으로 보인다. |

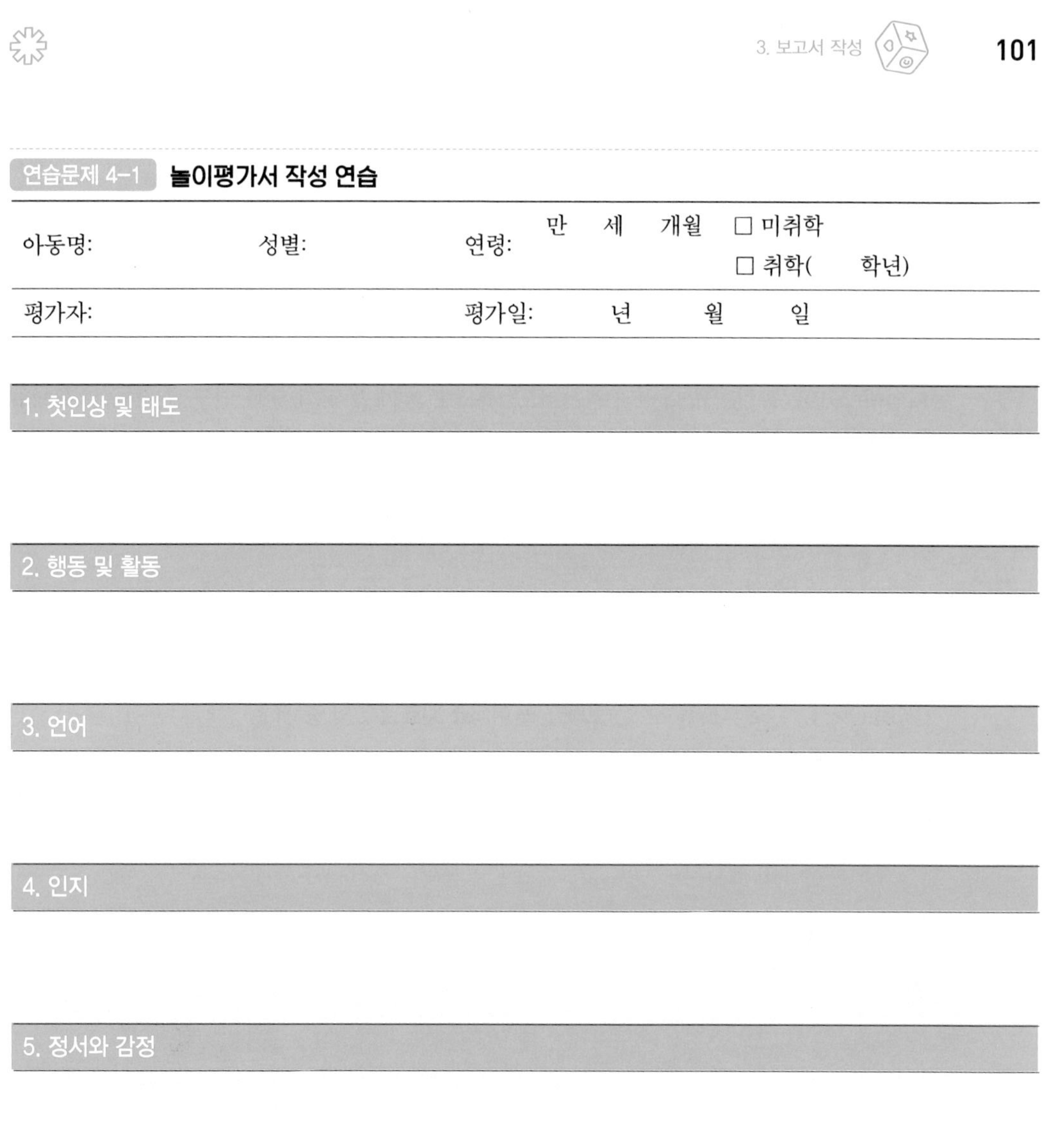

연습문제 4-1 **놀이평가서 작성 연습**

| 아동명: | 성별: | 연령: 만 세 개월 □ 미취학 □ 취학( 학년) |
|---|---|---|
| 평가자: | | 평가일: 년 월 일 |

1. 첫인상 및 태도

2. 행동 및 활동

3. 언어

4. 인지

5. 정서와 감정

6. 사회성

7. 놀이 내용

8. 종합 소견

## 참고문헌

유미숙, 박현아, 이영애(2021). **놀이치료 관찰 및 실습**. 서울: 학지사.

유미숙, 이영애, 윤소영(2012). **놀이 프로파일**. 서울: 시그마프레스.

이미경(2009). **놀이치료 관계 형성을 위한 핸드북**. 서울: 학지사.

이영애(2019). 놀이치료 다영역 평가척도(MSSPT)의 개발 및 타당화 연구. **한국놀이치료학회지, 22**(1), 123-150.

Chazan, S. E. (2012). **놀이 프로파일**(유미숙, 이영애, 윤소영 공역). 서울: 시그마프레스. (원서 출판 2002).

Gitlin-Weiner, K. G., Snadgurnd, A., & Schaefer, C. (2004). **놀이 진단 및 평가 제(2판)**(송영혜 외 공역). 서울: 시그마프레스. (원서 출판 2000).

O'Connor, K. J., & Ammen, S. (2009). **놀이치료 치료계획 및 중재**(송영혜, 김은경, 김귀남 공역). 서울: 시그마프레스. (원서 출판 1997).

제5장

# 아동-양육자 상호작용 평가

놀이치료를 하는 과정에서 아동–양육자의 상호작용을 평가하고 이를 바탕으로 적절한 개입 방안을 마련하는 것은 중요하다. 아동과 양육자의 관계는 아동의 사회 및 정서 발달의 기초이며 핵심이라고 할 수 있는데(Rosen, 2018) 이는 아동이 양육자와의 관계를 통해 정서이해 및 정서조절 능력을 획득하고(Laible & Thompson, 2007), 사회적 기술을 배울 수 있기 때문이다(Rosen, Adamson, & Bakeman, 1992). 그러므로 아동과 양육자의 관계는 놀이치료 과정에서 놀이치료의 효과 및 부모상담의 효율적 운영을 위해 필수적으로 검토해야 할 사항이다.

놀이치료자는 이들 간의 상호작용을 관찰함으로써 아동–양육자 사이에 형성된 관계가 아동의 발달에 어떻게 작용해 왔는지, 현재 아동의 정서·행동상의 어려움과 어떤 관련성이 있는지에 관한 유용한 정보를 얻을 수 있다. 나아가 놀이치료 종결 이후 치료의 효과를 유지하고 재발을 방지할 수 있도록 하는 데 있어 아동–양육자 상호작용에 대한 평가와 개입은 밀접히 연관되어 있다. 이 장에서는 다음의 내용을 중심으로 놀이를 통해 아동–양육자의 상호작용을 평가하고 관계 향상을 위한 개입의 기초 자료로 활용할 수 있도록 돕고자 한다.

- 비구조화 놀이 상황에서의 아동–양육자 상호작용 평가
- MIM을 활용한 구조화된 아동–양육자 상호작용 평가

## 1. 비구조화 놀이 상황에서의 아동-양육자 상호작용 평가

놀이는 자연스러운 자기표현의 매개체이며, 특히 아동의 경우 자신의 경험했던 기쁨, 슬픔, 두려움, 불안 등의 내면의 감정과 욕구, 걱정 등을 표현할 수 있도록 돕고 자신을 새롭게 인식하고 감정을 조절할 수 있도록 하여 아동을 건강한 성장을 돕는 매체다(Axline, 1947).

아동과 놀이하고 그의 놀이를 잘 이해한다면 아동과의 의사소통을 좀 더 깊이 있게 할 수 있다. 비구조화된 놀이 관찰은 자연스러운 맥락에서 아동과 양육자의 놀이 행동을 관찰하기 위한 목표를 가지고 과제나 지시를 최소화한 상황에서 이루어진

다. 놀이치료자는 양육자와 아동에게 "저는 어머님(아버님)과 아동이 놀잇감을 어떻게 가지고 노는지 보려고 해요. 아동과 집에서 하는 것처럼 놀아 보세요."라고 이야기하면서 관찰을 시작한다.

### (1) 아동-양육자 비구조화 놀이 상호작용 관찰을 위한 환경

관찰은 놀잇감이 구비된 놀이치료실이나 가정에서 이루어질 수 있으며, 가정에서 사용하는 놀잇감을 쓰기보다 표준화된 장난감 세트를 제공하여 장난감으로 인해 아동과 양육자의 놀이가 영향을 받지 않도록 해야 한다(Gitlin-Weiner, Sandgrund, & Schaefer, 2004). 놀잇감은 일반적으로 탐색놀이부터 정교한 가상놀이까지 다양한 놀이행동을 이끌어 낼 수 있도록 구성되지만, 관찰하고자 하는 목적에 따라 달라질 수 있다. 예를 들어, 아동과 양육자가 함께 놀이할 때 사회적 놀이 장면을 관찰하고자 한다면 공, 블록, 인형, 책과 같은 장난감을 제공하고, 성인의 도움이 필요한 복잡한 장난감을 제공함으로써 아동이 성인에게 도움을 요청하는(Matas, Arend, & Sroufe, 1978)지 여부와 함께 아동의 문제해결 방식을 관찰할 수 있다. 그러나 일반적으로 비구조화된 아동-양육자 놀이 상호작용을 평가하는 놀이치료실 환경은 다양한 놀잇감을 갖추고 있으므로 아동이 자유롭게 선택할 수 있도록 하는 것이 일반적이다. 다른 한편으로 고려해야 할 사항은 복잡한 규칙을 갖고 있는 보드게임의 경우 게임의 규칙을 파악하는 데 오랜 시간을 소요할 수 있다는 점이다. 인지적 전략을 사용하는 보드게임의 경우 게임에 몰입하게 되는 경우가 많은데 이는 양육자와 아동의 상호작용 관찰에 어려움이 있을 수 있다. 학령기 아동의 경우 보드게임을 선택하는 경우가 있으므로 놀이치료실 환경을 구성할 때 이 점을 고려하여 상호작용 관찰에 적절한 보드게임을 구비하는 것이 필요하다.

### (2) 아동-양육자 비구조화 놀이 상호작용 관찰 시 유의점

아동-양육자 간 놀이 상호작용을 평가할 때 고려할 사항 중 하나는 자신이 관찰된다는 것을 알고 있는 양육자가 자기의식적 비표상 행동(self-consious unrepresentative behavior)을 보일 수 있다는 점이다(Gitlin-Weiner et al., 2004). 치료자가 지켜보고 있는 상황에서 느낄 수 있는 부담감으로 인해 양육자가 아동에 대한 놀이 반응 시 평소와는 다른 반응 양상으로 행동할 수 있기 때문에 다음과 같이 접근하는 것이 도움이 된다.

- 양육자에게 시간적 여유를 제공한다. 관찰 상황에 적응하도록 놀이행동을 녹화하거나 기록하지 않는 5~10분 정도의 시간을 제공하면, 양육자들은 좀 더 편안하게 놀이 상황으로 들어갈 수 있다.
- 양육자에게 양육자가 아동과 '어떻게 노는지'에 볼 것이며, 노는데 '옳고 그른' 방법이 있는 것은 아니라는 점을 알려 준다.
- 치료자는 되도록 양육자와 아동이 놀이하는 공간에 함께 있지 않는 것이 좋다. 치료자는 일방경을 사용하거나 비디오카메라를 설치할 수 있고, 부득이하게 같은 방에 있어야 하는 경우 양육자 및 아동과 눈맞춤이나 대화를 최소화해야 한다.
- 놀이 관찰 이후 부모 면담 시에 부모의 소감을 묻거나 간단한 질문을 하고 놀이 장면에 대한 치료자의 소견은 자료의 분석 이후에 전달될 것이라는 안내를 한다. 부모에게 질문할 때 전체적인 소감을 물어본 후 '가장 좋았던 놀이나 상황, 가장 힘들었던 놀이나 상황이 무엇인지 묻고, 이러한 양상이 아동과 양육자의 일상과 어떻게 연결되는지 등의 내용을 포함하는 것이 필요하다.

#### (3) 아동-양육자 비구조화 놀이 상호작용의 분석

비구조화된 놀이를 관찰할 때는 사전에 어떤 행동을 측정할지, 관찰 내용을 어떻게 기록할지를 결정해야 한다. 아동과 양육자의 놀이행동은 녹화 또는 녹음을 통해 언어로 서술되거나 관찰자의 설명, 부호화 작업을 통해 기록될 수 있다. 놀이치료자는 관찰하고자 하는 목적에 따라 아동과 양육자의 특성을 고려한 관찰의 초점을 정하고, 개별적인 관찰 기록지를 작성하고 이를 분석하여 자료로 활용할 수 있다. 비구조화된 놀이 상호작용을 분석하는 근거자료로 Stover, Guerney, O'Connell(1971)이 부모-자녀 놀이치료에서 나타난 아동과 부모의 상호작용을 측정할 수 있도록 개발한 척도와 Roggman 등(1987)이 어머니-유아 놀이 상호작용에서 어머니의 자녀놀이에 대한 지지행동을 평가하기 위해 제시한 자료, Bakeman과 Adamson(1984)의 관심 공유를 측정하기 위한 지침들을 기반으로 수정·보완하여 구성하였다. 〈표 5-1〉에 제시한 평가 항목의 내용들은 서로 완전히 배제할 수 없으나 아동-양육자 간 놀이행동 반응, 관심 공유 방식, 놀이 주도권, 상호작용 특성으로 세분화하여 살펴봄으로써 좀 더 다각적이고 심층적으로 상호작용을 분석하는 데 활용할 수 있다.

〈표 5-1〉 **아동 양육자 간 비구조화 놀이 상호작용 평가 항목**

| 평가 항목 | 내용 | |
|---|---|---|
| 아동의 놀이행동에 대한 양육자의 반응 | 놀이 상황에서 표현되는 아동의 관심, 욕구, 비언어적 신호에 대한 양육자의 유연성과 민감성 및 놀이 수준을 평가 | |
| 아동-양육자 간 관심 공유 방식 | 아동과 양육자 상호간 집중 및 관심을 보이는 수준을 평가 | |
| 놀이 주도권 | 양육자의 아동에 대한 자기주도 허용 여부 및 수준. 놀이에서의 아동의 자기주도성 평가 | |
| 아동-양육자 간 상호작용 특성 | 언어적 | 대화의 빈도, 사회적 대화 유무, 부정적 대화(논쟁, 설교, 거절 등) 빈도 |
| | 정서적 | 감정에 대한 인식과 표현, 감정 공유, 공감 표현 |
| | 행동적 | 가까운, 멀리 있는, 마주 보는, 눈맞춤 유무 |

## 1) 아동 놀이행동에 대한 양육자의 반응

아동-양육자 간 상호작용 평가를 통해 아동의 발달 수준과 욕구에 따른 양육자의 양육 행동 조율 여부, 양육자에 대한 아동의 반응과 주도성 발달 양상 등 아동-양육자 관계의 다양하고 의미 있는 통찰을 얻을 수 있다. 아동과 양육자 간의 놀이는 단순한 신체놀이에서 시작하여 함께 장난감을 가지고 노는 대물놀이로 발전하고, 아동의 인지가 발달하면서 가상놀이 단계로 발전된다. 가상놀이는 아동의 표상 능력의 발달에 있어 중요한 활동이며 양육자의 참여에 따라 아동의 가장 행동의 양(Spencer & Meadow-Orlans, 1996), 빈도 및 시간과 다양성(김훈지, 김명순, 2019; Bornstein et al., 1997; Lillard et al., 2013) 등이 영향을 받는다. 특히, 가상놀이는 아동-양육자 간의 상호작용의 질적인 수준을 평가할 때 유용하다(Gitlin-Weiner et al., 2004). 이는 아동의 발달을 촉진하는 양육자의 양육 행동과 아동-양육자의 의사소통 양상을 관찰하기에 적합하기 때문이다.

놀이 상황에서 표현되는 아동의 관심, 욕구, 비언어적 신호에 대한 양육자의 유연성과 민감성은 이들의 관계 특성 및 질을 이해하는 중요한 단서로서 그들의 관계를 압축적으로 보여 주는 자료로서 활용할 수 있다. 놀이치료자는 가상놀이 상황에서 관찰되는 아동과 양육자 간 상호작용의 질을 평가하여 아동에게 어떤 양육환경이 제공되고 있는지 살피고, 필요할 경우 양육자에게 놀이를 통한 상호작용을 가르침으로써 아동-양육자 간의 관계 향상을 도모할 수 있다.

〈표 5-2〉에서 Gitlin-Weiner 등(2004)이 제시한 아동의 놀이행동에 대한 양육자의 반응을 참고하여 놀이 과정에서 양육자가 아동에게 보이는 놀이 반응 양상을 평가할 수 있도록 재구성하였다.

〈표 5-2〉 **아동의 놀이행동에 대한 양육자의 반응**

| 양육자 반응 | 정의 |
|---|---|
| 놀잇감에 대해 이야기함 | 아동에게 놀잇감을 설명하거나 놀이 방법을 보여 주고, 놀잇감을 가지고 놀았을 때의 결과에 대해 이야기함 |
| 놀이를 할 수 있도록 도와줌 | 아동이 놀잇감을 가지고 놀 수 있도록 이끌거나 놀잇감을 보여 주며 관심을 유도하기 |
| 놀이를 제안함 | 놀이활동을 하기 위해 아동에게 제안하기 |
| 놀이 방법을 보여 줌 | 놀잇감을 가지고 노는 활동을 아동에게 보여 주기 |
| 아동과 함께 놀이를 시행함 | 놀이 상황에서 표현되는 아동의 관심, 욕구, 감정 및 언어적 · 비언어적 신호에 대해 양육자가 민감하게 반응하고 놀이를 함께 하기. 이때 나타나는 놀이의 양상이나 수준을 평가하기 |
| 아동의 놀이를 중단시키고 방해함 | 아동이 놀고 있는 놀잇감을 치우거나 다른 놀이로 유도하기. 아동의 신체를 이끌어 놀이를 중단시키기 |

### 〈사례 예시〉 아동 놀이행동에 대한 양육자의 반응 분석

7세 여아인 윤아는 평소 감정 표현을 못하고 잘 울고 하기 싫은 것은 고집을 부리고 안 하려 하며 친구관계가 원활하지 않다는 주 호소문제를 가지고 내방하였다. 전업주부인 어머니는 윤아와의 놀이가 부담스러워 되도록 윤아가 혼자 놀게 하는 편이나 윤아와의 정기적인 놀이 시간을 갖는 것이 윤아의 정서 발달과 대인관계 향상에 도움이 된다는 놀이치료자의 조언을 듣고 윤아와 자유놀이 시간을 가졌고 다음은 윤아와 엄마의 자유놀이의 한 장면이다.

윤아가 엄마에게 동물놀이를 하자고 제안하자 엄마가 아기 피겨를 골랐으며 윤아의 제안으로 아기 인형이 놀이공원에 놀러간 상황을 만들었다. 그러나 아기가 공원에서 혼자 위험한 놀이기구를 타려고 하자 엄마가 "그러면 위험하니까 안 되지."라고 한다. 윤아는 아기가 갑자기 높은 놀이기구에서 점프로 뛰어리고 있고 괴물에게 잡혀간다고 하자 엄마는 놀이공원에 괴물이 어디 있냐며 괴물은 없는 거로 하자고 제안한다. 윤아가 다른 피겨를 가져오려 하자 "너무 여러 개 꺼내면 이따가 정리할 때 힘들어."라고 하며 놀잇감을 꺼내지 못하게 한다. 놀이 시간이 다 되었는데도 윤아는 더 놀겠다고 하고 엄마는 안 된다고 하면서도 그냥 지켜보고 있다. 엄마는 혼자서 놀잇감을 정리하고 말로만 그만 나가자고 계속 말한다.

〈표 5-3〉 **아동의 놀이행동에 대한 양육자의 반응 분석 예시**

| 양육자 반응 | 반응 분석 |
|---|---|
| 놀잇감에 대해 이야기함 | 놀이는 아동이 시작하였고 놀이나 놀잇감에 대한 설명은 특별히 이루어지지 않음. |
| 놀이를 할 수 있도록 도와줌 | 아동이 놀이에서 도움을 요청하지 않았고 모도 놀잇감을 꺼내거나 작동하는 도움을 줄 상황이 발생하지 않았음. |
| 놀이를 제안함 | 놀이의 제안은 아동이 먼저 했으나 모는 아동의 방식을 수용하지 않음. 아동이 원하는 놀이 방향과 다르게 제안하고 제지함('위험하니까 안 되지', '괴물은 없는 거로 하자', '정리할 때 힘드니까 더 꺼내지 말아' 등). |
| 놀이 방법을 보여 줌 | 모의 놀이 시범은 나타나지 않음. 이는 아동의 연령이나 발달 수준이 스스로 놀이를 충분히 할 수 있기 때문임. |
| 아동과 함께 놀이를 시행함 | 놀이공원에 놀러가는 상상놀이를 함께 함. 그러나 놀이 안에서 모는 윤아가 구성하는 상상놀이를 따라가지 못함. 또한 윤아의 감정에 민감하게 반응하지 못하고 모의 입장을 주장하며 유연하게 대처하는 데 어려움이 있음. |
| 아동의 놀이를 중단시키고 방해함 | 모는 윤아의 놀이에 집중하거나 수용하지 못하고 계속 다른 놀이나 다른 방식을 제안함. 행동적인 방해는 나타나지 않았으나 놀이의 주제를 지속적으로 차단하고 방해하는 태도가 나타남. |
| 치료자 소견 | 아동의 발달연령과 성향을 고려할 때 놀이에 대한 설명이나 조작에 대한 안내나 개입이 특별히 요구되지 않음.<br>아동과 모는 가상놀이를 통해 관계 역동을 보여 주고 있음. 아동은 자신이 제안한 동물놀이, 위험한 놀이기구 타기, 괴물의 등장을 거절당했으며 이와 연관된 부정적 감정은 퇴실 거부 행동으로 이어짐을 볼 수 있음. 모는 아동의 욕구나 감정에 둔감하고 자신의 틀을 아동에게 강조하는 양상을 보임.<br>이러한 모녀간의 관계 역동이 일상에서는 어떻게 드러나며 이에 대한 개입을 위해 아동과의 놀이에서 수용적 반응과 감정 읽기에 대한 부모교육이 필요할 것으로 보임. |

**연습문제 5-1** **윤아와 엄마의 다른 놀이 회기 장면이다. 이를 바탕으로 다음의 아동의 놀이행동에 대한 양육자의 반응 분석표를 작성해 보시오.**

엄마는 윤아에게 모래놀이를 하자고 제안한다. 윤아가 이에 동의하고 자신은 구슬을 모래에 숨길테니 엄마에게 찾아보라고 한다. 그러고는 엄마도 같이 하자고 하자 엄마는 "나는 모래가 별로 느낌이 안 좋아. 네가 하면 나는 구슬을 갖다 줄게"라고 한다. 이에 윤아가 모래놀이가 시시해졌다며 중단하고 이제 불이 난 집에 불자동차가 출동하는 놀이를 하자고 제안한다. 불자동차가 와서 불을 끄고 사람들을 싣고 병원으로 데려가는 놀이를 한다. 엄마는 이 장면을 이야기로 말해 주고 윤아는 불자동차와 구급차를 출동시키고 사람들을 태우는 장면을 직접 하면서 엄마랑 놀이한다.

| 양육자 반응 | 반응 분석 |
|---|---|
| 놀잇감에 대해 이야기함 | |
| 놀이를 할 수 있도록 도와줌 | |
| 놀이를 제안함 | |
| 놀이 방법을 보여 줌 | |
| 아동과 함께 놀이를 시행함 | |
| 아동의 놀이를 중단시키고 방해함 | |
| 치료자 소견 | |

## 2) 아동-양육자 간 관심 공유 방식

아동-양육자의 상호작용을 탐색하기 위한 구체적 방법으로 아동-양육자가 어떻게 관심을 공유하고 상대방에 반응하며 상대방의 주의를 끌기 위해 어떻게 행동하는지 등이 있다. 이러한 상호 주의하기 능력은 흥미 있는 대상이나 사건에 관한 경험을 공유하기 위한 사회적 상호작용의 기본적인 능력에 해당된다(김민화, 곽금주, 2004). 상호 주의하기 능력이 아동-양육자 간의 상호작용에서 어떻게 나타나는지를 파악하고 분석하는 것은 이들 관계 양상의 질적 수준을 파악하는 데 중요하다. 놀이치료자는 아동 또는 양육자가 함께 있는 상황에서 놀잇감이나 놀이 상대를 쳐다보고 집중하는지, 놀잇감이나 관심사를 어떻게 공유하고 같이 활동하는지 살펴볼 수 있다. 또한 양육자와 아동이 놀이 상호작용에서 어느 정도의 수준으로 서로의 존재, 행동, 놀이에 조화로운 관심을 보이는지를 관찰함으로써 아동-양육자 간 서

로 관심을 공유하는 방식의 질적인 수준을 평가할 수 있다.

Stover 등(1971)이 부모-자녀 놀이치료에서 나타난 아동과 부모의 상호작용을 측정할 수 있도록 개발한 척도 및 Bakeman과 Adamson(1984)의 관심 공유를 측정하기 위한 지침은 아동과 양육자의 관계의 질과 놀이의 사회적 맥락과 연관된 측면을 평가할 수 있도록 돕는다. 〈표 5-4〉는 이들이 제시한 척도와 지침들을 기반으로 수정 · 보완하여 제시하였다.

〈표 5-4〉 **아동-양육자 간 관심 공유 방식**

| 관심 공유 방식 | 정의 |
|---|---|
| 서로 관심을 보이지 않음. 혹은 자신의 놀이활동에만 몰입 | 아동 혹은 양육자가 자신의 활동에만 몰입하여 서로에 대해 알아차리지 못하고 관심이 없어 보임. |
| 부분적 혹은 드물게 관심 공유 | 아동 혹은 양육자가 공동 놀이활동이 없고 자신의 놀이나 관심사에 집중함. 가끔 서로에 대해 반응함. |
| 관심을 보이나 놀이활동에만 집중함 | 아동과 양육자 간 공동 놀이활동은 나타나나 서로의 감정이나 행동에 대해서는 인식하지 못하고 놀이활동에만 반응함. |
| 서로의 존재, 행동, 감정, 놀이에 조화로운 관심이 자주 나타남 | 양육자 및 아동이 놀이에서 신체적 · 언어적 · 정서적으로 적절하게 활동적으로 참여하고 서로의 욕구, 감정, 행동 등에 집중하는 모습을 보임. |

### 〈사례 예시〉 아동-양육자 간 관심 공유 방식에 대한 놀이 상황 분석

현수는 고집이 세고 자기 뜻대로 되지 않으면 바닥에 누워 떼쓰는 행동을 자주 하며 어린이집에서 친구들을 밀치거나 때리는 행동을 하여 놀이치료에 의뢰된 5세 남아이다. 현수 엄마는 현수가 평소 버릇없는 행동을 할 때 엄격하게 통제하고 예의 바른 아이로 기르고자 노력해 왔다. 엄마는 성격이 급하고 다혈질인 편으로 현수가 밥 먹거나 옷 입기를 할 때 기다려 주지 못하고 엄마가 해 주는 편이며 현수가 떼쓰기를 하면 참다가 소리를 지르며 혼낼 때가 종종 있다. 놀이는 주로 책을 읽어 주거나 블록 쌓기 등을 하며 일주일에 한두 번 정도 놀아 주는 편이고 현수는 엄마와의 놀이보다 아빠와의 몸놀이를 좋아한다. 다음은 엄마와 현수의 관계 개선을 위한 개입 방안을 마련하기 위해 실시된 놀이 상호작용의 한 부분이다.

현수는 놀이실에 들어오자마자 플라스틱 칼을 들고 엄마에게 "엄마! 칼싸움하자."라고 한다. 엄마는 놀잇감 선반을 살피며 "와! 여기 해적선도 있네!" 한다. 현수가 엄마에게 칼을 던지듯 주며 "칼싸움!" 하자 엄마가 칼을 들어 선반 위로 올리며 "엄마한테 칼 던지면 어떻게 해? 그렇게 버릇없이 하면 엄마가 안 놀아 준다고 했지?" 한다. 현수는 인상을 쓰며 "나 칼 줘. 나 칼싸움 할 거야!"라고 크게 소리친다. 엄마는 "엄마한테 사과부터 해야지." 한다. 그러자 현수는 대답을 하지 않고 텐트 안으로 들어가 버린다. 엄마는 "아휴~" 하고 한숨을 쉰 후 잠시 일방경 쪽을 보고 머리를 쓸어 넘기고 옆에 있는 놀잇감을 살펴본다. 시계를 보고 나서 현수가 있는 텐트 쪽으로 가서 "칼싸움 하려면 사과해! 그러면 놀아 줄게." 하자 현수가 텐트에서 나오며 마지못해 "죄송해요." 한다. 그러자 엄마는 "플라스틱 칼은 위험하니까 이걸(우레탄 칼)로 해." 하며 우레탄 칼을 현수에게 내민다. 현수는 우레탄 칼을 받아 엄마 머리를 내리치려 하자 엄마가 다른 우레탄 칼로 "너도 받아 봐." 하며 현수의 다리 쪽을 공격한다.

〈표 5-5〉 **아동-양육자 간의 관심 공유 방식 사례 분석 예시**

| 관심 공유 방식 | 정의 |
|---|---|
| 서로 관심을 보이지 않음. 혹은 자신의 놀이 활동에만 몰입 | 현수는 모에게 놀이를 제안하고 모 역시 현수의 놀이 제안에 즉각적으로 반응함. 모자간 자기몰두나 차단은 나타나지 않음. |
| 부분적 혹은 드물게 관심 공유 | 현수가 모와 갈등이 일어난 후 텐트로 들어가자 모가 잠시 일방경을 보며 머리를 넘기거나 다른 놀잇감을 만지는 행동이 나타남. |
| 관심을 보이나 놀이 활동에만 집중함 | 현수와 모는 칼싸움 놀이를 하는 데 있어 서로의 욕구가 달라 갈등이 일어남. 그러나 감정에 대한 인식을 표현하지 못하고 있으며 놀이활동에만 집중하고 있음. |
| 서로의 존재, 행동, 감정, 놀이에 조화로운 관심이 자주 나타남 | 놀이에서 서로의 입장을 주장하며 갈등이 일어나고 이에 대해 엄마가 원하는 방식으로 이끌어 가려고 함. 현수 역시 자신의 뜻대로 되지 않자 철회하거나(텐트로) 엄마에 대한 공격적 놀이(칼로 엄마를 내리치려 함)를 보임. 이에 모도 일방적으로 요구, 명령하거나 같은 방식으로 갚아 주려는 태도를 보임. 현수와 모는 서로의 감정이나 행동의 의도에 대한 인식과 표현은 부족한 상태로 보임. |
| 치료자 소견 | • 현수는 자신의 욕구를 분명히 알고 이를 충족시키기 위해 적극적인 시도를 할 수 있음.<br>• 자신이 선택한 놀잇감이나 놀이만 고집하고 있어 이에 대한 수용과 동시에 다른 사람과의 조율능력을 길러 줄 필요가 있음.<br>• 모와 함께 놀이하고자 하는 욕구가 강하나 모와 갈등이 생길 때 회피하거나 마지못해 수용함으로써 내면에 부정적인 감정이 누적될 수 있고 갈등 유발행동이 반복될 가능성이 높음. |

| | • 모는 현수의 욕구나 감정에 집중하지 못하고 모의 가치관(예의 바르게 행동하기)만을 일방적으로 요구함으로써 현수와의 관계를 부정적인 방향으로 이끌고 있다는 인식을 할 필요가 있음. 따라서 공감과 합리적인 설명 및 모의 입장을 현수에게 알리는 상호작용 방법에 대한 상담과 교육이 필요함. |
|---|---|

**연습문제 5-2** **다음의 사례를 보고 아동-양육자 간의 관심 공유 방식의 표를 작성해 보시오.**

현수는 놀이실에 들어오자마자 칼을 만져 보고 화살도 만져 보며 방안을 돌아다닌다. 엄마가 "엄마는 칼싸움 별로야." 하자 못 들은 척 놀잇감을 만지다가 금전등록기를 발견하고는 엄마에게 슈퍼마켓 놀이를 하자고 제안한다. 엄마는 "알았어. 그럼 엄마가 가게 손님할까?" 하자 현수가 동의한다. 금전등록기, 돈 모형, 지갑, 다양한 음식들을 꺼내 진열하고 지갑과 돈을 현수가 모두 가지겠다고 하자 엄마가 "손님이 돈이 있어야 물건을 사지. 지갑하고 돈을 엄마가 가지고 있어야 해." 하자 현수가 "아냐! 나도 돈 있어야 해. 엄마는 카드로 해." 하며 플라스틱 카드를 하나 내민다. 그러자 엄마가 "알았어." 하고 손님이 되어 장바구니에 물건들을 담자 현수가 "바나나는 사면 안 돼. 햄버거랑 포도랑 치킨만 사야 돼!" 한다. 그러자 엄마가 "그런 게 어딨니? 마트에서는 원래 손님이 맘대로 하는 거야!" 하자 현수가 "아냐! 여기 슈퍼는 주인 아저씨 맘대로 사는 거야!" 라고 소리 지른다. 그러자 엄마가 한숨을 쉬며 "알았어, 알았어, 니 맘대로 해." 하자 현수가 엄마 눈치를 보며 "그럼 돈 줄게." 하며 지갑 속에 있는 돈을 꺼내 엄마에게 건넨다.

| 관심 공유 방식 | 정의 |
|---|---|
| 서로 관심을 보이지 않음 혹은 자신의 놀이활동에만 몰입 | |
| 부분적 혹은 드물게 관심 공유 | |
| 관심을 보이나 놀이활동에만 집중함 | |
| 서로의 존재, 행동, 감정, 놀이에 조화로운 관심이 자주 나타남 | |
| 치료자 소견 | |

### 3) 아동–양육자 간 놀이 주도권

주도성(Self-Directedness)은 아동의 발달에서 중요한 개념으로 스스로 동기를 가지고 목표를 위해 방법을 선택하고 행동하고 실천하여 이에 대해 책임감을 가지는 태도라고 할 수 있다. 주도성의 발달은 아동의 자신감, 성취 욕구, 자율성, 인지 언어 및 사회성 발달과 밀접하게 연관되며 Erikson(1950)은 3~6세의 발달시기에 중요하게 획득해야 하는 과업이라고 하였다. 양육자는 양육 과정에서 아동의 주도성과 자율성 발달을 촉진하는 역할을 수행하게 된다. 특히, Ginott(1965), Axline(1947), Landreth(2002)에 의해 제시되었던 아동중심 놀이치료의 주요 초점 가운데 하나인 아동의 주도를 따라감으로써 아동이 자신의 창의성과 자유를 허용하는 것은 아동이 자신답게 성장할 수 있도록 하는 주요한 기반이 된다. 그러므로 아동과 양육자의 놀이 상호작용에서 놀이 주도권을 어떠한 방식으로 허용하고 조율하는지를 살펴봄으로써 양육자가 아동의 발달연령에 적절한 태도를 취하고 있는지, 아동 역시 건강한 주도성 발달을 이루고 있는지를 살펴볼 수 있다.

〈표 5–6〉에서는 Stover 등(1971)이 부모–자녀 놀이치료에서 나타난 아동과 부모의 상호작용을 측정할 수 있도록 개발한 척도를 바탕으로 아동의 주도를 허용하는 양육자의 태도를 수준별로 살펴볼 수 있도록 구분하고 동시에 아동의 자기주도성 발달을 평가해 볼 수 있도록 재구성하였다.

〈표 5–6〉 **아동–양육자 간 놀이 주도권 평가**

| 놀이 주도권 | 내용 |
|---|---|
| 전적으로 아동이 주도하고 양육자가 따라가기 | 언어 및 비언어적으로 아동의 주도권을 따라가려는 양육자의 의지 및 아동의 놀이에서의 주도성을 평가 |
| 놀이에서 선택적으로 아동이 주도하기 | 양육자가 "이렇게 할까?", "어떻게 하고 싶어?" 등의 질문으로 주도하고 아동이 이를 따르는지의 여부를 평가함. 칭찬이나 정보를 제공하는 양육자의 태도도 포함됨. |
| 양육자가 놀이를 주도하기 | 아동의 주도에 선택권이 없이 양육자가 놀이를 주도함. 아동은 이에 대해 순응하는지 혹은 저항하는지를 살핌 |
| 아동의 선택권이 없고 양육자가 일방적인 태도 보이기 | 양육자의 직접적인 명령, 설명, 설득, 회유, 요구 등 아동의 선택권이 없는 놀이가 진행됨. 아동의 반응 양상에 대한 평가도 발달 단계 및 발달 수준에 따라 적절한지 평가하기 |

〈표 5-7〉 **아동–양육자 간 놀이 주도권의 반응 예시**

| 놀이 주도권 | 내용 |
|---|---|
| 전적으로 아동이 주도하고 양육자가 따라가기 | 양육자는 "너는 자동차 놀이를 하고 싶구나", "엄마가 경찰서를 내려 주기를 원한다는 거지", "엄마가 너를 잡았으면 좋겠다는 거구나" 반응이 주를 이룸. 아동은 자신의 놀이에 편안하게 집중함. |
| 놀이에서 선택적으로 아동이 주도하기 | "그러면 우리 이제 어떻게 할까?", "엄마가 어떻게 하면 좋겠어?", "네가 원하면 화살놀이 할 수 있어. 잘했어", "네가 하고 싶은 게 뭐야?" 등 아동의 의사를 반영하려는 시도는 있으나 양육자의 의도 및 평가 등이 나타남. |
| 양육자가 놀이를 주도하기 | "다시 한번 쏴 봐. 거기에 맞추려면 조준을 잘해야지", "천천히 다시 한번 해 봐. 그렇게 하고 있어?" 등 양육자의 의견이 주를 이룸. |
| 아동의 선택권이 없고 양육자가 일방적인 태도 보이기 | "이거 치우고 다른 거 꺼내", "먼저 색부터 칠해야지", "거기에 놓지 말고 저기에 놓아", "지금부터 다른 거 하고 놀아", "이제 그만해" 등 양육자의 의견이나 명령으로만 놀이 상호작용이 나타남. |

**연습문제 5-3** **다음의 사례로 아동-양육자 간 놀이 주도권 평가표를 작성해 보시오.**

7세인 현아는 놀이실에서 요리놀이를 선택한다. 엄마가 "저기 도마랑 칼이랑 음식 바구니 꺼내 와야겠다." 하자 현아가 "엄마가 꺼내줘." 한다. 엄마가 "매일 엄마한테 해달라고 하면 어떻게 해?" 하며 도마를 꺼낸 후 "음식 바구니는 네가 꺼내."라고 하자 현아가 바구니를 꺼내다가 음식 모형들이 쏟아진다. 엄마는 "에구, 조심해야지. 엄마가 항상 조심해서 하라고 했잖아."라고 하자 현아가 엄마를 슬쩍 쳐다보며 눈치를 본다. 현아가 "내가 음식을 할 거야."라고 하자 엄마가 "뭐할 건데?" 하자 "나는 스파게티 할 거야." 한다. 엄마는 "여기 국수가 없는데 어떻게 하니? 다른 요리를 하는 게 어때?"라고 제안한다. 현아는 "그럼 이거 안 할래." 하며 일어나 다른 선반으로 가서 살펴본다.

| 놀이 주도권 | 내용 |
|---|---|
| 전적으로 아동이 주도하고 양육자가 따라가기 | |

| | |
|---|---|
| 놀이에서 선택적으로 아동이 주도하기 | |
| 양육자가 놀이를 주도하기 | |
| 아동의 선택권이 없고 양육자가 일방적인 태도 보이기 | |
| 치료자 소견 | |

### 4) 아동-양육자 간 상호작용 특성

아동-양육자 간 놀이 분석에서 상호작용의 특성을 언어적 · 정서적 · 행동적인 측면에서 평가함으로써 상호작용의 질적인 측면을 다각적으로 살펴보는 것이 필요하다. 양육자가 아동의 감정을 수용하고 이를 언어 및 비언어적인 방식으로 반영하는 수준과 아동과 양육자 간의 사회적인 대화 여부 및 수준을 파악하는 한편, 아동과 양육자 간 눈맞춤, 물리적 거리나 신체의 방향 등을 살펴봄으로써 신체적 친밀함이나 조율 방식을 평가할 수 있다. 〈표 5-8〉에서 아동-양육자 간 상호작용의 특성을 살펴볼 수 있는 항목을 제시하였다.

〈표 5-8〉 **아동-양육자 간 상호작용 특성**

| 상호작용 특성 | 내용 |
|---|---|
| 언어적 상호작용 | 대화의 빈도, 사회적 대화 유무, 부정적 대화(논쟁, 설교, 거절 등)의 빈도 |
| 정서적 상호작용 | 감정에 대한 인식과 표현, 감정 공유, 공감 표현 |
| 행동적 상호작용 | 가까운, 멀리 있는, 마주 보는, 등 돌리는, 눈맞춤 유무 |

〈표 5-9〉 **아동-양육자 간 상호작용 특성 예시**

| 상호작용 특성 | 내용 |
|---|---|
| 언어적 상호작용 | • 대화 빈도: 엄마가 "엄마가 어떻게 하면 되는 거야?"라고 하자 아동이 "엄마는 선생님 하고 나는 학생 할 거야."<br>• 사회적 대화: "긴장될 때는 어떻게 하면 되는데?"라고 아동이 묻자 "엄마는 그럴 때 숨을 깊게 내쉬고 '난 할 수 있어' 하고 이야기하면 도움이 돼."<br>• 부정적 대화: "그렇게 던지면 빗나가는 게 당연하지. 넌 맨날 그렇잖아.", "네가 어제도 말 안 들었는데 오늘도 여기서 네 맘대로 할 거야?" |
| 정서적 상호작용 | • 감정 인식: "즐거운가 보구나", "이렇게 하니까 재미있다", "네가 속상하다는 것을 엄마가 알겠어"<br>• 감정의 표현: "엄마는 칼싸움 할 때 부딪혀서 다칠까 걱정이 되네", "와! 고리를 5개 넣어서 기분이 좋다"<br>• 감정 공유: "(서로 마주 보며) 와! 재미있다!", "네가 화가 난 것 같아 엄마도 속상하네"<br>• 공감의 표현: "게임에서 지니까 많이 속상하겠구나", "네 표정을 보니 정말 행복해 보이네", "음~ 네가 한숨을 쉬니까 엄마도 마음이 안 좋아" |
| 행동적 상호작용 | • 아동과 눈을 맞추는지, 가까이 앉아 있는지, 멀리 앉아 있는지, 등을 돌리고 앉아 있는지, 아동을 계속 따라다니는지 등의 행동적인 상호작용 양상을 평가 |

연습문제 8-4 **다음의 사례로 아동-양육자 간 상호작용 특성표를 작성해 보세요.**

5세인 진수는 놀이실에 들어오자 텐트로 들어간다. "엄마도 들어와." 하자 엄마는 "거기 너무 좁은데~ 여기로 와서 그림놀이 하자." 한다. 진수는 아무 말도 하지 않고 텐트에서 나와서 경찰서 놀이를 꺼낸다. 엄마는 "그 놀이는 집에서 매일 하잖아 그래도 할 거야?" 하자 진수는 경찰서 구조물을 만지다가 엄마 옆으로 와서 무릎에 앉으려 한다. 엄마가 "엄마가 좀 무거운데." 하며 진수를 옆으로 내려놓고 도화지를 진수 앞으로 내밀며 "색연필이 여기 20개 색깔이나 있네, 이거로 그려 보면 재미있겠다."라고 하자 진수가 "난 그림 그리기 싫어." 하며 다른 곳으로 이동한다.

| 상호작용 방식 | 내용 |
|---|---|
| 언어적 상호작용 | |
| 정서적 상호작용 | |
| 행동적 상호작용 | |
| 치료자 소견 | |

지금까지 비구조화된 아동–양육자 놀이 상호작용을 관찰하여 그 내용을 분석하고 평가할 수 있는 몇 가지 항목들을 살펴보았다. 아동 놀이행동에 대한 양육자의 반응, 아동–양육자 간 관심 공유 방식, 놀이 주도권, 아동–양육자 간 상호작용 특성으로 항목을 구성하고 각 항목마다 예시를 통해 아동–양육자 간의 놀이 상호작용을 평가하는 구체적인 방법들을 살펴보았다. 〈표 5–10〉에서는 앞의 항목들을 묶어서 아동–양육자의 비구조화된 놀이 상호작용을 총체적으로 평가 분석하는 데 활용할 수 있도록 하였다.

〈표 5-10〉 **아동-양육자 간 비구조화된 놀이 상호작용 평가서**

아동-양육자 놀이평가서

Parent—Child Play Assessment Report

| 이름: | 생년월일: | 성별: |
|---|---|---|
| 나이: | 학년: | 평가 일자/시간: |
| 평가 의뢰: | 평가 장소: | 평가자: |

| 주 호소문제 | •<br>•<br>• |
|---|---|

| 평가 항목 | | 양육자 | 아동 |
|---|---|---|---|
| 아동 놀이 행동에 대한 양육자 반응 | 놀이 상황에서 표현되는 아동의 관심, 욕구, 비언어적 신호에 대한 양육자의 유연성과 민감성 및 놀이 수준을 평가 | | |
| 관심 공유 방식 | 아동과 양육자 상호간 집중 및 관심을 보이는 수준을 평가 | | |
| 놀이 주도권 | 양육자의 아동에 대한 자기 주도 허용 여부 및 수준, 아동의 주도성 평가 | | |
| 아동-양육자 간 상호작용 특성 | 언어 상호작용 특성 [대화 빈도, 사회적 대화 유무, 부정적 대화(논쟁, 설교, 거절 등) 빈도] | | |
| | 정서적 상호작용 특성 [감정 인식과 표현, 감정 공유 및 공감 표현] | | |
| | 행동적 상호작용 특성 [가까운, 멀리 있는, 마주하는, 등 돌리는, 눈맞춤 유무 등] | | |
| 기타 특이점 | | | |
| 치료자 소견(Comment) | | | |
| 치료계획 | | | |

# 2. 구조화된 아동-양육자 놀이 상호작용 평가: MIM

MIM(Marschak Interaction Method)은 Marschak(1960)에 의해 개발된 두 사람 사이의 상호작용을 평가하는 도구로, 아동-양육자 관계뿐 아니라 대리 양육자, 교사와 아동의 관계 등 성인 양육자와 아동 간 관계의 질과 특성을 평가하기에 적합하다. 이는 애착 이론을 기반으로 건강한 부모-자녀 상호작용을 목적으로 개발된 치료놀이에서 활용되고 있는 구조화된 부모-자녀 간 상호작용 평가 방법이다. MIM은 구조, 양육, 개입, 도전이라는 4가지 차원의 행동 범위를 끌어내기 위한 다양한 과제들로 구성되어 있다(Booth & Jernberg, 2010). MIM은 양육자의 능력뿐 아니라 아동의 반응 능력을 평가하며, 관계에서의 문제 영역을 살펴보는 것 외에 양육자와 성인 모두의 강점을 관찰할 기회를 제공한다(Gitlin-Weiner et al., 2004). 놀이치료자들은 MIM을 활용하여 양육자와 아동, 또는 가족의 관계 강화를 위한 치료계획을 세우는 데 가치 있는 정보를 얻을 수 있다.

## 1) MIM 특성

MIM은 양육자와 아동 각각에 대해 구조화, 양육, 개입, 도전이라는 4가지 차원을 평가한다. 이러한 차원은 양육자가 아동과 애착 형성을 촉진할 수 있는지, 환경에 민감하게 반응할 수 있는지, 아동에게 목적이 있는 행동을 가르칠 수 있는지, 아동이 경험하는 긴장 또는 스트레스를 극복하는 데 도움을 주는지를 관찰하기 위해 개발되었다(Booth & Jernberg, 2010). 각각의 과제들은 양육자와 아동이 적절한 경계선을 유지하면서 수행하는지(자율성 vs 친밀성, 독립성 vs 공생관계), 그리고 미숙한 행동과 좀 더 성숙한 행동에서 경험하는 편안함의 정도를 평가하게 한다(Gitlin-Weiner et al., 2004). 다음은 MIM의 기초가 되는 치료놀이의 각 차원에 대한 개념 설명이고 각 평가 영역의 목적을 〈표 5-11〉에서 정리하였다.

- **구조 차원**: 다른 모든 차원의 기초를 형성하는 요소다. 적절한 구조화가 전하는 메시지는 '안전'이다. 양육자는 경계를 설정하고, 아동이 자신이 살고 있는 세

계를 이해할 수 있도록 돕는다. 이를 통해 아동은 안전감을 느끼며 세상을 배울 수 있다. 구조 차원의 과제는 책임을 맡고, 제한을 설정하고, 아동에게 질서 있고 이해 가능한 안정적인 환경을 제공하는 양육자의 능력과 이러한 구조를 수용하려는 아동의 경향성을 평가하기 위해 고안되었다.

- **개입 차원**: 아동의 발달 수준과 정서 상태에 적절하게 상호작용하여 아동이 활동에 몰입할 수 있게 하는 양육자의 능력을 평가한다. 개입 과제는 단절 또는 고립된 상태에 있는 아동을 끌어내어 즐거운 상호작용을 유도하는 양육의 능력과 정서적으로 조화를 이루는 아동의 반응을 평가하기 위한 것이다. 예를 들어, 양육자에게는 아동이 과제에 몰입할 수 있도록 흥미와 자극을 제공하거나, 위로가 필요한 아동을 진정시켜 다시 과제에 몰입하게 하는 능력이 요구된다.
- **양육 차원**: 아동에게 편안하고 반응적인 돌봄을 제공하는 양육자의 능력을 평가한다. 양육 과제는 발달적 · 상황적으로 적절하게 아동의 욕구에 반응하는 양육자의 능력과 더불어 아동의 긴장, 스트레스를 인식하고 다루는 민감성을 평가하도록 설계되어 있다. 또한 양육을 받아들이고 안정을 얻기 위해 아동이 어떤 시도를 하는지, 적절한 자기 돌봄 또는 자기조절 능력이 있는지에 대한 관찰도 가능하다.
- **도전 차원**: 아동의 발달을 자극하고, 격려하고, 적절한 기대를 설정하며 아동의 성취에 즐거움을 주는 활동으로 구성되어 있다. 양육자는 아동이 앞으로 나아가고 좀 더 독립적인 수행을 할 수 있게 격려하도록 기대되며, 도전에 반응하는 아동의 능력 또한 평가할 수 있다.

〈표 5-11〉 **MIM 평가 영역의 내용**

| 영역 | 양육자 | 아동 |
|---|---|---|
| 구조 | 아동의 안전을 위해 적절한 환경을 제공하고 제한을 설정하는가? | 양육자가 제공하는 놀이 규칙을 잘 받아들이는가? |
| 개입 | 아동의 욕구에 민감하고 적절한 방법으로 상호작용하는가? | 양육자와 함께 활동에 참여하는가? |
| 양육 | 아동의 필요를 충족시키고 적절한 돌봄과 양육을 제공하는가? | 양육자가 제공하는 양육을 편안해하고 잘 받아들이는가? |
| 도전 | 아동의 발달에 적합한 수준에서 도전과 격려를 주고 있는가? | 양육자의 도전에 무관심하거나 지나치게 경쟁적이지 않고 적절히 반응하는가? |

출처: 김수정(2018).

## 2) MIM 실시 단계

### (1) MIM 준비하기

치료자는 초기 면접에서 얻은 정보를 바탕으로 내담자 가족의 구체적인 정보를 유도할 수 있도록 MIM 과제를 선택해야 한다. 과제 목록은 구조화되어 있으므로 치료자는 아동의 연령 및 주 호소문제를 고려하여 4가지 차원이 모두 포함된 8~10개의 과제를 선택한다. 단, 부모-자녀에게 MIM을 실시할 때 어머니와 아버지에게 똑같은 과제를 주지 않도록 주의한다. 또한 구조, 양육놀이는 첫 활동으로 부담스러울 수 있으므로 피하고, 먹여 주기 활동은 가장 마지막에 넣는 것이 일반적이다. 다음의 MIM의 과제 구성, 실시와 기록 및 해석, 그리고 부모에게 시행하는 해석 상담의 구체적인 방법은 Booth와 Jernberg(2010)가 제시한 지침들을 기반으로 하였다.

〈표 5-12〉 **3세 이상의 아동과 양육자에게 실시하는 MIM 과제 예시**

1. 봉투에서 동물 인형을 하나씩 나누어 갖고 놀이하세요. (개입)
2. 아이가 모르는 무언가를 가르쳐 주세요. (도전)
3. 서로에게 로션을 발라 주세요. (양육)
4. 두 사람에게 익숙한 게임/놀이를 해 보세요. (개입)
5. 성인이 아이에게 아이가 어린 아기였던 시절의 이야기를 해 주세요. (양육)
6. 서로에게 모자를 씌워 주세요. (개입)
7. 성인은 아동을 남겨 두고 1분 동안 방을 떠난다. (양육)
8. 성인과 아동이 각자 종이, 연필을 나누어 가진 후, 성인이 그린 그림을 아동이 그대로 따라 그리도록 하세요. (구조 & 도전)
9. 성인과 아동이 서로 먹여 주세요. (양육)

### (2) MIM 실시하기

전형적으로 MIM은 초기 면접 후, 아동과 각각의 부모를 대상으로 수행한다. 보통 30~45분이 소요되며, 모-아, 부-아 MIM을 각각 다른 날에 실시하는 것이 좋으나 상황이 여의치 않으면 약간의 쉬는 시간을 두고 같은 날에 실시할 수도 있다(Gitlin-Weiner et al., 2004). MIM은 상호작용을 분석하고 해석 상담에서 활용하기 위해 내담자의 동의하에 녹화한다. 평가자는 평가실 구석이나 일방경 뒤 등 눈에 띄지 않는 곳에서 관찰하는 것이 좋다.

MIM을 할 때는 테이프로 표시하거나, 방석 위에 아동을 앉히는 방법을 통해 양육자와 아동의 영역을 구분하고 시작한다. MIM 도구는 지시문이 적힌 종이와 활동에 필요한 물품을 각각의 봉투에 담고, 봉투 앞면에 진행 순서를 적어서 제공한다. MIM 도구를 양육자 쪽에 두고 "이 카드에는 아이와 함께 할 활동이 적혀 있습니다. 맨 앞의 카드부터 하나씩 실시하시면 되고, 활동 전 카드 내용을 소리 내어 읽으신 후 시작하세요."라고 안내한다. MIM 실시가 끝난 후, 치료자는 다음과 같은 질문을 함으로써 추가 정보를 수집한다.

- 당신은 집에 있을 때와 같은 모습이었나요? 우리가 집에서 둘 사이에 일어나는 일들을 볼 수 있었나요?
- 뜻밖의 일은 없었나요?
- 당신이 가장 좋았던/어려웠던(싫었던) 활동은 어떤 것이었나요? 왜 그런가요?
- 아이에게 묻지 말고 아이가 가장 좋아했던/어려워했던(싫어했던) 활동은 무엇인가요? 왜 그럴까요?

이를 바탕으로 치료자는 다음의 질문에 대해 답을 구성해 볼 수 있다.

- 하루 종일 이 아동이나 부모와 함께 산다는 것은 어떨까?
- 관계 안에서 어떤 일들을 경험하며 격려 받을 만한 것은 무엇인가?
- 관계 안에서 어떤 것들이 결핍되어 있으며 변화되어야 할 것은 무엇인가?
- 아동이 부모에게 원하는 것은 무엇인가?
- 부모가 아동에게 원하는 것은 무엇인가?
- 그들은 얼마나 강하며(강점), 변화를 위해서 필요한 도움은 무엇인가?

#### (3) MIM 기록 및 해석하기

치료자는 녹화 영상을 통해 아동–양육자 간 상호작용을 분석한다. 분석 내용은 영상 자료를 가능한 전사 기록하여 살펴본 후, 이를 다시 〈표 5–13〉의 MIM 활동 영역 평가 기준을 참고하여 분석한다. 이때 양육자와의 해석 상담에 활용할 영상 장면을 선별해 두는 것이 필요하다.

### (4) MIM 결과 분석하기

MIM 결과의 경우 일반 영역과 활동 영역 두 부분을 중심으로 아동-양육자 관계를 분석한다. 일반 영역은 지지, 회피, 행동, 느낌으로 구분된다. '지지'는 양육자 역할의 긍정적 측면을 파악하는 것이다. '회피'는 아동의 반응에 대한 것으로, 관찰된 장면 중 아동이 양육자의 노력을 회피하는 모습이 있었다면 이를 기록해 둔다. '또한 행동' 주목할 만한 아동의 행동에 관해 이야기하는 것으로, 치료자는 "아이가 항상 이런 행동을 하나요?"라고 질문하며 평소에도 자주 보이는 행동인지 질문한다. 또한 이에 대한 양육자의 느낌에 대해서도 이야기를 나눌 수 있다. 이러한 MIM 각 영역별 상호작용에 관한 평가 기준은 아동-양육자 간 상호작용의 다양한 차원의 분석을 위한 지침으로 〈표 5-13〉에 제시하였다.

〈표 5-13〉 **MIM 영역 평가 기준**

| 영역 | 평가 기준 | 도움이 필요한 경우 |
|---|---|---|
| 구조 | • 아동의 발달 수준에 적절하고 명확한 구조화를 제공하는가?<br>• 아동은 성인의 구조화를 잘 받아들이는가? | • 양육자가 또래나 아동의 역할을 하는 경우<br>• 제한 설정을 하지 못하는 양육자<br>• 아동에게 권위를 넘겨주는 경우<br>• 지나치게 엄격한 양육자<br>• 무질서한 상호작용을 하는 양육자<br>• 반항적이고 자기 방식을 고집하는 아동 |
| 개입 | • 양육자는 적절한 방법으로 아동의 관심을 끌어낼 수 있는가?<br>• 양육자는 과제 실행을 위해 아동을 즐겁게 참여시킬 수 있는가?<br>• 양육자는 아동의 정서 상태에 대해 공감적 인식과 반응을 보이는가?<br>• 양육자와 아동은 정서적으로 조화를 이루고 있는가? | • 정서에 무관심하고 무감각한 양육자<br>• 아동을 혼자 두는 것에 불안을 느끼는 양육자<br>• 아동 스스로 할 수 있는 과제를 대신 해주는 양육자<br>• 지나치게 과제지향적인 양육자<br>• 지나치게 진지하고 심각하게 과제를 수행하는 아동 |
| 양육 | • 양육자의 신체 접촉, 먹여 주기 등의 양육 행동이 편안한가?<br>• 양육자는 아동의 스트레스를 인식하고 진정시키는 능력을 가지고 있는가?<br>• 아동은 양육자의 양육을 받아들이는가?<br>• 양육자의 도움으로 아동은 다시 진정되는가? | • 지나치게 엄격한 양육자<br>• 긴장이나 고통에 대한 인식이 둔감한 양육자<br>• 서로에게 무관심한 아동과 양육자<br>• 분리불안이 심한 양육자<br>• 무기력하고 두려움이 많은 양육자 |

| | | |
|---|---|---|
| 도전 | • 양육자는 아동의 발달 수준을 인식하고, 약간 노력하면 아동이 습득할 수 있을 정도의 과제를 설정해 줄 수 있는가?<br>• 양육자는 아동의 노력에 긍정적인 반응을 해 주는가?<br>• 양육자와 아동은 성취에 대한 즐거움을 함께 나누는가? | • 자녀에 대한 기대 수준이 너무 높은 양육자<br>• 지나치게 경쟁적인 양육자<br>• 아동의 성취에 대해 긍정적인 반응을 보이지 않는 양육자<br>• 도전과 경쟁을 회피하는 아동 |

출처: 김수정(2018).

### (5) 해석 상담하기

해석 상담은 MIM의 마지막 단계다. 가능하면 MIM 시행 후 일주일 후에 해석 상담을 실시하는 것이 좋다. 평가자는 MIM 상황에서 일어났던 상호작용에 대해 양육자와 함께 영상을 보면서 관찰할 기회를 주고, 이에 대한 평가자의 해석을 전달한다. 해석 상담에서는 현재 아동-양육자 간 상호작용의 긍정적인 측면, 강점과 창조적인 문제해결법을 찾는 것에 집중한다(Gitlin-Weiner et al., 2004). 영상 전체를 다 보는 것은 시간상 한계도 있지만, 양육자가 자신의 모든 상호작용에 문제가 있다고 느끼고 지나친 좌절을 경험할 수 있으므로 양육자의 요청이 있는 경우가 아니라면 보여 주지 않는다. 양육자와 함께 관찰할 때, 부정적인 상호작용을 그대로 다시 보게 하는 것보다 음소거한 후 관찰하게 하는 것도 의미 있는 통찰을 얻을 수 있다. 평가와 해석의 목적은 문제를 찾아내는 것이 아니라 아동과 가족의 관계를 증진하기 위한 것이다. 다음은 해석 상담에서 치료자가 초점을 두어야 할 부분이다.

- 긍정적인 것에 초점을 맞추기
- 부모가 자신의 행동을 이해하도록 돕기
- 부모가 자녀의 욕구를 이해하도록 돕기
- 치료계획 세우기(치료 개입의 여부, 치료목표의 합의)

〈표 5-14〉에서는 MIM을 실시하고 녹화 영상 자료의 전사기록을 토대로 아동-양육자 반응의 주요 내용을 분석한 예시다. 이 사례의 경우 8~10개의 각 차원별 과제로 구성되는 것이 일반적이나 모-아 MIM과 부-아 MIM을 동일한 날에 실시하여 모-아 과제 수행이 5개로 이루어졌다.

〈표 5-14〉 **아동–양육자 간 구조화된 놀이 상호작용 평가서 사례 분석 예시**

| MIM 보고서<br>Marshak Interaction Method report | 작성자:<br>실시일: |
|---|---|

1. 내담자 정보
   1) 이름, 학년, 나이, 성별
      김경호(가명), 만 4세 5개월, 남
   2) 주 호소문제
      ① 혼자 놀기를 좋아하고 다른 친구들과 같이 놀기 힘들어함.
      ② 고집이 세고 마음대로 안 될 경우 떼쓰기가 심함.
      ③ 화를 자주 내고 표정이 굳어 있음.

2. MIM 실시(과제 예시)

| 번호 | 카드 내용 | 구분 | 시간 |
|---|---|---|---|
| 과제 1 | 성인과 아동이 각기 종이와 연필을 나누어 갖고 성인이 그림을 그린 후 아동이 그대로 따라 그리도록 하세요. | 구조, 도전 | 7분 |
| 과제 2 | 아이와 함께 인형을 가지고 재미있게 놀이하세요. | 구조, 개입 | 6분 |
| 과제 3 | 아이를 남겨 두고 방을 나갔다가 1분 후에 들어오세요. | 양육 | 2분 |
| 과제 4 | 성인이 블록으로 건축물을 쌓아 만든 다음 아동에게 내가 가진 블록으로 이거하고 똑같은 모양으로 만들어 보라고 말한다. | 구조, 도전 | 5분 |
| 과제 5 | 아이에게 로션을 발라 주세요. | 양육 | 2분 |

3. MIM 분석

| 번호 | 구분 | 내용 |
|---|---|---|
| 1 | **구조/도전** | **성인과 아동이 각기 종이와 연필을 나누어 갖고 성인이 그림을 그린 후 아동이 그대로 따라 그리도록 하세요.** |
| 내용 | | (14:00~14:07)<br>MIM에 대한 설명을 듣고 모는 아이가 잘 따라 하지 못할 것을 걱정함. 과제를 수행하려 시도하나 아동이 트럭을 만지고 관심을 보이지 않음. 모는 테이블 앞에 앉아 장난감 선반을 둘러보고 있는 클라이언트의 등을 보며 이름을 계속 부름. 아동의 이름을 부르고, “이게 연필이야~”, “너 전에 도화지에 그림 잘 그렸잖아~”, “선생님이 여기다 똑같이 그림 그리래.”라고 말하며 주의를 끔. 아동이 관심을 보이지 않자 아동이 놀이하고 있는 자동차 놀잇감 옆으로 가서 “경호는 지금 트럭놀이를 하고 싶어?”라고 함. 아동이 좋아하는 ‘트럭’을 바닥에 굴리자 모가 종이에 트럭을 그리며 관심을 유도함. 테이블 위에 |

| | | |
|---|---|---|
| | | 종이 두 장을 맞춰 놓고 클라이언트에게 "엄마가 이거 맞춰 놨어."라고 하자 클라이언트가 종이를 쳐다보고 앉음. 모가 재빨리 연필을 꺼내어 네모를 그리려고 선을 하나 긋자 클라이언트가 엄마가 들고 있던 연필을 가져가서 동그라미를 계속 그림. 모는 "이거 뭐 그리는 거야? 사탕이야?", "사탕이 몇 개야?"라고 반응하며 질문함. 아동이 "4개"라고 반응함. 모가 네모를 그리고 따라 하게 하려고 시도하나 아동이 자신이 그리고 싶은 것만 그리고 일어서서 이동함. |
| 2 | **구조/개입** | **아이와 함께 장난감을 가지고 재미있게 놀이하세요.** |
| 내용 | | (14:07~14:13)<br>손인형을 양손에 끼고 목소리를 바꾸어 '같이 놀자'며 관심을 유도함. 아동이 계속 자동차 놀이에 집중하자 아동 얼굴에 인형을 가까이하며 '안녕?', '똑똑똑' 소리를 냄. "선생님이 이거 놀이하라고 숙제를 내줬는데?", "경호는 이거 가지고 놀고 싶으니? 숙제 먼저 할까? 다하고 놀까?"라고 함. 아동은 놀잇감 선반에서 다른 장난감을 가지고 옴. 모가 실바니안 다람쥐 인형을 보여 주며 '다람쥐가 같이 놀고 싶대."라고 하자 한번 쳐다봄. 집 모형 위에 다람쥐를 올려놓고, 이거로 놀아 보자고 유도함. 모가 "이 다람쥐 인형은 어떻게 할까?"라고 묻자 모의 손에 있던 인형을 빼서 바닥에 던짐. 모는 당황한 듯 "이렇게 던지면 인형이 아프지!"라고 함. 아동이 모를 보며 "아파?"라고 함. |
| 3 | **양육** | **아이를 남겨 두고 방을 나갔다가 1분 후에 들어오세요.** |
| 내용 | | (14:13~14:15)<br>과제를 확인하고 시계를 본 후 일어남. 나가려다가 뒤를 돌아보고 테이블 위에 도화지와 연필 등을 정리하여 옆의 탁자 위에 올려 둠. 그리고 밖으로 나감. 모가 나가는 것을 확인하고 트램펄린 쪽으로 뛰어 올라가서 뛰면서 문 쪽을 쳐다봄. 잠시 놀이실의 다른 장난감들을 쳐다보며 트램펄린 위에서 계속 뜀. 자동차 선반쪽으로 가서 소방차와 트럭 등을 만져 봄. 모가 1분 뒤에 노크를 하였고 아동이 문을 열자 "들어가도 돼요?"라고 묻고 아동의 "네 들어오세요."라는 대답을 듣고 들어옴. |
| 4 | **구조/도전** | **성인이 블록으로 건축물을 쌓아 만든 다음 아동에게 "내가 가진 블록으로 이거하고 똑같은 모양으로 만들어 보렴."이라고 하세요.** |
| 내용 | | (14:15~14:20)<br>아동이 자동차들을 꺼내어 방에 늘어놓자 모가 한숨을 쉬고 장난감을 누가 정리할 거냐며 그만 꺼내라고 함. 과제를 확인하고 블록을 꺼내어 쌓으며 관심을 유도함. 아동이 소방차 놀이를 하자 거기에 관심을 갖고 함께 놀려고 시도함. 아동이 테이블로 구급차를 가지고 와서 놀자 다시 블록놀이로 유인함. 아동이 선반에서 다른 놀잇감을 꺼내려 하자 모가 아동을 안아서 테이블 쪽으로 데려와 앉힘. 아동은 저항하지 않고 모가 쌓아서 완성한 블록 위에 블록을 계속 쌓자, 모가 한 거랑 똑같이 만들어야 한다고 함. 클라이언트가 계속 하던 대로 하자 "경호는 엄마랑 다른 거 만들고 싶어?"라며 지켜보다가 "우와~ 다 쌓았네. 우리이거 선생님 보여 주자."라고 함. |

| 5 | 양육 | **아이에게 로션을 발라주세요.** |
|---|---|---|
| 내용 | | (14:20~14:22)<br>옆에 있는 물티슈를 꺼내 아동과 모 자신의 손을 닦은 후, "선생님이 로션을 발라 보래. 우리 로션 발라 볼까?"라고 함. 아동 손에 로션을 짜 주고 엄마 손등에도 로션을 짜 재빨리 손에 문지름. "자, 엄마 손등에 발라 주세요."라고 하자 클라이언트가 엄마 손등에 바르다가 물티슈로 자신의 손을 닦음. 모는 "미끌미끌해?"라고 반영한 후, 아동의 손등을 모의 손으로 문지름. 아동이 옷에 손을 문지르며 "로션 싫어."라고 하자 "싫어요? 너 미끌미끌한 거 싫지?"라고 하며 손등을 닦아 줌. "엄마 손에 발라 줘."라고 하는데 아동이 물티슈를 들고 모의 손을 닦으려 하자, 모가 "아니지!"라고 약간 언성을 높여 말함. |

4. MIM 실시 후 부모 질문에 대한 반응 요약

| | 질문 내용 | 부모 반응 |
|---|---|---|
| 1 | 가장 좋았던 활동과 그 이유는 무엇인가? | 5번 과제. 로션 바르기가 가장 쉽고, 자신이 제일 좋아했던 것 같다고 함. |
| 2 | 가장 좋지 않았던 활동과 그 이유는 무엇인가? | 고민하다가 2번 과제를 고름. 아이가 워낙 인형에 관심이 없어서 관심 자체를 주지 않아 힘들었다고 함. |
| 3 | 당신이 생각하기에 아이가 가장 좋아했던 활동과 그 이유는 무엇인가? | 처음에는 5번인 것 같다고 하다가 아이가 미끌거리는 거 안 좋아하니까 4번이었던 것 같다고 함. 이유는 아이가 모랑 똑같이 쌓지는 않았지만 클라이언트가 엄마 유도에 큰 거부 없이 블록을 쌓아서라고 함. |
| 4 | 당신이 생각하기에 아이가 가장 좋아하지 않은 활동과 그 이유는 무엇인가? | 2번 과제. 집에서 인형놀이를 전혀 안 하기 때문에 관심이 없다고 함. |
| 5 | 집에 있을 때와 같은 모습이었나? | 비슷함. 집에서도 모가 얘기하면 별 반응 없다가 관심 있는 놀이는 와서 하고 같이 놀다가도 자신의 관심사인 자동차 놀이로 관심을 돌리는 경우가 많다고 함. |
| 6 | 뜻밖의 일은 무엇이었나? | 집에서는 놀이과제가 주어지지 않고 아이가 놀이하면 따라가는 입장이었는데, 여기서는 놀이과제를 따르도록 하는 게 힘들었음. 집에서는 엄마가 말을 하면 좀 듣는데, 여기는 장난감도 많고 그런지 아이가 좀 산만하게 반응하는 거 같아서 힘들었음. |

5. 평가 분석

| 영역 | 평가 기준 | 분석 |
|---|---|---|
| 구조 | • 아동의 발달 수준에 적절하고 명확한 구조화를 제공하는가?<br>• 아동은 성인의 구조화를 잘 받아들이는가? | • "우리 이거 한번 해 보자~ 선생님이 숙제 내줬어. 숙제만 다 끝내고 놀까?" 등 규칙에 민감한 반응을 보였고 과제를 따라야 한다는 데 초점을 둔 구조화가 이루어짐.<br>• 1분 나가기 할 때 모가 아무런 설명 없이 나가서 적절한 상황 설명이나, 상황에 대한 구조화가 제대로 이루어지지 않음.<br>• 아동은 자신의 놀이에만 관심을 보이는 경향이 있음. |
| 개입 | • 양육자는 적절한 방법으로 아동의 관심을 끌어낼 수 있는가?<br>• 양육자는 과제 실행을 위해 아동을 즐겁게 참여시킬 수 있는가?<br>• 양육자는 아동의 정서 상태에 대해 공감적 인식과 반응을 보이는가?<br>• 양육자와 아동은 정서적으로 조화를 이루고 있는가? | • 아동의 관심사로 유도하여 그림 그리기, 인형놀이를 시도함.<br>• 아동이 자신의 놀이만 하려고 할 때, "경호는 이 놀이를 하고 싶어?"라고 욕구를 인정해 줌.<br>• 아동이 엄마와 놀이에서 상호작용하는 모습은 놀이과제 수행보다는 아동이 원하는 놀이를 하며 자주 관찰됨(트럭 장난감 엄마 보여 주기, 엄마가 건네준 공 박스에 명중시키기, 도화지에 아동이 버스를 엄마가 거기에 다람쥐 손님을 그리고 아동과 함께 인사하기 등). |
| 양육 | • 양육자의 신체 접촉, 먹여 주기 등의 양육 행동이 편안한가?<br>• 양육자는 아동의 스트레스를 인식하고 진정시키는 능력을 가지고 있는가?<br>• 아동은 양육자의 양육을 받아들이는가?<br>• 양육자의 도움으로 아동은 다시 진정되는가? | • 로션 바르기 할 때 접촉이 자연스러움. 엄마 손등에 발라 줄 때도 망설임 없이 발라 줌. 하지만 로션이 미끌거려 싫은데, 엄마가 계속 만지니까 불편해하며 싫다고 말함.<br>• 하기 싫은 걸 인정은 해 주나, 과제를 끝까지 수행해야 한다는 조급함이 엿보임. 아동의 감정이나 모 자신의 감정에 대한 반응을 잘 나타나지 않음.<br>• 아동이 하는 놀이에 모가 관심을 갖고 질문하면 아동이 이에 반응을 보임. |
| 도전 | • 양육자는 아동의 발달 수준을 인식하고, 약간 노력하면 아동이 습득할 수 있을 정도의 과제를 설정해 줄 수 있는가?<br>• 양육자는 아동의 노력에 긍정적인 반응을 해 주는가?<br>• 양육자와 아동은 성취에 대한 즐거움을 함께 나누는가? | • 아동이 그릴 수 있을 만하고 관심 있는 그림을 그려 보도록 함(네모 그리기, 네모 안에 숫자 그리기, '마을버스'라고 하며 버스 안에 의자, 손잡이, 문 그리기).<br>• 아동이 블록을 똑같이 따라 한 건 아니지만, 다 쌓았을 때, "우와! 너무 잘했다", "우리 이거 선생님한테 보여 주자~" 라고 과업 수행 결과에 초점을 두는 반응이 자주 보임.<br>• 아동이 테이블 앞에 앉아서 동그라미를 그리자, 모는 "우와 사탕이야? 사탕이 몇 개야?"라고 묻고 아동은 "4개!"라고 답하며 웃음.<br>• 아동이 트럭을 바닥에 굴리자 모 앞으로 트럭이 왔고 모가 가 슝~ 소리를 내며 굴리자 아동이 '하하' 소리를 내며 좋아하고 모도 따라 웃음.<br>• 과제 놀이 중간에 아동이 공을 상자 안에 골인을 시키지 못해도 계속 "우와! 다시 해 봐!" 라고 하며 공을 계속 건네줌. |

6. 치료자 소견

| | |
|---|---|
| 소견 | • 모의 강점은 아동의 비협조적 태도에도 아동의 관심을 유도하고 상호작용을 하기 위해 시도하고 노력을 보이는 점임. 이는 아동 및 아동과의 관계 개선에 대한 모의 관심과 동기가 높은 점이라고 사료됨.<br>• 모는 자신이 주도하에 아이와 함께 과제를 수행하는 것에 자신 없어 함. 이는 평소에 자신이 관심 있는 놀이만 하고 방해받기 싫어한다는 아동의 놀이를 바라보고, 따라가기만 했던 태도와 연관된 것으로 보임. 놀이평가 후 이 부분이 힘들었다는 반응을 하였고, 특히 인형놀이에 관심이 아예 없어서 계속 관심을 끌려고 해도 쳐다보지 않아서 힘들었다고 함. 아동이 좋아하는 놀이와 관심사는 알고 있으나, 모가 그것을 활용하여 주도하는 방법에 대해서는 혼란감이 있는 듯함.<br>• 아동이 과제에 관심이 없자 "선생님이 숙제 내주신 거라 우리 해야 돼.", "숙제 다 끝내고 놀자." 등의 언급을 자주 하여 과업수행에 몰입하는 경향이 있는 것으로 보임. 수행이 잘 안 되자, 아동의 관심을 유도하기 위해, 이름을 계속 부르며 한 번만 해 보자고 애원하기도 하고, 장난감을 치우는 것에 대해서 걱정하며 그만 가져오게 하는 등 아동의 정서적 욕구나 상태보다는 과제를 완수해야 한다는 성취지향적 태도가 보임. 이는 아동이 지시 수행을 하지 않을 때 아동과 모의 감정적 충돌이나 갈등이 발생될 수 있고 아직 과제 수행에 있어 어려움이 있는 아동과 모의 정서적 유대 형성에 어려움으로 작동될 수 있음. 예를 들어, 아동이 과제를 따라 하지 않는다고 아동의 몸을 들어 테이블 앞에 앉히거나 엄격한 목소리와 태도로 아동을 대하는 모습이 관찰되었음. 이런 모의 태도에 아동은 혼란스러움이나 불안함을 느낄 수 있으므로 이에 대한 적절한 개입 방법에 대해 모와 논의해 나가는 것이 요구됨.<br>• 모가 사용하는 아동에 대한 감정 반영은 '싫다' 혹은 '좋다'로 나타남. 좀 더 다양한 감정들(즐거움, 재미, 행복함, 슬픔, 속상함)을 아동의 행동, 표정에서 읽어 내고 언어로 표현해 주어 아동이 자신의 감정을 인식하고 표현할 수 있도록 도와주는 것이 필요하다고 생각됨. |

〈표 5-15〉 **아동-양육자 간 구조화된 놀이 상호작용 평가서**

| MIM 보고서<br>Marshak Interaction Method report | 작성자:<br>실시일: |
|---|---|

1. 내담자 정보
   1) 이름, 학년, 나이, 성별

   2) 주 호소문제
      ①
      ②
      ③

2. MIM 실시(과제 예시)
   1) 아동 + 아동의 모 과제

| 번호 | 카드 내용 | 구분 | 시간 |
|---|---|---|---|
| 과제 1 | 성인과 아동이 각기 종이와 연필을 나누어 갖고 성인이 그림을 그린 후 아동이 그대로 따라 그리도록 하세요. | 구조, 도전 | |
| 과제 2 | 아이와 함께 장난감을 가지고 재미있게 놀이하세요. | 구조, 개입 | |
| 과제 3 | 아이를 남겨 두고 방을 나갔다가 1분 후에 들어오세요. | 양육 | |
| 과제 4 | 아이가 갓 태어났을 때 당신의 느낌을 아이에게 이야기하세요. | 양육 | |
| 과제 5 | 아이에게 로션을 발라 주세요. | 양육, 개입 | |

   2) 아동 + 아동의 부 과제

| 번호 | 카드 내용 | 구분 | 시간 |
|---|---|---|---|
| 과제 1 | 블록으로 구조물을 만들고 아이가 똑같이 만들게 하세요. | 구조, 도전 | |
| 과제 2 | 당신이 아이에게 바라는 것을 이야기 하세요. | 양육 | |
| 과제 3 | 아이와 함께 장난감을 가지고 재미있게 놀이하세요. | 구조, 개입 | |
| 과제 4 | 아이에게 과자를 먹여 주세요. | 양육, 개입 | |

3. MIM 분석

1) 아동 + 아동의 모 과제

| 번호 | 구분 | 내용 |
|---|---|---|
| 1 | | |
| | 모 | |
| | 아동 | |
| 2 | | |
| | 모 | |
| | 아동 | |
| 3 | | |
| | 모 | |
| | 아동 | |
| 4 | | |
| | 모 | |
| | 아동 | |
| 5 | | |
| | 모 | |
| | 아동 | |

2) 아동 + 아동의 부 과제

| 번호 | 구분 | 내용 |
|---|---|---|
| 1 | | |
| | 부 | |
| | 아동 | |
| 2 | | |
| | 부 | |
| | 아동 | |
| 3 | | |
| | 부 | |
| | 아동 | |
| 4 | | |
| | 부 | |
| | 아동 | |
| 5 | | |
| | 부 | |
| | 아동 | |

4. MIM 실시 후 부모 질문에 대한 반응

| | 질문 내용 | 부모 반응 |
|---|---|---|
| 1 | 집에 있을 때와 같은 모습이었나? | |
| 2 | 뜻밖의 일은 무엇이었나? | |
| 3 | 가장 좋았던 활동과 그 이유는 무엇인가? | |
| 4 | 가장 좋지 않았던 활동과 그 이유는 무엇인가? | |
| 5 | 당신이 생각하기에 아이가 가장 좋아했던 활동과 그 이유는 무엇인가? | |
| 6 | 당신이 생각하기에 아이가 가장 좋아하지 않은 활동과 그 이유는 무엇인가? | |

5. 평가 분석

| 영역 | 평가 기준 | 분석 |
|---|---|---|
| 구조 | • 아동의 발달 수준에 적절하고 명확한 구조화를 제공하는가?<br>• 아동은 성인의 구조화를 잘 받아들이는가? | |
| 개입 | • 양육자는 적절한 방법으로 아동의 관심을 끌어낼 수 있는가?<br>• 양육자는 과제 실행을 위해 아동을 즐겁게 참여시킬 수 있는가?<br>• 양육자는 아동의 정서 상태에 대해 공감적 인식과 반응을 보이는가?<br>• 양육자와 아동은 정서적으로 조화를 이루고 있는가? | |
| 양육 | • 양육자의 신체 접촉, 먹여 주기 등의 양육 행동이 편안한가?<br>• 양육자는 아동의 스트레스를 인식하고 진정시키는 능력을 가지고 있는가?<br>• 아동은 양육자의 양육을 받아들이는가?<br>• 양육자의 도움으로 아동은 다시 진정되는가? | |

| 도전 | • 양육자는 아동의 발달 수준을 인식하고, 약간 노력하면 아동이 습득할 수 있을 정도의 과제를 설정해 줄 수 있는가?<br>• 양육자는 아동의 노력에 긍정적인 반응을 해주는가?<br>• 양육자와 아동은 성취에 대한 즐거움을 함께 나누는가? | |
|---|---|---|

6. 치료자 소견

| 소견 | |
|---|---|

## 참고문헌


김민화, 곽금주(2004). 장난감 중심 상호작용 상황에서 보이는 영아-어머니의 주도성과 반응성. **한국심리학회지: 발달**, 17(2), 19-36.

김수정(2018). **가족 치료놀이**. 경기: 공동체.

김훈지, 김명순(2019). 만 2세 영아-어머니 놀이 상호작용에서 공동주의에 따른 영아의 상징놀이 수준과 놀이 참여도. **열린부모교육연구**, 11(4), 169-186.

두정일(2014). 부모-아동 상호작용 코딩 시스템(DPICS)의 타당화 연구. **한국아동심리치료학회지**, 9(2), 39-56.

Axline, V. (1947). *Play therapy*. New York: Ballantine Books.

Bakeman, R., & Adamson, L. B. (1984). Coordinating attention to people and objects in mother-infant and peer infant interaction. *Child Development, 55,* 1278-1289.

Booth, P., & Jernberg, A. M. (2011). **치료놀이**(윤미원, 김윤경, 신현정, 전은희, 김유진 공역). 서울: 학지사. (원서 출판 2010).

Bornstein, M. H., Hynes, O. M., Legler, J. M., O' Reilly, A. W., & Painter, K. M. (1997). Symbolic play in childhood: Interpersonal and environmental context and stability. *Infant Behavior and Development, 20*, 197-207.

Courtney, J. A. (2020). *Infant Play Therapy: Foundations, Models, Programs, and Practice*. New York, NY: Routledge Publishing.

Erikson, E. H. (1950). *Childhood and society.* New York: Norton.

Fiese, B. H. (1990). Playful relationships: A contextual analysis of mother-toddler interaction and symbolic play. *Child Development, 61*(5), 1648-1656.

Ginott, H. (1965). *Between parent and child*. New York: Avon.

Gitlin-Weiner, K. G., Sandgrund, A., & Schaefer, C. (2004). **놀이 진단 및 평가(제2판)**(송영혜 외 공역). 서울: 시그마프레스. (원서 출판 2000).

Hawkins, R. P. (1982). Deveoloping a behavior code. In D. P. Hartmann (Ed.), Using observers to study behavior. *New directions for methodology of social and behavioral science, 14,* 21-36. Jossey-Bass: San Francisco.

Laible, D. J., & Thompson, R. A. (2007). *Early socialization:A relational perspective*. In J. Grusec & P. Hastings (Eds.), *Handbook of socialization*. New York: Guilford Press.

Landreth, G. (2002). *Play therapy: The art of the relationship* (2nd ed.). New York: Brunner-Routledge.

Lillard, A. S., Lerner, M. D., Hopskins, E. J., Dore, R. A., Smith, E. D., & Palmquist, C. M. (2013). The impact of pretend play on children's development: A review of the evidence. *Psychological Bulletin, 139*(1), 1-34.

Marchak, M. (1960). A method for evaluating child-parent interactions under controlled conditions. *Journal of Genetic Psychology, 97*, 3-22.

Matas, L., Arend, R. A., & Sroufe, L. A. (1978). Contitnuity of adaptation in the second year: The relationship between quality of attachment and later competence. *Child Development, 49,* 547-556.

Mosier, C. E., & Rogoff, B. (1994). Infant's instrumental use of their mothers to achieve their goals. *Child Development, 65*, 70-79.

Reid, J. B. (1982). Obsever training in narutalistic research. In D. P. Hartmann (Ed.), Using observers to study behavior. *New directions for methodology of social and behavioral science, 14*, 21-36. Jossey-Bass: San Francisco.

Roggman, L. A., & Peery, J. C. (1988). Caregiving, emotional involvement and parent-infant play. *Early Child Development, 34*, 191-199.

Roggman, L. A., Langlois, J. H., & Hubbs-Taft, L. (1987). Mothers, infants, and toys: Social play correlates of attachment. *Infant Behavior and Development, 10*, 233-237.

Rosen, K. S. (2018). **사회 정서 발달: 애착관계와 자기의 발달**(유미숙, 이영애, 박소연, 류승민, 박현아 공역). 서울: 시그마프레스. (원서 출판 2016).

Rosen, W. D., Adamson, L. B., & Bakeman, R. (1992). An experimental investigation of infant social referencing: Mother's messages and gender differences. *Developmental Psychology, 14,* 111-123.

Spencer, P. E., & Meadow-Orlans, K. P. (1996). Play, language, and maternal responsiveness:A longitudinal study of deaf and hearing infants. *Child Devolopment, 67*, 3176-3191.

Stover, L., Guerney, B., & O'Connell, M. (1971). Measurement of acceptance, allowing self-direction, involvement, and empathy in adult-child interaction. *Journal of Psychology, 77,* 261-269.

Stren, D. (1977). *The first relationship.* Cambridge, MA: Havard University Press.

제6장

# 놀이치료에서의 발달평가

## 1. 발달평가

영유아 발달평가의 목적은 발달 이상을 조기에 발견하고 치료하여 향후 나타날 수 있는 장애를 최소화하고 이차적으로 나타날 수 있는 장애를 방지하는 것이다. 따라서 놀이치료사가 발달의 한 영역에서 여러 영역까지 문제를 호소하는 영유아를 만났을 때 놀이치료 전 발달평가를 통해 발달지연과 관련된 문제를 파악하고 치료 목표 및 개입을 위한 전략을 세워야 한다.

평가나 치료에 의뢰된 영유아의 경우 언어 및 운동 발달, 사회성 면에서 발달지연의 문제를 보이는 경우가 있다. 이와 같은 경우 발달 문제 여부나 수준을 평가해야 하는데 영아기 발달 지수와 이후 지능검사 간의 상관관계가 낮다는 연구 결과(McCormick et al., 2020)도 다수 있기 때문에 발달지체 진단을 매우 신중해야 한다. 일반 인구 대상의 영유아기 발달검사 지수와 이후 지능검사 간의 상관관계는 비교적 낮지만, 특정 시기의 인지발달 지체에 대한 조기 판정 자체는 보통 범위 혹은 우수한 아동을 판단하는 것보다 더욱 정확하다는 점이 주목할 만하다(하은혜, 2021).

객관화된 발달 지수를 통해 발달평가를 하는 방법 외에 놀이치료 장면에서는 놀이를 통해 아동의 발달을 이해하는 것은 필수적이며 유용한 방법이 될 것이다.

유아기의 놀이는 인지적 사회적 수준에 따라 나뉘고(Parten, 1932; Smilansky, 1968), 다수의 연구자들은 놀이를 발달적 분류로 사용하였다(Belsky & Most, 1981; Fenson et al., 1976; Fenson & Ramsay, 1980; Garvey, 1977; Hill & McCune-Nicolish, 1981; Lifter & Bloom, 1989; Lowe, 1975; Nicolish, 1977; Odom, 1981). 그 결과 아동의 놀이가 유아기에 간단한 사물을 조작하는 것에서 걸음마 시기에 가상놀이 도식으로, 마지막으로 취학전기에 사회극과 환상놀이로 진행되는 것이 전형적이라고 하였다(Garvey, 1977; Nicolish, 1977; Piaget, 1954, 1962; Rubin et al., 1983; Smilansky, 1968). Howes와 Matheson(1992)은 놀이 형태와 놀이 시간의 양은 유아기부터 학령전기까지의 사회적 능력을 나타내는 것과 정적 관계가 있다고 하였다.

따라서 이 장에서는 발달 문제를 호소하는 영유아를 대상으로 표준화된 발달검사도구와 놀이를 통해 영유아의 발달 특성 및 발달 수준을 이해하고 평가하는 방식을 소개한다.

## 2. 놀이를 통한 발달평가

놀이의 유형은 유아의 인지적 사회적 수준에 따라 달라지기 때문에 자폐스펙트럼장애나 지적 장애 등 신경발달 문제를 가지고 있는 아동은 연령에 적합한 발달 수준을 보이는 아동과 놀이의 형태와 수준에서 차이가 있다. 연구에 의하면, 장애가 있는 아동은 전형적으로 발달하는 아동처럼 같은 종류의 재료를 가지고 놀지 않고, 집단의 상호작용이 적고, 비놀이적인 활동에 더 많이 관여하고 인지적으로 덜 세련된 놀이를 한다(Mindes, 1982). 또한 장애가 있는 아동은 그렇지 않은 아동보다 조합이 덜 된 놀이를 하고(Hill & McCune-Nicolish, 1981; Quinn & Rubin, 1984), 놀이를 덜 주도하고(Brooks-Gunn & Lewis, 1982), 고립된 놀이를 하며 사회적 상호작용 놀이에 덜 열중하고(Field et al., 1982; Johnson & Ershler, 1985). 자폐스펙트럼장애가 있는 아동은 가장놀이에서 상동적으로 변하지 않는 놀이 습관(Wing et al., 1977)과 같은 질적인 차이가 있다. 이처럼 놀이를 통한 아동의 발달 수준을 평가하려고 할 때 유아 및 아동의 연령에 따른 놀이 발달 유형 및 특성, 이와 비교해 비전형적으로 나타나는 놀이 특성에 대해 〈표 6-1〉과 같이 제시하였다. 〈표 6-1〉의 내용은 인지적 수준에 따른 놀이의 유형(Smilansky, 1968), 사회적 수준에 따른 놀이의 유형(Parten, 1932), 『자폐스펙트럼 아동과 청소년을 위한 발달놀이치료』(Grant, 2021), 『심리학 용어사전(Psychology Glossary)』(2012)의 일부 내용을 재구성한 것이다.

〈표 6-1〉 **전형적인 놀이 발달과 비전형적인 놀이 발달**

| 연령 | 전형적인 놀이 발달 | | | 비전형적인 놀이 발달 |
|---|---|---|---|---|
| | 인지적 수준에 따른 놀이 유형[1] | 사회적 수준에 따른 놀이 유형[2] | 놀이 특성 | |
| 0~1세 | 기능놀이<br>(9~24개월) | | • 까꿍놀이를 통해 사회적 상호작용 시작(10m) | • 감각에 반응하지 않음<br>• 옹알이와 미소로 소통하지 않음, 눈맞춤 등의 기본적인 상호작용 놀이를 하지 않음 |

| | | | | |
|---|---|---|---|---|
| 1~2세 | 표상놀이<br>(12~21개월) | 혼자놀이<br>(15~18개월<br>~2세) | • 성인의 행동 모방 | • 주변의 주의를 끌지 않음<br>• 놀이하지 않음<br>• 놀잇감을 가지고 놀지 않음<br>• 양육자와 함께 놀지 않음 |
| 2~3세 | 구성놀이<br>(2~3세)<br>상징놀이<br>(2세부터) | 평행놀이<br>(24~30개월) | • 놀이를 통해 또래와 친밀감 형성 | • 또래들과 놀지 않음<br>• 또래 놀이에 흥미 보이지 않음<br>• 모방놀이, 역할놀이, 가장놀이 하지 않음<br>• 놀잇감으로 놀이 지속 부족<br>• 양육자와 게임놀이 하지 못함 |
| 3~4세 | 구성놀이<br>우세<br>사회극놀이<br>(3~4세<br>출현) | 연합놀이,<br>협동놀이<br>(3~4세<br>출현) | • 더 많은 사람들이 참여하여 놀이<br>• 친숙한 역할에 대한 역할놀이 등장(교사, 의사, 운전사 등) | • 또래들과 지속적으로 놀지 않음, 놀이에 흥미 보이지 않음<br>• 같은 놀잇감 사용 놀이, 반복적인 주제 놀이<br>• 역할놀이나 상징놀이 나타나지 않음 |
| 4~5세 | | | • 가장놀이에 또래를 포함시킴(직접 경험하거나 책을 통해 접한 역할)<br>• 타인이 자신과 다른 생각, 감정, 지식을 가지고 있음을 인식, 타협 기술 등장<br>• 사물의 실제와 다르게 명명하여 조작 | • 또래 놀이에 관심 없음<br>• 특정 놀잇감에 집중, 집착, 강박적<br>• 같은 놀잇감 놀이, 같은 시나리오 반복<br>• 상징놀이, 역할놀이, 협동놀이 나타나지 않음 |
| 5~6세 | | | • 또래와 놀이 계획, 협력과 타협<br>• 모든 유형의 놀이 가능 | • 놀이에 대한 흥미와 활동 영역 협소<br>• 또래 놀이에 흥미 없음 |

1) 기능놀이: 단일 사물을 목적에 맞게 사용, 관련 있는 사물을 조합(여자 인형을 미용실에 둠)
표상놀이: 자신의 세계를 나타내기 위해 익숙한 사물을 사용(음식 요리할 때 장난감 오븐을 사용)
구성놀이: 어떤 것을 만들기 위해 사물을 조작함, 사물을 새로운 형상으로 바꾸기 위해 재료를 사용(레고 조각이 자동차나 집으로 바뀜)
상징놀이: 한 사물을 다른 사물로 대체하여 사용(머리빗을 마이크로 사용). 무엇이 된 것처럼, 누군가가 된 것처럼 가장함, 사물을 통해 가장놀이(한 인형이 다른 인형에게 밥을 먹임, 요리놀이, 인형놀이, 일상놀이).
사회극놀이: 만화, 책에 나온 대본, 장면, 극을 연기하는 놀이. 공동의 주제로 상호작용하면서 자신이나 피겨, 퍼펫 등을 사용하여 역할을 함. 5세경에는 주제, 연속성, 계획, 문제해결 등이 더 풍부해짐.

2) 평행놀이: 아동이 서로 가까이 있으면서 같거나 유사한 것을 가지고 놀이, 그러나 다른 아동과 상호작용하지 않고 주로 장난감에 관심을 가짐. 혼자 놀이하지만 다른 아동이 하고 있는 것을 알고 있고 관심을 가짐.
연합놀이: 자신의 관심을 추구하지만 아동들이 서로 장난감을 교환하거나 서로의 활동에 대해 언급함.
협동놀이: 아동들이 공동의 목표를 가지고 계획하고 역할을 맡아 함께 놀이함.

## 1) 놀이 발달 사정용 척도

아동의 놀이 기술에 대한 평가는 아동의 지식과 지식을 어떻게 사용하는지를 평가한다. 여기서 제시한 놀이 척도는 놀이 발달을 평가하는 수단이다. 이 척도의 원판(Westby, 1980)은 전형적으로 발달하는 유아, 걸음마기 아동, 아동보호센터 내의 취학 전 아동과 초등학교 특수교육 프로그램에 등록된 장애 아동에 대한 관찰에 기초를 두었다. 원래 연령 수준은 각 수준에서 중류 계층의 취학 전 아동이 수행하는 놀이와 언어 행동의 80%에 기반을 두었다.

척도는 놀이와 언어 두 가지 차원으로 나뉜다. 전 상징 수준에서 차원에는 사물영속성, 수단-결과 문제해결, 사물 활동이 포함되어 있다. 상징 수준 내에서 놀이는 자기-타인 관계, 놀이 주제의 통합 또는 조직, 주제의 내용, 탈맥락화 차원에 따라 변화한다. 전 상징 수준에서 '언어'는 의사소통 의도를 평가하고 상징 수준에서 '언어'는 그것의 기능, 형식, 내용을 평가한다. 이 척도는 8개월에서 5세 사이 아동들의 의사소통 특징과 놀이를 나타낸 것으로 유아가 사물 및 사람 둘 다에 관심을 가질 수 있는 시점에서 시작한다.

### (1) 놀이평가 절차

#### ① 놀이평가 환경의 구조화

놀이평가를 위해 인지발달 수준, 성별에 따른 선호, 주제를 다르게 표현하는 다양한 장난감이 준비된 놀이실이 필요하다. 18개월 미만의 아동은 다양하게 조작하는 장난감과 원인-결과 장난감이 필요하다. 상징놀이 초기 단계에 있는 아동은 표상 기술을 위한 사실적인 장난감이 필요하다. 상징 단계의 아동을 위한 놀이 자료는 친숙한 것과 친숙하지 않은 놀이 자료와 다양한 표상 수준의 자료(사실적 자료와 비사실적 자료)를 포함시켜야 한다. 장난감은 아동의 발달 수준에 따라 묶여야 한다. 놀이평가실은 가장놀이에 열중하지 않는 17개월 미만으로 기능하는 아동의 장난감으로 구성되는 전 상징적 영역(태엽 감는 장난감, 말하는 장난감, 음악소리 나는 장난감, 봉제인형 등), 18개월에서 3세 사이의 아동을 위한 친숙하고 고도로 사실적인 장난감 영역(가정 영역, 상점 영역, 의사 장비 등), 표상성이 적은 장난감과 사실성이 낮은 장

난감 영역(큰 인형집, 큰 블록, 모래상자, 플레이모빌 놀이 세트, 영웅, 그 밖의 인물, 손인형 등), 대근육 운동 영역(미끄럼틀, 타는 장난감 등), 특정한 주제의 놀이에 충실한 사실적인 소품 영역(병원, 공항, 식당 등)으로 구성한다.

#### ② 평가 수행하기

놀이평가를 시작하기 전에 아동의 발달 수준을 추정하여 아동의 추정된 발달 놀이 수준에 있는 장난감을 제시하는 것이 좋다.

처음에 아동은 자신만의 놀이를 한다. 평가자는 아동이 평가자를 놀이에 참여시킬 수 있도록 자리를 잡는다. 만약 몇 분 후에도 아동이 장난감을 바라만 보면서 만지작거리기만 한다면 활동을 제안한다. 만약 아동이 반응이 없다면, 놀이에서 보다 적극적으로 행동하고 아동이 참여하도록 초대하면서 가장 활동을 시범 보인다. 아동이 평가자가 이끄는 대로 하지 않는다면 평가자가 도입한 주제를 아동이 경험했는지를 부모에게 물어보도록 한다. 아동이 여전히 반응하지 않는다면 보다 사실적인 장난감과 보다 친숙한 놀이 주제를 사용해서 척도에서 한 단계 낮추어 실시한다. 아동의 놀이활동 척도의 문항 앞에는 아동이 자발적으로 시작한 놀이활동(Spontaneous: S), 평가자, 부모, 다른 아동이 활동을 시작하고 아동이 따라 해서 쉽게 참여(Joins: J), 평가자가 활동 시범을 보이고 아동이 지시를 따르지만 시범에 다양하지 않은 경우(Immitate: I)로 각각 부호화한다.

### (2) 놀이-언어 수행 해석하기

취학 전 연령의 아동의 경우 평가자는 각각의 놀이와 언어 차원으로 연령 수준을 제시할 수 있다. 또는 표준화된 인지 검사에서 아동이 수행한 것과 놀이 척도에서 아동이 수행한 것을 관련시킨다. 놀이평가를 통해 아동의 놀이와 언어 능력 사이의 관계를 살펴볼 수 있다. 예를 들어, 아동의 언어 기술의 모든 측면(언어의 형식, 기능, 내용)이 놀이 기술과 균형을 이룬 경우, 언어의 모든 측면이 놀이의 수준보다 앞선 경우, 이와 반대로 놀이 수준의 언어 기술보다 다소 좋은 경우가 있을 수 있다.

### (3) 놀이 발달 사정용 척도 내용

Westby(1980)가 제작한 척도를 Gitlin-Weiner, Sandgrund, 그리고 Schaefer

(2004)는 8개월에서 5세 사이 아동들의 의사소통 특징과 놀이에 대해 조직화한 놀이 발달 사정용 척도로 제시하였다. 〈표 6-2〉의 내용은 놀이 발달 사정용 척도 내용 중 언어 차원을 제외한 놀이 차원의 각 발달 단계별 특징을 일부 요약하여 구성한 것이다.

〈표 6-2〉 **놀이 발달 사정용 척도**

| 수준 | | 놀이 |
|---|---|---|
| 전 상징적 수준 | 전 상징적 수준 I: 8~12개월 | • 대상영속성 발달<br>• 수단-결과 행동 보임(끈을 당겨서 장난감을 얻음)<br>• 다른 장난감에 대해 다른 도식 발달<br>• 몇몇 적절한 행동 도식 사용(스위치, 다이얼 조작)<br>• 장난감을 가지고 하는 행동에서 사물의 기능과 관련성이 없음 |
| | 전 상징적 수준 II: 13~17개월 | • 보다 체계적으로 장난감 탐색,<br>• 움직임을 초래하는 장난감 부분(레버, 끈, 버튼)을 알 수 있음<br>• 다양한 움직임 도식 시도(밀기, 당기기, 돌리기, 흔들기)<br>• 친숙한 대상을 자발적으로 적절하게 사용(컵으로 마시기, 머리 빗기, 전화로 이야기하기)<br>• 수단-결과 행동으로 문제해결하기<br>• 보았던 장난감이나 물리적 속성에 기초해서 장난감들 사이의 관계 구성(자동차 안에 인물 넣기, 다른 컵에 포개는 컵 넣기) |
| 상징적 수준 | 상징적 수준 I: 17~19개월 | • 표상적 및 상징적 가장놀이 시작<br>• 장난감과 대상을 가상에서도 사용(빈 컵을 가지고도 마시는 척함)<br>• 씻기, 먹기, 잠자기와 같은 일상적인 친숙한 사건에 대한 가상 행동 나타남<br>• 단일 도식으로 된 가상 활동을 함<br>• 도구 사용 능력(예 닿지 않는 물건을 얻기 위해 의자 위에 올라가기)<br>• 또래 상호작용은 제한되고 지속적이지 않음, 주고받기는 한 번만 됨(Fein & Schwartz, 1986) |
| | 상징적 수준 II: 19~22개월 | • 실제 소품을 활용한 가장놀이, 경험한 사건 또는 친숙한 타인의 활동 재연(엄마처럼 요리하기)<br>• 한 개 혹은 두 가지 장난감을 가지고 두 가지 활동을 결합시키기 시작(주전자로 컵에 물 따르기, 숟가락으로 접시에 있는 것을 인형에게 먹이기) |
| | 상징적 수준 III: 2세 | • 주제는 친숙하게 참가하는 활동(대부분 가사 활동, 요리하기, 먹기, 잠자기, 청소하기)<br>• 단일 장면이지만 더 정교화되어 나타남(각각의 인형에게 접시, 컵, 숟가락을 놓아 식탁을 차리고, 아기는 높은 의자에 앉아서 턱받이를 하고 큰 아이들은 일반 의자에 앉힘) |

| | |
|---|---|
| 상징적 수준 IV: $2\frac{1}{2}$세 | • 자주 경험하지 않던 개인적 사건을 표현하기 시작(즐거웠거나 외상적이었던 사건)(예 쇼핑하기, 의사놀이)<br>• 양자관계 및 보완적인 역할로 놀이. 그러나 인형에게 이야기하기("나는 X를 할 것이고 너는 Y를 할 거야.") |
| 상징적 수준 V: 3세 | • 단일 각본을 다중 도식의 연속적인 일화로 표현(예 식탁에 앉기, 요리하기, 상 차리고 식사하기, 식탁 치우기, 접시 씻기/아기를 검사하고 무슨 병인지 결정하기, 옷 입히기, 의사에게 데려가기, 약 주기)<br>• 연합놀이(비슷한 재료로 비슷한 주제를 표현하지만 협동하지 않음)<br>• 개인적인 경험에 대한 각본이 수정되어 표현됨 |
| 상징적 수준 VI: 3~$3\frac{1}{2}$세 | • 축소된 소품(인형의 집, 플레이모빌 놀이 세트)과 모사된 장난감을 사용<br>• 대상 변형(의자를 자동차로 사용, 블록을 비행기로 나타냄)<br>• 가사놀이의 빈도 감소. 개인이 경험하지 않았던 관찰했던 사건이나 인기 있는 영화나 텔레비전의 인물이나 사건을 표현<br>• 자신의 역할과 다른 사람의 역할을 정함<br>• 놀이가 더 공격적으로 됨 |
| 상징적 수준 VII: $3\frac{1}{2}$~4세 | • 경험하지 못했거나 관찰했던 활동을 통해 문제를 해결하고 미래의 사건에 관해 가정할 수 있음(상점에서 물건을 팔고 있다고 알리고는 방에 있는 물건들을 범주별로 구성하여 물건들을 전시한 후, 장사를 위해 문을 열었다고 알림)<br>• 전체 각본을 연출하기 위해 인형과 모사품 모형을 사용. 배역들이 상호작용, 아동을 배역을 위해 다중 역할을 취함(Wolf & Hicks, 1989) |
| 상징적 수준 VIII: 5세 | • 아동이 참여나 관찰하지 않은 사건이 있는 주제로 변화(우주비행사, 해적, 과학자 등의 정교한 주제 개발, 자신의 경험과 관찰에서 얻은 정보를 통합)<br>• 다른 사람의 행동과 역할을 계획하고 점검<br>• 협동놀이 |

## 2) 놀이 발달평가 실습

〈실습 사례 예시〉

4세 제인은 놀이실에 입실할 때 양육자가 평가자에게 인사하라는 지시에 단조로운 억양으로 평가자와의 눈맞춤 없이 인사말을 건넨다. 그리고 곧바로 놀잇감이 있는 곳으로 빠르게 달려간다. 멜로디 건반을 눌러 보고 거기서 나오는 건반 소리와 멜로디 소리를 듣는데 마치 혼자 있는 듯하다. 옆에 있는 아기 인형을 꺼내더니 아기 인형의 머리를 빗으로 빗겨 주고 옷을 벗겨 욕조에 넣어서 목욕을 시키듯 손으로 쓰다듬고 다시 옷을 입힌다. 그리고 음식 모형을 접시에 담아 아기 앞에 놓고 먹이면서 "먹어."라고 말한다. 놀이를 하는 동안 활동이나 사물에 대한 한 단어 표현만 나타나고 평가자의 놀이 반영에 대해서도 대답을 하지 않는다.

제인(4세)의 사례를 놀이 발달 사정용 척도를 통한 분석 결과는 다음과 같다.

**상징놀이, 놀이 비전형성(눈맞춤하지 않고, 함께 놀이하지 않음)**
놀이 발달 사정용 척도를 통한 제인의 놀이 발달평가 결과, 아동이 일상적으로 경험했을 일상적인 활동을 자신이 직접적으로 표현하는 놀이를 할 수 있으며, 더 나아가 인형을 가지고 일상활동을 연속적으로 표현하는 방식으로 놀이를 하고 있어 상징적 수준 V(만 3세)를 보이는 것으로 판단된다. 따라서 현재 아동의 생활연령보다 1년가량 지연되어 있다.

**연습문제 6-1** **놀이 발달평가**

2세 6개월 지민이는 놀이실에 들어와서 자동차를 꺼내 자동차를 굴리면서 점점 차례대로 줄지어 세운다. 그리고 자동차 도로를 가져와 도로 위에 올렸다 내렸다 한다. 옆에 있는 구급차와 경찰차를 가져와서 버튼을 눌러 보며 거기서 나오는 소리를 듣는 것처럼 보이고, 놀이 도중에 이 놀이가 반복된다. 악기 있는 곳에서 나팔을 꺼내더니 불어 본다. 흩어져 있는 동물 퍼즐 조각을 하나씩 들더니 양손가락을 잡고 위아래로 흔들어 보는 행동을 반복한다. 풍선을 보고 평가자에게 건네면서 요구하는 듯한 의성어를 낸다. 평가자가 도와줄 것인지 묻자 "네."라고 대답한다. 풍선을 잠시 손으로 치더니 다시 자동차 세워 둔 곳으로 가서 굴리고 줄지어 세우는 놀이를 한다.

지민의 사례에 대해 〈표 6-1〉 '전형적인 놀이 발달과 비전형적인 놀이 발달'과 〈표 6-2〉 '놀이 발달 사정용 척도'를 통해 분석한 결과를 적어 보시오.

| 놀이 발달평가 결과 |
| --- |
| * 인지적 수준에 따른 놀이 유형/사회적 수준에 따른 놀이 유형/놀이의 전형성 또는 비전형성 놀이 발달 사정용 척도에 따른 상징적 수준 포함할 것 |

# 3. 발달검사를 통한 발달평가

## 1) 한국형 베일리 영유아 발달검사 3판

베일리 영유아 발달검사는 1930년대에 제작된 캘리포니아 영아 발달검사를 기초로 영유아의 발달적 위치를 평가하고 정상 발달로부터의 이탈 여부 및 이탈 정도를 파악하기 위해 1969년 Bayley에 의해 고안되었다. 이후 1993년도에 미국 베일리 영유아 발달검사 제2판(Bayley, 1993)이 출시된 이후 미국 내 영유아 모집단 특성의 변화와 평가 규정의 변화에 의해 3판으로 개정되었다.

베일리 영유아 발달검사 3판은 생후 16일부터 42개월 15일 영유아를 개별적으로 평가하여 현재 발달 기능을 파악하고 발달 문제를 조기에 규명하는 것을 목적으로 한다. 베일리 영유아 발달검사 3판은 아동의 발달검사 영역을 인지, 언어(표현, 수용 언어), 운동(대근육, 소근육), 사회-정서, 적응행동(하위 기술 10가지)의 5가지 발달검사와 16가지 하위 검사로 구성되어 있어서 다양한 발달 영역에 대한 통합적인 발달 정보를 제공해 준다.

### (1) 한국형 베일리 영유아 발달검사 3판의 구성

한국형 베일리 영유아 발달검사 3판(K-Baley-Ⅲ)의 구성은 〈표 6-3〉과 같다.

〈표 6-3〉 **한국형 베일리 영유아 발달검사 3판(K-Baley-Ⅲ)의 구성**

| 검사 영역 | 하위 검사 및 내용 | |
|---|---|---|
| 인지발달 | 아동이 세상에 대해 생각하고 반응하고 배우는 것을 측정. 놀이 영역, 정보처리 영역, 수 영역으로 구성되어 있고, 시각적 선호, 주의, 기억, 감각운동, 탐색, 조작, 개념 형성, 문제해결, 놀이 수준 등 | |
| 운동발달 | 대근육 운동 | 아동이 자신의 몸을 얼마나 잘 움직일 수 있는지 측정 |
| | 소근육 운동 | 아동이 작업을 하는 데 손과 손가락으로 얼마나 잘 사용할 수 있는지 측정 |
| 언어발달 | 수용 언어 | 아동이 얼마나 소리를 잘 알아듣는지, 구어와 지시를 얼마나 잘 이해하는지를 측정 |
| | 표현 언어 | 아동이 소리, 몸짓, 단어를 사용하여 어느 정도 의사소통을 얼마나 잘 하는지를 측정 |

| | |
|---|---|
| 사회정서 발달 | 다양한 정서 신호를 경험하고 표현하고 이해하는 능력을 6단계의 기능적 사회 정서 이정표를 통해 측정 |
| 적응행동 발달 | • 개념적 영역: 의사소통, 학령 전 학업기능, 자기주도<br>• 사회적 영역: 놀이 및 여가, 사회성<br>• 실제적 영역: 지역사회 이용, 가정생활, 건강과 안전, 자조기술, 운동성 |

출처: www.inpsyt.co.kr

(2) 검사 결과 해석

한국형 베일리 영유아 발달검사 3판(K-Baley-Ⅲ) 실시 후 결과 점수를 해석하는 방식은 〈표 6-4〉와 같다.

〈표 6-4〉 **한국형 베일리 영유아 발달검사 3판(K-Baley-Ⅲ)의 결과 해석**

| 점수 | 범주 |
|---|---|
| 115 이상 | 우수한 수행(Accelerlated Performance) |
| 85~114 | 정상 범주(Within Normal Limits) |
| 70~84 | 약간 지연(Mildly Delayed Performance) |
| 69 이하 | 심각한 지연(Significantly Delayed Performance) |

## 2) 덴버 발달선별검사

덴버 발달선별검사(Denver Developmental Screening Test: DDST II)는 1967년 미국 덴버에 있는 콜로라도 의과대학의 Frankenburg와 동료에 의해 만들어졌다. 이는 아동건강 전문가들이 어린 아동의 잠재적 발달 문제나 그 위험성을 선별하는 것을 돕고자 개발되었다. 한국형 DDST II(신희선 외, 2002)는 생후 1개월에서 6세까지의 아동을 대상으로 지연된 발달 상태를 감별하여 보다 나은 발달상의 성숙을 도모하는 것을 목적으로 한다.

(1) 덴버 발달선별검사의 구성

덴버 발달선별검사(DDST II)는 4개의 영역으로 구성되어 있고 총 110문항으로 이루어져 있다. 세부적인 구성 요소에 대한 내용은 〈표 6-5〉와 같다.

〈표 6-5〉 **덴버 발달선별검사(DDST II)의 구성**

| 하위 영역 | 내용 |
|---|---|
| 개인 사회 발달 영역(22문항) | 사람들과의 상호작용과 일상생활을 위한 개인적인 요구를 스스로 해결할 수 있는 능력 평가 |
| 미세운동 및 적응 발달 영역(27문항) | 눈과 손의 협응 능력, 작은 물체를 조작하는 능력, 문제해결 능력 등을 평가 |
| 언어발달 영역(34문항) | 듣고 이해하는 능력 등 언어를 사용하는 것을 평가 |
| 운동발달 영역(27문항) | 앉고, 걷고 뛰는 등의 운동 능력을 평가 |

출처: 신희선 외(2017).

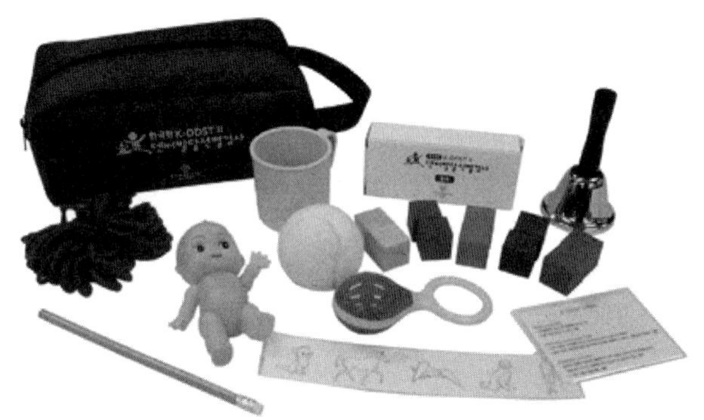

[그림 6-1] DDST II 검사도구

출처: www.isorimall.com

### (3) 검사 방법

실시 방법은 직접 관찰하거나 부모나 매일 돌보는 사람의 보고로 이루어진다. 아동의 만 연령을 계산하여 검사지의 연령 표시 부분 위와 아래 연령의 눈금에 따라 직선으로 연령선을 긋는다. 단, 2주 이상의 조산아인 경우 아동 연령에서 조산된 수만큼 빼며, 이는 2세까지만 적용한다. 검사 순서는 되도록 검사지의 제일 위에 있는 영역 순서대로 시행한다. 검사해야 할 항목은 먼저 연령선에 걸쳐진 항목부터 검사하고 왼쪽부터 오른쪽 항목으로 실시한다. 최소한 한 영역에 세 개의 통과 항목(P)과 실패 항목(F)이 있을 때까지 진행한다.

검사지의 각 문항은 막대 모양으로 제시되어 있는데, 막대 위에는 정상 유아의 25%, 50%, 75%, 90%가 통과하는 연령 구분, 각 문항별 통과율을 알려 준다. 막대의 왼쪽 끝에 작은 숫자가 적혀 있는 문항은 검사지침의 내용을 참고하도록 하는 것이고, 'R'이 표시된 항목은 직접 검사하지 않고 부모의 보고에 의해 결정할 수 있는 문항이다.

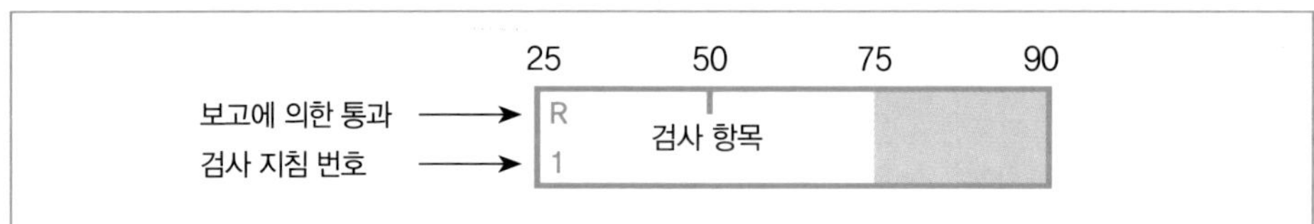


[그림 6-2] DDST II 의 검사표

### (4) 채점과 해석 방법

덴버 발달선별검사(DDST II)의 채점 방법은 각 항목의 합격 여부를 50% 표시 가까이에 기호로 기입한다. 합격을 한 경우에는 P(Pass), 실패한 경우 F(Fail), 거부할 경우 R(Refuse), 그 항목을 한 적이 없을 경우에는 N.O.(No Opportunity)로 기입한다. 연령선을 교차하여 지나가지 않는 항목은 막대기(bar) 우측 단을 진하게 칠하여 지연이 있음을 표시한다.

검사 결과에 대한 해석은 〈표 6-6〉과 같다. 검사 결과에 나타나는 지연된 항목 수를 기준으로 하여 이상(Abnormal), 의문(Questionable), 검사 불능(Untestable) 및 정상(Normal)으로 해석한다.

〈표 6-6〉 **덴버 발달선별검사(DDST II)의 해석**

| 범주 | 해석 방법 |
|---|---|
| 이상(Abnormal) | ① 2항목 이상의 지연이 2영역 이상에서 있는 경우, 또는 ② 2항목 이상의 지연이 1개의 영역에 있고, 다른 영역에서 1항목의 지연이 있으며 동일 영역에서 연령선을 교차하여 지나가는 항목이 없는 경우 |
| 의문(Questionable) | ① 2항목 이상의 지연이 1개의 영역에 있는 경우, 또는 ② 1개 이상의 영역에서 1항목의 지연이 있으며 동일 영역에서 연령선을 교차하여 지나가는 항목이 없는 경우 |
| 검사 불능(Untestable) | 거부(R)가 많아서 거부 항목을 실패로 채점할 때 검사의 결과가 의문이나 이상을 나타낼 경우 |
| 정상(Normal) | 위에 해당되지 않는 경우 |

출처: www.isorimall.com

### 3) 바인랜드 적응행동척도

한국 바인랜드 적응행동척도(K-Vineland-II)는 미국 원판인 Vineland-II (Sparrow, Cicchetti, & Balla, 2005)를 한국어로 번안하여 표준화한 적응행동 측정도구로, 사회성숙도의 개정판이다. 이 검사의 원판 Vineland-II의 저자들을 적응행동을 "개인적 및 사회적 충족에 필요한 일상적인 활동의 수행"으로 정의하고 있다.

바인랜드 적응행동척도(K-Vineland-II)는 0세에서부터 90세까지를 대상으로 개인의 전반적인 적응행동 기능뿐만 아니라 독립적인 네 영역에서의 적응행동 기능에 대한 측정치를 제공한다.

#### (1) 바인랜드 적응행동척도 구조와 구성

바인랜드 적응행동척도(K-Vineland-II)는 의사소통, 생활기술, 사회성, 운동기술의 4개 주 영역과 이들을 구성하는 11개 하위 영역으로 이루어져 있다. 주 영역 표준점수가 합해져 전체 적응행동조합(Adaptive Behavior Composite: ABC) 표준점수가 만들어진다. 만 연령 0세부터 6세 11개월 30일까지는 4개 주 영역의 표준점수의 합 점수로부터, 7세 및 그 이상의 연령은 운동기술 영역을 제외한 3개 주 영역 표준점수 합으로부터 개인의 전체 적응행동조합 점수가 만들어진다.

내현화와 외현화 두 하위 척도와 '기타'로 표시된 문항들은 필요에 따라 선택적으로 실시되는 척도로, 부적응행동지표를 구성한다. 문제행동을 평가하기 위해서는 부적응행동 영역의 모든 하위 척도를 실시해서 부적응행동지표 조합점수를 산출하면 된다. 척도의 구성은 〈표 6-7〉과 같다.

〈표 6-7〉 **바인랜드 적응행동척도(K-Vineland-II)의 구성**

| 주 영역 | 하위 영역 | 내용 |
|---|---|---|
| 의사소통 | 수용 | 말을 어느 정도로 듣고, 주의집중하고, 이해하는지 그리고 무엇을 이해하는지 |
| | 표현 | 말을 어느 정도로 구사하는지, 정보를 제공하고 모으기 위해 단어와 문장을 어떻게 사용하는지 |
| | 쓰기 | 글자를 이해하는지, 글을 읽고 쓸 수 있는지 |

| | | |
|---|---|---|
| 생활기술 | 개인 | 먹는 것, 입는 것, 그리고 위생관리가 어느 정도 가능한지 |
| | 가정 | 개인이 수행하는 집안일을 어느 정도 수행하는지 |
| | 지역사회 | 시간, 돈, 전화, 컴퓨터, 직업기술을 어떻게 사용하는지 |
| 사회성 | 대인관계 | 다른 사람들과 어떻게 상호작용하는지 |
| | 놀이 및 여가 | 어떻게 놀고, 어떻게 여가 시간을 사용하는지 |
| | 대처기술 | 다른 사람들에 대한 책임감과 세심함을 어떻게 드러내는지 |
| 운동기술 | 대근육운동 | 움직이고 조작하기 위해 팔과 다리를 어떻게 사용하는지 |
| | 소근육운동 | 사물을 조작하기 위해 손과 손가락을 어떻게 사용하는지 |
| 적응행동조합 | | 의사소통, 생활기술, 사회성, 운동기술 영역의 합 |
| 부적응 행동 영역 (선택적) | 부적응 행동지표 | 개인의 적응적 기능을 방해하는 내현적 · 외현적 행동과 그 밖의 바람직하지 않은 행동의 조합점수 |
| | 부적응행동 결정적 문항 | 임상적으로 중요한 정보를 제공하는 보다 심각한 수준의 부적응 행동들 |

출처: 황순택, 김지혜, 홍상황(2018). 바인랜드 적응행동 척도 2판 검사요강.

### (2) 실시 방법(보호자 평정형)

이 척도는 두 개의 양식인 면담형과 보호자 평정형으로 구성되어 있고, 두 양식의 문항과 측정 내용은 동일하다. 검사용지에 연령을 고려한 시작점은 문항 번호 왼쪽에 제시되어 있고, 문항 시작점을 결정할 때 연령을 반올림하지 않는다. 발달지연이 의심되거나 하나 이상의 하위 영역에 결손이 의심될 경우 모든 하위 영역에서 대상자의 연령에 비해 더 낮은 시작점을 적용하여 실시할 필요가 있다.

### (3) 점수의 해석

원점수는 연령별 및 하위 영역별 환산점수 또는 규준점수로 전환되어 해석에 사용한다. 적응기능 수행 수준에 대한 기술적 범주는 〈표 6-8〉과 같다.

〈표 6-8〉 **적응기능 수행 수준에 대한 기술적 범주**

| 적응 수준의 기술적 범주 | 표준점수 범위 | V-척도점수 범위 | 백분위 범위 |
|---|---|---|---|
| 높음 | 130 이상 | 21 이상 | 98%ile 이상 |
| 약간 높음 | 115~129 | 18~20 | 84~97%ile |
| 평균 | 86~114 | 13~17 | 18~83%ile |

| 약간 낮음 | 71~85 | 10~12 | 3~17%ile |
|---|---|---|---|
| 낮음 | 70 이하 | 9 이하 | 2%ile 이하 |

출처: 황순택, 김지혜, 홍상황(2018). 한국판 바인랜드 적응행동척도 2판 검사요강.

부적응행동지표의 수준은 부적응행동지표와 내현화, 외현화 하위 영역의 V-척도점수를 기준으로 〈표 6-9〉와 같이 세 범주가 사용된다.

〈표 6-9〉 **부적응행동지표 수준에 대한 기술적 범주**

| 기술적 범주 | V-척도점수 | 백분위 | 평가 |
|---|---|---|---|
| 보통 | 1~17점 | 다수의 개인이 나타내는 정도 | |
| 다소 높은 | 18~20점 | 84% 이상 부적응 행동 | |
| 임상적으로 의미 있는 | 21~24점 | 동일 연령의 2% | 추가 관찰 평가 필수 |

출처: 황순택, 김지혜, 홍상황(2018). 한국판 바인랜드 적응행동척도 2판 검사요강.

### 연습문제 6-2 놀이 발달평가서 작성하기

만 5세 정국이는 또래들보다 언어발달이 늦어 또래에게 관심은 있지만 함께 놀이를 유지하지 못하는 등 상호작용이 지속되지 못하고 혼자 시간을 보내거나 주위를 맴돈다는 주 호소로 발달평가에 의뢰되었다. 평가자가 정국이를 향해 인사를 하자 평가자와 눈맞춤을 하지 않고 놀이실을 향해 들어간다. 평가자가 말을 걸어도 평가자를 등지고 놀잇감들을 살펴보지만 자세하게 살피지 않고 이것저것 보는 듯하다. 그러다 정국이는 자동차를 꺼내서 일렬로 배열하기를 반복하였다. 얼마 후 평가자에게 자동차 한 대씩 선택해서 "멀리 하자."라고 쳐다보며 얘기한다. 과일 모형들을 가져오더니 나눠진 과일 모형은 짝을 찾아서 일렬로 배열하고 계산기를 가져온다. 과일 모형을 바구니에 담고 계산기 앞에 가져가 하나씩 꺼내더니 자신이 가게 주인처럼 계산을 한다. 찰흙을 꺼내더니 모양틀을 살펴보며 모양의 이름이나 찰흙의 색깔을 얘기한 후 손으로 굴려 길게 만들어 평가자를 보여 주며 "뱀"이라고 하고 동그랗게 만들어 컵에 올리고는 아이스크림이라고 하면서 평가자에게 준다. 병원놀이 도구에서 치료 도구를 꺼내 평가자에게 "오세요."라고 하고는 자신이 청진기를 끼고 진찰하기, 주사기를 들고 주사를 놓는 듯한 행동을 한다.

# 발달평가서

| 아동명: 정국 | 성별: 만 5세 | 연령: 만 세 개월 | □ 미취학( ✓ ) |
|---|---|---|---|
| 평가자: | | 평가일: | □ 취학(   ) |
| 내방 이유(주 호소): | | | |

## 1. 첫인상 및 태도

## 2. 발달검사 결과

Denver 또는 Baley 또는 적응행동척도 검사 결과(이외 다른 객관화된 발달검사)

한국판 Denver II 검사 결과, 운동발달 영역 4.5~5세, 언어발달 영역 2.5~3세, 개인 사회성 영역 3~3.5세, 미세 운동 및 적응발달 영역 4~4.5세

## 3. 놀이 진단

놀이 발달 수준(인지적 · 사회적 수준에 따른 놀이 유형, 전형성 또는 비전형성), 놀이 발달 사정 척도 결과를 종합하여 기술하시오.

## 4. 종합 소견

주 호소문제, 발달검사 결과, 놀이 진단 결과를 종합하여 기술

## 참고문헌

신희선, 한경자, 오가실, 방경숙, 김지수(2017). **한국형 Denver II 검사지침서: PDQ II 포함**. 서울: 현문사.

신희선, 한경자, 오가실, 오진주, 하미나(2002). Denver II 발달검사를 이용한 한국과 미국의 아동발달비교 연구. **지역사회간호학회지, 13**(1), 89-97.

하은혜(2021). **아동 청소년 심리평가**. 서울: 학지사.

황순택, 김지혜, 홍상황(2018). **한국판 바인랜드 적응행동척도 2판 검사요강**. 대구: 한국심리주식회사.

Bayley, N. (1993). *Bayley Scales of Infant and Toddler Development* (2nd ed.). San Antonio, TX: The Psychological Corporation.

Belsky, J., & Most, R. (1981). From exploration to play: A cross-sectional study of infant free play behavior. *Developmental Psychology, 17*, 630-639.

Brooks-Gunn, J., & Lewis, M. (1982). Development of play behavior in normal and handicapped infants. *Early Childhood Special Education, 2*(3), 1-27.

Fein, G., & Schwartz, S. (1986). The social coordination of pretense in preschool children. In G. Fein & M. Rivkin (Eds.), *The young child at play*. Washington, DC: National Association for Education of Young Children.

Fenson, L., & Ramsay, D. (1980). Decentration and integration of the child's play in the second year. *Child Development, 51*, 171-178.

Fenson, L., Kagan, J., Kearsley, R., & Zelazo, P. (1976). The developmental progression of manipulative play in the first two years. *Child Development, 47*, 232-236.

Field, T., Roseman, S., De Stefano, L., & Koewler, J. (1982). The play of handicapped and nonhandicapped children in integrated and nonintegrated situations. *Topics in Early Childhood Special Education, 2*(3), 28-38.

Garvey, C. (1977). *Play*. Cambridge, MA: Harvard University Press.

Gitlin-Weiner, K., Sandgrund, A., & Schaefer, C. (2004). **놀이진단 및 평가**(송영혜, 윤지현, 이승희, 오미경, 김은경, 김향지, 김영순, 권영주, 김경선, 박진희, 이은진, 장경연 공역). 서울: 시그마프레스. (원서 출판 1991)

Grant, R. J. (2021). **자폐스펙트럼 아동과 청소년을 위한 발달놀이치료**(진미경, 김혜진, 박현숙, 채은영, 김모라, 오형경 공역). 서울: 학지사. (원서 출판 2017)

Hill, P. M., & McCune-Nicolich, L. (1981). Pretend play and patterns of cognition in Down's Syndrome children. *Child Development, 52*, 611-617.

Howes, C., & Matheson, C. C. (1992). Sequences in the development of competent play with peers: Social and social pretend play. *Developmental Psychology, 28*(5), 961-974.

Johnson, J. E., & Ershler, J. L. (1985). Social and cognitive play forms and toy use by handicapped and nonhandicapped preschoolers. *Topics in Early Childhood Special Education, 5*(3), 69-82.

Lifter, K., & Bloom, L. (1989). Object play and the emergence of language. *Infant Behavior & Development, 12,* 395-423.

Lowe, M. (1975). Trends in the development of representational play in infants from one to three years-An observational study. *Journal of Child Psychology & Psychiatry, 16,* 33-47.

McCormick, B. J., Caulfield, L. E., Richard, S. R., Pendergast. L., Seidman, J. C., Maphula, A., Koshy, B., Blacy, L., Roshan, R., Nahar, B., Shrestha, R., Rasheed, M., Svensen, E., Rasmussen, Z., Scharf, R. J., Haque, S., Oria, R., & Murray-Kolb, L. E. (2020). Early Life Experiences and Trajectories of Cognitive Development. *Pediatrics, 146*(3): e20193660, doi: 10,1542/peds, 2019-3660.

Mindes, G. (1982). Social and cognitive aspects of play in young handicapped children. *Topics in Early Childhood Education, 2*(3), 39-52.

Nicolish, L. (1977). Beyond sensorimotor intelligence: Assessment of symbolic maturity and pretend play. *Merrill-Palmer Quarterly, 23,* 89-99.

Odom, S. (1981). The relationship of play to developmental level in mentally retarded preschool children. *Educational and Training of the Mentally Retarded, 16,* 136-141.

Parten, M. (1932). Social play among preschool children. *Journal of Abnormal and Social Psychology, 27,* 243-269.

Piaget, J. (1954). *The construction of reality in the child.* New York: Basic Books.

Piaget, J. (1962). *Play, dreams, and imitation in childhood.* New York: W. W. Norton.

Psychology Glossary. (2012). *Types of play in children.* Available: www.psychologylexicon.com

Quinn, J., & Rubin, K. (1984). The play of handicapped children. In T. A. Yawkey & A. Pellegrini (Eds.), *Child's play: Developmental and applied* (pp. 63-81). Hillsdale, NJ: Erlbaum.

Rubin, K., Fein, G., & Vandenberg, B. (1983). Play. In E. M. Hetherington (Ed.), *Handbook of Child Psychology (vol. 4): Socialization, Personality, Social development.* New York: Wiley.

Smilansky, S. (1968). *The effects of socialdramatic play on disadvantaged preschool children*. New York: Wiley.

Sparrow, S. S., Cicchetti, D. V., & Balla, D. A. (2005). *Vineland Adaptive Behavior Scales, Second Edition*, MN: Person Education, Inc.

Westby, C. E. (1980). Assessment of cognitive and language abilities through play. *Language, Speech, and Hearing Services in Schools, 11*, 154-168.

Wing, L., Gould, J., Yeates, S. R., & Brierly, L. M. (1977). Symbolic play in severely mentally retarded and autistic children. *Journal of Child Psychology and Psychiatry, 18*, 167-178.

Wolf, D., & Hicks, D. (1989). The voices within narratives: The development of intertextuality in young children's stories. *Discourse Processes, 12*, 329-351.

아이소리몰 www.isorimall.com

인싸이트 www.inpsyt.co.kr

제 7 장

# 사례개념화

접수 면접과 평가를 통해 정보를 수집하게 되면 내담 아동에 대한 이해를 구조화하고 치료목표를 세우는 과정, 즉 사례개념화를 하게 된다. 사례개념화는 심리치료를 실시하는 데 있어서 핵심 정보처리 기술(Mayfield, Kardash, & Kivlighan, 1999)로 내담자의 정보를 수집, 통합, 구성 그리고 해석하는 것으로 구성된다(Liese & Esterline, 2015). 그동안 많은 학자들이 사례개념화에 대해 다양한 정의를 내려 왔으나, 내담자의 주 호소문제를 지속시키는 병리와 요인들에 대해 일련의 가설을 세우고 구체적이고 개별적인 개입을 만들어 가는 과정이라는 점에는 동의하고 있다. 사례개념화는 내담 아동이 현재 가지고 있는 문제의 의미, 그 문제의 촉발 원인 및 유지 요인 등을 파악하여 치료계획을 세우는 과정이다. 이때 치료자는 심리학 전반에 대한 이론적 지식, 아동정신병리, 아동심리검사 및 아동심리치료에 대한 지식, 훈련을 통한 전문성, 다양한 아동 내담자를 치료한 임상 경험 등을 바탕으로 이루어진다(신현균, 2014).

## 1. 사례개념화 구성 요소

일반적으로 사례개념화는 크게 평가와 치료 개입으로 구성되는데(Connor & Fisher, 1997), 내담 아동을 대상으로 사례개념화를 할 때, 놀이치료사는 내담 아동과 그들의 상호작용에 영향을 미치는 생물학적, 심리적, 사회적 그리고 영적 요소에 대한 정보를 종합해야 한다(Manassis, 2014). Gehart(2019)는 사례개념화의 5가지 요소로 내담자 소개, 호소문제, 배경 정보, 강점과 다양성, 이론적 사례개념화를 제시하였다(〈표 7-1〉 참조).

〈표 7-1〉 **Gehart가 제안한 사례개념화 구성 요소**

| 구성 요소 | 내용 |
|---|---|
| 1. 내담자 소개 | 내담자와 중요한 타인의 두드러지는 인구학적 특징을 조사하라.<br>예 연령, 인종, 언어, 직업, 지위 등 |
| 2. 호소문제 | 관련된 모든 집단이 어떻게 그 문제를 정의하고 있는지에 대해 구체화하라.<br>예 내담자, 가족, 친구, 학교, 직장, 법적 체계, 사회 등 |

| | |
|---|---|
| 3. 배경 정보 | 촉발 사건뿐 아니라 다양한 문제와 관련된 역사적 배경을 모두 포함한 최근의 변화에 대해 요약하라. |
| 4. 강점과 다양성 | 다양한 주제와 관련된 자원 및 한계와 더불어, 개인적 · 관계적 · 영적 강점에 대해 확인하라. |
| 5. 이론적 사례개념화 | 내담자의 개인적이고 관계적인 역동에 대한 초기의 이론적 이해를 발전시키기 위해 다음의 항목을 사용하라.<br>1) 정신역동, 아들러학파 개념화: 방어기제, 대상관계 패턴, Erikson의 심리사회적 발달 단계, 아들러학파의 생활양식, 기본적 오류 등을 포함<br>2) 인본주의, 실존주의 개념화: 진정한 자아의 표현, 실존주의적 분석과 게슈탈트 접촉 경계 장애<br>3) 인지행동 개념화: 행동적 기저선(behavioral baseline), A-B-C 분석, 인지 도식 분석<br>4) 가족체계 개념화: 가족생활 주기 단계, 경계, 삼각관계, 위계, 상호 보완적 패턴, 세대 간 패턴<br>5) 해결 중심, 문화적 담론 개념화: 이전의 해결책, 독특한 결과, 기적 질문, 지배 담론, 정체성 담론, 선호하는 담론 |

이에 더하여, Sperry와 Sperry(2014)는 사례개념화에 문화적 요소도 다양하게 고려해야 하고 상담 전략 및 개입이 포함되어야 함을 제안하였다. 이에 대한 내용은 〈표 7-2〉와 같다.

〈표 7-2〉 **Sperry와 Sperry(2014)가 제안한 사례개념화 요소**

| 구성 요소 | 내용 |
|---|---|
| 호소문제 | 호소하는 문제, 촉발 요인에 대한 특징적인 반응 |
| 촉발 요인 | 패턴을 활성화하여 호소문제를 일으키는 자극 |
| 부적응적 패턴 | 지각, 사고, 행동의 경직되고 효과가 없는 방식 |
| 유발 요인 | 적응 또는 부적응적 기능을 촉진하는 요인 |
| 유지 요인 | 내담자의 패턴을 지속적으로 활성화하여 호소문제를 경험하게 하는 자극 |
| 문화적 정체성 | 특정 민족 집단에 대한 소속감 |
| 문화: 적응과 적응 스트레스 | 주류 문화에 대한 적응 수준(심리사회적 어려움 등을 포함한 문화적응 관련 스트레스) |
| 문화적 설명 | 고통, 질환, 장애의 원인에 대한 신념 |
| 문화 대 성격 | 문화와 성격 역공 간의 상호작용 정도 |

| | |
|---|---|
| 적응적 패턴 | 지각, 사고, 행동의 유연하고 효과적인 방식 |
| 상담목표 | 단기-장기 상담의 성과 |
| 상담의 초점 | 적응적 패턴의 핵심이 되는 상담의 방향성을 제공하는 중요한 치료적 강조점 |
| 상담 전략 | 보다 적응적인 패턴을 달성하기 위한 실행 계획 및 방법 |
| 상담 개입 | 상담목표와 패턴 변화를 달성하기 위한 상담 전략과 관련된 세부 변화 기법 및 책략 |
| 상담의 장애물 | 부적응적 패턴으로 인해 상담과정에서 예상되는 도전 |
| 문화적 상담 개입 | 해당 사항이 있을 경우 문화적 개입, 문화적으로 민감한 상담, 개입의 구체화 |
| 상담의 예후 | 상담을 하거나 하지 않을 경우, 정신건강 문제의 경과, 기간, 결과에 대한 예측 |

Brems(2008)는 사례개념화에 포함되는 내용으로 문제 목록, 가능한 진단, 문제의 원인과 유지 요인 등을 〈표 7-3〉과 같이 제시하였다.

〈표 7-3〉 **Brems(2008)가 제안한 사례개념화 구성 요소**

| 구성 요소 | | 내용 |
|---|---|---|
| 문제 목록 | | • 다양한 출처에서 나온 많은 정보들을 의미 있고 일관성 있게 조직화하여 진짜 문제가 무엇인지 파악<br>• 겉으로 드러난 문제와 내재되어 있는 문제를 모두 포함<br>• 행동, 정서 및 성격, 사회성, 학업, 가족문제 등 다양한 영역별로 작성 |
| 진단 | | • 진단을 통해 주된 문제의 특성에 대해 더 잘 이해, 전형적인 치료방법을 선택할 때 도움, 전문가들 간의 원활한 의사소통<br>• 주로 사용되는 진단 체계로는 미국정신의학회의 정신질환의 진단 및 통계 편람(DSM) |
| 문제 원인 및 유지 요인 | 소인 요인 | • 사회관습적 요인: 시대정신, 편견이나 사회적 가치 등<br>• 환경적 요인: 자연재해로 인한 심리적 충격, 이사나 전학 등의 환경 변화<br>• 사회적 요인: 아동의 생활환경, 부모의 사회경제적 지위 등<br>• 가족적 요인: 이혼, 불화, 양육에 대한 부모의 불일치, 형제자매의 출생 순서, 세대간 갈등, 한부모 가정, 가족구성원의 아동학대, 부모의 심리장애 등<br>• 개인적 요인: 인지기능, 성격 등<br>• 생물학적 요인: 신경학적 결함, 신체장애나 질병, 유전적 문제 등 |

| | | |
|---|---|---|
| | 촉발 요인 | 소인 요인들로 인해 취약한 상태에 있는 아동에게 문제가 드러나게 하는 데 영향을 주는 것 |
| | 유지 및 강화 요인 | 아동의 문제를 지속시키거나 악화시키는 것 |
| | 심리내적 역동과 가족역동 | • 현재 아동의 문제는 소인 요인에 더해 특정한 촉발 요인이 작용해 시작되었고, 강화 요인에 의해 유지되고 있다고 개념화<br>• 아동 개인의 취약성에 가족이나 사회 문화적인 문제 및 특정한 사건이나 경험이 더해지면 아동은 증상을 형성 |

이 모든 사례개념화의 구성 요소를 종합해 볼 때, 사례개념화 교육내용의 공통 구성 요소로 주 호소문제, 관련 정보 탐색(촉발 요인, 유지 요인), 상담자 관점, 상담목표와 상담 전략으로 나눌 수 있다(이명우, 연문희, 2004).

**[사례개념화 구성 요소 작성 예시]**

다음은 앞에서 제시한 사례개념화 구성 요소에 대한 이론들을 근거로 다음의 사례에 대한 구성 요소를 작성한 내용이다.

**〈사례 1〉**

경민이는 만 11세, 초등학교 5학년 여아다. 경민이의 부모는 다음과 같은 어려움을 호소하였다. 3개월 전 학급 또래들로부터 따돌림을 당해 우울하다며 자주 운다. 잘 해 오던 학습에 대한 동기가 떨어져 학원 가기를 거부하고 숙제 등 학습을 거부한다. 자주 짜증을 내고 때로는 동생에게 화풀이하는 것처럼 동생을 공격한다. 경민이의 접수 면접을 실시한 상담자는 아동의 인상적 진단으로 또래관계로 인한 우울로 추정하였다.

양육사: 모는 3개월 육아휴직 동안 경민이를 양육하다 복직하면서 이후 먼 거리의 할머니 집에 맡겨 두고 2주에 한 번씩 부모가 경민이를 만나러 갔다. 부모가 아동을 한 번씩 만나고 올 때 부모와 분리되면서 많이 울었다고 한다. 그리고 두 살 터울의 경민이의 남동생이 태어났다. 초등학교 입학을 앞두고 부모가 경민이를 집에 데려와 양육하기 시작했다. 초등학교 입학하면서 내성적이면서도 다소 위축되어 보였으나 학교 적응 및 또래관계에서 눈에 띌 만한 문제가 없었다. 학습 면에서는 모가 계획하는 대로 순응적으로 따르며 대체로 성과도 좋았다. 3학년 때 단짝 친구를 사귀면서 매우 좋아했으나 가끔 친구와의 갈등에서 속상해하는 경우가 있었지만 부모는 흔히 친구들 간에 있는 작은 갈등이라고 생각하고 아동의 이야기를 들어주고 넘어갔다고 한다. 부모는 각

자 양육태도에 대해 부는 자녀 양육에 크게 관심이 있지 않고 일하는 시간이 길어 자녀들과 상호작용이 적다고 하였다. 모는 일할 때 계획적이고 주도적인 스타일이며, 이와 같은 방식으로 자녀들을 양육했다고 한다. 모 또한 근무 시간이 길어서 자녀들과 보내는 시간이 많지 않고 가정에서는 피로감을 느끼는 경우가 많다고 보고하였다.

〈사례개념화 구성 요소〉

| 구성 요소 | 내용 |
|---|---|
| 내담자 소개 | 초등학교 5학년에 재학 중인 만 11세, 여아 |
| 주 호소문제 | • 학급 또래들로부터 따돌림을 당해 우울하다며 자주 운다.<br>• 잘 해 오던 학습에 대한 동기가 떨어져 학원 가기를 거부하고 숙제 등 학습을 거부한다.<br>• 자주 짜증을 내고 때로는 동생에게 화풀이하는 것처럼 동생을 공격한다. |
| 문제 발생 원인 | • 소인 요인: 개인적 소인으로는 순한 기질/<br>환경적 소인으로는 돌 이후 모와의 분리되어 양육됨/<br>가족적 소인으로는 만 4세에 동생 출생<br>• 촉발 요인: 또래의 따돌림<br>• 유지 요인: 부모의 다소 무관심하고 민감하지 않은 양육태도<br>• 강화 요인: 단짝 친구와의 갈등 반복 |
| 강점 | 순응적인 태도, 이전에 학업성취에서 나타난 책임감과 성실함, 부모의 치료에 대한 동기 및 적극적 참여 |
| 이론적 사례개념화 또는 심리내적 역동과 가족역동 | 유아기 동안 부모와 분리되어 지냄으로 인해 안정적인 애착관계가 형성되지 못함. 부모와 함께 지내면서도 부모와 무심한 민감하지 않은 양육태도로 인해 수용이나 관심의 욕구가 충족되지 못함. 순한 기질로 주로 학습 성취를 통해 부모로부터 관심을 얻음. 지속적인 친밀한 정서적 관계 경험의 부족. 이로 인해 또래관계에서 어려움이 있었으나 어려움을 해결하는 데 도움을 얻지 못하였고 최근 따돌림을 겪으면서 강한 좌절감과 분노를 느끼고 있는 것으로 보임. 이는 학습 거부 및 학업수행력 저하, 동생에 대한 공격성으로 드러나고 있는 것으로 보임. |

## 2. 개념도 구성하기

사례개념화를 돕기 위한 상담 내용 구조화의 일환으로 이윤주(2016)와 Liese와 Esterline(2015)은 상담 사례개념도(concept mapping)를 구성해 볼 것을 권하였다.

개념도란 아이디어, 개념, 또는 문제들 간의 관계를 그래픽으로 정리한 다이어그램이다.

### 1) Liese와 Esterline(2015)의 상담 사례개념도

Liese와 Esterline(2015)는 상담 사례개념도를 작성하는 데 있어서 다음과 같은 4단계를 제시하였다.

- **1단계:** 초기 회기에 내담자의 문제에 대해 질문을 하고 해당하는 행동, 감정, 사고를 다음과 같이 작성한다.

〈표 7-4〉 **우울과 관계 문제를 주 호소로 내방한 11세 여아 경민(〈사례 1〉)**

| 주 호소문제 | 행동 | 감정 | 사고 |
|---|---|---|---|
| 우울 | 학습거부 | 슬픔, 외로움 | 부모님은 나에게 관심이 없어요. |
| 관계 문제(따돌림) | 슬퍼함 | 슬픔, 외로움, 좌절감 | 나는 사랑받을 수 없어요. |
| 학습동기 저하 | 학습 거부 | 무기력 | 아무것도 하기 싫어요.<br>잘해도 소용없어요. |
| 짜증 및 동생 공격 | 동생에게 화냄 | 분노 | 부모님은 나에게 관심이 없어요.<br>동생만 사랑해요. |

- **2단계:** 치료자는 내담자의 기능에 대한 가설을 만들면서 사례개념화 과정을 시작한다. 이 단계에서는 특정 이론적 접근을 적용하지는 않는다.
  ① 1단계의 도표를 완성한 다음 작성한다.
  ② 개념도의 중앙 원 안에 내담자의 이름을 적고, 그 주변에 직사각형을 그리고 그 안에 내담자의 주 호소문제를 적는다.
  ③ 주 호소문제 주변에 원을 그리고 그 안에 내담자의 행동, 감정, 그리고 사고를 적고 주 호소가 적힌 직사각형과 연결한다.
  ④ 관계가 있는 내용들은 좀 더 가까이 연결한다.
  ⑤ 주 호소문제, 행동, 감정, 사고 간에 역동을 알 수 있도록 화살표를 사용한다.

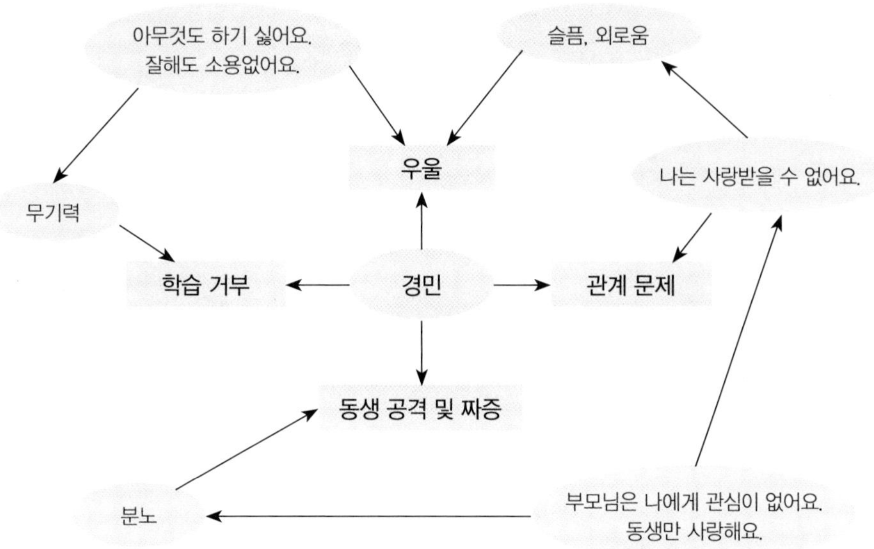


[그림 7-1] 우울과 관계 문제를 주 호소로 내방한 경민에 대한 개념도(〈사례 1〉)

• 3단계: 슈퍼바이저와 함께 사례개념도를 점검한다.

이 단계에서는 사례개념화와 관련하여 상담자가 정기적으로 슈퍼바이저에게 평가 및 피드백을 받게 된다. 이때 슈퍼바이저는 "내담자의 다양한 문제는 무엇이고, 이러한 문제는 서로 어떻게 관련되어 있는가?"라는 질문을 통해 상담자가 좀더 깊은 수준으로 사례개념화를 이해할 수 있도록 돕는다. 예를 들어, 내담 아동이 공격적인 행동을 하는 것은 표면적인 문제이지만, 좀 더 깊고 역동적인 차원에서 내담 아동의 공격적인 행동은 외부 자극에 압도되어 긴장이 높아졌지만 이를 말로 표현하지 못하고 행동으로 표출했을 가능성을 고려해 볼 수 있다.

• 4단계: 치료사는 내담자에게 사례개념도를 제시하고 이에 관해 함께 논의한다.

## 2) 이윤주(2016)가 제안한 개념도를 통한 사례 분석

이윤주(2016)는 인과적 개념도의 표현 방식에 따라 사례개념도를 작성하는 것을 제안하였다. 이윤주(2016)는 공황장애의 어려움을 겪고 있는 대학생 내담자를 대상으로 [그림 7-2]와 같이 개념도를 제시하였다. 이를 구체적으로 살펴보면, 이 개

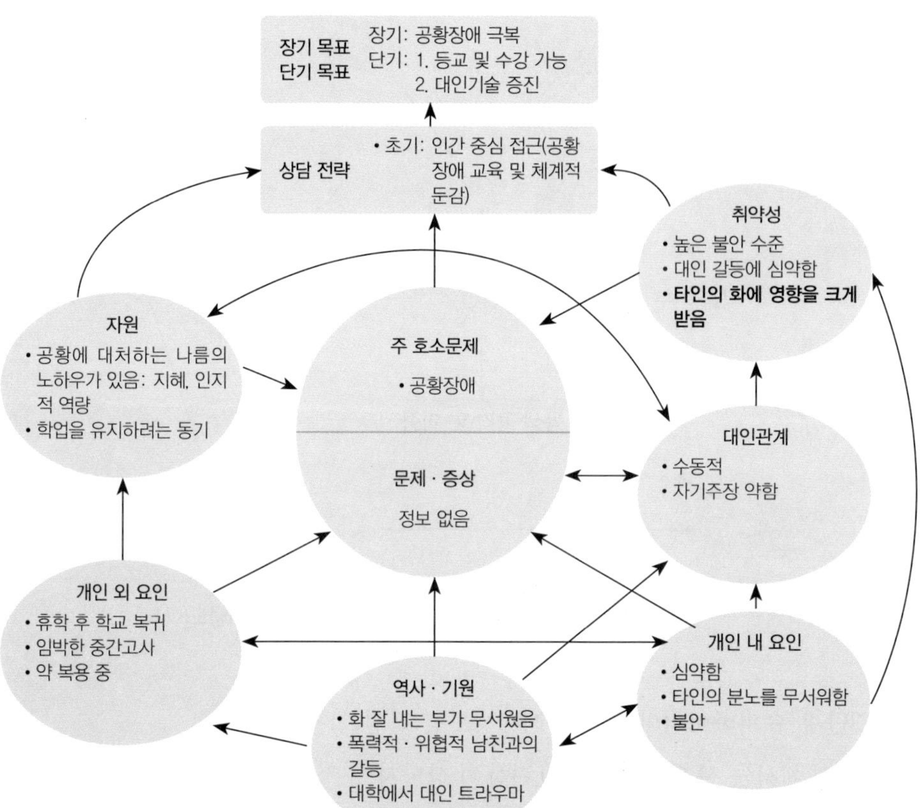


[그림 7-2] 상담 1회기에 작성한 상담 사례개념도

념도에서는 주 호소문제를 중심으로 호소문제와 문제행동에 영향을 주는 관련 요인들의 인과관계를 작성하였고, 이를 바탕으로 한 목표 및 전략을 표현하였다. 또한 주 호소문제 및 문제와 증상을 중앙에 놓고, 발달적 역사, 개인 내적 요인, 개인 외적 요인, 대인관계 요인, 자원 및 취약성을 화살표로 연결하여 상담 사례를 종합적이고 역동적으로 이해할 수 있게 하였다. 이를 기반으로 상담 전략을 수립한 후 장 · 단기 목표로 연결하였다.

연습문제 7-1 앞에서 제시한 <사례 1>(우울과 관계 문제를 호소한 11세 여아)을 이윤주(2016)가 제안한 인과적 개념도의 표현 방식에 따라 사례개념도를 작성해 보시오.

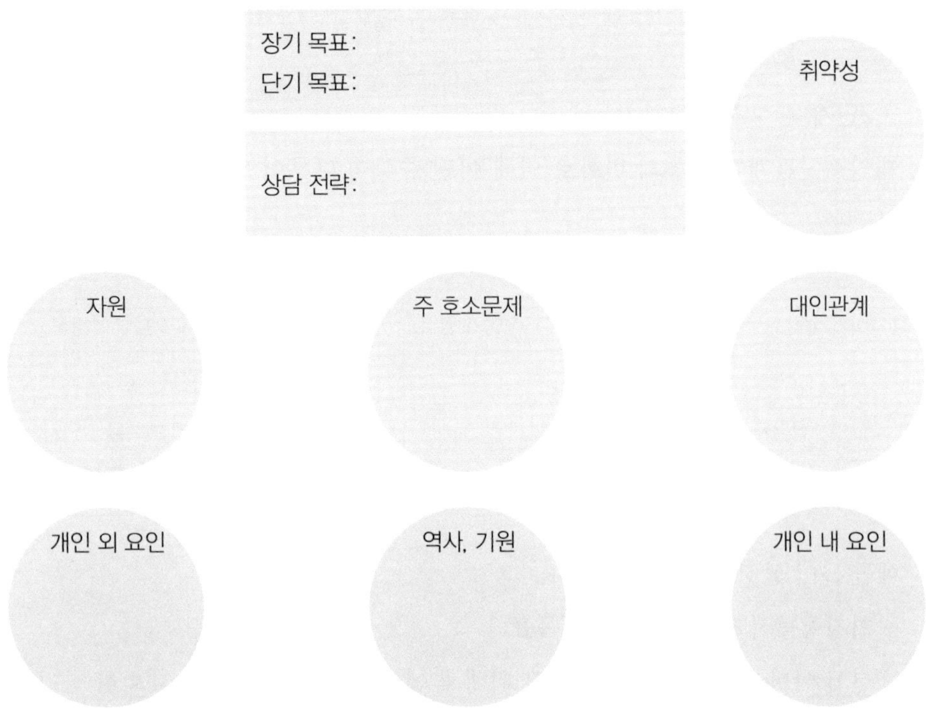


## 3. 상담목표 세우기

사례개념화에 근거를 두고 내담 아동에게 적합한 심리치료에 대해 구체적인 계획을 세우게 된다. 심리치료 계획을 세우는 것은 상담목표를 설정하는 것과 상담방법을 결정하는 것이다.

### 1) 상담목표 설정

Gehart(2019)는 유용한 목표를 작성하기 위한 일반적인 지침을 다음과 같이 제시하였다.

• 1단계: 선택 이론으로부터 나온 핵심 개념/평가 영역으로 시작하기

'증가'나 '감소'(또는 변화를 나타내는 유사한 동사)로 시작하는데, 무엇이 변화할 것인지에 대해 상담자가 선택한 이론의 표현을 활용하여 기술한다.

• 2단계: 증상과 연결하기

개인적 · 관계적 역동의 변화로 인해 어떤 증상이 다루어질 것인지에 대해 기술한다.

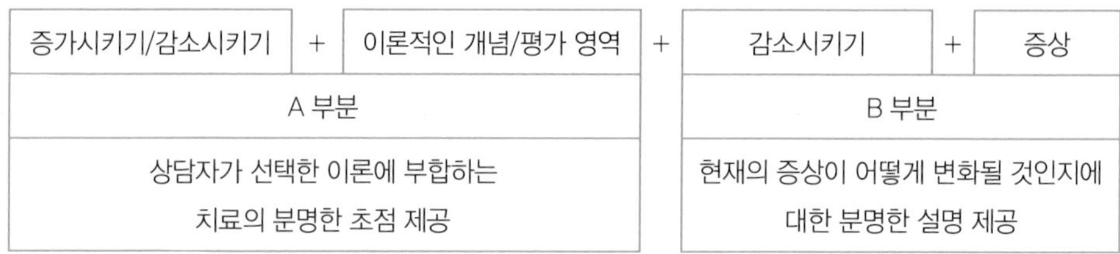


예를 들어 설명하면 다음과 같다.

• 인지행동적 접근에서의 상담목표:
  신체 이미지 왜곡을 감소시키기 위해 몸에 대한 긍정적인 자기 대화를 증가시키기
• 인본주의 접근에서의 상담목표:
  우울감을 감소시키기 위해 모를 만족시키기 위해 '엄마에게 맞추는' 순응을 감소시키기

아동상담의 목표는 크게 세 가지다. 첫째, 아동의 현재 문제나 증상을 해결하는 것, 둘째, 아동의 전반적인 적응 능력을 향상시키는 것, 셋째, 다양한 발달 영역(자아발달, 언어발달, 운동신경 발달, 심리사회적 발달)에서의 기능을 향상시켜 정상적인 발달을 돕는 것이다(Freeheim & Russ, 1983: 김춘경, 2004에서 재인용). 상담목표를 설정할 때 상위 목표와 하위 목표를 나누는 것이 필요하다(Brems, 2008). 사례개념화의 문제 목록 유목별로 상담목표를 설정하는 것도 한 가지 방법이다. Brems(2008)는 상담목표를 두 가지로 분류하였는데, 한 가지는 현재 드러나는 문제들을 해결하는 것, 다른 한 가지는 심리내적 혹은 대인관계 역동을 근본적으로 복원하는 것이다.

외현적인 문제해결은 단기 상담목표에 적합하고, 역동의 변화는 장기적인 상담목표에 적합할 것이다. 상담목표를 합의하고 결정하는 과정은 치료자가 선호하는 이론적 입장, 내담 아동과 보호자의 치료에 대한 기대와 동기, 가능한 치료 기간과 비용 등 여러 가지 요인에 의해 영향을 받게 된다.

## 2) 상담방법 결정

상담목표를 설정하고 나면, 다음 단계는 목표달성을 위해 적합한 상담방법을 선택하는 것이다. 치료자가 선호하는 이론적 입장이나 내담 아동의 주요 문제와 특성에 따라 상담방법은 달라질 수 있다. 치료자의 주관적 판단보다는 경험적 증거에 기반하여 특정한 증상을 감소시키는 데 효과적이라고 알려져 있는 치료 요소들을 고려하는 것이 중요하다.

아동상담을 할 때는 아동뿐 아니라 부모나 교사를 치료 대상에 포함시켜야 하는 경우가 많이 있다. 특히, 부모는 아동 문제의 소인 및 강화 요인으로 작용할 수 있고, 아동 문제의 개선을 위한 심리사회적 환경 변화에서 중요한 역할을 담당할 수 있기 때문에 대부분의 아동 치료에서 중요한 개입 대상이 된다. 사례개념화에 따라 때로는 부모에 대한 개별 심리치료나 부부치료, 혹은 가족치료가 필요할 수 있다. 또한 지역사회의 도움을 구할 수도 있다.

**연습문제 7-2** **앞에서 제시한 <사례 1>에 대한 상담목표 (및 방법)를 세워 보시오.**

| | |
|---|---|
| 상담목표 | • (이론적 입장에 따른 증상의 증가 및 감소 서술)<br>• (문제 유목별 상담목표)<br>• (심리내적 역동에 대한 상담목표) |
| 상담방법 | •<br>• |

# 4. 사례개념화 실습

**〈사례 1〉의 사례개념화 진술문 작성 예시**

| | |
|---|---|
| 치료자가 본 내담 아동의 문제 | 본 내담 아동은 만 11세 여아로 우울, 학습동기 저하 및 거부, 공격적 행동을 주 호소로 내방하였음. 이에 대한 원인은 다음과 같음.<br>아동은 영유아기에 순한 기질이었던 것으로 보이나 유아기 동안 부모와 분리되어 지냄으로 인해 안정적인 애착관계 형성되지 못하였던 것으로 보임. 7세에 부모와 함께 지내면서도 부모는 다소 무심하거나 민감하지 않았던 것으로 보이고, 이와 같은 부모의 태도에 아동은 수용받거나 관심을 충분히 얻지 못한다고 느꼈을 것으로 보임. 모는 과업지향적이고 주도적인 성향이고, 양육 과정에서도 이와 같은 성향이 아동에게 학습과 같은 과업지향적인 과제를 부과해 옴. 이에 아동은 주로 순응적인 태도를 보여 성과 또한 좋은 편이었는데, 아동은 이를 통해 부모로부터 관심을 얻었던 것으로 판단됨. 이에 비해 아동은 부모와의 지속적인 친밀한 정서적 관계 경험의 부족했을 것으로 보임. 이러한 긍정적 관계 경험의 부족으로 또래관계에서 어려움을 겪어 왔던 것으로 보이고, 이에 대해 부모나 성인들로부터 도움을 얻지 못함. 이와 같은 관계 및 정서적 어려움이 있는 중에 최근 따돌림을 겪으면서 강한 좌절감과 분노를 느끼게 된 것으로 보이고 이는 학습 거부 및 학업수행력 저하, 동생에 대한 공격성으로 드러나고 있는 것으로 판단됨.<br>그러나 아동은 순응적이고 동기를 가지고 학업성취를 해 온 만큼 책임감과 성실함을 가졌고 부모 또한 아동을 돕기 위해 양육상담과 놀이치료에 적극적으로 참여하고자 하는 동기를 보여 추후 아동이 심리적 어려움을 극복해 나가는 데 자원으로 작용할 것으로 보임. |

**〈사례 1〉의 상담목표 및 상담방법 작성 예시**

| | |
|---|---|
| 상담목표 | • 치료자와의 관계를 통해 수용적이고 친밀한 관계를 맺고 유지하는 경험을 한다.<br>• 따돌림 경험으로 인해 형성된 좌절감과 분노 감정을 놀이 및 언어를 통해 표현하여 우울감을 감소시킨다.<br>• 부모는 자녀와의 정서적 관계를 갖는 시간을 증가시킴으로써 긍정적인 부모-자녀 관계를 재형성할 수 있도록 한다. |
| 상담방법 | • 아동중심 놀이치료, 개별치료 후 사회성 집단 치료<br>• 부모 양육상담, 담임교사와의 전화상담 |

**연습문제 7-3 다음의 사례를 읽고 아래에 제시된 빈칸을 작성하여 사례개념화를 해 보시오.**

주원이는 만 8세 초등학교 2학년 남아다. 주원이는 2학년이 되면서부터 친구들과의 다툼이 많아지면서 때론 신체적으로 공격하는 행동이 나타나기 시작했다. 아침에 배나 머리가 아프다고 하면서 등교하기를 어려워하고 밤에 혼자 자는 것과 혼자 화장실 가는 것이 무섭다고 한다.

주원이는 영유아기 때 잠들기 어려워하며 보채는 편이었고, 걷기를 하는 시기에 무서워하며 걷지 않고 모에게 안아 달라고 요구하는 경우가 잦았다. 모는 이를 달래고 요구를 들어주는 데 힘들어서 육아하는 동안 우울감을 느끼기도 하고 때로는 아동에게 화를 내거나 훈육적으로 대하기도 했다. 3세에 점차 수면이나 식사 행동이 나아지고 어린이집에 등원하기 시작하면서 모는 양육 스트레스가 감소하였다고 한다. 주원이 5세가 되던 해부터 부가 직장 이직 후 직장에서의 어려움으로 부모 간의 부부갈등이 심해졌다. 부가 직장 스트레스로 인해 가정에서 화를 내는 경우가 증가하면서 모는 이를 견디기 어려워하면서 부에게 비난해 오곤 했다. 이와 같은 관계 문제가 해결되지 못하고 심화되면서 현재는 부부갈등이 잦다고 한다. 주원이는 부모의 다툼을 목격하는 경우도 있었고, 그럴 땐 방 안에 들어가 바른 행동이나 모습을 보이곤 했다. 모는 호전되었던 우울감이 다시 나타나면서 주원이가 떼를 쓰거나 요구하면 심하게 혼내는 경우가 증가하였다.

〈사례개념화를 위한 자료 정리〉

| 구성 요소 | 내용 |
|---|---|
| 내담자 소개 | |
| 주 호소문제 | |
| 문제 발생 원인 | • 소인 요인:<br><br>• 촉발 요인:<br><br>• 유지 및 강화 요인: |
| 강점 | |
| 이론적 사례개념화<br>또는<br>심리내적 역동과<br>가족역동 | |

〈사례개념도 구성하기〉

* 다음과 같은 표기 방법으로 사례개념도를 구성하시오.

|  |  |
|---|---|
| 사각형 | 상담 목표, 상담 전략 |
| 타원 | 요인(소인, 촉발, 강화 요인), 강점, 취약성 등 기록 |
| ⟶ | 영향 또는 인과관계 표시 |

주원의
주 호소문제

〈사례개념화 진술문 작성〉

| | |
|---|---|
| 치료자가 본 내담 아동의 문제 | 내담자 소개<br><br>문제 목록 및 진단<br><br>문제 발생 원인(소인, 촉발, 유지, 강화 요인)<br><br>(심리내적 역동과 가족역동)<br><br>강점 |

〈상담목표 및 방법 작성〉

| | |
|---|---|
| 상담목표 | |
| 상담방법 | |

**연습문제 7-4** **다음의 사례를 읽고 아래에 제시된 빈칸을 작성하여 사례개념화를 해 보시오.**

지연이는 만 7세 초등학교 1학년 여아다. 지연이는 입학 후 담임교사로부터 수업 시간에 종종 교사의 지시에 잘 따르지 못한다는 보고가 있었다. 집에서는 밤에 잠자리에 들 때나 엄마가 보이지 않으면 무섭다고 하며 엄마를 찾거나 매달린다고 한다. 지연이는 출생 후 잠을 재우려고 할 때 많이 울고 자주 깼으며 모유나 우유를 충분히 먹지 않았다. 생후 7개월부터 5세까지 잦은 병치레로 병원에 가는 일이 많았고 걷기를 해야 하는 시기가 되었음에도 잘 걷지 않으려고 하면서 엄마에게 자주 업어 달라고 하였다. 엄마는 지연이의 영유아 시기에 양육하는 데 매우 힘들어서 종종 아이에게 화를 내곤 했다. 또한 엄마는 직장 일로 늦게 귀가하는 남편에게 양육의 도움을 주지 않는다는 것과 자신이 아이 양육으로 인해 일을 중단해야 했던 것에 불만을 가져 종종 부부간 다툼이 있기도 하였다. 5세 유치원에 다니는 시기에도 등원을 거부하는 날이 있었고 엄마와 있기를 원하였다. 유치원에서는 아동이 또래들 사이에 끼지 못하고 맴돌며 심심하다고 호소하였다. 집에서도 놀이할 때 무언가가 잘 되지 않으면 쉽게 짜증 내거나 울면서 엄마에게 해 달라고 요구하였다. 엄마는 자신이 어릴 때부터 내성적이고 걱정이 많아 친구들과 잘 사귀지 못하고 과업 상황에서 실패한 적이 많았던 경험이 양육할 때 떠올라 마음이 불편해진다고 한다.

〈사례개념화를 위한 자료 정리〉

| 구성 요소 | 내용 |
|---|---|
| 내담자 소개 | |
| 주 호소문제 | |

| | |
|---|---|
| 문제 발생 원인 | • 소인 요인:<br>• 촉발 요인:<br>• 유지 및 강화 요인: |
| 강점 | |
| 이론적 사례개념화<br>또는<br>심리내적 역동과<br>가족역동 | |

〈사례개념도 구성하기〉

* 다음과 같은 표기 방법으로 사례개념도를 구성하시오.

□ 상담 목표, 상담 전략

○ 요인(소인, 촉발, 강화 요인)/강점, 취약성 등 기록

→ 영향 또는 인과관계 표시

지연의
주 호소문제

〈사례개념화 진술문 작성〉

<table>
<tr><td>치료자가 본<br>내담 아동의<br>문제</td><td>내담자 소개<br><br>문제 목록 및 진단<br><br>문제 발생 원인(소인, 촉발, 유지, 강화 요인)<br><br>(심리내적 역동과 가족역동)<br><br>강점</td></tr>
</table>

〈상담목표 및 방법 작성〉

| 상담목표 | |
|---|---|
| 상담방법 | |

연습문제 7-5 자신의 상담 사례를 가지고 사례개념화를 위한 자료 정리, 사례개념도 구성하기, 사례개념화 진술문, 상담목표 및 방법을 작성해 보시오.

## 참고문헌


김춘경(2004). **아동상담-이론과 실제**. 서울: 학지사.

신현균(2014). **아동심리치료의 실제**. 서울: 학지사.

이명우, 연문희(2004). 상담사례개념화 교육 프로그램 개발 연구. **청소년상담연구**, 12(1), 143-155.

이윤주(2016). 효율적인 상담 사례개념화를 위한 상담 사례개념도의 활용. **상담학연구: 사례 및 실제**, 1(2), 53-72.

Brems, C. (2002). *A comprehensive guide to child psychotherapy* (2nd ed.). Illinois: Waveland Press.

Brems, C. (2008). *A Comprehensive guide to child psychotherapy and counselling* (3rd ed.). Illinois: Waveland Press.

Connor, D. F., & Fisher, S. G. (1997). An interacional model of child and adolescent mental health clinical case formulation. *Clinical Child Psychology and Psychiatry*, *2*(3), 353-368.

Freedheim, D. K., & Russ, S. R. (1983). Psychotherapy with children. In C. E. Walker and M. C. Roberts (Eds.), *Handbook of Clinical Child Psychology*. New York: Wiley and Sons.

Gehart, D. R. (2019). **상담 및 심리치료 사례개념화-이론 기반의 사례개념화 훈련**(이동훈 역). 서울: CENGAGE. (원서 출판 2016).

Liese, B. S., & Esterline, K. M. (2015). Concept Mapping: A Supervision Strategy for Introducing Case Conceptualization Skills to Novice Therapists. *Psychotherapy*. Advance online publication. http://dx.doi.org/10.1037/a0038618

Manassis, K. (2014). *Case formulation with children and adolescents*. New York, NY: The Guilford Press.

Mayfield, W. A., Kardash, C. M., & Kivlighan, D. M., Jr. (1999). Differences in experienced and novice counselors' knowledge structures about clients: Implications for case conceptualization. *Journal of Counseling Psychology*, *46*(4), 504-514.

Sperry, L., & Sperry, J. (2014). **상담실무자를 위한 사례개념화 이해와 실제**(이명우 역). 서울: 학지사. (원서 출판 2012).

제8장

# 아동놀이의 구조적 분석

아동과의 놀이치료를 진행할 때 치료자가 지금–여기에서 아동과 함께 놀이하면서 아동의 감정과 경험을 공유하고 체험하는 것은 그 자체로 중요할 뿐 아니라 이러한 태도와 경험만으로도 아동은 일상생활과는 다른 충분히 특별한 치료적 경험을 할 수 있다. 하지만 아동의 언어인 놀이를 관찰하고 적절히 분석·평가하며 이를 활용할 수 있는 능력이 갖추어지면 아동과 아동의 어려움을 더 깊게 이해하고, 아동의 상태와 발달에 적합하고 치료적인 반응을 할 수 있으며, 치료과정과 진보를 적절하게 평가할 수 있다.

더욱이 대기실에서 아동을 만나 놀이치료실에 들어가고 한 회기를 끝나고 나올 때까지 빅데이터 같은 엄청난 양의 정보가 쏟아져 들어오게 된다. 이 와중에 치료자가 아동과 함께 온전히 함께하고 치료적 반응을 하면서 무엇에 더 초점을 기울이고 의미 있게 관찰할 것인지를 인지적으로 판단하는 것은 슈퍼컴퓨터가 수행하는 정도의 다중작업(멀티태스킹)이다. 이 과정에서 치료자가 무엇을 관찰할 것인지에 대한 틀이나 목표가 없이는 효과적인 치료를 수행하기 어렵다.

이에 이 장에서는 어떠한 구조적 틀로 아동의 놀이를 관찰하고 분석할 것인지 소개하고 관련하여 이해해 보는 기회를 얻고자 한다. 회기나 놀이를 평가하는 틀은 여러 학자에 의해 제안되었기 때문에, 이 장에서 언급되는 부분들이 앞장이나 뒷장의 내용과 중첩된다는 인상을 받을 수도 있다. 하지만 다음의 세부적인 구성 요소들을 검토해 보면 이 장에서 소개하는 놀이의 구조적 분석이 다른 관찰 틀과 다른 점을 좀 더 분명히 이해할 수 있다.

이 장에서 소개하는 놀이의 구조적 분석은 Kernberg, Chazan과 Normandin(1998)이 개발한 Children's Play Therapy Instrument(CPTI)를 실제 사례에 적용하고 구체화한 Chazan(2000)의 놀이 프로파일에서 제안된 내용에 기초한다. CPTI는 특히 제4장 놀이평가에서 제안된 관찰 영역과 중복되는 부분이 있으나 CPTI는 좀 더 세분화된 범주와 구체적 내용을 제안한다는 점에 차이가 있다.

CPTI에 따르면 우선 치료 회기에서 아동이 보인 활동을 어떻게 범주화하고 세분화할지를 결정하고 여러 활동 중 놀이활동을 기술적 그리고 구조적으로 분석하게 된다. 이 중 이 장의 초점인 구조적 분석은 다시금 정서적, 인지적, 이야기, 발달적 구성 요소로 나누어지고, 이 구성 요소에는 좀 더 세부적인 관찰 및 평가 항목이 포

함되게 된다. 이를 구체적으로 검토해 보면 다음과 같다.

## 1. 1단계: 놀이활동 세분화

1단계에 해당하는 놀이활동 세분화는 놀이치료 회기에서 관찰되는 아동의 활동을 어떻게 범주화하고 세분화할 것인지를 결정하는 과정이다. 치료자에게는 각 회기가 놀이'치료' 회기이나 내담 아동에게는 '놀이' 회기이기 때문에 아동이 치료실에 입실해서 퇴실할 때까지 보이는 행동이 모두 치료적 의미가 있거나 놀이활동이 아니고, 그 모든 것을 분석하는 것이 의미가 없을 수 있다. 이에 분석의 대상이 되는 의미 있는 활동을 선택하는 것이 선행되어야 하는데, Chazan(2000)에 따르면 회기에서 보이는 아동의 활동은 크게 놀이활동(play activity), 전놀이활동(pre-play activity), 비놀이활동(non-play acitivty), 중단(interruptions)으로 구분될 수 있다. 이 중 놀이활동을 다음 단계에서 추가적으로 분석하게 되는데 대개는 가장 긴 놀이활동이 분석 대상이 된다.

### 1) 놀이활동

놀이활동은 아동이 몰두하고 있는 모습이나 태도가 나타날 때 확인할 수 있다. 놀이활동은 '우리 놀아요'와 같은 언어적 반응이나 같이 놀자는 행동으로 파악될 수 있다. 놀이활동은 무한하게 변화하며 초점화된 집중, 놀잇감이나 대상에 대한 목적있는 선택, 그리고 특별한 정서 표현이라는 비언어적 특성이 나타날 때 확인할 수 있다. 이러한 특성은 한 가지만 나타날 수도 있고 몇 가지가 동시에 나타날 수도 있다.

### 2) 전놀이활동

전놀이활동은 아동들이 놀이활동을 시작하기 전 놀이를 준비하거나 세팅을 하는 활동이 나타날 때 확인할 수 있다. 전놀이활동은 놀이활동이 나타나기 전에 나타날 수도 있고, 놀이활동 중간에 나타날 수도 있는데 대개 놀이 회기 전체를 검토해야

전놀이활동이 나타난 것을 알 수 있다.

### 3) 비놀이활동

비놀이활동에는 전놀이와 놀이활동 이외의 모든 활동, 예를 들어 먹기, 읽기, 치료자와 이야기 나누기, 활동 계획하기 등이 포함된다.

### 4) 중단

중단은 아동이 치료실을 떠날 때나 회기 안에서 활동을 계속할 수 없는 상황에서 나타난다. 중단은 놀이활동이나 비놀이활동을 하는 동안 발생할 수 있는데, 예를 들어 아동이 화장실을 가고 싶어 하거나 대기실에 있는 보호자를 보고 오겠다고 하는 경우다. 대개 중단은 회기 안에서 긴장이 발생하거나 주관적인 고통감이 있을 때 나타난다.

## 2. 2단계: 놀이활동 차원 분석

2단계에 해당하는 놀이활동의 차원적 분석에는 기술적 분석, 구조적 분석, 적응적 분석이 포함된다. 이 중 기술적 분석의 범주는 놀이활동 범주, 놀이활동 각본기술, 놀이활동 영역으로 구분되고, 구조적 분석은 정서적, 인지적, 이야기, 발달적 구성 요소로 구분된다.

### 1) 기술적 분석

확인된 놀이활동에서 분명하게 나타나는 행동을 구체적으로 기술하게 되는데, 이 기술에는 놀이활동의 유형이 무엇이고, 누가 놀이를 시작하며, 어떻게 그것이 진행되었는지, 진행되지 못하였는지, 어떻게 끝났는지, 이것이 일어나는 활동의 범위 등을 포함한다.

#### (1) 놀이활동 범주

놀이활동의 유형을 파악하기 위해 놀이활동을 감각활동, 대근육활동, 탐색활동, 조작활동, 분류 · 정렬활동, 인과관계활동(놀이 재료를 사용하여 특별한 결과를 만들어 내고 두 사건 간 관계를 만듦), 문제해결활동, 건설활동, 상상력이 없는 모방활동, 외상적인 활동, 상상활동, 게임놀이활동, 미술활동으로 분류한다. 놀이활동을 여러 유형으로 분류할 때 몇 개의 범주들이 결합되어 나타날 수 있고, 한 범주에서 다른 범주로 변경되어 나타날 수 있다. 이때 어떤 놀이활동 유형을 선택했는지 그리고 어떤 순서로 선택하였는지를 주의 깊게 보는 것이 필요하다.

#### (2) 놀이활동 각본기술

놀이활동을 범주화한 후에는 놀이활동이 진행된 과정, 즉 놀이활동의 시작, 촉진, 억제, 종결의 형식으로 '누가', '무엇을', '언제', '어디서', '어떻게'라는 내용이 포함되게 세분화시켜 각본처럼 기술하는 것이 필요하다. 놀이활동의 시작부터 종결까지의 기술에는 아동이 보인 놀이활동뿐 아니라 치료자와 아동 간 상호작용이 어떻게 일어나는지도 기술하고 분석하게 된다.

#### (3) 놀이활동 영역

놀이활동 영역에서는 놀이활동이 아동 자신의 몸과 관련되어 일어날 때 자기 영역(autosphere), 놀잇감과 관련된 활동이 일어날 때 미시 영역(microsphere)으로 분류하고, 놀잇감이 아닌 책상과 같은 실제 물건이나 방 전체를 사용하거나 치료자를 이용하는 경우 거시 영역(macrosphere)으로 분류한다. 이러한 각각의 영역들은 아동이 외부 세계와 어떤 수준으로 관계를 맺는지, 각 영역 혹은 세계를 어느 정도로 통제한다고 느끼는지 등 아동의 개인적인 발달과 자신과 자신의 세계에 대한 관점을 보여 줄 수 있다.

### 2) 구조적 분석

놀이활동의 구조적 분석은 정서적, 인지적, 이야기, 발달적 구성 요소로 구분되고 각 구성 요소의 하위 요소에 대한 구체적인 내용은 다음 사례 분석 부분에서 살

펴볼 것이다.

#### (1) 정서적 구성 요소

정서적 구성 요소에서는 놀이활동에 나타난 정서 톤 및 스펙트럼, 정서조절과 조정, 정서상태의 변화에 대해 평가한다.

#### (2) 인지적 구성 요소

인지적 구성 요소에서는 놀이활동에 나타난 역할표현, 사람과 물건에 대한 표현의 안정성, 놀잇감 사용 및 사람과 물건에 대한 표현 스타일을 평가한다.

#### (3) 이야기 구성 요소

이야기 구성 요소에서는 놀이활동에 나타난 놀이활동의 제목 및 주제, 이야기 속에서 묘사된 관계의 수준 및 질, 아동과 치료자가 사용한 언어를 평가한다.

#### (4) 발달적 구성 요소

발달적 구성 요소에서는 놀이활동에 나타난 놀이활동의 연대기적 발달 수준, 성 정체성, 놀이활동에서의 사회적 수준과 치료사와의 상호작용 수준, 심리성적 수준, 분리개별화 수준을 평가한다.

### 3) 적응적 분석

적응적 분석에서는 아동이 놀이활동을 하는 목적이 무엇으로 파악되고 아동의 대처 및 방어 전략 측면이 놀이활동에서 어떻게 나타나는지를 평가한다. 대처 및 방어 전략에는 적응적 전략과 갈등 표현 전략, 경직 · 대립 전략, 불안 · 고립 전략의 비적응적 전략으로 분석한다.

## 3. 3단계: 회기 경과에 따른 놀이활동 변화 분석

치료과정이 진행되면서 회기 경과에 따라 놀이활동이 어떻게 변화하는지, 놀이활동에서 나타나는 이야기의 연속성과 비연속성이 어떤지를 지속적으로 평가할 수 있다. 이는 치료과정에서의 변동성이나 치료 결과나 효과를 평가하는 자료로 활용할 수 있다.

1단계에서 3단계까지의 분석 과정과 내용을 도식화하면 [그림 8-1]과 같다.

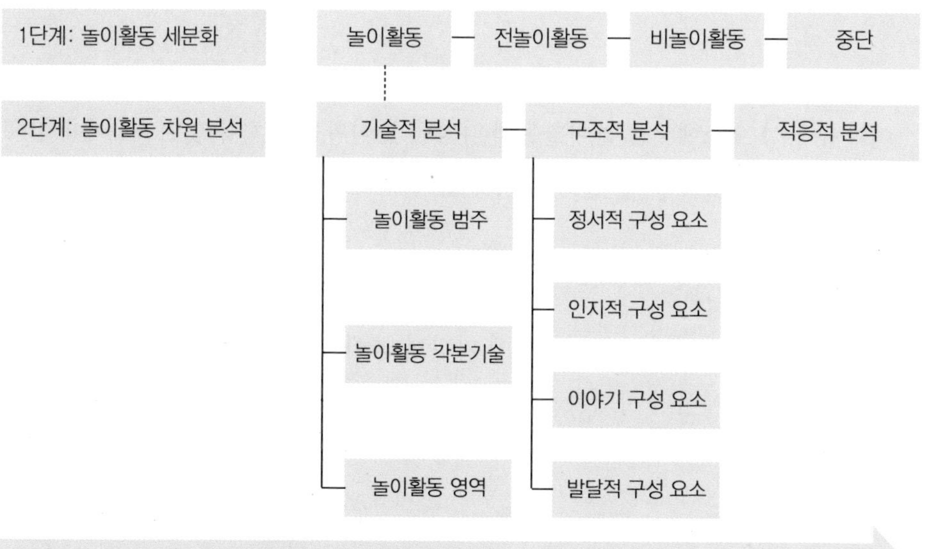


[그림 8-1] 아동 놀이치료 회기 분석 단계

## 연습문제 8-1 놀이활동의 구조적 분석

이 장에서는 CPTI의 여러 단계 중 2단계의 구조적 분석 부분을 좀 더 구체적으로 살펴보고 가상의 윤수 사례에서 나타난 놀이활동을 정서적, 인지적, 이야기, 발달적 구성 요소에 따라 분석해 보는 기회를 가져 볼 것이다. 다음의 내용과 윤수 사례는 본 저자가 Chazan(2012)의 『놀이 프로파일』을 참고하여 재구성하였다.

### 1. 정서적 구성 요소

치료 회기에서 관찰할 수 있는 아동의 놀이활동에 대한 정서적 구성 요소는 〈표 8-1〉과 같다.

〈표 8-1〉 놀이활동에서 관찰되는 정서적 구성 요소

| 정서적 구성 요소 | | | | | |
|---|---|---|---|---|---|
| 전체적인 정서 톤 | 분명한 즐거움 | 즐거운 흥미 | 자연스러운 흥미 | 냉정한 | 분명한 고통 |
| 정서의 스펙트럼 | 광범위한 | 폭넓은 | 보통의 | 제한된 | 억제된 |
| 정서조절과 조정 | 매우 융통성 있는 | 다소 융통성 있는 | 보통의 | 다소 경직된 | 매우 경직된 |
| 정서상태의 변화 | 항상 갑작스러운 | 대체로 갑작스러운 | 동요하는 | 대체로 평탄한 | 항상 평탄한 |

#### (1) 전체적인 정서 톤

전체적인 정서 톤에서는 아동의 놀이활동에서 나타나는 정서의 유형과 범위를 '분명한 즐거움'부터 '분명한 고통'까지의 범위에서 평가한다.

#### (2) 정서의 스펙트럼

정서의 스펙트럼에서는 아동의 놀이활동에서 나타나는 즐거움에서부터 두려움과 압도되는 불안까지 요동치며 나타날 수 있는 정서 스펙트럼의 정도를 '광범위한'부터 '억제된'까지의 범위에서 평가한다.

### (3) 정서조절과 조정

정서조절과 조정에서는 아동의 놀이활동에서 강하게 나타난 정서를 조절하고 조정하는 정도를 '매우 융통성 있는'부터 '매우 경직된'까지의 범위에서 평가한다.

### (4) 정서상태의 변화

정서상태의 변화에서는 놀이활동에서 나타나는 정서를 아동이 통제할 수 있는지, 통제를 벗어나 급격하게 변화하는지를 '항상 갑작스러운'부터 '항상 평탄한'까지의 범위에서 평가한다.

## 2. 인지적 구성 요소

치료 회기에서 관찰할 수 있는 아동의 놀이활동에 대한 인지적 구성 요소는 〈표 8-2〉와 같다.

〈표 8-2〉 **놀이활동에서 관찰되는 인지적 구성 요소**

| 인지적 구성 요소 | | | | | |
|---|---|---|---|---|---|
| 역할표상 | 복합적-2자 관계 | | | 혼자 | 전조 |
| | 협동놀이 | 감독관 놀이 | 이야기하는 사람 놀이 | – | – |
| 표상의 안정성 | 유동적인 ———— 안정적 | | | | |
| | 비자발적 ———— 자발적 | | | | |
| 놀잇감 사용 | 실제적 | 대체가 나타나는 | 흉내 내어 만드는 | 감각적인 | |
| 표상 스타일 | 현실적 | 상상의 | 기괴한 | | |

### (1) 놀이활동에 나타난 역할표상

역할표상이란 아동의 놀이활동에서 나타난 한 가지 이상의 역할에서 보이는 역할표상 · 표현이 협동놀이, 감독관 놀이, 이야기하는 사람놀이와 같은 복합적이면서 2자 관계(complex-dyadic)를 나타내는지, 혼자만의(solitary) 역할놀이가 나타나

는지, 아직 응집력 있는 표상이 없는 단편적이고 파편적인 전조(precursor)인지를 평가한다.

(2) 사람과 물건에 대한 표상의 안정성

표상의 안정성은 놀이활동에 나타난 등장인물과 주제의 표상 · 표현이 유동적인지 안정적인지 그리고 자발적으로 일어나는지 비자발적으로 일어나는지 그 정도를 각각 평가한다.

(3) 놀잇감 사용

놀잇감 사용은 아동이 놀이활동에서 놀잇감을 일상생활 속에서 사용하는 것처럼 실제적으로 사용하는지, 봉제인형을 담요로 사용하는 것과 같은 대체가 나타나는지, 놀잇감을 제스처나 몸짓으로 흉내를 내 만드는지, 놀잇감을 오직 감각적 특성으로만 사용하는지를 평가한다.

(4) 사람과 물건에 대한 표상 스타일

사람과 물건에 대한 표상 스타일은 아동의 놀이활동에 나타난 등장인물과 물건이 현실적인, 상상의, 기괴한 속성이 있는지를 평가한다.

## 3. 이야기 구성 요소

치료 회기에서 관찰할 수 있는 아동의 놀이활동에 대한 이야기 구성 요소는 〈표 8-3〉과 같다.

〈표 8-3〉 **놀이활동에서 관찰되는 이야기 구성 요소**

<table>
<tr><th colspan="5">이야기 구성 요소</th></tr>
<tr><td>놀이활동의 제목, 주제</td><td colspan="4">제목:<br><br>주제:</td></tr>
<tr><td>관계의 수준</td><td>자기</td><td>2자 관계</td><td>3자 관계</td><td>오이디푸스적 관계</td></tr>
</table>

| 관계의 질 | 자율적인 | 평행의 | 의존적인 | 결합하는 | |
|---|---|---|---|---|---|
| | 악의 있는 | 파괴적인 | 전멸시키는 | | |
| 아동이 사용한 언어 | 조용한 | 모방 | 말장난/<br>단순한 은율 | 단일 역할 | 다중 역할 |
| | 은유 | 의미 | 무언가 다르게<br>표현 | 묘사하는 | |
| 치료자가 사용한 언어 | 조용한 | 모방 | 말장난/<br>단순한 은율 | 단일 역할 | 다중 역할 |
| | 은유 | 의미 | 무언가 다르게<br>표현 | 묘사하는 | |

### (1) 놀이활동에 나타난 놀이활동의 제목 및 주제

놀이활동의 제목 및 주제는 아동의 놀이활동에서 나타난 이야기 구조와 내용을 전달하기 위해 아동이 선택한 놀이 제목과 이야기의 전개를 통합하는 활동과 관계의 역동이 포함된 놀이 주제를 기술한다.

### (2) 이야기 속에서 묘사된 관계의 수준

이야기 속에서 묘사된 관계의 수준은 아동의 놀이 이야기 속에서 묘사되는 관계가 단일 등장인물일 경우 자기(self) 관계 수준, 2명의 등장인물이 묘사될 때 2자(dyadic) 관계 수준, 몇 명의 등장인물들 간 상호작용이 나타나는 경우 3자(triadic) 관계 수준, 3자 관계 수준 중 세대, 성차, 또는 상호 관계에서 세 번째 사람을 배제하는 경우 오이디푸스적인(oedipal) 관계 수준으로 평가한다.

### (3) 이야기 속에서 묘사된 관계의 질

이야기에 묘사된 관계의 질은 아동의 놀이활동에서 나타나는 이야기에서 묘사된 관계의 질이 자율적인지(autonomous), 평행적인지(parallel; 관계가 유사하거나 일치) 의존적인지(dependent; 한 파트너가 다른 파트너에게 의존적이거나 기대는 것), 결합적인지(twinning; 관계에서 2명의 파트너가 쌍둥이처럼 동일한 것), 악의적인지(malevolent; 한쪽 파트너가 다른 쪽 파트너를 잔인하게 통제하려고 시도하는 것), 파괴적인지(destructive; 상대방이나 힘이 다른 사람을 파괴하는 것), 전멸시키는(annihilating; 확인할 수 없는 무엇인가에 이해 완전히 파괴되는 것) 수준인지 평가한다.

### (4) 아동과 치료자가 사용한 언어를 평가

아동이 자신의 놀이를 설명하기 위해 사용한 언어 혹은 치료자가 사용하는 언어를 침묵(silence), 모방(imitation), 말장난이나 단순한 음율(pun/rhyme), 단일 역할(single role), 다중적 역할(multiple role), 은유(metaphor), 의미(meaning), 무언가 다르게 표현하는 것(about something other than the play), 자세한 묘사(describing)로 평가한다.

## 4. 발달적 구성 요소

치료 회기에서 관찰할 수 있는 아동의 놀이활동에 대한 발달적 구성 요소는 〈표 8-4〉와 같다.

〈표 8-4〉 **놀이활동에서 관찰되는 발달적 구성 요소**

<table>
<tr><th colspan="61">발달적 구성 요소</th></tr>
<tr><td>연대기적 발달 수준</td><td colspan="12">매우 미숙</td><td colspan="12">약간 미숙</td><td colspan="12">연령에 적절</td><td colspan="12">약간 앞섬</td><td colspan="12">매우 앞섬</td></tr>
<tr><td>성 정체성</td><td colspan="20">남성 우세</td><td colspan="20">여성 우세</td><td colspan="20">우세한 것이 없음</td></tr>
<tr><td>사회적 수준 및<br>치료자와의 상호작용</td><td colspan="12">단독놀이<br>인식 못함</td><td colspan="12">단독놀이<br>인식함</td><td colspan="12">병행적인</td><td colspan="12">상호적인</td><td colspan="12">협력적인</td></tr>
<tr><td>심리성적 수준</td><td colspan="12">구강기</td><td colspan="12">항문기</td><td colspan="12">남근기</td><td colspan="12">오이디푸스적<br>인</td><td colspan="12">잠복기</td></tr>
<tr><td>분리개별화 수준</td><td colspan="15">분화</td><td colspan="15">연습</td><td colspan="15">재접근</td><td colspan="15">항상성</td></tr>
</table>

### (1) 놀이활동의 연대기적 발달 수준

아동이 본인의 생활연령에서 예상되는 수준으로 놀이를 할 수 있는지 각 연령 발달별로 '매우 미숙'에서부터 '매우 앞섬'까지의 범위로 평가한다.

### (2) 성 정체성

아동의 놀이활동에서 우세하게 나타나는 성정체성을 남성 우세, 여성 우세, 우세한 것이 없음으로 평가한다.

#### (3) 놀이활동에서의 사회적 수준과 치료사와의 상호작용 수준

아동의 놀이활동에서 나타나는 사회적 상호작용 수준을 '단독놀이 인식 못함'부터 '협력적인'까지의 범위로 평가한다.

#### (4) 심리성적 수준, 분리개별화 수준

아동의 놀이활동에서 나타나는 아동의 발달 정도를 프로이트의 심리성적 발달 단계인 구강기, 항문기, 남근기, 오이디푸스적, 잠복기 단계 그리고 대상관계이론의 분리개별화 수준인 분화, 연습, 재접근, 항상성 범위에서 평가한다.

이제까지 놀이의 구조적 분석에 어떤 구성 요소와 하위 요소가 포함되는지 소개하였다. 다음은 가상의 윤수 사례를 소개하니 이를 잘 읽고 윤수의 놀이활동에 대해 정서적, 인지적, 이야기, 발달적 구성 요소별로 분석해 보는 연습문제를 진행하고자 한다. 각 구성 요소 분석시트 뒷장에는 분석의 예시가 제시되어 있지만, 가능한 한 먼저 각 구성 요소를 분석해 본 다음 읽어 보길 권한다.

[분석 사례]

29개월인 윤수는 엄마, 치료자와 함께 놀이치료실로 들어왔고 윤수와의 첫 회기의 놀이활동은 다음과 같이 진행되었다.

> 29개월인 윤수는 엄마에게 기차 장난감을 보여 주면서 같이 하자고 손을 끌었다. 엄마는 기찻길을 연결하는 것을 돕기 시작했고, 윤수는 다른 곳을 돌아다니다가 다시 기차가 있는 곳으로 돌아왔다. 밖에서 가지고 들어온 젖병은 곧 떨어질 것처럼 입안에 물고 있었고 손에는 망치 장난감을 들고 있었는데 별다른 표정이 없다. 엄마에게 기차라고 얘기하면서 기차를 가리켰는데 이때도 별다른 정서가 드러나지 않고 얼굴 표정도 변화가 없다. 옆에 있던 치료자가 "윤수는 기찻길이 필요하구나. 여기 있어."라며 기찻길을 윤수 쪽으로 밀어 주지만, 윤수는 젖병을 계속 입에 물고 기차라는 단어만 되풀이한다. 이에 치료자가 윤수 엄마에게 같이 기찻길을 연결하자고 제안하고 같이 기찻길을 연결하기 시작한다. 치료자가 윤수에게도 같이 기찻길을 놓고 싶은지 물었으나 윤수는 기찻길 대신 기차를 2개 연결한다. 치료자는 "두 기차가 함께 있네."라고 반응한다. 윤수 엄마는 동그란 기찻길을 완성하였고 윤수가 그 위에 기차를 놓는다. "윤수가 거기에 기차를 놨구나."라고 엄마가 윤수를 격려한다. 갑자기 윤수는 문 쪽으로 다가가 방문을 열었다가 다시 닫은 다음, 인형집으로 가서 인형집의 창문과 문을 열었다 닫았다. 치료자와 윤수 엄마는 인형집 쪽으로 움직였고 치료자는 윤수가 하는 행동을 보면서 "열렸네, 닫혔다." 식의 반응을 한다. 윤수는 인형집 근처에 있던 자동차를 인형집 안에 놓고 계속해서 창문과 문을 여닫다가 손에 망치를 들고 입에는 젖병을 문 채 엄마에게로 간다. 여전히 윤수에게선 별다른 정서 변화가 보이지 않고 에너지가 부족하고 지쳐 보인다.

## 연습문제 8-2 놀이활동의 정서적 구성 요소 분석

윤수의 놀이활동에 나타난 정서적 구성 요소를 다음 표에서 분석해 본다.

| 정서적 구성 요소 | | | | | |
|---|---|---|---|---|---|
| 전체적인 정서 톤 | 분명한 즐거움 | 즐거운 흥미 | 자연스러운 흥미 | 냉정한 | 분명한 고통 |
| 정서의 스펙트럼 | 광범위한 | 폭넓은 | 보통의 | 제한된 | 억제된 |
| 정서조절과 조정 | 매우 융통성 있는 | 다소 융통성 있는 | 보통의 | 다소 경직된 | 매우 경직된 |
| 정서상태의 변화 | 항상 갑작스러운 | 대체로 갑작스러운 | 동요하는 | 대체로 평탄한 | 항상 평탄한 |

분석한 내용을 기술하고 관련 특이 사항이 있다면 적어 본다.

윤수의 놀이활동에 나타난 정서적 구성 요소 분석 예시는 다음과 같다.

| 정서적 구성 요소 | | | | | |
|---|---|---|---|---|---|
| 전체적인 정서 톤 | 분명한 즐거움 | 즐거운 흥미 | 자연스러운 흥미 | (냉정한) | 분명한 고통 |
| 정서의 스펙트럼 | 광범위한 | 폭넓은 | 보통의 | (제한된) | 억제된 |
| 정서조절과 조정 | 매우 융통성 있는 | 다소 융통성 있는 | (보통의) | 다소 경직된 | 매우 경직된 |
| 정서상태의 변화 | 항상 갑작스러운 | 대체로 갑작스러운 | 동요하는 | (대체로 평탄한) | 항상 평탄한 |

⇨ 윤수의 전체적 정서 톤은 대체로 정서가 거의 드러나지 않아 냉정해 보였다. 보통 윤수 얼굴에는 표정이 없고 정서 스펙트럼은 제한적이었다. 윤수는 치료자뿐 아니라 엄마와의 상호작용에도 무관심했고 기찻길과 인형집에 약간의 관심을 표현했을 뿐 놀이활동에서 즐거움이 거의 나타나지 않았다. 정서 상태에 대한 조절은 적절하고 보통이었지만 정서가 거의 드러나지 않아 명확하게 파악하기 어렵고 말로 표현되지 않는 특성이 있었다. 정서상태의 변화도 거의 나타나지 않아 대체로 평탄해 보였다.

## 연습문제 8-3 놀이활동의 인지적 구성 요소 분석

윤수의 놀이활동에 나타난 인지적 구성 요소를 다음 표에서 분석해 본다.

<table>
<tr><th colspan="7">인지적 구성 요소</th></tr>
<tr><td rowspan="2">역할표상</td><td colspan="3">복합적-2자 관계</td><td colspan="2">혼자</td><td>전조</td></tr>
<tr><td>협동놀이</td><td>감독관 놀이</td><td>이야기하는 사람 놀이</td><td colspan="2">–</td><td>–</td></tr>
<tr><td rowspan="2">표상의 안정성</td><td colspan="6">유동적인 ———— 안정적</td></tr>
<tr><td colspan="6">비자발적 ———— 자발적</td></tr>
<tr><td>놀잇감 사용</td><td>실제적</td><td>대체가 나타나는</td><td colspan="2">흉내 내어 만드는</td><td colspan="2">감각적인</td></tr>
<tr><td>표상 스타일</td><td colspan="2">현실적</td><td colspan="2">상상의</td><td colspan="2">기괴한</td></tr>
</table>

분석한 내용을 기술하고 관련 특이 사항이 있다면 적어 본다.

윤수의 놀이활동에 나타난 인지적 구성 요소 분석 예시는 다음과 같다.

<table>
<tr><th colspan="6">인지적 구성 요소</th></tr>
<tr><td rowspan="2">역할표상</td><td colspan="3">복합적-2자 관계</td><td>혼자</td><td>전조</td></tr>
<tr><td>협동놀이</td><td>감독관 놀이</td><td>이야기하는 사람 놀이</td><td>–</td><td>–</td></tr>
<tr><td rowspan="2">표상의 안정성</td><td>유동적인 —</td><td colspan="3" rowspan="2">변화할 정도의 놀이 주제나 역할이 나타나지 않아 평가할 수 없음</td><td>— 안정적</td></tr>
<tr><td>비자발적 —</td><td>— 자발적</td></tr>
<tr><td>놀잇감 사용</td><td>실제적</td><td>대체가 나타나는</td><td colspan="2">흉내 내어 만드는</td><td>감각적인</td></tr>
<tr><td>표상 스타일</td><td colspan="2">현실적</td><td colspan="2">상상의</td><td>기괴한</td></tr>
</table>

⇨ 윤수는 인형 집의 문과 창문을 여닫고 기차를 기찻길에 올려서 사용한다는 것을 어느 정도 이해하고 있다는 것을 보여 주었다. 역할놀이의 초기 전조로 자동차를 인형집 안에 놓았고, 2개의 기차를 연결해서 사용한다는 것을 이해하고 있음을 보여 주었다. 역할표상이 단편적이어서 역할이 어떻게 변화하는지를 파악할 수 있을 정도의 정보가 제공되지 않아 '표상의 안정성'은 평가하지 못했다. 놀잇감은 그 목적에 맞게 사용하였고, 파편적이기는 하나 표상 스타일도 현실적이었다. 하지만 전반적인 윤수의 놀이활동은 감각 추구와 목적 없는 탐색이 주를 이루었다.

## 연습문제 8-4 놀이활동의 이야기 구성 요소 분석

윤수의 놀이활동에 나타난 이야기 구성 요소를 다음 표에서 분석해 본다.

<table>
<tr><th colspan="61">이야기 구성 요소</th></tr>
<tr><td>놀이활동의 제목, 주제</td><td colspan="60">• 제목:<br>• 주제:</td></tr>
<tr><td>관계의 수준</td><td colspan="15">자기</td><td colspan="15">2자 관계</td><td colspan="15">3자 관계</td><td colspan="15">오이디푸스적 관계</td></tr>
<tr><td rowspan="2">관계의 질</td><td colspan="15">자율적인</td><td colspan="15">평행의</td><td colspan="15">의존적인</td><td colspan="15">결합하는</td></tr>
<tr><td colspan="20">악의 있는</td><td colspan="20">파괴적인</td><td colspan="20">전멸시키는</td></tr>
<tr><td rowspan="2">아동이 사용한 언어</td><td colspan="12">조용한</td><td colspan="12">모방</td><td colspan="12">말장난/<br>단순한 은율</td><td colspan="12">단일 역할</td><td colspan="12">다중 역할</td></tr>
<tr><td colspan="15">은유</td><td colspan="15">의미</td><td colspan="15">무언가 다르게 표현</td><td colspan="15">묘사하는</td></tr>
<tr><td rowspan="2">치료자가 사용한 언어</td><td colspan="12">조용한</td><td colspan="12">모방</td><td colspan="12">말장난/<br>단순한 은율</td><td colspan="12">단일 역할</td><td colspan="12">다중 역할</td></tr>
<tr><td colspan="15">은유</td><td colspan="15">의미</td><td colspan="15">무언가 다르게 표현</td><td colspan="15">묘사하는</td></tr>
</table>

분석한 내용을 기술하고 관련 특이 사항이 있다면 적어 본다.

윤수의 놀이활동에 나타난 이야기 구성 요소 분석 예시는 다음과 같다.

| 이야기 구성 요소 | | | | | |
|---|---|---|---|---|---|
| 놀이활동의 제목, 주제 | • 제목:<br>• 주제: | | | | |
| 관계의 수준 | 자기 | 2자 관계 | 3자 관계 | 오이디푸스적 관계 | |
| 관계의 질 | 통합적이고 지속되는 이야기가 나타나지 않아 평가할 수 없음. | | …하는 | | |
| | | | …는 | | |
| 아동이 사용한 언어 | 조용한 | 모방 | 말장난/ 단순한 은율 | 단일 역할 | 다중 역할 |
| | 은유 | 의미 | 무언가 다르게 표현 | 묘사하는 | |
| 치료자가 사용한 언어 | 조용한 | 모방 | 말장난/ 단순한 은율 | 단일 역할 | 다중 역할 |
| | 은유 | 의미 | 무언가 다르게 표현 | 묘사하는 | |

⇨ 비록 놀이활동에서 지속되는 이야기는 없었으나 단순한 놀이 제목과 주제는 찾을 수 있었고, 이와 관련된 활동이 드문드문 조직화되어 나타났다. 통합적이고 지속적인 이야기가 나타나지 않아 '관계의 수준'과 '관계의 질' 측면은 평가할 수 없었다. 윤수는 대부분의 놀이활동에서 '기찻길'이라는 단순 단어를 발화한 것을 제외하고는 조용히 있었다. 윤수 엄마와 치료자는 놀이에서 가끔 조용히 있기도 했지만 대부분 자신들이 무엇을 할 것인지 항상 말로 설명했고 때로는 기차 소리를 흉내 냈다. 윤수 엄마와 치료자는 지지하는 태도로 윤수의 행동에 대해 언어적으로 묘사하기도 하였다.

### 연습문제 8-5 놀이활동의 발달적 구성 요소 분석

윤수의 놀이활동에 나타난 발달적 구성 요소를 다음 표에서 분석해 본다.

| 발달적 구성 요소 | | | | | |
|---|---|---|---|---|---|
| 연대기적 발달 수준 | 매우 미숙 | 약간 미숙 | 연령에 적절 | 약간 앞섬 | 매우 앞섬 |
| 성 정체성 | 남성 우세 | 여성 우세 | 우세한 것이 없음 | | |
| 사회적 수준 치료자와의 상호작용 | 단독놀이 인식 못함 | 단독놀이 인식함 | 병행적인 | 상호적인 | 협력적인 |
| 심리성적 수준 | 구강기 | 항문기 | 남근기 | 오이디푸스적인 | 잠복기 |
| 분리개별화 수준 | 분화 | 연습 | 재접근 | 항상성 | |

분석한 내용을 기술하고 관련 특이 사항이 있다면 적어 본다.

윤수의 놀이활동에 나타난 발달적 구성 요소 분석 예시는 다음과 같다.

| 발달적 구성 요소 | | | | | |
|---|---|---|---|---|---|
| 연대기적 발달 수준 | 매우 미숙 | 약간 미숙 | 연령에 적절 | 약간 앞섬 | 매우 앞섬 |
| 성 정체성 | 남성 우세 | 여성 우세 | 우세한 것이 없음 | | |
| 사회적 수준 치료자와의 상호작용 | 단독놀이 인식 못함 | 단독놀이 인식함 | 병행적인 | 상호적인 | 협력적인 |
| 심리성적 수준 | 구강기 | 항문기 | 남근기 | 오이디푸스 적인 | 잠복기 |
| 분리개별화 수준 | 분화 | 연습 | 재접근 | 항상성 | |

⇨ 윤수의 놀이활동은 29개월인 본인의 생활연령에 비해 약간 미숙했다. 단, 정교한 상징놀이는 현재 하지 못했지만, 시간이 지나면 나타날 수 있을 것이라는 잠재력을 보여 주었다. 기차와 같은 운송수단에 대한 관심은 일반적으로 남자 아이들이 좋아하는 성향을 나타내는 것일 수 있지만, 본 회기에서는 성 선호도가 뚜렷하게 보일만큼의 놀이활동이 나타나지 않았다. 윤수는 대부분의 시간을 혼자 놀았지만 치료자와 엄마의 존재는 인식하고 있었으므로, 치료자와 엄마도 놀이에서 윤수가 본인들을 더 인식하게 만들기 위해 노력하였다. 특히, 기찻길을 연결하고 있을 때는 병행놀이의 초기 수준이 나타나기도 하였다. 윤수는 심리성적 발달에서 본인의 발달연령인 항문기가 아닌 구강기의 특성을 더 많이 보여 주었고, 엄마에게 붙어 있다가 떨어져서 탐색하고 다시 돌아오는 등 분리개별화 단계 중 연습 단계에 있는 것으로 보였다.

## 참고문헌

Chazan, S. E. (2000). Using the children's play therapy instrument (CPTI) to measure the development of play in simultaneous treatment: A case study. *Infant Mental Health Journal: Official Publication of The World Association for Infant Mental Health, 21*(3), 211–221.

Chazan, S. E. (2012). **놀이 프로파일**(유미숙, 이영애, 윤소영 공역). 서울: 시그마프레스. (원서 출판 2002).

Kernberg, P. F., Chazan, S. E., & Normandin, L. (1998). The children's play therapy instrument (CPTI): description, development, and reliability studies. *The Journal of psychotherapy practice and research, 7*(3), 196.

제9장

# 놀이치료자 반응 분석

# 1. 놀이치료자가 가져야 할 자질

## 1) 심리학적 배경

놀이치료자로 성장하는 과정 속에서 자신에게 잘 맞는 상담 이론을 찾고 이를 기반으로 상담을 하기 위해서는 많은 시간과 노력이 필요하다. 이와 더불어 중요한 것은 내담 아동에게 가장 적합한 접근이 무엇인지를 찾고 이를 적용하는 것이다. 이를 위해서 놀이치료자는 각 심리 이론이 가지고 있는 기본 가정에 대해 숙지하고 있어야 한다.

## 2) 인격적 성장

놀이치료사가 자신의 문제를 개념화하고 객관화할 수 있을 때 내담자의 문제 역시 객관화하여 이해할 수 있다. 다음과 같은 순서로 자신이 지금 직면하고 있는 심리적 문제에 대해 개념화할 수 있다.

① 현재 자신이 직면하고 있는 심리적 갈등 제시
② 촉발 및 유지 요인 정리하기
- 기질적 요인
- 양육환경 요인
- 그 외 환경 요인

③ 자신의 장점 정리하기

〈자신의 심리적 문제에 대한 사례개념화 예〉

현 만 ㅇ세 *성으로 ………문제를 경험하고 있음.
이에 대한 원인은 다음과 같음.
첫째(기질적 요인), ……, 둘째 (양육환경 요인)……, 그 외에도 (그 외 환경 요인) ……와 같은 요인들이 영향을 미친 것으로 보임.
그러나 (장점) ……이 있어 이는 문제를 해결하는 데 도움이 될 것으로 여겨짐.

---

연습문제 9-1 **자신의 심리적 문제에 대한 사례개념화**

### 3) 정서를 이해하고 표현하기

놀이치료자는 놀이치료 시 내담 아동이 보이는 행동 이면에 내재되어 있는 정서를 이해하고 이를 적절히 말로 표현할 수 있어야 한다.

| 내담자의 비언어적 반응 | | 의미 |
|---|---|---|
| 예 1: 장난감을 던지고는 놀이치료자를 힐긋 쳐다본다. | 정서 | 내담 아동은 자신이 장난감을 던진 행동에 대해 혼이 날까 봐 놀이치료자의 눈치를 살피는 것이다. |
| | 적절한 표현 | “선생님을 쳐다보는 걸 보니 장난감을 던져서 선생님에게 혼이 날까 봐 걱정하는 것 같은데.” |

| | | |
|---|---|---|
| 예 2: 놀이치료자를 만나자마자 놀이치료자의 엉덩이를 웃으면서 때린다. | 정서 | |
| | 적절한 표현 | |
| 예 3: 게임에서 자신이 이기자 놀이치료자의 눈치를 보면서 놀이치료자의 점수를 올리려 한다. | 정서 | |
| | 적절한 표현 | |

## 2. 놀이치료자의 내담 아동에 대한 기본적 태도

### 1) 적극적 경청하기

적극적 경청은 상담자가 신체적으로나 심리적으로 내담자와 함께 할 수 있는 태도를 말한다(이수현, 최인화, 2020). 이와 관련된 태도는 다음에 제시한 내용과 같다.

#### (1) SOLER(Egan, 1997) 기법 활용하기

- 내담자를 바로(Squarely) 보기
- 개방적인(Open) 자세를 취하기
- 이따금 상대방 쪽으로 몸을 기울이기(Lean)
- 적절한 시선의 접촉(Eye contact)을 유지하기
- 편안하고(Relaxed) 자연스러운 자세를 취하기

#### (2) ENCOURAGES(Hill & O'Brien, 2001) 기법 활용하기

- 적절한 눈 맞추기(Eye)
- 적절한 고개 끄덕임(Nod)
- 문화적 차이에 대한 존중과 인식 유지하기(Cultural)
- 내담자를 향한 개방적인 자세 유지하기(Open)
- 동의 표시하기(Umhmm)

- 편안하고 자연스럽게 행동하기(Relax)
- 방해가 되는 행동은 삼가기(Avoid)
- 내담자에게 맞추어 말하기(Grammatical)
- 제3의 귀로 듣기(Ear)
- 적절한 공간 유지하기(Space)

**연습문제 9-2** **경청 연습하기 실습 관찰**

3인 1조가 되어 각자 내담 아동, 놀이치료자, 관찰자 역할을 맡는다. 각 역할을 한 다음 경청 실습 보고서를 작성해 본다. 이는 고영인(2001)이 제시한 내용을 놀이치료 상황에 맞게 수정한 것이다.

| 경청 실습 보고서 | | | | | | | |
|---|---|---|---|---|---|---|---|
| **1. 내담 아동** | **상담 받은 소감** | | | | | | |
| 2. 놀이치료자 | **내담 아동의 놀이 태도에서 나타난 언어적 반응** | | | | | | |
| | **내담 아동의 놀이 태도에서 나타난 비언어적 반응** | | | | | | |
| | 놀이치료를 하면서 느낀 점 | | | | | | |
| 3. 관찰자 | 놀이치료자가 내담자에게 관심을 기울이는 행동 평가표 | | | | | | |
| 항목 | 내용 | | 1 | 2 | 3 | 4 | 5 |
| ① 위치 | 내담 아동의 놀이를 볼 수 있는 거리 | | | | | | |
| ② 자세 | 내담 아동 쪽으로 약간 기울임 | | | | | | |
| ③ 움직임 | 내담 아동 쪽으로 접근하는 움직임 | | | | | | |
| ④ 눈 접촉 | 부드럽게 서로 일치시킴 | | | | | | |
| ⑤ 표정 | 내담 아동의 느낌이나 자신의 느낌과 일치됨 | | | | | | |
| ⑥ 팔다리 | 내담 아동 방향으로 위치해 있음 | | | | | | |
| ⑦ 목소리 | 내담 아동과 목소리 크기와 톤을 맞춤 | | | | | | |
| ⑧ 활력 수준 | 생기 있음 | | | | | | |
| ⑨ 기타 | 내담 아동의 놀이를 방해하는 행동들 | | | | | | |
| 관찰 소감 | | | | | | | |

## 2) 감정 반영하기

치료자는 내담 아동의 감정에 초점을 맞추고 아동이 안전한 환경에서 이런 감정들을 잘 표현해 낼 수 있도록 해야 한다. 감정에 대한 반응은 아동에게 직접적으로 표현될 수도 있고(예를 들면, "무척 화가 났구나") 아니면 아동이 감정을 투사하고 있는 놀잇감에 표현할 수도 있다. 예를 들면, "이 애기 사자는 아빠 사자가 이렇게 크게 소리를 지를 때 슬퍼지네." 이처럼 "너는 ……게 느끼는구나"라는 식의 반응을 통해 아동이 놀이를 통해 표현하고 있는 감정에 대해 정확하게 표현할 수 있다(유미숙, 이영애, 박현아, 2021).

### (1) 감정 반영의 단계 및 수준

강진령(2016)은 감정 반영의 절차를 5단계로 나누어 〈표 9-1〉과 같이 제시하였다.

〈표 9-1〉 **감정 반영의 5단계**

| 단계 | 핵심 사항 | 내용 |
|---|---|---|
| 1 | 경청 | 내담자의 감정과 관련된 언어, 비언어 행동을 경청한다. |
| 2 | 이해 | 특정 사안에 대한 내담자의 감정을 헤아려 본다. |
| 3 | 선택 | 내담자의 감정에 적절한 단어(형용사)를 선택한다. |
| 4 | 전달 | 감정의 원인과 결합하여 만든 문장을 언어적으로 전달한다. |
| 5 | 평가 | 내담자의 반응을 관찰함으로써 반영의 효과를 평가한다. |

또한 카커프와 피어스(Carkhuff & Pierce, 1975)는 반영적 경청의 수준을 다음과 같이 5단계로 나누고 반영적 경청을 위한 변별검사를 개발하였다.

| 수준 | 내용 | 예 |
|---|---|---|
| 1 | 위로, 부인/부정, 충고, 질문 등으로 반응하는 것. | "괜찮아. 다음에 게임에서 이기면 된다." |
| 2 | 느낌은 무시하고 내용이나 인지적 부분에 대해 재진술로 반응하는 것. | "게임에서 져서 그만하고 싶은가 보다." |

| | | |
|---|---|---|
| 3 | 감정을 이해하지만 방향성이 없고, 내담자의 감정과 상황에 대해 이해한 것을 말로 되돌려 주는 것. | "이번에는 선생님에게 이기고 싶었단 말이지(재진술). 그런데 져서 속상한가 보네"(감정 반영). |
| 4 | 이해와 어느 정도 방향도 제시되는 것. 이때에는 감정뿐 아니라 내담자에게 필요한 점을 언급함. 문제해결의 열쇠는 내담자가 가지고 있음을 암시함. | "이번에는 선생님에게 이기고 싶어서 열심히 했는데(재진술) 또 져서 화가 났나 보네(감정 반영). 선생님보다 잘 하고 싶었는데 말이지"(바람). |
| 5 | 4수준의 반응에다 내담자에게 요구되는 점을 내담자가 실천하고 목표를 달성하기 위해 취해야 할 실행 방안을 덧붙이는 방식의 반응임. | "이번에는 선생님에게 이기고 싶어서 열심히 했는데(재진술) 또 져서 화가 났나 보네(감정 반영). 선생님보다 잘 하고 싶었는데 말이지(바람). 그렇다면 이렇게 주사위를 던지지 말고 어떻게 하면 이길 수 있을지 생각을 해 봐야겠는데"(제안). |

#### (2) 감정 반영 시 유의 사항(고영인, 2001)

① 내담 아동의 비언어적 표현에 주의를 기울인다.

② 알아듣기 쉬운 말로 표현한다.

③ 내담 아동의 목소리와 비슷한 목소리로 말한다.

④ 내담 아동이 표현하지 않은 내용에도 관심을 기울인다.

## 연습문제 9-3 감정 반영 반응 실습 관찰

수업 중 사례 발표자의 놀이치료 영상을 보고 평가를 한다. 만일 영상이 없다면, 3인 1조가 되어서 내담 아동, 놀이치료자, 관찰자의 역할을 맡는다. 내담 아동과 놀이치료자의 역할극을 관찰한 다음 관찰자는 다음의 점검표를 작성한다. 이는 천성문 등(2015)이 제시한 내용을 놀이치료자에 맞게 수정 · 보완한 것이다.

1. 다음 내용에 대한 놀이치료사의 반응 점수에 ∨표 하시오(점수가 높을수록 효과적임을 의미한다.).

| 놀이치료자 반응 | 1 | 2 | 3 | 4 | 5 |
|---|---|---|---|---|---|
| 내담 아동의 놀이 및 이야기에서 나타나는 정서적 부분에 주의를 기울이는 반응 | | | | | |
| 내담 아동의 행동(자세, 어조, 말 속도, 태도)에 주의를 기울이는 반응 | | | | | |
| 감정을 표현하기 위해 사용하는 감정 단어의 적절성 | | | | | |
| 내담 아동이 느끼는 감정에 대한 명확하고 간결한 방식의 표현 반응 | | | | | |
| 감정 반영의 적절성 | | | | | |

2. 다음의 항목에 대해 기술하시오.

| 항목 | 내용 |
|---|---|
| 가장 효과적인 감정 반영 반응 | |
| 놀이치료자의 반응 중 보완할 점 | |

### 3) 재진술

놀이치료자가 내담 아동의 놀이와 말을 이해했다는 것을 전달하거나 내담 아동의 경험의 핵심을 알아차리고 이것을 내담 아동에게 되돌려 주는데, 이때 사용할 수 있는 것이 재진술이다. 재진술은 무엇보다 놀이와 대화의 '내용'적 측면에 중점을 둔다. 재진술은 내담자의 말을 반복해서 말하는 것이 아니라 문제 이해와 해결을 위해 문제에 초점을 두고 내담자가 자신의 문제에 대해 더 깊이 이야기할 수 있도록 돕는 기법이다(천성문 외, 2015).

#### (1) 효과적인 재진술 방법

- 내담 아동이 하는 말이나 놀이 내용 속에 담긴 주된 생각이나 의미를 반영한다.
- 내담 아동이 하는 말이나 놀이 내용에 의미를 덧붙이거나 의미를 바꾸지 않는다.
- 내담 아동이 하는 말이나 놀이 내용을 반복적으로 되풀이하지 않는다.
- 내담 아동이 하는 말이나 놀이 내용 속에 중요한 생각을 체계적으로 요약하여 반영한다.

#### (2) 재진술의 치료적 의미

- 내담 아동의 말이나 놀이를 경청하며 이해하려고 노력하고 있음을 보여 준다.
- 놀이치료자와 내담 아동 간의 신뢰관계 형성에 도움을 준다.
- 내담 아동의 말이나 놀이 내용을 잘 이해했는지 점검해 볼 수 있다.
- 내담 아동이 말하거나 놀이하는 내용을 간결하고 정확하게, 적절한 시기에 요약하여 제공함으로써 내담 아동의 생각을 구체화시켜 정리할 수 있게 돕는다.
- 놀이치료의 방향 정립에 도움이 된다.

## 연습문제 9-4 말 의미 파악 및 재진술 반응

다음에 제시된 일상생활에서 아동의 말의 의미와 적절한 재진술 반응을 적어 보시오.

1. 양육자에게 혼이 나자 "미워! 나 집 나갈 거야."라고 말하는 초 2 남아

의미: ____________________

재진술 반응: ____________________

2. 양육자에게 "우리 반 애들은 다 핸드폰 가지고 있어요."라고 말하는 초 5 여아

의미: ____________________

재진술 반응: ____________________

3. 동생과 싸운 후 "동생이 없어져 버리면 좋겠어."라고 말하는 만 5세 여아

의미: ____________________

재진술 반응: ____________________

4. 보드게임을 하다가 지자 말을 던지면서 "왜 아빠만 이겨!"라고 화를 내는 만 6세 남아

의미: ____________________

재진술 반응: ____________________

5. "엄마는 동생만 예뻐해."라면서 속상해하는 만 4세 여아

의미: ____________________

재진술 반응: ____________________

## 연습문제 9-5 재진술 반응 실습 관찰

수업 중 사례발표자의 놀이치료 영상을 보고 평가를 한다. 만일 영상이 없다면, 3인 1조가 되어서 내담 아동, 놀이치료자, 관찰자의 역할을 맡는다. 내담 아동과 놀이치료자의 역할극을 관찰한 다음 관찰자는 다음의 점검표를 작성한다. 이는 천성문 등(2015)이 제시한 내용을 놀이치료자에 맞게 수정 · 보완한 것이다.

1. 다음 내용에 대한 놀이치료사의 반응 점수에 ∨표 하시오(점수가 높을수록 효과적임을 의미한다.).

| 놀이치료자 반응 | 1 | 2 | 3 | 4 | 5 |
|---|---|---|---|---|---|
| 내담 아동의 놀이 및 말 속에 담긴 주된 생각에 대한 반응의 적절성 | | | | | |
| 내담 아동의 놀이 및 말에 의미를 덧붙이거나 의미를 바꾸지 않는 반응의 적절성 | | | | | |
| 내담 아동의 놀이 및 말 속에 담긴 중요한 생각들을 체계적으로 통합하는 적절성 | | | | | |
| 내담 아동의 놀이 및 말이 장황하고 혼란스러울 때 요약 반응의 적절성 | | | | | |
| 내담 아동의 반응 뒤에 숨겨진 내용과 의미를 표현하는 적절성 | | | | | |

2. 다음의 항목에 대해 기술하시오.

| 항목 | 내용 |
|---|---|
| 가장 효과적인 재진술 반응 | |
| 놀이치료자의 반응 중 보완할 점 | |

### 4) 자기개방

자기개방은 내담자의 이야기를 들으면서 그 주제와 관련하여 상담자가 자신의 생각, 가치, 느낌, 태도 및 여러 가지 개인적인 것을 내담자에게 드러내는 것이다(Hill & O'Brien, 2001). 놀이치료 시 놀이치료자가 내담 아동에게 자기개방을 하게 될 때, 내담 아동은 자신의 이야기를 어떻게 하면 되는지 모델링을 하게 되어 자신의 이야기를 할 수 있게 된다. 이를 통해 내담자 아동은 놀이치료자에 대해 더욱 신뢰하게 되고 이를 통해 치료적 관계가 증진된다. 그러나 놀이치료자가 자기개방을 많이 하게 되면 놀이치료 시 내담 아동이 자신의 마음에 대해 탐색하기보다는 놀이치료자에게 초점을 맞추게 되므로 조심해야 한다.

#### (1) 자기개방에 대한 고려점

효과적인 자기개방을 위해서는 다음과 같은 점들을 고려해야 한다(천성문 외, 2015).

- 내담자와 신뢰관계가 형성된 후에 자기개방을 해야 효과적이다.
- 반드시 내담자의 욕구나 내담자가 관심을 가지고 있는 문제에 초점을 두어야 한다.
- 내담자의 문제 상황을 탐색하는 데 도움을 줄 수 있어야 한다.
- 자기개방을 할 때는 상담자 자신에 관한 일이나 느낌을 표현해야 한다.
- 상담자 자신의 정서와 결부시켜 자기개방을 할 때 치료관계를 촉진시킬 수 있다.
- 상담자는 지나치게 자주 자기개방을 사용하지 말아야 한다.

#### (2) 자기개방 수준

이장호, 금명자(2012)는 자기개방의 수준을 다음과 같이 5단계로 제안하였다. 이를 놀이치료 상황에 적용해 보면 다음과 같다.

| 수준 | 설명 | 실례<br>내담 아동: "친구가 없으니까 학교에서 아주 쓸쓸해요. 선생님은 학교 다니실 때 친구가 많으셨어요?" |
|---|---|---|
| 1수준 | 상대방과 의식적으로 격리되어 있으려고 하며 자신의 감정이나 성격에 관하여 아무것도 노출시키지 않는 수준, 자신을 노출시키더라도 상대방과는 전반적으로 조화를 이루지 못한다. | 놀이치료사: "그게 중요하니?" |
| 2수준 | 자신이 노출되는 것을 항상 의식적으로 피하려는 것 같지는 않으나 자신에 관한 개인적인 정보를 결코 자진해서 제공하지 않는다. | 놀이치료사: "몇 명 있었어." |
| 3수준 | 상대방의 관심과 일치하는 자신에 관한 개인적 정보를 자발적으로 제공한다. 그러나 이런 정보가 때때로 모호하여 자기의 특성을 별로 나타내지 않는다. | 놀이치료사: "알고 지내는 애들이야 많았지만 친한 친구는 몇몇 안 됐어." |
| 4수준 | 상대방의 관심, 흥미와 일치되는 자신의 개인적 생각, 태도 및 경험에 관한 정보를 자연스럽게 자발적으로 전달한다. | 놀이치료사: "정말 친한 친구는 한두 명 정도였어. 친구를 많이 사귀려고 해도 그렇게 잘 안 되더라고." |
| 5수준 | 자신의 성격에 관한 매우 친근하고 상세한 소개를 자발적으로 제공하며 상대방의 요구에 맞추어 자신을 공개한다. 만일 상대방이 타인에게 알리거나 다른 상황에서라면 당황하게 될 수도 있는 극히 개인적인 정보까지 표현한다. | 놀이치료사: "친한 친구는 한두 명 정도였어요. 친구를 많이 사귀려고 해도 쉽게 되지는 않고 무엇이 부족해서 그런가 하는 생각도 들었어." |

## 연습문제 9-6 자기개방 반응 실습 관찰

수업 중 사례 발표자의 놀이치료 영상을 보고 평가를 한다. 만일 영상이 없다면, 3인 1조가 되어서 내담 아동, 놀이치료자, 관찰자의 역할을 맡는다. 내담 아동과 놀이치료자의 역할극을 관찰한 다음 관찰자는 다음의 점검표를 작성한다.

1. 다음 내용에 대한 놀이치료사의 반응 점수에 ∨표 하시오(점수가 높을수록 효과적임을 의미한다.).

| 놀이치료자 반응 | 1 | 2 | 3 | 4 | 5 |
|---|---|---|---|---|---|
| 내담 아동의 욕구나 관심에 초점을 두고 있는가? | | | | | |
| 내담 아동이 자신의 문제 상황을 탐색하는 데 도움이 되었는가? | | | | | |
| 자기개방 시 놀이치료자 자신에 대한 일이나 느낌이 표현되었는가? | | | | | |
| 자기개방 표현 시 놀이치료자의 정서와 연결되었는가? | | | | | |
| 자기개방은 적절히 사용되었는가? | | | | | |

2. 다음의 항목에 대해 기술하시오.

| 항목 | 내용 |
|---|---|
| 가장 효과적인 자기개방 반응 | |
| 놀이치료자의 반응 중 보완할 점 | |

## 5) 직면

인간 중심 상담에서 사용되는 정서적인 직면은 비판적인 직면이 아니라, 언어화, 지각, 혹은 몸짓언어에서의 불일치를 다루려는 상담자의 노력이다(Gehart, 2019). 이를 통해 내담자는 스스로 자기 말과 행동의 모순된 점에 주의를 기울일 수 있게 된다(Evans et al., 2000). 이러한 직면은 놀이치료 시에도 내담 아동와의 놀이 및 대화 속에서 사용해 볼 수 있다.

### (1) 직면의 치료적 효과

Hill(2012)이 제시한 직면의 의의를 놀이치료에 적용해 보면 다음과 같다.

- 내담 아동이 자신이 인정하고 싶지 않았던 감정이나 욕구를 자각할 수 있도록 돕는다.
- 내담 아동이 자신의 문제를 다른 관점에서 볼 수 있어 자신의 말과 행동에 대해 적절한 책임감을 갖도록 돕는다.
- 부적절한 방어를 극복하고 적절한 방어를 사용할 수 있도록 돕는다.

그러나 직면을 부적절하게 사용할 경우, 내담자는 자신의 문제점을 공격하거나 비난하는 것으로 받아들이기 쉬워 오히려 내담자의 방어를 높이고 상담에 부정적인 영향을 미칠 수 있다. 그러므로 직면은 내담자를 존중하면서 시의적절하게 사용하는 것이 필요하다.

### (2) 직면 사용방법

일반적으로 직면은 "당신은 ~라고 말하지만, 당신의 모습은 ~처럼 보이는군요", "한편으로는 ~라고 하지만, 다른 한편으로는 ~이군요"라는 식으로 표현할 수 있다. 직면은 주로 내담자가 깨닫지 못하고 있지만 자신의 말이나 행동 등에서 다음과 같은 불일치가 있을 때 사용한다(Hill, 2012). 이를 놀이치료 상황에 적용해 보면 다음과 같다.

- 언어적 진술 간의 불일치
  예 "좀 전에는 ~라고 했는데, 지금은 ~라고 하는구나."
- 말과 행동 간의 불일치
  예 "게임에서 져도 괜찮다고 하지만 얼굴은 찡그리고 있네."
- 두 가지 행동 간의 불일치
  예 "이 방이 재미없다고 하면서 나가지는 않으려고 하네."
- 두 가지 느낌 간의 불일치
  예 "아기 인형이 예쁘다고 했지만 때리고 싶은 마음도 있네."
- 행동과 가치 간의 불일치
  예 "규칙을 지켜야 한다는 것은 알지만 네 마음대로 하고 싶은가 보네."
- 자신의 인식과 경험 간의 불일치
  예 "네가 못할 것 같다고 했지만 해냈네."
- 이상적 자아와 실제적 자아 간의 불일치
  예 "엄마에게 칭찬을 받으려면 ~을 해야 하지만, 정작 네가 하고 싶은 것은 ~이란 말이지."
- 상담자와 내담자의 생각 간의 불일치
  예 "네가 못한다고 생각해서 선생님에게 도와달라고 하지만, 선생님은 네가 할 수 있다고 생각하는데. 정말 네가 하기 힘든 것이라면 선생님이 그때에는 도와줄 거야."

#### (3) 직면 수준

직면은 이해의 관점에서 시작하여 점진적으로 변화를 위한 도전으로 나가야 한다(Brems, 2005). 이에 이장호와 금명자(2012)는 직면의 수준을 다음과 같이 5단계로 제안하였다. 이를 놀이치료 상황에 적용해 보면 다음과 같다.

| 수준 | 설명 | 실례<br>내담 아동: (보드게임에서 크게 지고는)<br>"졌지만 오히려 잘됐어요." |
|---|---|---|
| 1수준 | 언어 및 행동 표현에 있어서 내담 아동의 모순된 행동을 전부 무시한다. | 놀이치료사: "게임에서 졌네." |
| 2수준 | 언어 및 행동 표현에 있어서 내담 아동의 모순된 행동을 상당히 무시한다. | 놀이치료사: "게임에서 져도 신경을 안 쓰나 보네." |
| 3수준 | 내담 아동의 행동에서 나타나는 모순에 접근하기는 하지만 놀이치료사의 언어 및 행동 표현에 있어서는 직접적으로 또는 구체적으로 표현하지 않는다. | 놀이치료사: "게임에서 졌는데 잘됐다니?" |
| 4수준 | 언어 및 행동 표현에서 내담 아동의 모순된 행동에 직접적으로 명확하게 주의를 기울인다. | 놀이치료사: "속상할 것 같은에 오히려 잘됐다는 것이 잘 이해가 되지 않네." |
| 5수준 | 언어 및 행동 표현에서 내담 아동의 모순된 점을 계속 직면시킨다. | 놀이치료사: "선생님에게 크게 져서 속상할 텐데 오히려 잘됐다고 하는 네 말이 솔직한 것 같지 않은데." |

## 연습문제 9-7 직면 반응 실습 관찰

수업 중 사례 발표자의 놀이치료 영상을 보고 평가를 한다. 만일 영상이 없다면, 3인 1조가 되어서 내담 아동, 놀이치료자, 관찰자의 역할을 맡는다. 내담 아동과 놀이치료자의 역할극을 관찰한 다음 관찰자는 다음의 점검표를 작성한다.

1. 다음 내용에 대한 놀이치료사의 반응 점수에 ∨표 하시오(점수가 높을수록 효과적임을 의미한다.).

| 놀이치료자 반응 | 1 | 2 | 3 | 4 | 5 |
|---|---|---|---|---|---|
| 내담 아동의 놀이 내용, 행동이나 말에 기반하여 사용하였는가? | | | | | |
| 내담 아동이 모순되는 말이나 행동을 한 직후에 빠르고 정확하게 사용하였는가? | | | | | |
| 평가나 조언처럼 들렸는가? | | | | | |

2. 다음의 항목에 대해 기술하시오.

| 항목 | 내용 |
|---|---|
| 가장 효과적인 직면 반응 | |
| 놀이치료자의 반응 중 보완할 점 | |

## 6) 즉시성

상담자가 내담자와의 관계에서 상담자 자신에 대하여, 내담자에 대하여 그리고 치료적 관계에 대하여 지금-여기에서 어떻게 느끼고 생각하는지를 개방하는 것이다(Hill, 2012). 즉시성은 지금-여기에서 일어나는 상담자의 개인적 감정과 반응 또는 경험을 현재 시점으로 드러내는 것으로(이수현, 최인화, 2020), 내담자에 대해 반응을 할 때 상담자가 아닌 내담자에 중점을 두어 반응한다는 점에서 상담자의 자기개방과는 차이가 있다.

| | 시제 | 예 |
|---|---|---|
| 즉시성 | 현재 시제 | "네가 그렇게 이야기하니 선생님 마음도 아프다." |
| 자기개방 | 과거 시제 | "선생님도 너처럼 ~~한 적이 있었는데~~~." |

또한 즉시성은 함께 하는 의사소통(Kiesler, 1988)으로 상담자는 내담자와의 의사소통에 즉각적으로 반응함으로써 내담자 지금-여기에서 일어나는 의사소통 과정을 이해하도록 도울 수 있다(이수현, 최인하, 2020).

놀이치료 장면에서 즉시성 적용 과정을 천성문 등(2019)이 제시한 내용을 수정·보완하여 다음과 같이 제시하였다.

**내담 아동에게 집중하기**

- 평소 놀이치료자는 자신 속에서 일어나는 감정, 생각을 순간순간 확실하게 자각하도록 연습해야 함.
- 내담 아동의 말, 놀이를 주의 깊게 경청해야 함.
- 놀이치료자 자신이 내담자에게 어떻게 반응하는지 파악할 것.
- 내담 아동의 행동이나 반응에 대해 비난하는 것이 아니라 내담 아동이 왜 그런 행동을 하게 되는지에 관심을 가져야 함.

➡

**의도 파악하기**

- 내담 아동에 대한 충분한 정보를 가지고 놀이치료 장면에서 나타나는 내담 아동의 말, 놀이행동을 파악해야 함.
- 놀이치료자는 자신의 문제로 인해 감정이 촉발되는지 스스로 평가해야 함.
- 내담 아동이 직접적인 의사소통을 버틸 만큼 치료관계가 견고한지 평가해야 함.

| 즉시성 사용하기 | 상호작용 처리하기 |
| --- | --- |
| • 놀이치료 시 상호작용을 하면서 내담 아동에게 직접적으로 말하여 즉시성을 사용함.<br>예 "네가 ~하는 것을 보니 선생님 마음이 ~하다."<br>• 이를 통해 내담 아동은 자신의 행동이 다른 사람에 어떻게 지각되는지 알게 됨.<br>• 내담 아동은 스스로 어떻게 행동할 것인지를 선택함으로써 변화 방향을 결정할 수 있음. | • 놀이치료자는 내담 아동에게 즉시성 반응을 하고 나서 내담 아동의 반응을 확인해야 함.<br>• 전이에 의해 내담 아동의 반응이 왜곡될 수 있으므로 잘 살펴보아야 함. |

즉시성은 강력하고도 은밀하므로 주의를 기울여 사용해야 한다. 상담관계에서 동맹이 충분히 이루어지지 않았을 때 내담자는 곤혹스럽거나 공격받거나 하찮게 여겨진 것으로 느낄 수 있다. 그러므로 즉시성은 대부분의 사례에서 빈번하게 사용하는 기법은 아니다(Gehart, 2019).

## 연습문제 9-8 즉시성 반응 실습 관찰

수업 중 사례 발표자의 놀이치료 영상을 보고 평가를 한다. 만일 영상이 없다면, 3인 1조가 되어서 내담 아동, 놀이치료자, 관찰자의 역할을 맡는다. 제시된 상황으로 내담 아동과 놀이치료자의 역할극을 관찰한 다음 관찰자는 다음의 점검표를 작성한다.

〈실습 상황 1〉

게임에서 이기면 놀이치료자가 자신을 봐주었다고 화를 내고, 게임에서 지면 놀이치료자가 반칙을 했다고 화를 내는 8세 남아.

〈실습 상황 2〉

놀이치료자가 "네가 지금 이게 잘 안 되어서 화가 났구나."라고 내담 아동의 감정을 공감해 주자 "그렇게 말하지 마세요."라고 화를 내는 5세 여아.

〈실습 상황 3〉

대기실에서는 새침하게 있고 놀이치료자를 보고도 인사도 하지 않다가 놀이치료실에 들어오자마자 놀이치료자를 때리는 5세 남아.

〈실습 상황 4〉

"음~ 애가 ……하고 있구나."라고 내담 아동의 놀이에 대해 반영하자 "음음 거리지 마세요. 음소거"라고 말하는 만 9세 남아.

1. 다음 내용에 대한 놀이치료사의 반응 점수에 ∨표 하시오(점수가 높을수록 효과적임을 의미한다.).

| 놀이치료자 반응 | 1 | 2 | 3 | 4 | 5 |
|---|---|---|---|---|---|
| 놀이치료 장면에서 나타나는 내담 아동의 말, 놀이행동을 적절히 파악하였는가? | | | | | |
| 내담 아동에게 중점을 두고 반응하였는가? | | | | | |
| 지금-여기에서 일어나는 놀이치료자의 개인적 감정, 반응과 경험을 이야기하고 있는가? | | | | | |
| 현재 시점으로 표현하였는가? | | | | | |

2. 다음의 항목에 대해 기술하시오.

| 항목 | 내용 |
|---|---|
| 가장 효과적인 즉시성 반응 | |
| 놀이치료자의 반응 중 보완할 점 | |

# 3. 놀이치료자의 치료적 반응

각 이론적 지향점에 따라 치료자의 태도 및 반응은 달라질 수 있다. 이 장에서는 아동중심 놀이치료에 초점을 두고 놀이치료자의 적절한 치료적 반응을 학습하고 이를 연습해 보고자 한다.

## 1) 놀이치료자 반응 유형 분류체계(Play Therapy Observer: PLATO)

Tanner와 Mathis(1995)는 초심 놀이치료자 훈련을 목적으로 아동중심 놀이치료자의 치료적 반응을 크게 촉진적 반응, 참여적 반응, 지시적 반응, 비촉진적 반응의 4가지로 구분하였고, 각 반응마다 세부적인 내용을 제시하였다.

### (1) 촉진적 반응

아동중심 놀이치료자에게 있어서 촉진적 반응(Facilitating)은 아동의 내적 세계에 초점을 두고 비지시적인 접근을 지양하고 있어 매우 이상적이고 도움이 되는 반응이다. 여기에는 감정 반영(reflections of feelings), 자기개념에 대한 반영(reflections of self-ideations), 역량에 대한 반영(reflection of competency), 혼합 반영(compound reflections), 개방형 진술(open-ended statements), 아동에게 책임감 돌려주기(giving responsibility to child), 치료적 제한 설정(therapeutic limit setting) 등이 있다.

〈표 9-2〉 **아동중심 놀이치료자 촉진적 반응 범주 및 목록**

| 반응 범주 | 반응 목록 | 내용 | 구체적 표현의 예 |
|---|---|---|---|
| 촉진적 | 감정 반영 | 아동과 아동의 놀이에서 표현되는 감정에 대해 반영. | "너는 ~라고 느끼는구나."<br>"얘(캐릭터)는 ~라고 느끼는구나." |
| | 자기개념에 대한 반영 | 아동 자신이나 놀이에서 표현된 생각에 대해 반영. | "너에 대해 ~라고 말하네."<br>"얘(캐릭터)는 자신에 대해 ~라고 생각하네." |
| | 역량에 대한 반영 | 놀이에서 나타난 아동의 능력이나 노력한 부분에 대해 반영. | "~를 하려고 애쓰고 있네."<br>"이것을 ~하는지 그 방법을 알았네." |

| | | | |
|---|---|---|---|
| | 혼합 반영 | 아동의 감정, 생각, 역량을 경험이나 행동과 연결시킴. | "너는 ~ 때문에 ~라고 느낀단 말이지." |
| | 개방형 진술 | 아동이 폐쇄형 질문을 받을 때보다 더 많은 선택을 할 수 있음. | "얘(캐릭터)가 무슨 생각을 하는지 궁금하네." |
| | 아동에게 책임감 돌려주기 | 아동이 자신에게 역량이 있고 생각할 수 있고 스스로 할 수 있다고 느낄 수 있도록 돕게 됨. | "네가 결정할 수 있지." |
| | 치료적 제한 설정 | 아동에게 놀이치료실에서는 무엇을 할 수 없는지 알게 함. 이때 아동의 감정, 원하는 것을 알아주고, 제한에 대해 설명하고, 허용되는 대안을 제시. | "나한테 화가 났나 보네. 그런데 선생님을 때리면 안 된다. 대신 이 인형은 때릴 수 있다." |

### (2) 참여적 반응

참여적(Attending) 반응은 비지시적인 진술을 통해 내담 아동이 책임감을 가질 수 있도록 돕는다는 긍정적인 측면이 있다. 그러나 이 반응은 내담 아동의 행동 이면에 있는 감정, 자기개념 또는 역량에 대한 인지 없이 행동, 활동과 사건에 초점을 맞춘다는 점에서 아동중심 놀이치료의 관점과 부합하지 않는다. 여기에는 추적진술(tracking statements), 내용 반영(reflection of content), 아동의 감정에 대한 치료자의 반응(therapist's reaction to child's feelings), 감정에 대한 인지 또는 대안 없이 제한하기(limit setting without choice or recognition of feeling), 적절한 정보 제공(appropriate information giving) 등이 있다.

〈표 9-3〉 **아동중심 놀이치료자 참여적 반응 범주 및 목록**

| 반응 범주 | 반응 목록 | 내용 | 구체적 표현의 예 |
|---|---|---|---|
| 참여적 | 추적진술 | 아동의 놀이행동에 대해 반영함. | "이것을 저쪽으로 움직였네." |
| | 내용 반영 | 아동이 말한 내용에 대해 바꿔 말하기, 재진술하기, 요약하기. | "아~ 얘는 화가 났다고." |
| | 아동의 감정에 대한 치료자의 반응 | 아동의 감정에 대한 치료자의 개인적인 반응으로 치료자에게로 초점이 이동됨. | "오늘 힘들었다니 안됐네." |

| | | | |
|---|---|---|---|
| | 감정에 대한 인지 또는 대안 없이 제한하기 | 놀이치료실에서 허용되지 않는 것을 알 수 있도록 허용 범위를 알려 주면서 감정 공감 및 대안을 주지 않고 제한만 함. | |
| | 적절한 정보 제공 | 치료실에서 과제를 마치기 위해 치료사에게 정보를 필요할 때, 치료사는 이에 맞는 정보를 제공할 수 있음. | |

### (3) 지시적 반응

지시적(Directing) 반응은 아동의 내적 세계에 초점을 맞추고는 있으나 지시적이다. 이에, 이 반응을 통해 아동은 자기 자신과 감정에 대해 탐색해 볼 수는 있으나 자신에 대한 책임감을 갖는 것에는 어려움이 생길 수 있다. 여기에는 아동의 감정, 사고, 역량에 대한 질문이나 지시하기(questions and commands about child's feelings, thoughts and competencies), 임의적 해석(tentative interpretations), 감정, 자기개념 또는 역량에 대한 반영을 질문으로 바꾸기(changing a reflection of feeling, self-ideation or competency to a question) 등이 있다.

〈표 9-4〉 **아동중심 놀이치료자 지시적 반응 범주 및 목록**

| 반응 범주 | 반응 목록 | 내용 | 구체적 표현의 예 |
|---|---|---|---|
| 지시적 | 아동의 감정, 사고, 역량에 대한 질문이나 지시하기 | 질문을 할 때 치료자는 이끄는 위치가 됨.<br>지시하는 것은 내담 아동에게 자기 탐색을 촉진할 수도 있지만 아동의 선택은 증진시키지 않음. | "네가 ~라고 상상해 볼래. 어떤 기분인지 말해 줘." |
| | 임의적 해석 | 내담 아동의 행동과 감정, 생각 그리고 역량 간의 관계에 대해 임의적으로 추론하거나 가설을 세우는 것. | "애기 사자가 아빠 사자에게 화가 난 것처럼 너도 아빠에게 이렇게 화가 났니?" |
| | 감정, 자기개념 또는 역량에 대한 반영을 질문으로 바꾸기 | 놀이치료자가 좋은 반영 뒤에 폐쇄형 질문을 덧붙임. | "너 화가 났구나. 그렇지 ?" |

### (4) 비촉진적 반응

비촉진적(Nonfacilitating) 반응은 아동중심 놀이치료에 있어서 가장 도움이 되지 않는다. 이 반응은 내담 아동의 외적 세계에 초점을 맞추고 있고 지시적이다. 여기에는 내용에 대해 질문하기(questions about content), '왜'라고 질문하기('why' questions), 내용 반영 또는 추적진술을 질문으로 바꾸기(changing a reflection of content, or a tracking statement to a question), 부적절한 정보 주기(inappropriate information giving), 자기개방(self disclosure), 아동 이끌기(leading the child), 칭찬, 평가와 비난하기(praise, evaluation and condemnation), 분석하기(analyzing), 기회 놓치기(missed opportunities) 등이 있다. 각 반응에 대한 구체적인 예는 〈표 9-5〉와 같다.

〈표 9-5〉 **아동중심 놀이치료자 비촉진적 반응 범주 및 목록**

| 반응 범주 | 반응 목록 | 내용 | 구체적 표현의 예 |
|---|---|---|---|
| 비촉진적 | 내용에 대해 질문하기 | 내용에 대한 질문은 자기탐색보다는 이야기하는 것 자체에 집중하게 함. | |
| | '왜'라고 질문하기 | 내담 아동들은 '왜'라는 질문에는 거의 대답을 하지 못함. 아동은 판단받고 비난받는 느낌을 가질 수 있음. | |
| | 내용 반영 또는 추적진술을 질문으로 바꾸기 | 문장의 끝을 질문식으로 올리거나, 폐쇄형 질문을 덧붙임. | |
| | 부적절한 정보 주기 | 가르치는 것과 유사함. 놀이치료사가 내담 아동보다 더 많은 것을 아는 전문가라는 메시지를 주게 됨. | |
| | 자기개방 | 때로는 내담 아동의 욕구보다는 놀이치료의 욕구를 충족시킴. | |
| | 아동 이끌기 | 아동이 편안함을 느낄 수 있도록 놀이치료사가 과도하게 맞추게 될 때, 아동은 놀이치료실에서 의사결정을 하고 생각을 제안할 수 있는 기회를 잃게 됨. | |

| | | | |
|---|---|---|---|
| | 칭찬, 평가와 비난하기 | 이런 반응들을 통해 내담 아동에게는 다른 사람의 승인을 구하는 행동과 외적 동기가 증가됨. | |
| | 분석하기 | 놀이치료자가 분석을 하면 내담 아동이 이에 동의하지 않거나 가설을 확장하는 것에 참여하지 못함. | |
| | 기회 놓치기 | 놀이치료사가 적절한 반응을 보이지 않고 침묵을 지키거나 주제를 바꿀 때 발생함. | |

## 연습문제 9-9 치료자 태도 분석

1. 축어록 내용 분석

현재 자신이 실습하고 있는 사례의 축어록에서 치료자인 자신의 반응을 4가지 범주(촉진, 참여, 지시, 비촉진)로 구분하고, 참여, 지시, 비촉진 반응은 촉진 태도로 수정해 보시오.

| 축어록 | 반응 분석 | 촉진적 태도로 수정하기 |
|---|---|---|
| CT(내담 아동): | | |
| T(놀이치료사): | | |
| | | |
| | | |
| | | |

2. 반응 분석

내담 아동 이름: 회기:

| 반응 범주 | 반응 목록 | 횟수 | % |
|---|---|---|---|
| 촉진적 | 감정 반영 | | |
| | 자기개념에 대한 반영 | | |
| | 역량에 대한 반영 | | |
| | 혼합 반영 | | |
| | 개방형 진술 | | |
| | 아동에게 책임감 돌려주기 | | |
| | 치료적 제한 설정 | | |
| 참여적 | 추적진술 | | |
| | 내용 반영 | | |
| | 아동의 감정에 대한 치료자의 반응 | | |
| | 감정에 대한 인지 또는 대안 없이 제한하기 | | |
| | 적절한 정보 제공 | | |
| 지시적 | 아동의 감정, 사고, 역량에 대한 질문이나 지시하기 | | |
| | 임의적 해석 | | |
| | 감정, 자기개념 또는 역량에 대한 반영을 질문으로 바꾸기 | | |

| | | | |
|---|---|---|---|
| 비촉진적 | 내용에 대해 질문하기 | | |
| | '왜'라고 질문하기 | | |
| | 내용 반영 또는 추적진술을 질문으로 바꾸기 | | |
| | 부적절한 정보 주기 | | |
| | 자기개방 | | |
| | 아동 이끌기 | | |
| | 칭찬, 평가와 비난하기 | | |
| | 분석하기 | | |
| | 기회 놓치기 | | |

3. 전체 평가

각 회기마다 각 반응의 횟수 및 백분율을 기록해 보시오.

| 회기 | 촉진적 반응 n(%) | 참여적 반응 n(%) | 지시적 반응 n(%) | 비촉진적 반응 n(%) |
|---|---|---|---|---|
| 1 | | | | |
| 2 | | | | |
| 3 | | | | |
| 4 | | | | |
| 5 | | | | |
| 6 | | | | |
| 7 | | | | |
| 8 | | | | |
| 9 | | | | |
| 10 | | | | |
| 11 | | | | |
| 12 | | | | |
| 13 | | | | |
| 14 | | | | |
| 15 | | | | |
| 전체 | | | | |

## 2) 놀이치료자의 기본적 언어 기술

Ray(2016)는 여러 학자들(Axline, 1947; Ginott, 1961; Landreth, 2015)이 제시한 치료자 반응을 정리하고 여기에 자신의 임상 경험을 반영하여 다음의 9가지 언어 반응 목록을 다음과 같이 제시하였다(유미숙 외, 2021).

① 행동 표현하기

놀이치료자의 반응 중 가장 기본적인 것이다. 놀이치료자는 눈에 보이고 관찰되는 아동의 행동을 언어적으로 묘사한다.

② 내용 반영하기

놀이치료 과정에서 중요하면서도 가장 기본이 되는 기술이다. 놀이치료자는 내담 아동의 언어적 상호작용을 다른 말로 바꾸어 표현한다.

③ 감정 반영하기

놀이치료에서 아동에 의해 표현된 감정에 대해 놀이치료사가 언어적으로 반응하는 것이다.

④ 의사결정 촉진하기, 책임감 되돌려 주기

놀이치료자의 치료 목적 중 하나는 내담 아동이 자신의 가능성에 대해 인식하고 이에 대해 책임을 가지도록 돕는 것이다. 의사결정 촉진과 책임감을 돌려주는 반응을 통해 아동은 스스로 할 수 있다는 것과 그 힘이 자신에게 있다는 것을 경험하게 된다.

⑤ 창의성, 자발성 촉진하기

놀이치료자는 내담 아동이 자신의 창의성과 자유를 경험하도록 도와야 한다. 놀이치료자가 내담 아동의 창의성을 수용하고 격려하는 것을 통해 내담 아동은 자신의 모습 그대로가 특별하다는 메시지를 받게 된다.

⑥ 존중감 키우기, 격려하기

놀이치료자는 내담 아동이 자신에 대해 긍정적으로 생각하도록 격려해야 한다. 이를 통해 내담 아동은 유능감을 경험하게 된다.

⑦ 관계 촉진하기

놀이치료자가 내담 아동과 관계를 증진하는 데 중점을 두는 반응을 통해 내담 아동은 긍정적인 관계를 경험하게 된다. 내담 아동이 관계에 대해 언급하는 모든 시도에 대해 놀이치료자는 반응해 주어야 하는데, 이런 관계적 반응을 통해 내담 아동은 효과적인 의사소통을 배우게 된다.

⑧ 더 큰 의미 반영하기

이 반응은 놀이치료 기술에 있어서 가장 고급 기술이다. 놀이치료자는 내담 아동의 놀이 패턴 및 주제를 알고 이를 언어로 표현해 주는 것을 통해 더 큰 의미를 반영할 수 있다. 아동중심 놀이치료에서 놀이치료자는 해석하는 것을 주저할 수 있지만, 이 반응을 적절히 사용한다면 아동이 자신의 경험의 의미를 인식할 수 있도록 도울 수 있다.

⑨ 제한 설정

이 반응은 놀이치료실에서 내담 아동에게 안전감과 일관성을 제공하기 위한 현실적인 경계를 구축하기 위해 사용한다.

각 반응 목록에 대한 정의, 치료적 의미 및 구체적인 대화의 예는 〈표 9-6〉에 제시하였다.

〈표 9-6〉 **Ray의 9가지 언어 반응 목록**

| 반응 목록 | 정의 | 내담 아동이 경험하는 치료적 의미 | 구체적인 대화의 예 |
|---|---|---|---|
| 행동 표현하기 | 관찰되는 아동의 행동을 언어로 묘사함. | -관심을 받고 있음.<br>-수용 받고 있음. | "네가 그것을 집었구나." |
| 내용 반영하기 | 아동의 언어적 상호작용을 다른 말로 바꾸어 표현함. | -경험에 대한 자신의 의견을 인정받고 있음.<br>-자신에 대한 이해가 명확해짐. | "친구들과 놀았는데, 재미있었단 말이지." |
| 감정 반영하기 | 아동의 표현에 대해 언어적으로 반응하기. | -자신의 감정에 대해 인식하도록 도움.<br>-자신의 감정을 적절히 수용하고 표현하도록 도움. | "여기 있는 것이 화가 나나 보네. 그냥 집에 갔으면 좋겠단 말이지." |

| | | | |
|---|---|---|---|
| 의사결정 촉진하기, 책임감 되돌려 주기 | 아동이 자신의 잠재능력을 인식하고 그것에 대한 책임감을 갖도록 도움. | –아동 스스로 할 수 있다는 것 알게 됨. | "여기서는 네가 결정할 수 있다."<br>"그건 네가 혼자서도 할 수 있을 것 같은데." |
| 창의성, 자발성 촉진하기 | 아동이 자신의 창의성과 자유를 경험하도록 도움. | –자신의 모습 그대로 특별함 느낌<br>–생각과 행동의 유연성 발달 | "……는 네가 원하는 대로 할 수 있어." |
| 존중감 키우기, 격려하기 | 아동이 자신에 대해 긍정적으로 생각하도록 도움. | –자신의 유능감을 경험 | "네가 원하는 방법으로 만들었구나." |
| 관계 촉진하기 | 아동이 긍정적인 관계를 경험하도록 도움. | –효과적인 의사소통 배우게 됨. | "선생님을 돕기 위해 뭔가를 하고 싶었구나." |
| 더 큰 의미 반영하기 | 놀이 패턴을 알고 이를 언어화하는 것. | –자신의 놀이에 대한 중요성 알게 됨.<br>–자신의 의도와 목적에 대해 놀이치료자가 더 깊이 공감하고 이해하고 있다는 것을 느끼게 됨. | "놀이치료실에 오면 가끔은 네가 모든 것을 다 통제하는 사람이 되기를 원하나 보네." |
| 제한 설정 | 안전감과 일관성을 제공하기 위해 현실적인 경계를 만듦. | | |

**연습문제 9-10** **9가지 언어 반응 분석**

각 회기마다 각 반응의 횟수 및 백분율을 기록해 보시오.

| 회기 | 행동 표현 n(%) | 내용 반영 n(%) | 감정 반영 n(%) | 책임감 되돌려 주기 n(%) | 자발성 촉진 n(%) | 존중감 키우기 n(%) | 관계 촉진 n(%) | 더 큰 의미 반영 n(%) | 제한 설정 n(%) |
|---|---|---|---|---|---|---|---|---|---|
| 1 | | | | | | | | | |
| 2 | | | | | | | | | |
| 3 | | | | | | | | | |
| 4 | | | | | | | | | |
| 5 | | | | | | | | | |
| 6 | | | | | | | | | |
| 7 | | | | | | | | | |
| 8 | | | | | | | | | |
| 9 | | | | | | | | | |
| 10 | | | | | | | | | |
| 11 | | | | | | | | | |
| 12 | | | | | | | | | |
| 13 | | | | | | | | | |
| 14 | | | | | | | | | |
| 15 | | | | | | | | | |
| 전체 | | | | | | | | | |

## 참고문헌

강진령(2016). **상담연습-치료적 의사소통 기술**. 서울: 학지사.

고영인 편저(2001). **상담연습 워크북-개인상담과 집단상담을 위한-**. 서울: 문음사.

유미숙, 이영애, 박현아(2021). **놀이치료 관찰 및 슈퍼비전**. 서울: 학지사.

이수현, 최인화(2020). **셀프 수퍼비전을 통한 상담기술 훈련-초보상담자를 대상으로**. 서울: 학지사.

이장호, 금명자(2012). **상담연습 교본**. 경기: 법문사.

천성문, 차명정, 이형미, 류은영, 정은미, 김세경, 이영순(2015). **상담입문자를 위한 상담기법 연습**. 서울: 학지사.

Axline, V. M. (1947). Nondirective therapy for poor readers. *Journal of Consulting Psychology, 11*(2), 61-69.

Brems, C. (2005). **심리상담과 치료의 기본 기술**(조현춘, 이근배 공역). 서울: 아카데미프레스. (원서 출판 2001).

Carkhuff, R. R., & Pierce, R. M. (1975). *The art of helping: An introduction to life skills (a trainer's guide for developing the helping skills of parents, teachers, and counselors)*. Amherst, MA: Human Resource Development Press.

Egan, G. (1997). **유능한 상담자**(제석봉, 유계식, 박은영 공역). 서울: 학지사. (원서 출판 1994).

Evans, D. R., Hearn, M. T., Uhlemann, M. R., & Jvey, A. E. (2000). **상담의 필수기술: 효과적 의사소통을 위한 사례중심 접근법**(성진숙 역). 서울: 나남 출판. (원서 출판 1998).

Gehart, D. R. (2019). **상담 및 심리치료 사례개념화-이론 기반의 사례개념화 훈련**(이동훈 역). 서울: CENGAGE. (원서 출판 2016).

Ginott, H. G. (1961). Play therapy: The initial session. *American Journal of Psychotherapy, 15*(1), 73-88.

Hill, C. E. (2012). **상담의 기술**(주은선 역). 서울: 학지사. (원서 출판 2009).

Hill, C. E., & O'Brien, K. M. (2001). **상담의 기술**(주은선 역). 서울: 학지사. (원서 출판 1999).

Kiesler, D. J. (1988). *Therapeutic metacommunication: Therapist impact disclosure as feedback in psychotherapy*. Palo Alto, CA: Consulting Psychologist Press.

Landreth, G. L. (2015). **놀이치료-치료관계의 기술**(유미숙 역). 서울: 학지사. (원서 출판 2012).

Ray, D. C. (2016). **고급 놀이치료: 아동상담 임상을 위한 필수조건, 지식 그리고 기술**(이은아김, 민성원 공역). 서울: 시그마프레스. (원서 출판 2011).

Tanner, Z., & Mathis, R. D. (1995). A child-centered typology for training novice play therapists. *International Journal of Play Therapy, 4*(2), 1-13.

제10장

# 놀이 주제 분석

놀이치료 시 아동은 불안, 두려움, 환상 또는 죄책감 등을 놀잇감에 전이할 수 있는 놀이를 통해 자신의 중요한 정서적 경험을 안전하게 표현할 수 있다. 이는 놀이를 통해 아동은 잠재적으로 압도적인 감정과 행동으로부터 거리를 두거나 비언어적으로 자신을 표현할 수 있는 기회가 만들어지기 때문이다(Axline, 1947; Landreth, 2012). 이에, 아동중심 놀이치료자들은 아동의 놀이 패턴이나 놀이치료자와의 상호작용에 근거하여 아동에게 나타나는 중요한 정서적 문제에 대해 추론을 하게 되는데, 이것이 바로 놀이 주제다(Ryan & Edge, 2011). 아동의 놀이 주제는 회기 내에서 아동이 표현하고자 하는 내면의 의미를 이해하는 데 핵심이 되므로, 놀이치료자가 체계적으로 내담 아동의 치료적 변화를 파악할 수 있도록 돕는다(Sarah et al., 2021).

## 1. 놀이 주제의 특성

### 1) 놀이 주제의 역할

놀이 주제는 다음과 같은 역할을 한다.

- 각 회기에서 아동의 놀이의 의미를 이해하는 데 핵심적인 역할을 한다.
- 아동에게 다루어야 할 문제를 파악할 수 있다.
- 치료가 성공적일 때 놀이 주제가 좀 더 긍정적이고 발달적으로 변화되므로 치료사가 치료 변화를 체계적으로 추적할 수 있다.
- 치료 결과를 평가할 수 있다.

### 2) 놀이행동과 놀이 주제

놀이치료 시 놀이 주제를 찾기 위해서는 놀이행동과 놀이 주제를 구분할 수 있어야 한다. 놀이행동과 놀이 주제의 차이점과 그 예는 〈표 10-1〉과 같다.

〈표 10-1〉 **놀이행동과 놀이 주제의 차이**

| | 놀이행동(play behavior) | 놀이 주제(play theme) |
|---|---|---|
| 정의 | 놀이치료실에서 아동이 실제적으로 하는 행동 | 아동이 자신의 경험에 부여한 의미를 소통하고자 하는 일관성 있는 은유 |
| 알 수 있는 것 | 행동 특성 | 내적 의미를 만드는 체계 |
| 예 | 인형을 때리고 던짐<br>⇒ 공격적인 놀이 | 인형을 때리고 던지면서 "우리 엄마도 나한테 이렇게 한단 말이에요."<br>⇒ 부정적인 양육 주제 |

연습문제 10-1 **자신의 놀이치료 회기의 한 장면을 선택하고 놀이행동과 놀이 주제를 구분해 보시오.**

| | 놀이행동(play behavior) | 놀이 주제(play theme) |
|---|---|---|
| 놀이 장면 1 | | |
| 의미 | | |
| 놀이 장면 2 | | |
| 의미 | | |
| 놀이 장면 3 | | |
| 의미 | | |
| 놀이 장면 4 | | |
| 의미 | | |

### 3) 놀이 주제 파악 시 고려 사항

아동은 자신이 주도하는 놀이를 통해 아동은 감정을 표현하고, 관계를 탐색하고, 경험을 묘사하고, 소원을 드러내고, 가상성을 통해 자기성취에 도달할 수 있다(Brtherton, 2014; Landreth, 2012). 이러한 아동의 내면의 욕구는 놀이 주제로 범주화되어 선정될 수 있는데, 이를 구분하기 위해서는 다음과 같은 내용을 고려하는 것이 필요하다.

#### (1) 놀이 내용 외에 기본 정보를 수집하라

놀이 주제는 판별할 때 놀이치료사는 아동의 놀이 내용뿐 아니라 아동의 전반적인 상황을 파악하고 이를 종합판단하는 것이 필요하다. 이에 다음과 같은 내용을 함께 고려해야 한다.

- 놀이치료사의 이론적 지향
- 아동발달 및 정신병리에 대한 전문 지식
- 치료 및 일상생활에서의 아동에 대한 경험
- 치료실 외의 다른 환경 내에서 아동에 대한 직접적인 지식
  (예 가정방문, 학교 관찰)
- 다른 출처(예 부모, 다른 전문가, 교사 등)에서 얻은 아동에 대한 정보

#### (2) 회기 내 vs 회기 간 반복되는 놀이 패턴을 파악하라

놀이 주제를 파악하기 위해서는 회기 내와 회기 간에 나타나는 놀이 내용을 살펴보는 것이 필요하다. 이는 〈표 10-2〉와 같다.

〈표 10-2〉 **회기 내 vs 회기 간 패턴 파악**

| 회기 내 | 회기 간 |
|---|---|
| • 치료 시간 내에 반복되는 놀이 패턴 및 상호작용 | • 한 회기에서 다음 회기로 넘어갈 때 바뀌는 놀이 내용<br>• 다음 회기에도 반복되는 놀이 내용 |

### (3) 세부 사항을 고려하라

놀이치료자가 내담 아동의 놀이에서 '반복, 강도, 맥락'이라는 3가지 특징(Ray, 2016)을 기본으로 하여 다음의 세부 사항을 고려하면 놀이 주제를 파악하는 데 도움이 된다. 이는 〈표 10-3〉과 같다.

〈표 10-3〉 **놀이 주제 파악 시 주요 3가지 특징**

| 특징 | 정의 |
|---|---|
| 반복(repetition) | • 회기 내와 회기 간 반복해서 나타나는 놀이행동<br>• 내담 아동이 자신의 내면에 직면하고 있는 어려움과 중요한 문제를 해결하기 위한 작업을 하고 있다는 것을 의미함 |
| 강도(intensity) | • 놀이치료 시간에 놀이행동에 몰입하는 정도나 에너지 수준<br>• 아동 놀이에 대한 치료자의 느낌도 중요함 |
| 맥락(context) | • 놀이 주제와 아동발달이나 삶의 맥락 간의 관련성 찾아보기 |

놀이치료 시 아동의 한 놀이 장면에는 여러 의미나 주제가 포함되거나 상징화될 수 있다. 그러나 일반적으로 아동의 놀이에서 주제를 판별할 때 다음의 사항을 고려하는 것이 도움이 된다(Ryan & Edge, 2011). 이는 〈표 10-4〉와 같다.

〈표 10-4〉 **세부 내용 점검표**

| 고려점 | 예 | 내용 |
|---|---|---|
| 한 회기 내에서 동일한 내용이나 놀잇감으로 반복되는 놀이가 있는가? | □ | |
| 회기 간에 동일한 내용이나 놀잇감으로 반복되는 놀이가 있는가? | □ | |
| 동일한 놀이를 오랫동안 하는가? | □ | |
| 정서적으로 깊게 몰입하고 정서가 강하게 나타나는가? | □ | |
| 놀잇감이나 놀이 내용이 달라지더라도 생각과 감정은 유사한가? | □ | |
| 이전 놀이를 기억해 말로 표현하는가? | □ | |
| 놀이를 자신의 현재, 과거, 미래 생활과 관련시켜 이야기하는가? | □ | |

| | | |
|---|---|---|
| 깊게 집중하는 강렬한 놀이가 갑자기 나타나 놀이가 변화되었는가? | □ | |
| 종합 소견 | | |

연습문제 10-2 **다음의 사례로 표를 작성하고 놀이 주제를 파악해 보시오.**

Sossin과 Cohen(2011)은 미국 2001년 9월 11일 국제무역센터 폭탄 테러 후 피해 가족을 위해 놀이치료를 실시하였다. 그 결과, 안전감과 통제감을 다시 확립하기 위해 아동은 자신의 슬픔, 화, 그리고 파괴를 표현할 능력이 있다는 것이 관찰되었다. 이 프로젝트에 참여한 아동 대부분은 다음과 같은 놀이를 반복하였다.

빌딩 타워가 무너지고, 옥상에서 떨어진 사람들, 사람이 죽임을 당하고, 차와 개, 고양이, 집이 모두 바닥으로 날아가서 놀이 테이블 위에는 아무것도 남아 있지 않았다. 또한 절망적으로 보이는 상황을 구조하거나 재구성하려는 시도가 많았다.

예를 들어, 장난감 도마뱀이 트럭과 탱크에 몇 번이나 치였지만 죽지는 않았고, 그 후에 오히려 힘을 더 얻어 다른 도마뱀들을 보호하기도 하였다. 또, 어떤 아동들은 이상적인 아버지가 돌아와 가정을 지키기를 바라는 마음으로 무엇인가를 고치는 놀이를 하였기도 하였다. 많은 아동들은 아버지를 잡아먹은 위험으로부터 자신을 보호하기 위해 초인적인 힘을 주는 갑옷을 개발하는 놀이를 하기도 하였다. 이처럼 아동들이 방어하고 대처하기 위해 마술적인 사고를 하는 것은 드문 일이 아니다. 그러나 이 프로젝트에 참여한 아이들에게서 눈에 띄는 것은 그들의 놀이의 강렬함이었고, 유사한 주제가 반복되는 것이었다.

4세 이상이 되는 아동들의 경우에는 위험을 감수하는 놀이가 많았는데, 놀이에서의 등장인물이 높이 점프를 하면서 빙글빙글 돌기도 하였다.

| 고려점 | 예 | 내용 |
|---|---|---|
| 한 회기 내에서 동일한 내용이나 놀잇감으로 반복되는 놀이가 있는가? | □ | |
| 회기 간에 동일한 내용이나 놀잇감으로 반복되는 놀이가 있는가? | □ | |

| | | |
|---|---|---|
| 동일한 놀이를 오랫동안 하는가? | □ | |
| 정서적으로 깊게 몰입하고 정서가 강하게 나타나는가? | □ | |
| 놀잇감이나 놀이 내용이 달라지더라도 생각과 감정은 유사한가? | □ | |
| 이전 놀이를 기억해 말로 표현하는가? | □ | |
| 놀이를 자신의 현재, 과거, 미래 생활과 관련시켜 이야기하는가? | □ | |
| 깊게 집중하는 강렬한 놀이가 갑자기 나타나 놀이가 변화되었는가? | □ | |
| 종합 소견 | | |

## 2. 놀이 주제 분석

놀이치료 시 놀이 주제를 파악하는 것은 아동의 놀이가 근본적인 정신역동적 문제를 반영하는 것으로 파악하는 정신역동적 아동심리치료 개념하에서 개발되었다. 그러므로 정신역동적 아동심리치료에서는 아동의 의식적 해석과 언어적 통찰력을 치료효과의 지표로 파악하는 경향이 있다(Blake, 2008; Slade, 1994). 그러나 아동중심 놀이치료에서는 아동이 치료 중 놀이 경험에 자발적·적극적으로 참여하고, 치료자와 내담 아동 간의 관계와 놀이 경험을 강조한다. 그러므로 아동이 자신의 주제에 대한 통찰력을 갖도록 돕는 것이 치료 목적이 아니므로 아동이 언어화를 통해 이러한 과정을 반드시 이해하지 않아도 된다(Wilson & Ryan, 2005).

하지만 아동중심 놀이치료에서도 놀이치료자가 내담 아동의 놀이 주제를 잘 파악할 때 이를 통해 임상적 맥락 안에서 아동에 대해 깊이 있게 이해할 수 있고 정확한 공감적 반응을 할 수 있게 된다(Liberman & Van Horn, 2008). 이는 놀이가 은유를 통해 현실을 반영하므로 놀이치료사는 놀이를 통해 내담 아동의 내면세계를 통찰할 수 있기 때문이다(Bretherton, 2014). 그러나 놀이 주제는 쉽게 나타나지 않는 경우도 많고, 단 하나의 의미만을 가지고 있는 것도 아니므로 놀이치료자는 보다 신중하고 종합적인 관점을 가져야 한다(유미숙 외, 2021).

## 1) 심리 이론의 발달 단계에 따른 놀이 주제

놀이 주제를 탐색하는 과정은 놀이치료사가 지향하는 심리 이론과 임상 실제를 통해 구축한 임상 판단의 틀에 영향을 받게 된다. 그러나 이는 내담 아동이 자신의 놀이에서 강조하는 것을 인식하면서 변화될 수 있고, 이는 다시 놀이치료사가 놀이 주제를 파악하고 개념화하는 방법에 영향을 미친다(Ryan & Edge, 2011).

### (1) 심리성적 발달 단계에 따른 놀이 주제

Bellinson(2008)은 아동의 놀이 내용에 포함되는 주제를 '구강기, 항문기, 남근기, 오이디푸스기, 잠복기'의 심리성적 발달 단계 관점하에서 구분하여 제안하였다(유미숙 외, 2021). 이에 대한 구체적인 내용은 〈표 10-5〉와 같다.

〈표 10-5〉 **아동의 심리성적 단계에 따른 놀이 주제 및 내용**

| 단계 | 주제 | 놀이에 포함되는 내용 |
|---|---|---|
| 구강기 | 양육 | • 다양한 감각(보기, 듣기, 운동감각)을 통해 외부 자극을 받아들임.<br>• 양육 행동의 수령자가 되거나 기증자가 됨. |
| 항문기 | 보유/배출<br>통제/조절 | • 보유하거나 배출하는 놀이가 나타남.<br>• 놀이의 주된 초점은 통제와 조절임.<br>• 대소변 조절 문제로 인해 물을 튕기고, 더럽히고, 붙이는 등의 놀이가 나타남.<br>• 더럽히거나 엉망을 만들고자 하는 욕구 vs 깨끗하게 하고 조직화시키고자 하는 열망이 함께 나타남. |
| 남근기 | 공격<br>강함 과시 | • 환경이나 다른 사람을 뚫고 들어가는 놀이, 공격하는 놀이, 총놀이 등이 나타남.<br>• 아동들은 자신이 얼마나 큰지, 얼마나 강한지, 또는 자신의 신체의 각 부분들이 얼마나 강한지 보여 주려고 함. |

| 오이디푸스기 | 경쟁<br>배척<br>성공<br>질투 부러움 | • 최소한 3명의 인물들이 나타남.<br>• 세대 간의 차이 또는 성별의 차이가 나타남.<br>• 주된 주제로는 라이벌 의식, 배척 등이 나타남.<br>• 주된 감정으로는 성공, 질투, 그리고 부러움 등이 나타남. |
|---|---|---|
| 잠복기 | 도덕성 공정성<br>규칙 및 역할<br>따르기 | • 도덕성과 공정성이라는 문제에 초점을 맞춰 놀이가 나타남.<br>• 규칙과 사회적 역할에 대해 모방함.<br>• 성인의 과제를 수행하려고 함.<br>• 여전히 마술적 힘을 사용하는 놀이도 함께 나타남. |

### (2) Erikson의 심리사회적 발달 단계에 따른 놀이 주제

일반적으로 아동의 놀이 주제는 아동의 현재 발달 수준과 관련이 있다(Ryan & Edge, 2011). 그러나 특히 아동 중심의 비지시적 놀이치료의 경우, 하나의 놀이 주제는 일반적인 의미를 가질 수도 있지만, 치료과정에서 그 의미가 바뀔 수도 있다. 이에 Wilson과 Ryan(2005)은 아동의 놀이를 포괄적으로 파악하기 위해 내담 아동의 놀이를 '개인(I)'과 '관계(R)'로 구분하고, 비지시적 놀이치료 이론의 기반 위에 Erikson의 심리사회 이론의 발달 단계를 통합하였다. '개인(I)'은 자기 자신에게 몰입된 놀이 주제가 반복적으로, 강렬하게 나타나는 것이 특징이며, '관계(R)'는 아동의 지속되는 주된 관심사가 놀이활동이 아니라 치료사로 나타나는 것이 특징이다.

Erikson 이론은 사회, 정서 발달에 대한 개념의 범위가 넓어서 놀이치료에 유용하며 '긍정적'과 '부정적' 가치관을 가진 양극성으로 구성되므로 아동의 놀이를 연속선상에서 파악하는 데 도움이 된다. 내담 아동의 자신의 연령에 맞는 발달 단계를 거치지만, 각 단계에서 해결하지 못한 감정 문제가 아동의 발달 시기를 지배한다고 가정한다(Wilson & Ryan, 2005). Erikson의 심리사회 발달 단계의 과업과 각 단계에서의 긍정적 놀이 주제와 부정적 놀이 주제를 Ryan와 Edge(2011)가 제시한 내용을 중심으로 제시하면 〈표 10-6〉과 같다.

〈표 10-6〉 Erikson의 심리사회 발달 단계에 따른 긍정적 놀이 주제와 부정적 놀이 주제

| 발달 단계에 따른 중심 주제 | 긍정적 주제 | | 부정적 주제 | |
|---|---|---|---|---|
| | 정서 | 하위 주제 | 정서 | 하위 주제 |
| 신뢰<br>대<br>불신 | -기쁨<br>-호기심<br>-낙관<br>-희망 | -안전/보호<br>-양육<br>-편안함<br>-구조/구조<br>-적응<br>-탐색<br>-재탄생<br>-충만<br>-만족<br>-충분함<br>-희망 | -슬픔<br>-절망<br>-두려움<br>-분노<br>-정서적으로 거리를 둠<br>-슬픔<br>-상실 | -거리두기나 관계 거부<br>-혼돈<br>-관계의 양면성<br>-일차 관계 내에서의 트라우마/학대<br>-죽음/파괴/자기 및 다른 중요한 사람의 상실<br>-죽음<br>-공허함<br>-절망<br>-결핍됨<br>-무감각/정서의 부족 |
| 자율성<br>대<br>수치심과<br>의심 | -연령에 적절한 자기효능감<br>-연령에 적절한 독립심 | -힘<br>-숙달<br>-완성감<br>-만족감 | -무력감<br>-분노<br>-좌절 | -통제/희생시킴<br>-약점/무력감<br>-한계 시험하기<br>-공격성<br>-과도한 규칙 준수 및 인정 추구<br>-반항<br>-지배/복종 |
| 주도성<br>대<br>죄책감 | -목적의식<br>-에너지<br>-창의성<br>-사회적 의무에 대한 인식<br>-감정의 표현<br>-희망<br>-소망<br>-놀이와 언어를 통해 감정 표현 가능 | -선한 것<br>-치유<br>-도움<br>-연령에 적합한 위험 감수<br>-사회 규칙 준수<br>-성인 역할 탐색 | -자신을 비난하고 '나쁘다'고 느낌<br>-환상과 상상의 세계와 현실을 혼동함<br>-과도하게 양심이 발달됨<br>-전반적으로 생각, 감정, 상상 놀이를 억제함 | -부상/자신과 다른 사람들을 해침<br>-재산/물건의 손상<br>-사회 규칙 불복종<br>-'악'에 대한 집착<br>-자신의 안전에 대해 걱정함<br>-몰래 하기 및 속임수 |

| | | | | |
|---|---|---|---|---|
| 근면성/<br>역량<br>대<br>열등감 | -인내심<br>-좌절감 극복<br>-영리하고, 원기 왕성하고, 할 수 있다고 느낌 | -우정<br>-인내심<br>-학습<br>-기술과 성취에 대한 사회적 인정을 즐김<br>-자신의 성취에 대한 즐거움<br>-동료 및 성인과 관심 공유 | -어리석고, 가치 없다고 느낌<br>-무언가를 배우거나 성취할 수 없다고 느낌<br>-또래나 성인과 함께 일할 수 없다고 느낌 | -사회적 규칙과 기대에 대한 과도한 순응<br>-과제에 대한 지속성 부족<br>-승리에 대한 집착<br>-동료와 성인에게서 소외됨<br>-협력이나 도움을 요청하지 못함<br>-낮은 자기 가치감<br>-과도한 순응<br>-과도한 인정 추구 |
| 정체성<br>대<br>역할혼미 | -아동기 경험을 기억하면서 즐거워함<br>-미래에 대한 희망<br>-사회, 문화, 또래 및 가족 집단에 대한 소속감<br>-의미 있는 가치와 열망을 실현함. | -다양한 관점에서 사회적 상황의 여러 측면 고려<br>-복잡한/혼합된 다양한 감정을 동시에 수용<br>-선택한 또래 집단 동일시<br>-사회적 가치와 적절한 도전 존중<br>-나이에 적절한 성적 관심 | -어린 시절에 대한 동경<br>-미래에 대한 절망<br>-낮은 소속감<br>-자기 및 다른 사람의 가치와 열망에 대해 지나치게 의문시함 | -비행 또래 집단에 대한 과도한 동일시<br>-사회적 규칙을 거의 존중하지 않음<br>-성에 대한 집착 또는 관심 부족<br>-자신이 아닌 타인을 좋아하는 것에 대한 과도한 걱정<br>-냉소적 불신<br>-성인 역할에 대한 동일시 부족<br>-또래와의 친밀한 관계 형성에 대한 관심 부족<br>-퇴행 또는 과성숙 |

〈표 10-7〉은 Ryan과 Edge(2011)가 아동의 놀이를 각 발달 단계에 따른 놀이 주제 및 하위 범주로 분석한 예를 참조하여 재구성한 것이다.

**〈표 10-7〉 중심 주제 및 하위 범주**

| 주제 | 하위 주제 | 연령 | 예 | 놀이 수준 |
|---|---|---|---|---|
| 자율성/<br>독립 | 힘(Power) | 10 | 시영이는 젠가 게임을 하면서 손에 힘을 조절하고 막대를 빼서 치료자를 이겼다. 독립I* | 연령에 적절함 |
| | 숙달(Mastery) | 9 | 혜영이는 종이 벽돌을 사용하여 자신만이 숨을 수 있는 공간을 만든다. 독립I* | 연령에 적절함 |
| | 역량감<br>(Sense of Completion) | 5 | 세희는 치료자에게 항상 도와달라고 했던 이전 회기와는 달리 소꿉놀이를 한 다음 스스로 정리하고 인형놀이를 하였다. 독립I* | 연령에 적절함 |
| | | 11 | 영수는 몇 회기에 걸쳐 그림을 그려서 작품을 완성하였다. 독립I* | 연령에 적절함 |

| | | | | |
|---|---|---|---|---|
| 수치심과 의심 | 통제/피해 | 9 | 민수는 반 친구들 앞에서 한 학생을 혼내고 벌을 주는 선생님 역할을 한다. 관계R* | 연령에 적절함 |
| | 약함 또는 무기력 | 4 | 은미는 치료자에게 무엇을 하고 놀이를 할지, 어떤 그림을 그려야 할지에 대해 끊임없이 질문을 한다. ** 관계R* | 걸음마기 |
| | 약함 또는 무기력 | 6 | 기영이는 색찰흙통 뚜껑을 열다가 잘 안 된다면서 치료사에게 대신 해 달라고 한다. 관계R* | 학령전기 |
| | 공격성 | 7 | 수철이는 "미워"라고 소리치고는 장난감 칼로 곰인형을 계속 때린다. 독립I* | 학령전기 |
| 주도성 | | 7 | 영민이는 이전 놀이치료 회기에서는 치료사 눈치를 보면서 모래상자에서 모래를 집고 바닥에 뿌려서 치료자가 이를 계속 제한해야 했지만, 이번 회기에서는 모래상자 안에 놀잇감을 넣고 놀이를 하였다. 관계R* | 연령에 적절함 |
| 죄책감 | | 9 | 희영이는 가족들이 함께 자동차를 타고 놀러가는 역할놀이를 하였다. 이때 차가 사고가 나서 온 가족이 다 다쳤는데, 그중 아이가 가장 많이 다쳤고, 아빠는 피를 흘리면서도 일하러 가는 내용으로 놀이를 했다. **독립I* | 연령에 적절함 |
| 근면성 | | 8 | 심하게 방임되었던 미영이는 가위질을 배운 적이 없어서 못하겠다고 하면서 치료사에게 방법을 알려 달라고 하였다. 관계R* | 학령전기 |
| 열등감 | | 9 | 성민이는 게임에서 지자 "난 잘 못해"라고 말하며 손으로 자신의 머리를 때렸다. 독립I* | 학령전기 |
| 정체성 | | 14 | 세영이는 치료사에게 부모님이 이혼을 해서 더 이상 싸우는 모습을 보지 않아서 좋기도 하지만, 아빠를 볼 수 없다는 것에 힘이 들기도 하고, 엄마가 아빠에 대해 나쁘게 이야기할 때 듣고 싶지 않지만 엄마가 이해가 되기도 해서 어떻게 해야 할지 모르겠다고 하였다. 관계R* | 연령에 적절함 |
| 역할 혼미 | | 15 | 기영이는 치료사에게 자신은 못생기고 피부도 나쁘고 공부도 못하기 때문에 친구가 없는 것이기 때문에 친구 사귀는 것도 귀찮고, 그냥 혼자 있는 것이 더 좋다고 했다. 관계R* | 연령에 적절함 |

* 매우 '관계적'(R) 또는 매우 '독립적'(I) 주제.

** 동일한 예가 동시에 여러 주제에 해당할 수 있다.

## 2) 놀이 주제 범주

그동안 여러 학자들이 놀이 주제의 범주를 제시하였고 이를 기반으로 관련 연구가 진행되어 오고 있다. 여기에서는 유미숙 등(2021)에서 제시한 내용을 수정 · 보완하였다.

### (1) Benedict 확장판 놀이치료 놀이 주제 분석 도구(Benedict's Expanded Themes in Play Therapy: BETPT)

Benedict(1998)는 놀이 주제의 범주를 코드화하면서 베네딕트 놀이 주제 분석 도구(Benedict Play Theme Analysis System: BPTAS)를 개발하였다. 그 후 이를 보다 확장하여 베네딕트 확장판 놀이 주제 분석 도구(BETPT)를 제안하였다(McClintock, 2009). BETPT에는 공격적 주제, 애착과 가족 주제, 안전 주제, 탐색과 숙달, 성적인 놀이의 5개 범주하에 40개의 놀이 주제 코드와 4개의 비놀이활동 코드, 20개의 대인관계 코드, 그리고 4개의 과정 코드로 구성되어 있다. 이 중 놀이 주제 범주 및 코드를 살펴보면 〈표 10-8〉과 같다.

〈표 10-8〉 **BETPT 놀이 주제 범주 및 코드**

| 놀이 주제 범주 | 놀이 주제 코드 | 내용 |
|---|---|---|
| 공격적 주제<br>(Aggressive Themes) | 착한 아이 vs 나쁜 아이<br>(Good guy Vs Bad guy – G>B) | • 착한 캐릭터와 나쁜 캐릭터로 명확하게 정하는 것.<br>• 여기서는 G>B가 중요함. 만일 B>G인 경우에는 AGG로 볼 수 있음. |
| | 공격성(Aggression: AGG) | • 캐릭터 간에 공격성이 발생하거나, 아동에게서 공격적인 행동이 나타나는 것. |
| | 비행(Delinquent acts: JD) | • 품행장애(conduct disorder)와 관련된 특정 공격적인 행동(거짓말, 절도, 공공기물 파손 등). |
| | 공격으로 인한 죽음(Death as a result of aggression: D-AG) | • 다치게 할 의도가 있거나, 위험으로부터 보호하지 못해서 죽거나 죽어 가는 것. |
| | 자연사(Natural death: D-N) | • 공격 없이 또는 자연적인 이유로 죽거나 죽어 가는 것. |

| | | |
|---|---|---|
| | 게걸스레 먹는(Devouring: DEV) | • 한 캐릭터가 다른 캐릭터를 게걸스럽게 먹는 것. |
| | 약한 인물을 이기는 힘센 인물(Powerful figure overcoming weaker figure(s): POW) | • 선과 악으로 분명하게 나뉘지 않음. 공격성보다는 대인관계에서의 힘에 강조점이 있음.<br>• 힘 있는 인물이 공격이나 억제하는 것이 아니라 대인관계에서의 힘을 통해 다른 사람들을 이기는 것. |
| | 힘센 인물을 찾거나 상의하기(Seeking or consulting a power figure: SEEK) | • 일부러 부모, 판사, 교사, 마법사, 신, 예수와 같은 권위 있거나 초자연적인 인물을 찾거나 자문을 받는 것 |
| 애착과 가족 주제(Attachment and Family themes) | 항상성 놀이(Constancy play: CON) | • 아동이 관계가 지속되고, 장난감이 놀이치료실에 계속 있는 것 등을 확실히 보장받기 원하는 것.<br>• 숨바꼭질, 잡기놀이 등과 장난감이 이전 회기에 있던 자리에 있는지 확인하는 것 등. |
| | 분리놀이(Separation Play: SEP) | • 아이는 집에 있고 엄마는 쇼핑을 가는 것, 누군가 이사를 가는 것 등 누군가와 헤어지는 것. |
| | 재결합(Reunion: SEP-R) | • 헤어진 다음 돌아와서 다시 만나는 것. |
| | 양육놀이(Nurturing play: NUR+) | • 먹이기, 안아 주기, 아기나 아픈 사람을 돌보기 등과 같은 긍정적인 양육 행동. |
| | 자기-양육(Self-nurturing: NURS) | • 아동이 자신을 위로하기 위해 아기 용품을 사용하는 것.<br>• 아동이 스스로 자신을 돌보는 것. |
| | 실패한 양육(Failed Nurturance: NUR-) | • 아동 캐릭터가 상처를 받는 부정적인 양육 행동. |
| | 방임, 체벌 또는 자기 학대(Neglect, punishment or abuse of the self: NUR-S) | • 자신이 잘못된 행동을 했을 때 스스로를 때리는 것처럼 자신을 벌주거나 자신을 돌보지 않는 것. |
| | 잠자기(Sleeping: SLE) | • 잠자는 것 또는 잠자려고 준비하는 것. |
| | 가게와 쇼핑(Store and shopping: STO) | • 가게를 차리거나, 가게 주인이 되거나 손님이 되는 것. |
| | 성인 활동(Adult Activities: AD) | • 데이트하기, 화장하기 등 성인이 되는 것과 관계있는 모든 활동을 하는 것. |

| | | |
|---|---|---|
| 안전 주제 (Safety Themes) | 화재(Burning: BUR) | • 폭력과 공격성과 관계있을 수 있음. |
| | 묻기와 익사(Burying or drowning: BURY) | • 캐릭터나 물건을 모래 또는 장난감 더미 밑으로 묻거나 익사시킴. |
| | 고장 나는 놀이(Broken play: BR) | • 캐릭터가 고장이 났거나, 아프거나, 다쳐서 고쳐 주어야 함.<br>• 집이 무너지기도 함. |
| | 고치는 놀이(Fixing play: FX) | • 고장 난 것을 고쳐 주는 것. |
| | 고치는 것에 실패함(Failure to fix: FX−) | • 문제 또는 물건을 고칠 수 없는 것. |
| | 스스로 고치기(Self fixing: SFX) | • 아동이 자신을 스스로 고치는 것. |
| | 가교 놓기(Bridge building: BRG) | • 두 장소, 물건, 또는 캐릭터 사이를 연결하는 구조물을 만드는 것. |
| | 불안정한 놀이(Instability play: FALL) | • 물건이 떨어질 때처럼 불안정하게 균형을 잡는 것. |
| | 청소놀이(Cleaning play: CLN) | • 아동 스스로 치우거나 그릇을 씻는 등의 놀이를 하는 것. |
| | 어지르기 놀이(Messing play: MESS) | • 지저분해진다고 말하거나 그렇게 놀이하는 것. |
| | 정렬하는 놀이(Sorting play: SOR) | • 물건을 종류별로 정리하는 것. |
| | 위험(Danger: DAN) | • 놀이에서 위험한 사람, 상황이 나타나는 것. |
| | 보유하는 놀이(Containing play: SAF) | • 동물을 위해 우리를 만들고, 집을 만들고, 집안에 사람이나 동물을 넣는 것 등. |
| | 보호하는 놀이(Protective play: SAF) | • 위험에서 벗어나게 하는 것. |
| | 구조하는 놀이(Rescue play: SAF-RES) | • 누군가 위험에 빠졌을 때, 다른 캐릭터가 구해 주는 것. |
| | 탈출(Escape: ESC) | • 다른 사람의 도움 없이 나쁜 상황에서 빠져나오는 것. |
| 탐색과 숙달 (Exploration and Mastery) | 탐색(Exploration: EXP) | • 놀이치료실에서 장난감 확인하고, 무엇을 가지고 놀 수 있는지, 어떻게 작동하는지 등에 대해 묻는 것.<br>• 내담 아동이 치료실 안에 있는 물건에 대한 정보를 얻고자 함. |

| | | |
|---|---|---|
| | 숙달놀이(Mastery play: MAS) | • 무엇인가를 만들거나 도전을 이루는 것. |
| | 실패(Fail: FAIL) | • 무엇인가를 이루려고 하지만 해내지 못하는 것. "난 못해"라고 말하거나 좌절감을 표현하는 것. |
| 성적인 놀이 (Sexualized Play) | 성적인 활동(Sexual activities: SEX-O) | • 인형들끼리 입이나 성기 부분에 성적 접촉을 하는 것. |
| | 치료자를 향한 성적인 행동 (Sexual behaviors directed at therapist: SEX-T) | • 치료자를 향한 성적인 접촉. |
| | 성적인 말(Sexual talk: SEX-V) | • 성적이거나 신체 부분을 사용하여 욕하기. |
| | 성적 호기심(Sexual curiosity-CUR) | • 신체 부분이나 옷 벗은 인형을 살펴보는 것. |

그러나 이 도구는 비지시적 놀이치료가 아닌 지시적 놀이치료 과정 속에서 도출되었다. 이에, 이 도구를 사용했을 때, 놀이치료사는 내담 아동이 놀이를 통해 의사소통하고 있는 매우 개인적이고, 개별적인 정서적 문제를 이해하는 데 어려움이 있다는 제한점이 있다(Ryan & Edge, 2011).

## 사례

본 사례는 Snow, Hudspeth, Gore 그리고 Seale(2007)이 2명의 아동을 대상으로 6주 동안의 놀이치료에서 주제를 비교 분석한 연구에서 제시된 것이다.

〈사례 1〉

앤드류는 만 3세이 남아로 공격성, 폭력적 성향, 고집스러움, 악몽 등을 주 호소로 할머니와 함께 놀이 치료실에 내방하였다. 그의 할머니에 따르면, 이러한 문제 행동의 빈도와 강도는 몇 달 동안 증가했는데, 이 시기에 약 2개월 동안 남자 친척이 와서 가족과 함께 살았다고 하였다. 남자 친척이 되돌아갈 즈음에 앤드류는 그 친척이 자신을 성적으로 학대했다고 주장하였다.

놀이치료를 받으면서 앤드류의 놀이 주제는 1회기에서 6회기까지 큰 변화를 보였다. 앤드류는 1회기부터 자신의 놀이에 놀이치료사를 초대하였고, 여러 가지 놀이를 하였다. 이때 앤드류의 놀이에는 착한 아이/나쁜 아이, 공격으로 인한 죽음, 그리고 전반적으로 공격적인 주제가 많이 나타났다. 이 주제들은 1회기에서 특히 두드러졌다. 이와 더불어 실패, 위험, 탐색, 협력과 애정의 주제도 나타났다. 이후 회기에서는 얼마 동안은 '매장' 하는 주제로 놀이를 하였고, 탐색을 하면서도 많은 시간을 보냈다. 또한 나눔, 협력의 주제도 나타났다. 그러나 6회기에는 공격적인 주제가 나타나지 않고 대신 '통제'가 중요한 주제로 나타났다.

**〈해석〉**

'매장' 주제는 성적으로 학대받는 아이들 사이에서 흔하게 나타나는 주제이기도 하다. 앤드류는 이 주제의 놀이를 통해 자신이 학대받은 경험 때문에 발생한 정서적 어려움에 적극적으로 대처하고 있다는 것을 의미하는 것으로 파악된다. 또한 탐색을 많이 하는 것은 혼란스럽거나 예측할 수 없었던 세상을 이해하고자 하는 노력으로 보인다. 6회기에 공격적인 주제가 나타나지 않은 것으로 앤드류가 느끼는 불안감이나 공격성의 문제가 완전히 해결되었다고 볼 수는 없으나 자신의 문제를 어느 정도는 다룰 수 있게 된 것으로 파악된다.

앤드류가 1회기부터 지속적으로 놀이치료사를 놀이에 초대한 것을 보았을 때, 이는 자신이 신뢰하는 사람과는 관계를 맺을 수 있다는 것을 의미한다. 1회기에는 애정 주제가 나타났으나 6회기에는 그 주제가 나타나지 않은 것을 고려해 볼 때, 앤드류가 더 큰 안정감, 다른 사람들 주위에 대한 확신, 그리고 자신을 진정시키는 능력을 확립했다는 의미로 해석할 수 있다.

〈사례 2〉

폴은 만 6세 백인 남아로 공격적 행동, 다른 아이들에 대한 공격성, 규칙 준수의 어려움 등의 문제를 주 호소로 부모와 함께 놀이치료센터에 내방하였다. 폴의 아버지는 원기 왕성하고, 규칙지향적인 데 반해 어머니는 다소 융통성이 있고 관대하다고 하였다. 폴의 남동생은 장애가 있으며, 선천적으로 질병이 있어 자주 병원에 입원하였다. 폴의 남동생은 말을 명확하게 하지 못하고 폴과 가족들은 남동생을 잘 이해하지 못하였다. 폴의 부모님은 폴이 남동생의 공격적인 표현, 의사소통을 하기 위한 몸짓과 행동을 따라 하는 것이라고 생각했다. 폴은 외할머니와 이모와 매일 만났지만 친가쪽 사람들과는 격월로 만났다. 폴의 부모님 모두 대졸로 직장을 다니고 있었다.

폴의 경우, 1회기와 6회기의 놀이 주제를 비교해 보았을 때 극적인 변화가 있었다. 1회기에는 화, 힘의 주제와 함께 공격적 주제와 착한 아이/나쁜 아이의 주제로 놀이를 하였고, 어지르는 놀이와 치료사를 공격성의 대상으로 하여 거친 놀이를 하였다. 이에 치료사는 자신에게 향하는 공격성을 감소시키기 위해 제한 설정을 해야 했다. 이런 놀이 주제는 폴의 부모가 보고한 폴의 문제행동과 일치하였다. 그러나 가게놀이, 다리 건설하기 등의 놀이 주제도 나타났다.

폴의 1회기와 6회기 동안의 전반적인 놀이 주제는 통제 중 하나였고, 끊임없이 힘에 대한 욕구를 표현하였다. 종종 폴의 행동에는 제한 설정이 필요했지만, 폴은 자신의 놀이에 치료자를 참여시켰다.

6회기가 되자 더 이상 제한 설정을 할 필요가 없어졌다. 폴은 자신의 제한을 설정하면서 스스로 자신의 행동을 조절하였다. 6회기 내내 협력 주제로 놀이를 하였고 통제와 힘 주제는 미약하게 나타났다. 그러나 공격적인 주제는 중단되었다. 폴은 1회기에 공격적이고 분리된 놀이를 했던 것과는 달리 6회기에는 치료사와 협력적인 팀워크를 이루려 하였다.

**〈해석〉**

치료사 또는 장난감을 향한 공격적인 행동은 부적응 아동에게 더 많이 나타나는 놀이행동이다. 이는 폴의 통제하려는 시도로 예상된다. 폴의 부모는 가정에서 보다 일관성을 가지고 긍정적인 변화를 격려하는 환경을 제공하기 위해 노력하였다. 이 과정을 통해 폴의 놀이행동 및 문제행동에는 큰 변화가 이루어진 것으로 보인다.

### (2) Ray의 놀이 주제

Ray(2016)는 놀이치료에서 나타나는 일반적인 놀이 주제의 목록과 함께 아동의 관점을 이해하는 데 도움이 되는 문장도 함께 제시하였다. 이를 살펴보면 다음과 같다.

- 관계: "나는 다른 사람과 관계를 맺고 싶어요."
- 힘/통제: "안전감을 느끼기 위해서는 나는 내 환경을 통제해야 해요."
- 의존: "나는 혼자서는 아무것도 할 수 없어요."
- 복수: "내가 가치가 있다는 것을 느끼기 위해서는 다른 사람들을 아프게 해야 해요."
- 안전/보안: "모든 것을 안전하게 만드는 것은 나에게 달려 있어요."
- 숙달: "유능감을 느끼기 위해서는 무엇인가를 성취해야만 해요."
- 양육: "관계를 맺기 위해서 다른 사람들을 돌봐 주고 싶어요."
- 애도/상실: "나에게 중요한 대상이나 사람을 잃어버려서 상처를 받았어요."
- 유기: "혼자 버려졌어요."
- 보호: "사람이나 다른 것에게서 스스로를 보호해야 해요."
- 분리: "나에게 중요한 사람 등에게서 분리되어서 상처를 받았어요."
- 보상: "나는 어떻게 하면 상황을 더 좋아지게 만들지 알아요."
- 혼란/불안정: "내 주위 환경 때문에 혼란스러워요."
- 완벽주의: "가치가 있으려면 모든 것을 잘해야 해요."
- 통합: "나는 어떻게 하면 좋은 것과 나쁜 것이 서로 잘 맞을 수 있는지 알고 있어요."
- 절망/무망감: "포기했어요. 나에게나 다른 사람에게나 나아지는 것은 없어요."
- 무능감: "나를 돌볼 능력이 없어요."

- 불안감: “나는 무가치해질까 봐 무서워요.”
- 자급자족: “아무도 필요 없어요. 나 혼자 할 수 있어요.”
- 회복탄력성: “나는 상황을 더 좋게 만들 수 있어요.”

## 3. 놀이 주제 작성표

앞에서 고찰한 내용을 기반으로 내담 아동의 놀이에서 주제를 찾기 위해 활용할 수 있는 양식을 제시하면 다음과 같다. 먼저 내담 아동의 생물학적 연령에 따른 각 발달 단계를 점검한다. 그다음, 내담 아동의 놀이의 특징 중 반복되는 놀이 내용과 내담 아동이 깊게 몰입하면서 정도가 강렬하게 나타나는 놀이 내용을 적고, 이를 잘 요약할 수 있는 놀이 주제를 찾아본다. 이렇게 요약 · 정리한 놀이 주제를 기반으로 현재 놀이에서 나타난 내담 아동의 발달 단계를 체크해 본 뒤, 1단계에서 맨 처음 체크한 현재 내담 아동의 발달 단계와 비교해 본다. 2, 3단계에서 고찰한 전반적인 놀이 특성 및 4단계에서의 발달 단계 수준을 내담 아동의 주 호소문제 및 발달사 맥락과 연결하여 종합한다. 마지막으로, 이런 놀이를 통해 내담 아동이 진정으로 표현하고자 하는 욕구가 무엇이었는지 정리해 본다. 이는 〈표 10-9〉와 같으며 유미숙 등(2021)을 참조하였다.

〈표 10-9〉 **놀이 주제 작성표**

| 범주 | | 내용 |
|---|---|---|
| 1. 현재 발달 단계 | Freud | □구강기 □항문기 □남근기 □잠복기 □성기기 |
| | Erikson | □기본적인 신뢰감 대 불신감<br>□자율성 대 수치심 및 회의<br>□주도성 대 죄책감<br>□근면성 대 열등감<br>□자아정체감 대 정체감 혼미 |
| | Piaget | □감각운동기 □전조작기 □구체적 조작기<br>□형식적 조작기 |

| | | |
|---|---|---|
| 2. 반복되는 놀이(반복) | 내용 | |
| | 주제 | |
| 3. 몰입하고 강렬하게 나타나는 내용(강도) | 내용 | |
| | 주제 | |
| 4. 놀이에서 나타나는 발달 단계 | Freud | □구강기 □항문기 □남근기 □잠복기 □성기기 |
| | Erickson | □기본적인 신뢰감 대 불신감<br>□자율성 대 수치심 및 회의<br>□주도성 대 죄책감<br>□근면성 대 열등감<br>□자아정체감 대 정체감 혼미 |
| | Piaget | □감각운동기 □전조작기 □구체적 조작기<br>□형식적 조작기 |
| 5. 놀이 주제와 아동 주호소, 발달사 맥락과의 관계성 | | |

| | | |
|---|---|---|
| 6. 놀이를 통해 표현된 내담 아동의 욕구 | | |

**연습문제 10-3 다음 사례로 놀이 주제 작성표를 작성해 보시오.**

다음은 Green, Crenshaw 그리고 Kolos(2010)가 전 언어기의 트라우마를 경험한 아동에 대해 상담을 하고 분석한 사례다.

〈사례 1: 생애 초기 트라우마를 경험한 아동 사례〉

1) 배경

다섯 살이었던 조지프는 생후 첫 달 내내 심각한 방임(예: 몇 시간에서 며칠 동안 우유를 주지 않음)과 학대(예 양육자가 울음을 멈추라고 소리를 친 것 같음)를 받았다. 조지프의 양육자는 양육권을 잃었고, 조지프는 생후 3개월 때 정서적으로나 신체적으로 안전한 위탁 가정에 맡겨졌다. 위탁 부모의 일상적인 양육에도 신체화된 기억이 촉발되면서 조지프는 과도한 정서적 반응을 하였다. 예를 들어, 목욕을 시키려고 물에 넣으려 하면 조지프는 과도한 반응을 하였다. 위탁부모는 조지프를 물속에 넣을 때 극심한 공포를 느끼고 이를 달랠 수 없다고 하였다. 경찰 보고에 따르면 친모가 조지프가 울 때 조지프를 뜨거운 목욕물에 담가 두었다고 하였다. 이와 더불어 조지프는 양모에게 집착하고 분리가 어려웠고, 위협을 받을 때 공격적으로 행동하였다. 이러한 문제 행동들은 대부분 해결되었으나 조지프는 점점 극도로 내성적으로 변하여 놀이치료실에 내방하였다.

2) 놀이 내용

놀이치료 시 조지프는 양육 대 방임을 주제로 놀이를 하였다. 예를 들어, 아기 인형과 다른 사람들이 위험에 빠지고, 숲에 사는 위험하고 배고픈 늑대로부터 이들을 보호할 수 없는 내용으로 놀이를 하였다. 종종 늑대는 아기 인형과 다른 사람들을 잡아먹었고, 아기가 납치될 위험에 처하기도 하였다. 그의 놀이는 초기에 친부모에게 받았던 학대로 인해 신뢰감이 심각하게 손상되었다는 것을 보여 준 것으로 파악된다.

이런 놀이 과정에서 놀이치료사는 그 아기의 두려움과 공포에 대해 공감을 표현했고, 힘없고, 무력한 아기 역할을 하면서 아주 심하게 다치게 되는 놀이를 하고 난 다음, 초기 양육 단계에서 자신이 경험한 공격자와 아기를 동일시하고자 하는 조지프의 욕구를 이해하고 수용하였다. 시간이 지남에 따라 치료자는 공격자와 동일시하는 것이 더 이상 강력함을 느끼고 학대에 대한 분노와 자신의 분노를 상징적으로 표현하려는 아동의 욕구를 인증하는 역할을 하지 않는다고 판단했다. 오히려, 그러한 지속적이고 비지시적인 놀이를 통해 아동은 공격자 주변에서 동일시를 확고하게 할 위험에 처하게 되므로, 치료사는 좀 더 지시적으로, 아동이 강력하지만 파괴적이지 않은 것(예를 들어, 조력자와 보호자로서)이 어떤 느낌인지 탐색하도록 격려하였다.

치료사가 이처럼 힘을 주고 돕는 역할을 처음 소개했을 때, 조지프는 공격자(예를 들어, 아기를 해치거나 유괴하려고 시도하는 악당)와 보호자(예를 들어, 경찰서장) 사이에서 누구를 동일시할지 정하지 못하고 망설였다.

그러나 치료 동맹이 굳건해지고 양부모와의 관계가 더욱 안전해짐에 따라 조지프는 경찰서장 역할을 하면서 아기의 보호자가 되었다. 7세가 되었을 때, 조지프는 보호자 역할을 유지했고, 자신이 가지고 놀던 인물들이 안전하고 손상되지 않도록 하였고, 긍정적인 방법으로 권력을 행사하는 것과 관련된 정체성을 고취하였다. 조지프는 치료적인 놀이 속에 트라우마가 동화될 때까지, 놀이치료를 하는 동안 보호자와 조력자의 역할을 지속적으로 유지하였다. 치료를 시작할 때 회기는 주로 비언어적으로 진행되었는데, 트라우마가 통합된 후에는 거의 대부분 언어적으로 표현하는 것으로 진행되었다.

2년 동안 매주 지속된 놀이 회기에 놀이 주제는 불신과 위험에서 입양 가정과 치료사와 맺은 안정 애착을 반영하는 것으로 바뀌었다.

## 참고문헌

유미숙, 이영애, 박현아(2021). **놀이치료 관찰 및 실습.** 서울: 학지사.

Axline, V. (1947). *Play therapy*. New York: Ballantine Books.

Bellinson, J. (2008). **보드게임을 활용한 아동심리치료**(유미숙, 이영애, 진미경 공역). 서울: 시그마프레스. (원서 출판 2008).

Benedict, H. (2005). *Attachment and trauma in young children: Play therapy theory and techniques*. Presentation at the 22nd Annual Association for Play Therapy Annual Conference. Nashville, TN.

Benedict, H. (2007). *Play therapy with abused and attachment-disordered children*. Presentation at the New York Association for Play Therapy 8th Annual Conference. Albany, NY.

Benedict, H. E., & Mongoven, L. B. (1997). Thematic play therapy: An approach to treatment of attachment disorders in young children. In H. G. Kaduson, D. Cangelosi, & C. Schaefer (Ed.), *The playing cure: Individualized play therapy for specific childhood problems*. Northvale, NJ: Jason Aronson.

Benedict, H. E., Htnan, L., Wooley, L., Shelton, L., Narcavage, C., McGee, W., McClain, J., & Holmberg, J. (1998). *Development of a method for studying the thematic content of young children in play therapy*. Unpublished manuscript. Baylor University.

Blake, P. (2008). *Child and adolescent psychotherapy*. Melbourne: IP Communications.

Bretherton, I. (2014). *Symbolic play: The development of social understanding*. Academic Press.

Green, E. J. (2006). Jungian play therapy: Activating the self-healing archetype in children affected by sexual abuse. *Louisiana Journal of Counseling, 8*, 1-11.

Green, E. J. (2007). The crisis of family separation following traumatic mass destruction: Jungian analytical play therapy in the aftermath of hurricane Katrina. In N. B. Webb (Ed.), *Play therapy with children in crisis: Individual, group, and family treatment* (3rd ed., pp. 368-388). New York, NY: The Guilford Press.

Green, E. J., & Christensen, T. M. (2006). Elementary school children's perceptions of play therapy in school settings. *International Journal of Play Therapy, 15*, 65-85.

Green, E. J., Crenshaw, D. A., & Kolos, A. C. (2010). Counseling children with preverbal trauma. *International Journal of Play Therapy, 19*(2), 95-105.

Green. E. J., Crenshaw, D. A., & Langtiw, C. L. (2009). Play theme-based research with children. *The Family Journal: Counseling and Therapy for Couples and Families, 17*(4), 312-317.

Holmberg, J. R., Benedict, H. E., & Hynan, L. S. (1998). Gender differences in children's play therapy themes: Comparisons of children with a history of attachment disturbance or exposure to violence. *International Journal of Play Therapy, 7*(2), 67-92.

Landreth, G. (2012). *Play therapy. The art of the relationship.* New York, NY: Routledge, Taylor & Francis Group.

Lee, J. (1922). *Play in education*. New York: Macmillan.

Lieberman, A. E., & Van Horn, P. (2008). *Psychotherapy with infants and young children: Repairing the effects of stress and trauma on early attachment.* New York: Guilford.

McClintock, C. (2009). Play Therapy Behaviors and Themes in Physically Abused, Sexually Abused, and Nonabused Children. Unpublished doctoral dissertation. Texas: Baylor University.

Oaklander, V. (2003). Gestalt play therapy. In C. E. Schaefer's (Ed.), *Foundations of play therapy*. NJ: John Wiley & Sons.

Ray, D. C. (2016). **고급 놀이치료-아동상담 임상을 위한 필수조건, 지식 그리고 기술**(이은아김, 민성원 공역). 서울: 시그마프레스. (원서 출판 2011).

Ryan, V., & Edge, A. (2011). The role play themes in non-directive play therapy. *Clinical Child Psychology and Psychiatry, 17*(3), 354-369.

Sarah, B., Parson, J., Renshaw, K., & Stagnitti, K. (2021). Can children's play themes be assessed to inform play therapy practice? *Clinical Child Psychology and Psychiatry, 26*(1) 257-267.

Schaefer, C., & Kaduson, H. (Eds.). (1994). *The quotable play therapist: 238 of the all time best quotes on play and play therapy*. Northvale, NJ: Jason Aronson.

Slade, A. (1994). Making meaning and making believe: their role in the clinical process. In A. Slade & D. P. Wolf (Eds.), *Children at play: clinical and developmental approaches to meaning and representation* (pp. 81-110). Oxford: Oxford University Press.

Solnit, A. J., Cohen, D. J., & Neubauer, P. B. (2013). **놀이, 그 경이로운 세계, 마음이 자란다**(대한아동정신치료의학회 공역). 서울: 학지사. (원서 출판 1993).

Sossin, K. M., & Cohen, P. (2011). Children's play in the wake of loss and trauma, *Journal of Infant, Child, and Adolescent Psychotherapy, 10*(2-3), 255-272.

Wilson, K., & Ryan, V. (2005). *Play therapy: A non-directive approach for children and adolescents*. Elsevier Health Sciences.

제 11 장

# 놀이치료 과정 분석

놀이치료 과정은 접수상담과 심리평가를 통해 놀이치료를 하기로 결정하고 난 후 내담 아동과 치료자가 첫 만남부터 종결에 이르는 시점까지를 포함한다. 내담 아동의 주 호소문제를 해결하기 위한 사례개념화 및 목표 설정은 아동에 대한 정보 수집 및 심리평가, 놀이평가를 토대로 치료자의 이론적 기반에 따라 놀이치료 초반에 수립된다. 이를 바탕으로 내담자의 여건에 따라 단기 혹은 장기적인 놀이치료의 과정이 이루어지는 것이 일반적이다. 이 장에서는 놀이치료의 과정에 관한 이론적 고찰 및 사례 예시를 통해 치료과정에 대한 이해를 돕고자 한다.

## 1. 놀이치료 과정의 개념

놀이치료의 과정은 학자들에 따라 다양하게 소개되고 있다. 일반적으로 4개의 단계를 거친다고 주장하는 학자들(West, 1996; Guerney, 1983; Moustakas, 1973), 탐색, 시험, 의존, 치료적 성장, 종결의 5단계를 거친다고 보는 학자들도 있다(Norton & Norton, 1997). 각 단계마다 아동과 치료자의 관계가 어떻게 연관되는지를 초점으로 치료과정의 단계를 설명하고 있다. Moustakas(1973)와 Guerney(2001)는 아동중심 또는 관계 기반 놀이치료에 관련된 변화과정 이론을 발달시켰다. Moustakas(1973)는 부적응 아동이 놀이치료에서 겪는 변화의 단계를 부정적이고 식별하기 어려운 감정이 표현되는 단계, 직접적이고 두드러진 공격성이 나타나는 단계, 분노가 줄어들고, 긍정적 감정과 함께 긍정적 놀이가 늘어나며 부정적 감정과 긍정적 감정이 균형적으로 표현되는 단계에 이르게 된다고 주장하였다. Guerney(2001)는 워밍업(Warm-up), 공격적(aggressive), 퇴행적(regressive), 숙련(mastery) 단계로 정의하였다.

아동중심 놀이치료 철학의 기초를 제공한 Rogers(1961)는 언제 그리고 어떻게 변화가 일어나는지를 설명하는 인간중심치료의 12단계 과정에 대해 발표한 바 있다. 각 단계는 엄격히 순서에 따라 일어난 것이 아니라 근접한 순서에 의해 발생된다고 하였다. Rogers(1961)가 말한 내담자의 전체적인 변화의 발달을 초점으로 7단계의 치료적 변화과정을 설명한 것을 놀이치료 과정에 적용하여 〈표 11-1〉에 정리하였다.

〈표 11-1〉 Rogers(1961)의 놀이치료 과정에서의 아동 변화 단계

| 단계 | 내용 |
|---|---|
| 1 | 아동은 방어적이고 변화에 저항적임(예 놀이치료실 거부, 공격적인 행동 보이기) |
| 2 | 다소 경직되고 탐색적인 놀이나 상냥한 대화, 감정을 표현하지 않음 |
| 3 | 의미 있는 놀이가 나타나나 정서적인 거리감. 놀이 중단(play disruption)이 종종 나타남 |
| 4 | 회기마다 짧게 의미 있는 놀이가 나타남. 놀이에서나 치료자에게 감정을 표현하고 언어 소통도 증가함 |
| 5 | 정기적으로 다양한 감정 표현, 자기주도적 놀이, 대처기술과 의사결정 기술을 활용, 책임감 증가, 스스로 제한을 수용 |
| 6 | 일치성을 향해 나아감. 요구하는 활동이 줄고 자신에 대해 더 인내하게 됨 |
| 7 | 타인에게 무조건적인 긍정적 존중, 공감능력 발달 |

그러나 이러한 단계들이 모든 내담자들에게 획일적으로 나타나는 것이 아니며, 임상 장면에서 각 단계들은 다른 단계와 동시에 이루어질 수도 있고 치료과정에서 반복되어 나타날 수도 있다. 놀이치료 결과가 긍정적이라 하더라도 놀이치료의 단계들을 구별하기 어려울 때가 있으므로 치료과정에 주의를 기울여야 할 필요가 있다. 치료과정은 자동적으로 일어나는 것은 아니며 아동과 놀이치료자 사이에 형성된 치료적 관계가 중요한 변수다. 놀이치료자가 아동의 감정에 일관성을 가지고 민감하게 반응하고 아동의 감정과 태도를 수용하며, 확고하고 성실한 믿음을 전달하며 아동을 존중할 때 치료적 동맹이 더욱 잘 일어난다. 또한 내담자의 기질과 주 호소문제와 연관된 심리, 행동적 어려움의 정도, 부모의 협력 정도 등 다양한 요인들이 놀이치료 과정에 영향을 미칠 수 있는 변인이다.

놀이치료 과정에서 단계의 국면을 살피기 위해서는 치료자가 선택한 이론적 토대와 함께 아동과 치료자의 관계 변화, 아동의 놀이 및 정서적 표현의 성장과 변화, 주 호소문제의 변화 정도, 일상에서의 적응 변화 등 다양한 요소들을 고려해야 한다. 이 장에서는 [그림 11-1]에 제시한 Norton과 Norton(1997)의 5단계 과정이론을 기반으로 한 놀이치료 과정을 사례 예시를 통해 살펴보고자 한다. Norton과 Norton(1997)은 앞서 설명한 바와 같이 놀이치료의 과정을 아동과 치료자의 관계를 초점으로 치료과정을 탐색, 시험, 의존, 치료적 성장, 종결의 5단계로 구분하였고 치료자의 적절한 반응을 통해 각 단계로 나아간다고 보았다.

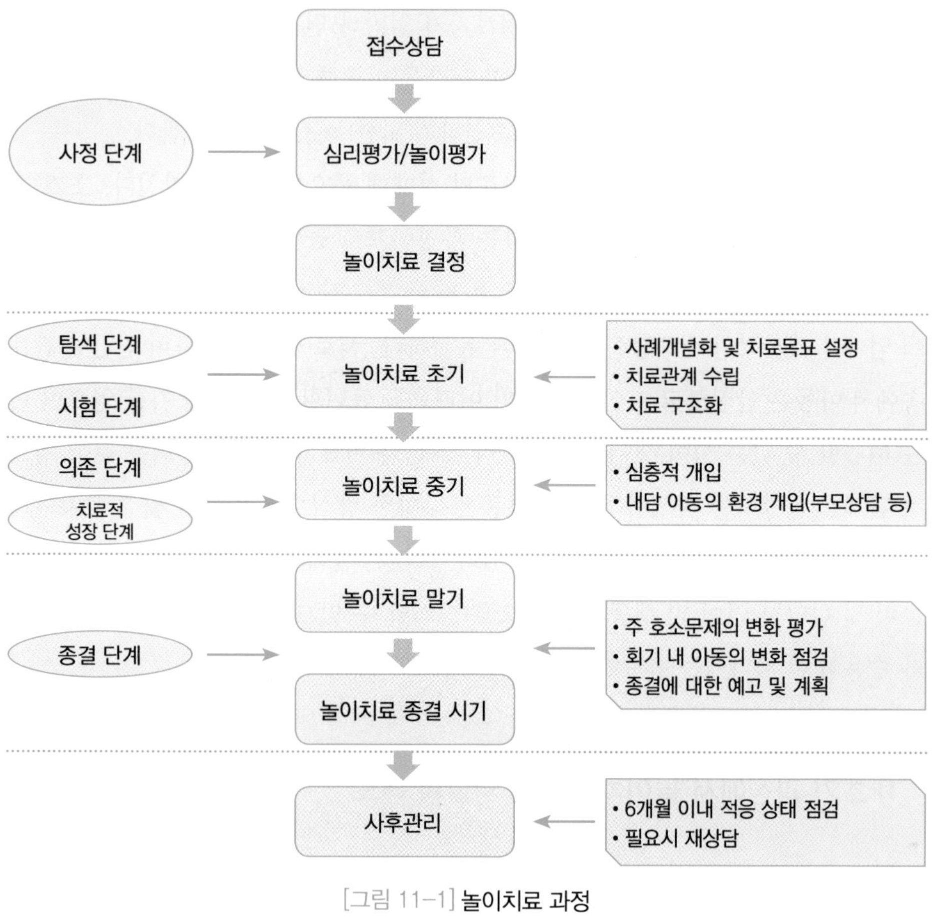


[그림 11-1] 놀이치료 과정

## 2. 놀이치료 초기 과정(탐색과 시험 단계)

놀이치료를 결정하고 내담 아동을 처음 만나는 시간은 치료자에게 다소 긴장감을 갖게 할 수 있다. 내담 아동 역시 낯선 사람과 장소에 대한 불안이나 어색함을 느낄 수 있고 치료자뿐 아니라 자신의 역할에 대해서도 의문을 가질 수 있다. 무엇보다 첫 시간은 아동에게 안전감을 느낄 수 있도록 도와야 하므로 치료자와 안전하고 보호적인 관계를 형성하는 것이 무엇보다 중요하다(유미숙, 2004). 치료적 관계를 형성하는 데 있어 첫 시간은 매우 큰 영향을 미치는 시간이라고 할 수 있다. Anna Freud(1926)는 첫 시간은 서로를 소개하고 탐색하며 일시적으로 수용하는 단계라고 했고, Landreth(1991)는 관계 형성은 아동이 치료자를 보고 인지하는 것에서부터 시

작되고, 아동이 경험하는 그 순간에 치료자가 얼마나 민감하게 반응하느냐에 달려 있다고 하였다. 따라서 놀이치료자는 첫 시간을 비롯한 놀이치료 초기 과정에서 무엇보다 아동과 치료적 관계의 발달을 촉진하기 위한 목표를 세워야 한다.

놀이치료 과정 중 초기의 경험은 치료의 성패에 중요한 영향을 미친다. 초기 과정은 치료자와 친숙한 관계를 맺어 가는 과정이므로 놀이치료실과 치료자에 대해 탐색하는 단계다(유미숙, 2004). 이것은 마치 아기가 잘 성장하기 위해서 생후 초기에 엄마와 기본적인 신뢰감을 맺는 것과 유사하다. 서로 믿고 좋아하며 편안한 관계 속에서 아동은 안심하고 자신의 내면의 어려움을 표현할 수 있는 용기를 얻으며 이를 해결할 수 있는 힘이 생기기 시작한다. 그러나 치료자에 대한 신뢰를 갖고 치료적 관계를 형성하는 과정까지 내담 아동은 다양한 방식으로 치료자 및 치료자와의 관계에 대한 탐색과 시험을 반복할 수 있다. 그것은 놀이치료 회기에서 내담 아동의 놀이 및 다양한 언어 및 행동적 표현으로 드러날 수 있으므로 이에 대한 깊은 이해와 수용이 이 시기에는 필수적이다.

### 1) 초기 과정에서 놀이치료자의 역할과 태도

- 치료자는 아동이 편안해질 때까지 인내심을 갖고 기다려야 한다. 섣부른 질문이나 조언은 치료적 관계 형성에 방해 요인이 될 수 있다.
- 치료자의 관심과 에너지는 아동에게 집중되어 있어서 치료자의 내면은 매우 활성화되어 있고 능동적인 상태여야 한다.
- 치료자는 아동의 욕구, 감정을 수용할 수 있어야 한다. 이것은 아동에 대한 외부적인 표현뿐만 아니라 내면의 진실성이 동반되어야 한다.
- 치료자는 아동이 '지금 이곳에서(here and now)' 느끼는 감정, 생각, 욕구 등에 대해서 이해하고 수용해야 한다. 이를 통해 아동의 감정이나 생각을 적절한 순간에 반영해 줄 수 있다.
- 치료자는 부모상담을 통해 아동에 관한 정보를 수집하고 놀이치료 회기에서의 아동 놀이를 통해 아동에 대한 치료적 가설을 수립하여 사례개념화를 작성하고 치료목표를 세운다. 놀이치료 초기에 설정한 목표는 이후 수정될 수 있으며 상담목표는 양육자와 공유함으로써 양육자와의 협력적 관계를 구축한다.

놀이치료실에 들어오게 되면 아동은 치료자나 치료실에 대한 탐색을 시작하게 된다. 치료자는 아동에게 집중함으로써 아동 스스로 가치 있는 존재임을 알 수 있도록 해야 한다. 아동의 언어적 비언어적 표현에 집중하는 한편 무조건적인 수용을 통해 아동의 경험을 가치 있게 존중하는 것이다. 이를 통해 치료자와 아동 간의 '관계'가 형성되며 이는 치료과정의 기반이 된다.

### 2) 놀이치료 첫 시간의 특징

첫 시간은 다른 상담 시간에 비해 다소 구조화된다고 볼 수 있다. 예를 들어, 치료자에 대한 소개, 놀이방에 대한 소개, 그리고 제한된 시간과 장소에 대한 소개 등이 대부분 첫 시간에 이루어지기 때문이다. 또한 첫 시간은 서두르지 말고 조심스럽게 진행되어야 한다(신숙재, 이영미, 한정원, 2000). 놀이치료자는 아동으로 하여금 놀이치료실은 안전하고 신뢰로운 공간이며 자신만을 위한 특별한 공간임을 알 수 있도록 도와준다. 치료자는 필요에 따라서 놀잇감들을 영역별로 소개해 줄 수 있다. 특히, 불안 수준이 높거나 심하게 위축되었거나 수줍어하여 놀이실에 대한 탐색이 어려운 경우에는 치료자가 천천히 놀잇감들을 소개해 주는 것이 도움이 된다. 반대로 놀잇감에 흥미가 높고 에너지 수준이 높은 아동의 경우나 연령이 어린 아동의 경우 치료자는 되도록 구조화를 짧고 간단하게 끝내는 것이 좋다. 다음은 첫 시간에 놀이치료자가 반응할 수 있는 예시다.

〈놀이치료자에 대한 소개 예시〉

> "선생님은 네가 여기서 놀이하는 동안, 너를 지켜보면서 함께 있을 거고, 네가 안전하게 놀 수 있도록 도와주는 사람이야. 또 네가 원한다면 너와 함께 놀이할 수 있고 네가 마음이 괴롭거나 뭔가 털어놓고 얘기하고 싶을 때 선생님과 얘기할 수 있단다. 선생님은 네 걱정이나 어려움을 잘 해결해 나갈 수 있도록 들어주고 도와줄 거야."

〈놀이치료 과정에 대한 안내 예시〉

"너는 여기서 여러 가지 놀잇감을 갖고 놀이를 하고 선생님은 그걸 보고 너의 걱정이 무엇인지, 너의 생각이나 느낌이 어떤지를 이해할 수 있어. 아이들은 자신의 생각이나 감정을 말로 하기 어려워해. 그래서 놀이로 하면 자기감정을 더 잘 표현하게 되지. 너는 놀고, 말하고, 그림도 그리고, 선생님은 그걸 지켜보고, 듣고, 이해하고, 함께 놀기도 하고, 함께 이야기도 해. 그렇게 시간이 흐르다 보면 네가 가지고 있던 어려움들은 점점 작아지게 되고 행복해지게 된단다. 그래서 선생님의 도움 없이도 잘 지내게 되면 놀이치료실에는 더 이상 오지 않아도 돼."

〈놀이치료실 소개 예시〉

"이곳은 특별한 놀이실이란다. 이곳에서는 네가 원한다면 어떤 놀잇감이든 꺼내서 네가 원하는 놀이를 할 수 있어. 네가 놀고 싶지 않다면 그렇게 할 수 있고 선생님과 같이 놀 것인지 너 혼자 놀 것인지도 네가 결정할 수 있다."

### (1) 시간과 장소에 대한 구조화

상담 시간은 대체로 50분으로 진행되는 경우가 일반적이고 내담 아동의 놀이치료 시간과 부모상담 시간이 50분 안에 포함이 된다. 치료자는 아동과의 놀이치료에서 시작 시간과 끝나는 시간을 정확히 지키는 게 중요하다. 끝나기 5분 또는 10분 전에는 시간이 얼마나 남았는지를 알려 주어 아동이 놀이실을 떠날 마음의 준비를 하도록 돕는다. 이것은 제한 수용을 학습하는 기회가 되고 자기조절 능력을 발달시키는 데 도움이 된다. 또한 매주 같은 방에서 같은 요일과 시간에 만나는 것에 대해서도 알려 준다. 그러나 한편으로 장소 구조화에서 고려해야 할 사항은 불안 수준이 높아 양육자와 떨어지기 힘들어하거나 낯선 장소나 대상에 대한 불안으로 놀이실 밖으로 나가려는 내담 아동의 경우 이러한 규칙을 실행하는 데 있어 예외가 될 수 있다.

또한 같은 요일과 시간을 지켜야 하는 이유에 대해 양육자에게도 설명하고 협력을 요청하는 것이 필요하다. 놀이치료에서 일정한 요일과 시간을 지키는 것은 내담 아동이 치료자와 놀이치료실에서의 적응과 안정감을 높이며 놀이치료 과정에서 주도성을 획득하는 데에도 도움이 될 수 있다.

〈시간 구조화 예시〉

"우리는 매주 ㅇ요일 ㅇ시에 만날 거야. 놀이 시간은 40분이야. (시계를 가리키며) 저기 긴 시계 바늘이 '8'자에 갔을 때 우리는 이 방에서 나갈 거야. 선생님이 끝나기 5분 전에 시간을 알려 줄게. 그러면 잠시 후에 우리가 이 방을 나갈 거라는 이야기란다."

〈장소 구조화 예시〉

"놀이를 할 때 네가 화장실을 가고 싶거나 물을 먹고 싶을 때가 있으면 선생님에게 이야기해 줘. 그러면 밖에 나갔다 올 수 있단다. 하지만 놀이실 시간에는 여기에서 놀이를 하는 거라서 다른 이유로 밖에 나갔다 들어올 수 없단다."

### 3) 놀이치료 초기 과정의 특징

초기 과정은 서로를 탐색하는 시기다. 치료자는 아동이 놀이치료실에서 보여 주는 행동을 잘 관찰하여 아동의 능력이나 기능 수준, 대인관계 패턴 그리고 심리적인 갈등 등에 대해서 평가할 수 있다. 아동 역시 치료자와 치료실에 대하여 탐색한다. 치료자는 자기가 알고 있는 어떤 사람과 비슷한지, 자신이 어떻게 행동하고 어떻게 대처해야 하는지, 놀이치료실을 어떻게 받아들여야 하는지 나름대로 이해하려는 작업을 한다. 치료자는 이러한 내담 아동의 입장을 이해하려 노력하고 수용적인 마음과 자세를 가져야 한다. 아동은 초기에 낯선 환경과 치료자를 살피면서 서서히 적응해 나가는데 회기가 어느 정도 진행되면서 놀이치료자의 수용적인 태도와 분위기가 계속될 것인가에 대한 시험을 할 수 있다. 놀이치료자가 다른 성인들과 다르다는 것을 지각하고 자신의 행동에 대해 어디까지 수용해 주는지를 알고자 하면서 사회적으로 수용될 수 없는 행동에 대해서조차 그 수용 여부를 알고 싶어 한다.

이 시기 동안 아동은 놀이치료실과 가정에서 퇴행 반응이 일어나기도 하고 아동의 감정이나 행동의 표출(acting-out)이 증가할 수 있다. 이때 중요한 것은 부모에게 이러한 단계가 찾아온다는 것을 알려 예측할 수 있도록 도와주는 것이다. 일단 아동의 시험에 치료자가 이를 수용하고 중심을 잡아 나간다면 신뢰관계가 형성된다. 이때부터 치료가 시작되며 중기 과정을 향해 나아가게 된다. 내담 아동들의 다양한 기질과 성격 및 주 호소문제의 양상에 따라 초기 과정에서 보이는 행동 특징은 매우

다양하게 나타날 수 있다. 〈표 11-2〉에 제시한 수영이의 사례를 통해 놀이치료 초기 과정에서 나타나는 아동의 놀이 반응을 살펴보도록 하겠다.

〈표 11-2〉 **놀이치료 사례 예시**

- 수영이는 만 6세 여아로 유치원에 다니고 있다. 첫인상은 눈맞춤이 잘 안 되었지만 치료사의 질문에 대답을 잘 하였다. 수영이는 유치원에서 자유놀이 시간에 엎드려 있거나 놀지 않고 가만히 앉아 있는 등 의욕이 없고 며칠에 1번 정도 참을 수 없을 때 겨우 대변을 보는 행동으로 엄마와 갈등이 많은 것을 주 호소문제로 내방하였다.
- 5세 때 친구들과 놀잇감을 가지고 싸우는 일이 잦아 3개월 정도 놀이치료를 받은 적이 있었다. 당시에 자주 보는 또래와 만났을 때도 상호작용을 안 하고 혼자 놀이를 하고, 어린이집에서 다른 사람의 말에 귀 기울지 않고 규칙을 잘 따르지 않으며 친구들과 잘 어울리지 않고 혼자 놀이를 하였다고 한다. 놀이치료를 하면서 이러한 행동이 나아지고 유치원으로 옮기며 친구들과도 놀게 되었는데 내방하기 2개월 전 부모가 코로나 판정을 받아 외가에 일주일 정도 있게 되면서 유치원에서 소극적이고 힘이 없어 보인다는 교사의 보고를 듣고 다시 놀이치료에 오게 되었다.
- 수영이는 3.0kg로 태어나 정상발달했고 소변은 36개월에 가렸으나 변비가 있어 대변 보기를 어려워하였다. 언어나 인지발달은 좋은 편으로 말하는 것을 좋아하고 이해력도 높은 편이다. 눈맞춤이 있었고 낯가림도 심하지 않았으며 활동량이 많은 편이었다. 잠투정이 심해 2~3시간씩 보채서 엄마가 힘들었고 주 양육자는 엄마다. 엄마는 수영이를 낳고 4~5개월간 산후 우울증이 있었고 두 돌 지나서 변을 잘 보지 않아 엄마가 화를 내고 아이가 울고 부딪히는 일이 많았다. 이후 눈맞춤이 잘 안 되어 발달센터에 갔었는데 낯가림이 심하다는 소견을 들었다. 3세 때 어린이집에 보냈을 때 많이 울고 떨어지기 힘들어했고 4세 때 다른 어린이집을 보냈을 때는 울지 않고 적응하였다. 5세가 되면서 어린이집에서 친구들을 밀치고 때리는 행동이 있었고 친구들이 다 자신을 싫어한다고 하여 3개월간 놀이치료를 받게 되었다.
- 수영이의 아빠는 30대 후반 대졸 회사원으로 평소에는 수영이와 잘 지내지만 수영이의 떼쓰는 행동을 힘들어하며 혼내기도 한다. 수영이 엄마는 30대 중반의 대졸 전업주부다. 육아에 스트레스가 많고 산후 우울증으로 약물치료를 받았고 이후 약간의 우울증이 남아 있는 것 같다고 보고 하였다. 작은 일에도 갑자기 화를 내는 경우가 있고 그럴 때 수영이가 눈치를 보는데 이에 대해 죄책감을 느낀다고 하였다.
- 심리평가는 K-WPPSI, VMI, HTP, KFD, Rorschach, KPIC 등의 검사를 임상심리전문가가 실시하였고 전체 지능 105(언어 111/동작 85)로 인지적 불균형이 나타났다. 로르샤흐와 HTP의 연상 반응이 적으며, 스스로 무언가 생각해 내기 어렵고 한 가지 주제에 몰두하고 융통성이 부족하고 전환의 어려움이 있다고 평가되었다. 심리적 자원이 부족하고 단순한 사고를 보이며, 모호하고 불확실한 상황을 피하고 싶어 하고 견디기 어려워한다. 또한 자기만의 독특한 반응을 보이고 자극에 대해 다소 부정확하게 지각하며, 자기 임의대로 해석하는 면이 있는 것으로 드러났다. 또한 외부에 대해 다소 위협적이고 불안해하고 부정적으로 지각하고 있고 내면적으로 표현하기 어려운 공격성과 분노 등의 정서와 감정 조절의 어려움이 있다고 보고되었다. 기본적인 애정 욕구에 대한 좌절감과 안정적인 애착의 어려움이 있는 것으로 평가되었다.

〈초기 과정에서 보이는 아동의 반응 예시〉

• 탐색과 시험하기

아동은 낯선 환경에 적응하기 위해 놀잇감을 탐색하거나 치료자에 대한 탐색을 하게 된다. 아동의 탐색 행동은 아동의 성격이나 관계 양상이 반영되는 경우가 많으며 치료자에게 잘 보이려고 하는 '일시적 수용 태도'나 놀이실과 치료자에 대한 호감을 적극적으로 표현하기도 하고 놀이실에 오는 것을 거부하는 등 다양한 태도로 나타난다.

1회기에서 모와 분리되어 입실한 수영이는 치료자와 눈을 잘 맞추지 않고 자동차 선반으로 가서 등을 돌리고 서서 혼자 자동차들을 살펴보며 이야기한다. "유치원 차다"라며 유치원 버스 위에 꽃게 모형을 올린 후 "유치원에 간대." 치료자를 보며 "왜 안 해요?" 한다. 치료자가 "선생님도 같이 하길 바라는구나."라고 반영한 후 "선생님이 어떻게 하면 될까?" 하니 "몰라요." 하며 일어나서 다른 놀잇감을 살핀다.

☞ 수영이는 놀이실 환경을 탐색하고 치료자가 자신과 놀아 줄 것인지에 대한 확신이 없어 놀이 요청을 하지만 자신의 의견을 이야기하지 못하고 곧 불안해져 놀이를 중단한다.

3회기에서 수영이는 놀이실에 들어오자마자 "선생님, 지난주에 하던 거 오늘도 할 거예요."라고 하며 자신이 놀이실에 매일 오고 싶었고 선생님도 보고 싶었다고 한다. 그리고 유치원 버스와 실바니안 인형들을 꺼내 버스에 태우고는 치료자에게 실바니안 인형을 하나 건네며 치료자도 버스에 타는 친구를 하라고 제안한다.

☞ 놀이실과 치료자에 대해 적응하기 시작한 수영이는 놀이의 즐거움과 치료자에 대한 호감을 표현한다. 놀이를 함께 하자고 제안하기도 하고 치료자를 놀이에 초대하여 함께 놀이하는 것을 시도한다.

• 긍정적 놀이, 혼란스러운 놀이의 등장

이 시기에 자신의 심리적인 어려움을 놀이를 통해 능동적으로 잘 풀어내는 아동도 있지만, 자신에게 적합한 놀이를 찾지 못하고 자신의 어려움을 과장하거나 포장하는 듯한 놀이를 하려는 아동도 있다. 또 어떤 아동들은 놀이의 내용이 매우 혼란스럽고 두서없이 나타나는 경우도 있다.

> 5회기 놀이에서 수영이는 유치원 버스 놀이를 선택한다. 친구들을 선택해서 자리에 앉히고 유치원 가서 얘네들이 좋아한다고 한다. 그러나 길을 가던 유치원 버스 위로 갑자기 나쁜 고양이가 등장해 버스를 훔치고 버스 위에 똥을 쌌다고 한다. 그래서 경찰이 와서 고양이를 데려가려고 하는데 갑자기 집이 날라 가고 큰 햇님이 유치원 버스를 구해 준다.

☞ 유치원 생활의 불안정함을 놀이에서 표현하기 시작한다. 부정적인 존재와 감정이 드러나고 내면의 혼란감이 올라오자 놀이의 내용이 현실에서 상상의 세계로 이동되고 연결되지 않는 형태로 표현된다.

• 제한 탐색

아동은 치료자가 어디까지 받아 주는지 시험해 보기도 한다. 제한을 탐색하기 위해 일부러 제한을 어기고 치료자의 반응을 살피기도 한다. 이때 치료자는 아동의 감정을 모두 수용해 주지만 행동의 허용 한계는 분명하게 알려 주는 일관성 있는 반응을 보여 주어야 한다(신숙재 외, 2000). 이를 통해 아동은 관계에서의 안정감을 가질 수 있고 자신의 행동에 대한 조절 능력을 발달시킬 수 있는 힘을 기르게 된다.

> 4회기에서 수영이는 자신의 집에는 실바니안 인형이 없다며 치료자에게 1개를 달라고 한다. 치료자가 "네가 이 놀잇감이 정말 마음에 들었다는 것을 선생님이 알겠다"라고 수영이의 감정을 반영하며 놀이실의 놀잇감은 여기에서만 갖고 놀 수 있다고 제한 설정하자 수영이는 다시 1개만 빌려 주면 다음 주에 갖다 준다고 한다. 치료자가 다시 반복해 감정과 욕구를 반영하고 제한 사항을 말하자 수영이는 화가 난 듯 놀이실을 나가겠다고 한다.

☞ 관계에서의 결핍이 수영이로 하여금 놀잇감을 가져가고 싶은 욕구를 갖게 한다. 이러한 표현을 치료자에게 하는 것은 어느 정도 치료자와의 관계가 형성된 것을 의미하며, 치료자는 아동의 감정과 욕구를 반영하면서 제한 사항을 알려 준다. 아동들은 치료자가 제한 설정을 할 경우 화를 내기도 하고 수영이와 같이 놀이실을 나간다고 하거나 다음 시간에 여기에 오지 않을 거라고 하는 경우가 많다. 이러한 아동의 표현은 정말 놀이실에 오지 않겠다는 표현이라기보다는 자신이 원하는 것을 얻지 못한 데 따른 부정적인 감정을 표현하는 방법인 경우가 많다. 치료자는 초기 과정에서 아동과의 관계 맺기에 긴장을 하는 경우가 많아 제한 설정을 어려워할 수 있는데 이는 오히려 아동과의 관계를 어렵게 만드는 요인이 될 수 있다. 아동의 감정을 수용하며 제한 설정의 사항을 전달하는 것이 치료자의 중요한 과업이다.

## 3. 놀이치료의 중기 과정(의존과 치료적 성장 단계)

놀이치료 중기 과정은 상담의 대부분을 차지하는 긴 과정이다. 이 단계에서 아동은 부모와의 관계에서 결핍되거나 왜곡된 부분을 보충하고 수정하는 교정적인 경험을 하게 되고, 자신의 과거에 일어났던 충격적인 사건을 재통합하고 성장하게 된다. 여기서 교정적 경험이란 아동이 놀이치료실에서 치료자와의 신뢰로운 관계 속에서 이루어지는 과거 부적절한 경험에 대한 재경험을 말한다(O'Connor, 1991). 무엇보다 중요한 것은 아동이 자신의 고통을 개방할 만큼 치료자와의 관계에서 안전하다고 느끼면 Norton과 Norton(1997)이 제시한 의존과 치료적 성장 단계에 들어가게 된다. 이 시기에 치료자의 안전, 안정, 보호의 제공은 아동의 외상적 경험과 이로 인한 고통을 경감하고 이를 극복할 수 있는 내적인 힘을 기를 수 있게 된다(Norton & Norton, 1997).

중기 과정은 아동이 속에 갖고 있던 어려움 크기와 정도에 따라서 기간이 달라질 수 있다. 아동이 속해 있는 환경도 중기 과정 기간에 중요한 영향을 미친다. 아동은 놀이치료를 통해 변화하고 성장하려 하지만 가족관계의 역동이나 양육자의 태도가 아동의 성장과 변화를 계속해서 방해한다면 중기 과정의 기간이 길어질

수 있다.

치료자는 중기 과정을 통해서 아동이 어느 시기에 부적절한 경험을 어떻게 하였는지를 탐색하고 아동의 충족되지 못한 욕구가 무엇인지, 쌓인 감정과 갈등이 무엇인지를 깊이 있게 이해해야 한다. 이 시기는 아동의 변화가 초기 과정만큼 잘 드러나지 않을 수 있고 아동이 어느 정도 내면의 안정을 찾아가면서 일상에서도 호전이 나타나기 때문에 종결에 대한 욕구를 조율하며 아동의 내적 안정을 좀 더 확보해 나가야 한다. 놀이치료 중기 과정의 특징은 다음과 같다.

- 아동의 놀이에서 주제가 드러나기 시작한다.
- 아동의 내면에 억압되었던 부정적 감정들이 놀이로 드러나고 표현되기 시작한다.
- 감정을 언어로 표현하고 놀이는 더욱 활성화된다.

**〈중기 과정에서 보이는 아동의 반응 예시〉**

〈표 11-2〉에서 제시한 수영이의 사례에서 중기 과정의 특징이 드러나는 장면을 중심으로 살펴보도록 하겠다.

- 놀이의 주제가 드러남

| 9회기부터 12회기에서 수영이는 길고양이가 변기로 경찰을 공격하는 놀이를 반복한다. 수영이는 놀이치료실에 들어오자마자 "오늘 길고양이 못 잡으면 100년 걸린대요."라며 변기 모형으로 경찰을 공격한다. 변기에서 똥이 나오고 "똥으로 경찰 얼굴에 세수하게 해요." 치료자가 경찰을 맡았는데 경찰이 '똥냄새' 때문에 싫어하며 괴로워하자 즐거워하면서 웃는다. 길고양이가 뭐 보여 준다고 하여 경찰이 가 보자 음식, 물건을 다 빨아들이고 부수어 버린다. 먼지가 나서 앞이 안 보이고 높은 곳에서 경찰이 떨어진다. |
|---|

15회기에서 수영이는 경찰이 길고양이를 잡으러 갔다가 선반에서 떨어지면서 그 옆에 있는 동물이 떨어지자 동물들이 놀라서 난리가 났다고 하며 선반 위의 모든 동물들을 쓸어서 바닥으로 내린다. 동물들을 커다란 망으로 잡으려 하자 동물들이 더욱 날뛴다. 수영이가 큰 소리로 "조용히 해!"라고 하자 모든 동물들이 조용해진다. 커다란 뱀이 나타나 길고양이를 잡고 동물들이 사라지고 샤워기로 경찰을 샤워 시킨다.

길고양이가 엄마 고양이를 만나서 이제 도둑질은 안 하기로 한다. 대신 엄마 고양이를 따라 여행을 떠나는데 먹을 것이 필요해 식당에 간다. 식당에서 음식을 주문하는데 재료가 없어서 주문을 할 수가 없다고 한다. 그러자 화가 난 길고양이가 냉장고를 차에 싣고 가려고 한다.
이때 경찰이 나타나 엄마 고양이를 잡아서 경찰서로 데려간다.

경찰이 엄마 고양이를 잡아가서 다시 아기 고양이는 길고양이가 된다. 경찰서에 가서 몰래 엄마를 풀어 주려고 하는데 경찰이 그물로 길고양이를 잡는다. 감옥에서 아기와 엄마가 만난다. 엄마는 아기가 감옥에 들어온 게 화가 나서 경찰서 벽에 구멍을 내고 탈출하기로 한다. 벽을 뚫으려면 100년이 넘게 걸려서 엄마 고양이는 뱀과 곰을 불러서 도움을 받기로 한다.

• 자신의 욕구와 감정의 표현이 수월해짐

23회에서 수영이는 치료자와 마을에서 불이나 망가진 다리를 함께 고치는 놀이를 하였다. 치료자가 불이 나서 사람들이 너무 무서웠을 거 같다고 하자 수영이가 "나도 전에 TV에서 불이 난 거 봤는데 아주 무서웠어요."라고 한다. 같이 불을 끄고 치료자와 강아지똥 게임을 한다. "나 이거 잘해요."라고 하며 치료자에게 자신이 먹이를 주겠다고 한다. 중간에 룰렛이 1이 나와 펌프를 누르는데 손에 힘이 없어 잘 안 되자 "이거 고장 난 것 같아요.", "힘들어요."라고 하며 감정을 표현한다. 강아지똥 게임이 생각보다 잘 안 되자 중단하고 길고양이 놀이를 한다고 한다. 길고양이는 이제 똥을 싫어하게 됐다고 하며 놀이터 모래 속에 똥을 숨겨 두었다고 하며 모래상자 속에 똥 모형을 묻는 놀이를 한다.

☞ 수영이는 중기 과정에서 유치원 버스 놀이와 반복해서 나타나는 길고양이와 경찰놀이, 똥으로 공격하는 놀이를 여러 회기 동안 반복하여 표현한다. 이 놀이 주제는 아동의 애정 결핍을 보상하는 주제와 내면의 박탈감으로 인해 누적

되어 온 분노, 불안 등의 부정적 감정들 그리고 부모의 엄격한 통제에 대한 수영이의 저항과 화난 감정, 그리고 배변 문제로 고통 받아 왔던 경험들이 상상놀이를 통해 안전하게 드러나고 있음을 볼 수 있다. 23회기에서 수영이는 망가진 다리를 고치기도 하고 "나도 무서웠다"며 감정을 표현하기도 하며 치료자와 함께 불을 끄기도 한다. 게임에서 좌절감을 느끼자 다시 상상놀이로 전환되나 수영이의 초기 놀이 과정과 비교해 볼 때 감정의 표현이나 치료자와의 교류가 많은 부분에서 향상되었음을 볼 수 있다.

## 4. 놀이치료의 말기 과정(종결 단계)

길고 힘든 중기 과정을 거치면서 아동은 서서히 종결 과정으로 가고 있는 신호들을 보여 준다. 말기 과정이 되면 아동은 놀이치료실 밖 일상에서 정서 및 행동적인 안정을 찾아가고 자신의 발달 연령에 맞게 인지적 · 언어적 · 사회적인 기능이 발달되어 적응 능력이 향상된다. 또래들과도 보다 원만한 관계를 이루고, 놀이치료실이나 가정에서 보다 성숙하고 자신감 있고 자발적인 태도를 보인다. 최초의 주 호소문제가 해결되고 일상생활에서 긍정적 변화들이 여러 상황에서 계속 몇 주 동안 안정적으로 유지되면 종결을 고려하게 된다.

말기 과정의 아동 놀이의 특징은 보다 안정적이고 초기의 놀이와 비교해 볼 때 변화된 양상이 드러나기 시작한다. 예를 들어, 산만했던 아동의 경우 자신의 놀이에 대한 집중 시간이 늘어나고, 부정적인 정서 표현이 많았던 아동의 경우 긍정적 정서가 드러나며, 치료자와의 관계에서 자신의 입장만을 고집했던 아동은 치료자와 조율이 가능해지기도 한다. 그러나 실제로 놀이치료에서 종결 시점을 결정하는 것은 신중함이 요구된다. 대부분의 상담에서 종결이란 접수 면접에서 세웠던 목표가 달성되었을 때 이루어진다. 그러나 아동의 경우 성장 과정에 놓여 있으므로 초기의 목표가 달성되었다 하더라도 또 다른 문제에 부딪힐 수 있다. 그러므로 아동이나 부모와 함께 세운 목표에 대해 검토하고 새로운 문제해결을 위한 다각적인 접근 방법을 모색해야 한다.

아동이 종결을 잘 받아들이도록 하는 과정은 매우 중요하다. 일반적으로 종결은 단절이라는 의미로 받아들여지기가 쉬우며 서로 좋은 관계를 맺어 온 당사자들에게는 다시 쉽게 만날 수 없음을 의미한다. 이러한 이유로 종료 전에는 일시적인 저항으로 퇴행과 같은 변화가 나타날 수 있다. 이것은 아동이 이별에 대한 불안을 나타내는 과정이므로 이런 문제에 대해서도 충분한 탐색이 있어야 한다. 아동이 준비되어 있을 때 종료 과정이 서서히 진행되어야 한다는 것은 무엇보다 중요하다. 아동과의 치료 종결을 결정하기 위해서는 아동의 진전이 점검되어야 한다. 내담 아동의 주 호소문제를 점검하는 것과 함께 아동의 진전을 측정하기 위한 기준도 필요하다. Haworth(1982)는 놀이치료에서 아동의 진전을 평가할 수 있는 지침을 〈표 11-3〉과 같이 제안하였고 Landreth(1991)는 아동의 내면적 변화와 성장을 평가할 수 있는 특성들을 〈표 11-4〉와 같이 주장하였다. 이 내용들을 종합하면 아동의 놀이에서의 변화, 아동과 치료자와의 관계 변화, 아동 자신의 변화로 분류할 수 있다. 이를 [그림 11-2]에 제시하였고 사례 예시를 통해 이해를 돕고자 하였다.

〈표 11-3〉 **Haworth(1982)의 놀이치료 진전을 평가하는 지침**

- 치료자에게 덜 의존하는가?
- 다른 아동이 놀이치료실을 사용하거나 자신의 치료자를 만나는 것에 대해 덜 걱정하는가?
- 아동은 한 사람이 가지고 있는 좋고 나쁜 것에 대해 볼 수 있고 수용할 수 있는가?
- 인식, 흥미, 수용과 관련하여 시간이 지남에 따라 태도에 변화가 있었는가?
- 놀이치료실 정리에 대한 반응에 변화가 있었는가?
- 아동이 자신을 수용하는가?
- 통찰력과 자기평가에 대한 증거가 있는가?
- 언어화의 질과 양에 있어 변화가 있는가?
- 놀잇감을 향한 공격성이나 놀잇감을 가지고 표현하는 공격성이 줄었는가?
- 아동은 제한 설정을 좀 더 순조롭게 수용하는가?
- 아동의 예술적 표현 형태에 변화가 있는가?
- 유아적이고 퇴행적 놀이를 하고자 하는 필요성이 줄었는가?
- 치료자에게 아동이 좋아하는 것을 나누어 주는 것이 가능해졌는가?
- 환상과 상징적 놀이가 줄고 창의적이며 건설적인 놀이가 좀 더 증가되었는가?
- 공포의 강도와 횟수가 줄어들었는가?

〈표 11-4〉 **아동의 내부에서 주도적으로 변화가 이루어질 때 나타나는 영역들**

- 아동의 의존성이 감소된다.
- 아동의 혼돈이 감소된다.
- 아동이 개방적인 욕구 표현을 한다.
- 아동이 자신에게 집중할 수 있다.
- 아동이 자신의 행동과 감정에 대한 책임을 수용한다.
- 아동이 자신의 행동에 대한 적절한 제한을 하다.
- 아동은 좀 더 내부지향적으로 된다.
- 아동은 좀 더 융통성 있게 된다.
- 아동이 우연적인 사건에 대해 너그러워진다.
- 아동이 확신을 가지고 활동을 시작한다.
- 아동이 순응하는 것이 아니라 협력한다.
- 아동이 적절하게 화를 표출한다.
- 아동이 부정적 슬픔에서 행복한 기쁨으로 옮겨 간다.
- 아동이 좀 더 자신을 받아들인다.
- 아동이 연속적인 이야기를 놀이로서 표현하고 놀이는 방향성이 있다.

출처: Landreth(1991).

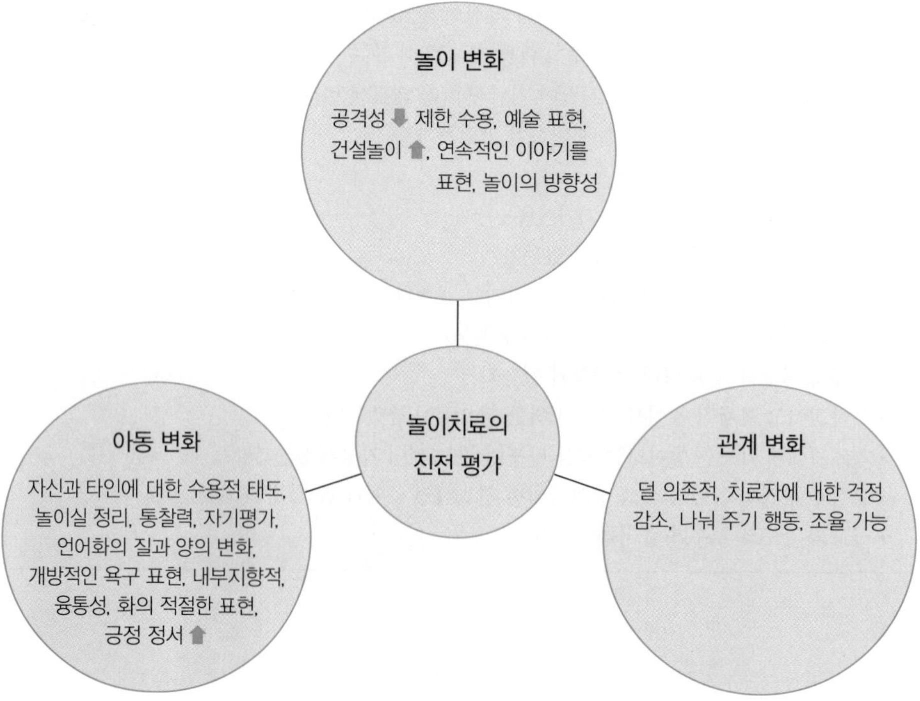


[그림 11-2] 놀이치료 말기 과정에서 나타나는 특징

[말기 과정에서 보이는 아동의 반응 예시]

말기 과정에서 아동들은 놀이에서 많은 변화를 보인다. 산만했던 아동은 자신의 놀이에 집중을 하는 시간이 늘어나고 놀이를 선택하지 못했던 아동은 자신의 놀이를 선택하고 몰입하는 시간이 늘어난다. 치료자와 놀이를 하지 못했던 아동은 치료자와 함께 놀이하는 즐거움을 표현한다. 수영이 사례를 통해 말기 과정에서 나타나는 변화 양상을 살펴보도록 하겠다.

• 놀이에서의 변화

30회에서 아기 고양이는 다섯 살이 되었다며 놀이터에 놀러간다. 친구 고양이들이 없어서 심심하지만 모래 속에 보물을 꺼낸다며 모래를 파낸다. 모래 속에서 고양이는 금과 보석들을 꺼내서 주머니에 넣고 집으로 돌아간다.

37회기에서 수영이는 아기 고양이를 데리고 놀이공원에 가는 놀이를 한다. 유모차에 아기 고양이를 태우고 짐칸에 우유병과 과자를 넣고 아기 고양이에게 이불을 덮어 준다. 엄마, 아빠 고양이가 유모차에 타고 있는 아기 고양이에게 과자를 주자 아기 고양이가 "나는 과자 말고 빵을 줘."라고 하자 엄마 고양이가 집으로 가서 빵을 가져온다.

• 아동의 변화

39회에서 아동은 놀이실에 뛰어 들어오며 "나 오늘 친구랑 비밀 이야기했다"며 자랑한다. 치료자가 어떤 비밀인지 궁금하다고 하자 비밀이라 알려 줄 수 없고 알려 주면 친구가 슬퍼할 거라고 한다. 자신은 그 친구가 좋아서 내일 그 친구에게 그림을 그려 줄 거라고 한다. 자기가 그림을 그려 주면 친구가 좋아할 거라고 하면서 내일 친구에게 줄 그림을 그리는 놀이를 하겠다고 한다. 40회에서 아동은 오늘은 선생님이 놀이를 하나 고르면 자신이 하나 고르겠다고 하며 치료자에게 놀잇감을 선택하도록 한다.

• 치료자와의 관계 변화

> 42회에서 아동은 치료자에게 아기 고양이 유모차를 끌고 가는 엄마 역할을 하라고 한다. 치료자가 유모차를 끌고 가다가 너무 시간이 오래 걸린다고 하며 그러면 선생님이 힘드니까 자신이 음료수를 준다고 한다. 치료자가 괜찮다고 하자 힘들면 얘기하라고 하며 식당에서 쉬었다 가면 된다고 한다.

☞ 수영이는 초기에 나타났던 길고양이, 똥놀이, 경찰을 괴롭히는 놀이는 사라지고 아기 고양이가 엄마, 아빠 고양이와 놀이공원에 가거나 단순한 규칙의 게임을 하기도 하는 등 놀이에서 변화가 분명하게 나타나고 있다. 주 호소문제에서도 변화가 보고되었다. 대변을 참는 행동은 사라지고 엄마와의 갈등은 상당부분 호전되었다. 단짝 친구는 아직 없으나 유치원에서 친구들과 어울리는 시간도 늘어났으며 활동도 적극적으로 한다고 보고되었다. 놀이에서 아기 고양이를 극진하게 보살피는 놀이에서 여전히 보살핌에 대한 욕구가 충분히 채워지지 않고 있다고 보이나 초기의 공격적인 양상은 거의 나타나지 않고 있음을 볼 수 있다. 37회 놀이에서 엄마고양이가 아기 고양이의 요청을 들어주는 장면은 실제 수영이와 엄마의 관계 개선을 짐작하게 하는 장면이며 42회에서 수영이가 치료자를 배려하는 모습은 수영이의 공감능력과 관계 능력의 향상을 의미한다.

## 5. 놀이치료의 종결 시기(종결 단계)

주 호소문제의 해결과 더불어 아동이 자신의 연령에 적합한 통제력, 존엄성, 힘을 얻게 되면 놀이에 대한 흥미가 감소하게 된다. 이 시점이 놀이치료자가 종결을 언급하기 시작해야 하는 시기다. 아동과 치료자는 친밀감이 형성되어 이별에 대해 서로 스트레스를 경험할 수 있고 종결에 대한 언급을 했을 경우 내담 아동들은 일시적으로 종결 퇴행을 보임으로써 종결에 대한 불안을 표현할 수 있다. 관계의 끝맺음은 서로 간에 준비가 되어 있을 때 진행되어야 한다. 이러한 과정은 서서히 진행되어야 하며 아동의 감정에 대한 배려가 필요하다. 아동은 자신의 삶에서 의미 있는 사람과의 분리에 대하여 불안을 느낀다. 때로는 종결 전에 불안으로 퇴행을 보이거나 일시적으로 저항하기도 한다. 따라서 치료자는 종결 과정 중에 아동과 이야기를 나눌 시간을 가짐으로써 아동이 종결에 대한 불안을 조절할 수 있도록 도와주어야 한다.

종결 단계에 들어가도 되는 신호들이 보이면 치료자는 아동과 부모와 같이 종결 시기를 결정해야 한다. 종결 시기에 대해 아동에게 몇 번 더 와야 할 것 같은지를 물어봄으로써 관계 종결과 마지막 회기 날짜를 결정하는데 이때 아동의 의견은 중요하다. 치료자는 아동이 처음에 이곳에 왔을 때 부모와 아동이 힘들어하고 걱정했던 행동들이 현재 어떻게 좋아졌는지와 현재 아동이 어떻게 달라졌는지를 얘기한다. 주로 긍정적인 변화에 초점을 맞추어서 이야기를 한다. 아동에게 '네가 전보다 어떤 점이 좋아졌고 마음의 힘이 생겨서 이제 종결(졸업)할 수 있다'는 것을 이야기해 주는 것이 중요하다. 종결 준비 기간 동안 그동안 아동이 놀이실에서 놀았던 소중한 시간과 경험들을 정리해 보고 남은 시간 동안 아직도 힘든 것이 있으면 해결할 수 있다고 알려 준다.

종결 준비 기간은 아동과 합의하여 짧게는 2~3회에서 길게는 4~6회 정도로 정하게 된다. 종결에 대한 거부나 불안이 높은 아동의 경우에는 치료자가 마지막 두 회기 동안 격주에 한 번씩 만나는 것으로 종결 기간을 조정할 수도 있다. 이러한 이야기가 이루어지면 다음부터 만날 때 앞으로 남은 회기 수만큼의 사탕을 준비하거나 이별표를 만들어 스티커를 붙이는 등 아동이 구체적으로 종결을 받아들일 수 있도록 돕는 것도 필요하다.

종결하기 전 회기에는 종결이 헤어짐의 아쉬움과 이별이 아닌 아동에게 뜻깊은 날이라는 것을 아동에게 알려 주어야 한다. 이런 의미에서 종결일에는 아동을 위한 작은 파티를 준비하고 아동과 같이 종결을 어떤 식으로 할지, 누구를 초대할지에 대한 상의를 할 수 있다. 아동에게는 그동안의 변화를 긍정적으로 이야기해 주고, 앞으로 지내다 보면 어려움이 생길 수 있고 이런 어려움을 어떻게 해결할 수 있는지에 대해서 같이 이야기 나눈다. 또한 치료자를 보고 싶거나 도움이 필요할 때는 언제나 연락할 수 있음을 알려 준다. 또 놀이치료 과정에서 아동이 만든 작품이나 사진을 모아서 앨범을 만들어 주면 아동에게 의미 있는 선물이 될 수 있다.

### [종결 시기에서 보이는 아동의 반응 예시]

• 종결에 대한 합의와 종결 불안으로 인한 퇴행놀이

> 45회에서 종결에 대해 수영이와 이야기 한다. 수영이는 자신은 여기에 100번 올 거라고 하더니 46회에서 치료자와 다시 종결에 대한 이야기를 나누고 앞으로 6번 하고 졸업을 할 거라고 결정한다. 치료자는 수영이의 이별표를 만들어 매주 동물스티커를 붙이고 마지막 날에 수영이가 이별표를 가져가기로 하였다.

> 47회에서 오늘은 오랜만에 고양이와 경찰놀이를 한다고 한다. 고양이가 경찰서를 공격해서 경찰서 벽이 부서지는 놀이를 하더니 이애 강아지똥 게임을 하겠다고 한다. 강아지똥 게임을 꺼내서 하다가 금세 중단하고 놀이가 재미없다고 하며 5분 일찍 퇴실한다.

☞ 수영이는 유치원에서 친구들과 잘 어울려 놀고 수업이나 활동에 잘 참여한다는 보고가 있었고, 대변도 정기적으로 보게 되면서 엄마와의 갈등도 줄어드는 등 주 호소문제의 호전으로 양육자와의 상담에서 종결을 결정하였다. 45회에서 수영이는 종결에 대한 불안을 100번을 더 올 것이라고 주장하는 것으로 표현하였으나 그다음 회기에 종결에 대해 합의하였다. 그러나 종결 불안에 따른 부정적 감정은 초기의 놀이 주제가 다시 등장하며 표현되었고 놀이에 대한 집중도 짧아지는 양상을 보인다. 그러나 이러한 부정적 감정이 드러나는 것은 종결에 따른 자연스러운 현상일 수 있다. 놀이실뿐 아니라 일상에서도 상담 초기의 어려움이 일시적으로 나타나는 경우가 있으나 수영이의 경우에는 그렇지 않았다. 치료자가 놀이에서 아동의 감정을 이해하고 수용하면 아동의 불안은 이내 가라앉고 아동 역시 이별을 받아들이게 된다. 수영이의 감정을 반영해주는 것과 동시에 이별표를 함께 만들어 가는 과정은 수영이에게 이별을 받아들일 수 있는 매개체가 되어 주었다.

• 종결하는 날

> 51회 종결하는 날에 수영이는 아빠와 엄마를 놀이실에 초대하였다. 다소 흥분하여 놀이실에서 부산하게 움직였으나 아빠가 수영이에게 "수영이가 이제 떼도 안 쓰고 유치원에서 친구가 생겨 기쁘다"고 하자 기분이 좋은 듯 웃는다. 엄마가 "수영이가 이제 화장실에 잘 가고 밤에 잘 때도 떼쓰지 않아서 행복하다"고 하자 "난 이제 언니가 되어서 그렇다"고 한다. 치료자가 수영이에게 이별표를 코팅해서 주고 수영이가 좋아하는 스티커를 선물로 준다. 돌아오는 방학에 다시 놀이실을 방문하기로 약속하고 놀이치료를 종료한다.

## 6. 사후관리(After care)

일반적으로 상담이 종결된 후 몇 달 후에 치료자가 부모나 아동에게 전화를 걸어서 그동안 어떻게 지냈는지 혹시 어려움은 없는지 이야기 나눈다. 이런 관심과 배려는 아동과 부모에게 정서적으로 지지를 받는 느낌을 주고 치료적 관계를 유지할 수 있도록 돕는다. 만약에 추후상담이 필요하다고 판단되면 추후상담을 권유할 수 있다. 또는 부모나 아동이 먼저 전화로 도움을 청해 오기도 한다. 아동의 어려움 정도에 따라 다르지만 추후 상담 기간은 처음 상담보다는 단기간으로 진행되는 경우가 많다. 처음 상담을 통하여 아동은 이미 그동안 누적되어 온 갈등을 해소하고 성장의 기반이 마련되어 있다. 치료자와의 관계도 형성되어 있으므로 추후 상담에서는 현재 겪고 있는 어려움을 해결하기 위한 단기적인 개입이 이루어지는 경우가 많다.

지금까지 놀이치료의 과정을 사례예시를 통해 살펴보았고, 이를 〈표 11-5〉에서 각 과정 단계별 특징과 치료자가 유의해야 할 점을 정리하였다.

〈표 11-5〉 **놀이치료 과정의 특징과 유의점**

| 놀이치료의 과정 | | 과정 특징 | 유의점 |
|---|---|---|---|
| 탐색과 시험 단계 | 놀이치료 초기 | • 놀이치료 구조화하기<br>• 치료적 관계 형성하기<br>• 아동과의 관계에서 탐색과 시험하기 반응 나타남 | ☑치료자의 철학, 가치, 경험, 문화적 배경, 가족 배경 점검<br>☑내담 아동이 치료자에게 맞추는 반응에 대해 인식하고 치료적 반응하기<br>☑사례개념화를 위한 정보 수집하기<br>☑부모와의 목표점검 및 합의하기 |
| 의존과 치료적 성장 단계 | 놀이치료 중기 | • 아동의 놀이에서 주제가 드러나기 시작함<br>• 아동의 내면에 억압되었던 부정적 감정들이 놀이로 드러나고 표현되기 시작함<br>• 감정을 언어로 표현하고 놀이는 더욱 활성화됨<br>• 놀이과정이나 일상에서 진전과 후퇴가 반복되거나 변화가 없음. 이는 내면의 변화가 이루어지는 과정임 | ☑심층적 개입을 위한 치료자 자신의 감정과 치료적 태도 점검<br>☑내담 아동의 환경에 대한 개입<br>☑부모상담을 통한 주 호소문제의 진전 과정 점검 |
| 종결 단계 | 놀이치료 말기 | • 긍정적 변화들이 드러남<br>• 치료에서 관계가 안정되고 어려움이 생기더라도 쉽게 극복됨 놀이에서 감정의 인식과 표현이 증진됨<br>• 부정적 감정을 수용하고 갈등 해결이 원활해짐<br>• 놀이치료실에 대한 흥미가 줄어들고 일상의 활동에서 적극적이 됨 | ☑놀이의 주제를 심층적으로 다루어 나감<br>☑부모와의 협력의 진전<br>☑종결에 대한 계획과 준비<br>☑아동 일상의 변화 점검<br>☑필요시 심리평가를 다시 시행함 |
| | 놀이치료 종결 시기 (time limit 과정) | • 종결 시기에 대한 합의가 이루어짐<br>• 종결 퇴행 반응이 나타날 수 있으나 이내 가라앉음<br>• 이별에 대한 감정을 다루어 나감 | ☑주 호소문제별 해결 정도를 구체적으로 평가<br>☑초기 설정한 치료목표의 해결 정도(구체적으로)를 점검<br>☑이 사례를 통해 치료자가 학습한 부분(치료자로서의 강점/약점, 본 사례에서 배운 점, 추후해결 과제 등)을 점검 |
| 사후관리 (After Care) | | • 종결 후 6개월에서 1년 정도 아동의 적응 과정을 정기적으로 점검<br>• 어려움이 재발되었을 경우 재방문 여부를 결정 | |

## 참고문헌

김광웅, 유미숙, 유재령(2005). **놀이치료학**. 서울: 학지사.

신숙재, 이영미, 한정원(2000). **아동중심놀이치료**. 서울: 동서문화원.

유미숙(2004). **놀이치료의 이론과 실제**. 서울: 상조사.

Axline, V. (1947). *Play therapy*. Boston: Houghton Mifflin.

Bixler, R. (1949). Limits are therapy. *Journal of Counseling Psychology, 13,* 1-11.

Freud, A. (1926). *The psychoanalytic treatment of children*. London: Imago Press.

Freud, A. (1928). *Introduction to the technique of child analysis.* L. P. Clark (Trans.). New York: Nervous and Mental Disease Publishing.

Guerney, L. (1983). Child-centered play therapy. *Handbook of play therapy*, 27-28.

Guerney, L. (2001). Child-centered play therapy. *International Journal of Play Therapy, 10*(2), 13-31.

Harter, S. (1983). Cognitive-developmental considerations in the conduct of play therapy. In C. E. Schaefer & K. J. O'Conner (Eds.), *Handbook of play therapy* (pp. 95-127). New York: John Wiely & Sons.

Haworth, M. (1982). Assessment of individual progress. In G. Landreth (Ed.), *Play therapy: Dynamics of the process of counseling with children* (pp. 245-246). Springfield, IL: Charles C. Thomas. *Reprinted from Child psychotherapy: practice and theory*, by M. Haworth, 1964, New York: Basic Books.

Landreth, G. L. (1991). *Play therapy: The art of relationship.* Bristol, PA: Accelerated Development.

Moustakas, C. (1973). *Children in play therapy.* New York: Jason Aronson.

Norton, C. C., & Norton, B. E. (1997). *Reaching children through play therapy: An experiential approach*. Denver, CO: Publishing Cooperative.

O'Conner, K. J. (1983). The Color-Your-Life technique. In C. E. Schaefer & K. J. O'Conner (Eds.), *Handbook of play therapy* (pp. 95-127). New York: John Wiely & Sons.

O'Conner, K. J. (1991). *The play therapy primer: An integration theories and techniques.* New York: Wiley.

Ray, D. C. (2016). **고급놀이치료: 아동상담 임상을 위한 필수조건, 지식, 그리고 기술**(이은아김, 민성원 공역). 서울: 시그마프레스. (원서 출판 2011).

Rogers, C. (1961). *On Becoming a person: A Therapist's view of psychotherpy*. New York: Houghton Mifflin.

West, J. (1996). *Child centered play therapy* (2nd ed.). London: Hodder Arnold.

# 제12장

# 놀이치료와 부모상담

놀이치료자는 대부분 미성년자를 내담자로 만나기 때문에, 반드시 주 양육자인 부모(또는 법적 보호자)와도 상담을 하게 된다. 한 회기를 50분이라고 가정할 때, 그중 40분 정도를 내담 아동·청소년과의 놀이치료에 할애하고, 10분 정도는 부모와 '회기 후 상담'을 한다. 청소년 내담자인 경우, 1회기 50분을 청소년이 모두 사용하기도 한다.

어찌됐든 '회기 후 상담'이란 짧은 시간(10분) 동안 놀이치료자가 부모와 이야기를 나누기엔 시간이 부족할 때가 많다. 그래서 별도 회기로 부모상담/부모교육 시간을 갖기도 한다. 놀이치료의 과정이 보다 원활히 이루어지기 위해 놀이치료자와 부모는 상호 협력관계를 맺고, 이를 통해 아동·청소년이 더 편안해지고, 내적 성장을 이루며, 외부 사회에 적응을 더 잘 해 나가도록 촉진할 수 있다.

## 1. 부모가 양육 과정에서 갖는 입장과 어려움

### 1) 놀이치료는 아동상담이지만, 부모의 역할과 협조는 필수적

놀이치료자는 아동·청소년을 주요 내담자로 만나지만, 놀이치료를 시작하는 첫 회기부터 종결(졸업)하는 회기까지 상담의 전체 과정에서 주 양육자(부모, 법적 보호자)가 동행하게 되고, 놀이치료자는 매주 10분씩 부모와 회기 후 상담 시간을 갖는다.

놀이치료자는 지난 한 주간 아동과 부모가 어떻게 지냈는지 경청해 보고, 부모에게 도움 될 만한 내용을 자문한다. 놀이치료 회기에서 드러난 아동의 심리와 무의식적 주제, 아동의 잠재력 등에 대해 부모에게 설명함으로써, 부모가 아동의 내적 특성을 더 잘 이해하도록 돕고, 부모-자녀 간 갈등을 줄일 만한 상호작용 방법을 익히도록 돕는다. 즉, 놀이치료자는 부모와 자녀를 새롭게 이어 주는 역할을 한다.

### 2) 부모역할은 가장 복잡하고, 스트레스가 많은 과정

배우자를 만나 결혼을 하고, 새로운 가족이 만들어진다. 임신을 하고 출산을 하

면서 부부는 '엄마', '아빠'가 된다. 그런데 '엄마, 아빠'란 명칭은 그저 단순한 단어가 아니다. 엄마 뱃속에 새로운 생명체가 생기는 순간부터, 엄마는 태내의 아기를 위해 9개월간 음식과 행동을 조심하고, 심지어는 감정상태도 다스리면서, 태중 아기가 편안하게 있도록 조심히 처신한다. 이런 엄마의 생활을 아빠와 확대가족이 도와야 하는 건 자연스러운 일이지만, 결코 쉽지만은 않다. 9개월간의 태내기가 지나 아기가 태어나면, 엄마 아빠의 진짜 고생이 시작된다.

이미 많은 놀이치료자들이 부모로부터 들었던 말들이 있다. "밤에 제대로 자본 적이 없어요. 밤마다 1~2번은 기본으로 깨서 아기를 봐요", "제가 먹고 싶은 배곰한 음식을 언제 먹었는지 기억나지 않아요" 등. 이렇듯, 엄마는 아기의 섭식, 수면 등의 돌봄을 세심하게 하느라 정작 엄마, 아빠 자신이 먹고 싶은 것, 자고 싶은 욕구조차 인내하는 세월을 살게 된다.

어떤 이는 육아를 하는 과정을 '커다란 롤러코스터를 타는 기분'이라 말하기도 하고, 또 다른 이들은 '폭주기관차를 타고 있는 것 같다'는 말을 할 정도다. '육아'라는 게 어떨 때는 너무 행복하고 만족스럽다가도, 또 다른 때에는 걱정이 깊어지고 좌절감에 빠지기도 한다. 또 당장 아이를 챙겨야 하고, 놀아 주고, 가르치다 보면, 앞만 보고 달려가는 느낌으로 사는 것 같다. 이리 되니, 부모들은 '나만의 휴식과 힐링은 언제 하나?'라는 생각을 반복하기도 한다. 이외에도, 부모들은 망설임, 마지못해 응함, 희망과 절망의 교차, 화가 나기도 했다가, 불안하고 걱정되기도 했다가, 여러 혼돈스러운 감정들을 경험한다.

따라서 놀이치료자들은 내담 아동의 부모가 과거와 현재 어떠한 감정들을 복잡하게 경험해 왔을지를 살펴보고, 공감적 태도를 유지하면서, 부모가 자녀의 핵심적 어려움을 알아채고 적절하고 효과적인 해결책을 찾아갈 수 있도록 돕게 된다.

### 3) 자녀의 자연스러운 행동 특징과 부모들의 오해

부모들은 종종 자녀의 연령이나 타고난 기질로 인해 드러나는 행동/태도들을 자연스러운 것으로 받아들이기 어려울 때가 있다. McGuire와 McGuire(2001)는 자녀가 연령별로 드러내는 특징에 대해 놀이치료자가 부모에게 설명해 주는 것을 강조하였다. 그가 언급한 연령별 특징은 〈표 12-1〉과 같다.

〈표 12-1〉 **연령별로 보일 수 있는 자연스러운 특징**

| 발달 단계 | 월령 및 연령 | 아동이 보일 수 있는 외적 특징(태도, 행동) |
|---|---|---|
| 젖먹이기 | 0~12개월 | *잦은 울음 |
| 걸음마기 | 12~36개월 | *떼쓰기 |
| 유아기 | 만 3~만 6세 | *자기중심성 |
| 학령기 | 초등학생 | *자기 스타일로 결정하고 계획 세우려 함 |
| 청소년기 | 중고등학생 | *부모와 물리적 · 심리적 거리 두기, 반항적 태도 |

이 같은 특징은 자녀들이 그 연령대에 갖는 특정한 내적 욕구를 드러낼 때 발생하는 외적 태도나 언행들이다. 그런데 자녀의 외적 특징에 대해 그 내적 의미를 부모가 오해할 때, 부모도 좌절하고 부모-자녀 간의 갈등이 발생하며, 부모는 자녀의 자연스러운 성장 특성을 억누르게 된다.

예를 들어, 7개월 아기가 잠투정으로 우는데, 부모가 아이의 '잠투정'이라는 태도를 부정적인 뜻으로만 생각하여 이해와 신체적 돌봄을 제공해 주지 않으면, 아기는 편안하게 자고 싶은 욕구를 충족하지 못해서 부정적인 정서가 진정되기 어렵고 오히려 지속된다. 즉, 7개월 아기는 계속 울게 된다. 울음이란 행동의 내적 의미는 아기가 '자신에게 어떤 게 필요하다고 알리는 신호'인 것이다.

또 다른 예로, 24개월의 걸음마기 영아가 고집을 부릴 때, 부모가 적절한 상호작용 방법을 모르면, 부모가 아이에게 소리를 지르거나 말로 압박하고 비난하면서, 아기를 기죽게 만들 수도 있다.

따라서 놀이치료자는 아동들의 발달적 특성들에 대해 부모가 이해할 수 있는 내용과 범위로 코칭 및 정보 제공을 해 줄 수 있다.

### 4) 부모역할을 시작하기 전, 특별한 훈련 과정이 없다

많은 성인들은 미래에 부모가 되었을 때 자녀를 양육하는 지식과 기술을 알고 있다고 생각할 수도 있다. 놀이치료자들도 내담 아동의 양육자(부모, 조부모)들이 자녀 양육에 대한 지식과 기술을 이미 가졌을 거라 생각하기도 한다. 하지만 삶에서 가장 중요한 일 중 하나인 '부모역할'과 '육아'에 관한 세부적인 지식들과 대처 방법들을 잘 몰랐거나, 잘못 알고 있었음을 세월이 지나 발견하기도 한다.

부모역할에 대한 정규 교육과정도, 자격증 취득시험도 없는 것이 현실이니, 충분한 준비 없이 부모가 되고, 자녀의 양육을 담당하게 되는 건 아닌지를 돌아볼 필요가 있다. 또 이런 현실에서 놀이치료자는 아동의 발달에 대해, 타고난 기질에 대해 부모에게 필요한 코칭과 교육을 제공할 필요가 있다.

### 5) 부모 양육태도의 습관화 및 양육 스트레스의 일상화

충분한 교육도 받지 않고 특별한 훈련/수련 없이, 부모가 되었다면, 육아 과정에서 크고 작은 어려움에 부딪히게 되거나, 자녀에게 해로운 상호작용을 하고도 그것의 부정적 영향조차 모를 수도 있다. 즉, 부모들은 자신들이 양육에서 사용하는 태도, 가치관, 언어적 상호작용 방법이 자녀에게 부정적 영향을 준다는 것을 모른 채 습관화된 방식으로 아이를 키우고, 훈육할 수도 있다.

McGuire와 McGuire(2001)에 의하면, 놀이치료를 받으러 오기까지 부모들의 양육태도는 굳어 있으며, 습관적인 패턴과 스트레스가 일상화되어 있다고 하였다. 그러한 습관이 자녀 양육에서 역효과를 초래하는 행동이라도 부모들은 건강한 방향으로 변화하는 것에 대한 저항을 보이기도 한다. 따라서 놀이치료자는 부모가 빨리 변화하도록 압박하거나 성급히 기대하는 것을 자제하면서, 부모를 지지하고, 코칭할 효과적이고 실질적인 방법들을 찾아야 한다.

### 6) 부모도 이해받고 싶다

부모는 육아를 위해 고민하고 실행해 온 그동안의 생활과 노고에 대해 이해받고 싶고, 인정받고 싶다. 놀이치료자와 부모가 자녀에 대한 상담을 진행하기 위해 놀이치료자는 부모의 복잡한 심리를 우선 이해해 볼 필요가 있다.

자녀가 놀이치료를 받게 되었을 때, 부모가 가지는 심리적 특징 중 대표적인 것들은 〈표 12-2〉와 같다.

〈표 12-2〉 **내담 아동의 부모가 갖는 심리적 특징**

1. 화가 나 있거나 저항적, 걱정과 우려가 만연된 감정상태
2. 부모의 노력과, 성실성, 추구했던 목표, 지나간 세월과 인생을 이해받고 싶기도 하고, 후회와 자책감에 빠지기도 함.
3. '나는 누구에게 위로 받나?', '나는 누구로부터 지지를 받을 수 있나?'란 허망감, 외로움, 소외감, 좌절감, 절망감, 효능감 저하

출처: McGuire, D. L., & McGuire, D. E. (2001); Landreth, G. L., & Bratton, S. E. (2008).

놀이치료자는 우선 부모가 우려하는 게 뭔지 살펴보고, 경청한다. 그리고 부모가 육아의 어떤 측면에서 과하게 걱정하거나, 균형 잃은 시각을 갖고 있는지 탐색하고 공감해 주면서, 부모가 일상에서 자녀에게 적합한 대처 방안을 찾을 수 있도록 코칭하고 지지한다. 이 과정에서 놀이치료자는 부모의 크고 작은 노력들을 격려해 주면서, 부모의 용기를 다시 북돋아 주게 된다.

놀이치료자가 부모를 '아이의 삶에 긍정적 지지를 해 줄 수 있는 존재'로 신뢰해 주면, 부모는 자녀의 놀이치료에 더 협조하고 집중하는 경향을 보인다. 놀이치료자는 부모를 이해하는 위치에 있으며, 부모의 저항을 수용해 보는 내적 노력을 먼저 해 보는 것이 중요하다. 그렇게 되면 놀이치료자는 상담의 과정에서 적절한 정도의 인내심을 가질 수 있고, '누군가를 이해하는 모델'이 될 수도 있다. 놀이치료자가 이런 마음을 갖고, 적절한 태도를 가지면, 부모는 놀이치료자의 모습에서 '자녀를 이해하고 수용하는 마음'이 어떤 건지 알아채기도 한다.

## 2. 부모상담의 유형과 개념

놀이치료에서 '부모상담'이란 무엇인가? 관련 문헌들에서는 공통적으로 '부모상담'이란 용어를 사용하고, 임상 현장에서도 '부모상담'이란 용어를 통상적으로 사용한다(김광웅, 강은주, 진화숙, 2008; 신숙재, 이영미, 한정원, 2000; Ray, 2016).

이 책이 대학원 과정의 실습생들과 초보 놀이치료자들의 공부를 돕고자 저술된 바, '부모상담'의 개념과 의미, 범위를 좀 더 명확히 정리하여 제시해 보았다. 초보 놀이치료자들이 부모와 만나고, 의논하고, 협력하는 과정에서 다루어야 할 내용과

범위에 혼선을 방지할 수 있으리라 본다.

우선 여기서는 '관련 문헌을 기초로 한 분류'와 '임상 현장에서의 실제적인 분류'로 크게 두 가지로 나눈 후, 각 분류 안에서 다시 내용들을 살펴보겠다.

### 1) 관련 문헌을 기초로 한 분류

놀이치료자가 내담 아동에 대한 놀이치료를 해 나가는 전체 과정에서 부모(양육자)와 협력할 수 있는 방법을 갖는 것은 매우 중요하다. 놀이치료자들이 기본적 교육훈련을 받는 동안 자주 공부해 왔던 문헌들[1)]을 토대로 하여 본 저자가 [그림 12-1]과 같이 재구성해 보았다.

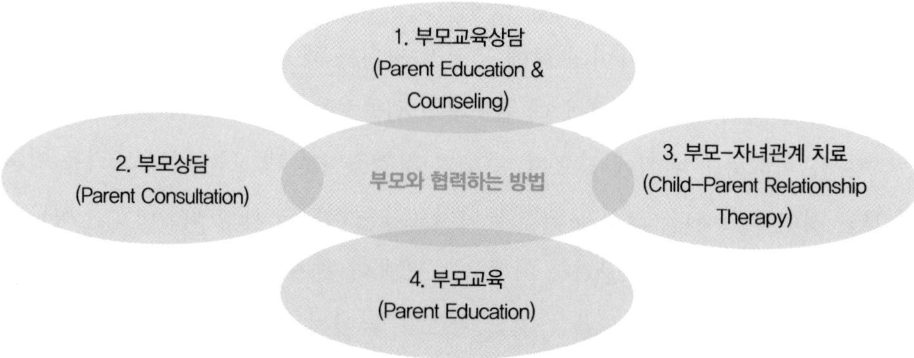


[그림 12-1] 놀이치료자가 부모와 협력하는 방법: 관련 문헌을 토대로 한 분류

놀이치료자가 부모와 협력하는 방법을 우선 5가지로 세분화하여 본문에서 설명하였다. 하지만 [그림 12-1]에서는 부모상담(Parent Counseling)을 제외하여 도식화하였다. 왜냐하면 부모상담(Parent Counseling)은 부모가 한 명의 인간으로 인생을 살아오면서 겪었던 상처, 고통, 성격구조의 결함 등 부모 개인의 문제와 성격의 변화에 초점을 두는 '개인상담'을 의미하는 바, 이는 성인상담자들이 관여할 상담 영역으로 보기 때문이다.

1) 신숙재, 이영미, 한정원, 2000; McGuire & McGuire, 2008; Landreth, 2009; Landreth & Bratton, 2008; Ray, 2016 등.

이 책에서는 미성년자 내담자를 주로 만나는 놀이치료자들이 내담 아동 · 청소년의 부모를 돕기 위한 방법들에 초점을 둘 것이다. 이를 위해 [그림 12-1]의 4가지 방법론에 초점 두어 한 가지씩 살펴보겠다.

### (1) 부모교육상담(Parent Education & Counseling)(신숙재, 이영미, 한정원, 2000)

앞서 본 바와 같이, 많은 부부들은 결혼 전에 부모역할을 제대로 배울 기회가 거의 없기 때문에, 자녀를 출산하고 양육하면서 혼돈을 가지기 쉽다. 하지만 자녀에게는 부모가 첫 번째 세상이기 때문에, 부모가 무엇을 생각하고 느끼느냐, 그리고 부모가 이 현실세계를 어떻게 지각하느냐에 따라 자녀가 외부의 현실세계를 긍정적으로 볼 수도, 부정적으로 볼 수도 있다. 그렇기 때문에 놀이치료자들은 부모가 자녀에 대해 적절한 역할을 수행할 수 있도록 돕고자 부모교육상담을 하게 된다.

놀이치료의 과정에서 아동의 부모를 적절히 참여시킴으로써 치료자는 부모와도 동맹을 맺고, 부모가 할 수 있는 중요한 역할들을 제시하고, 부모가 새로운 양육 및 훈육 방식을 연습하고 향상할 수 있도록 촉진한다. 또 내담 아동의 부모가 자녀를 양육하는 과정에서 어떤 측면에 자신이 있고, 자신이 없는지도 살펴볼 수 있다.

놀이치료자가 부모교육상담을 할 때는 주로 다음 4가지에 대해 이야기 나눌 수 있다. '부모교육상담'은 국내에서 2000년경 이전부터 임상 현장에서 사용되어 오던 용어다(신숙재, 이영미, 한정원, 2000). 신숙재 등(2000)에서 제시한 '부모교육상담'을 토대로 본 저자가 〈표 12-3〉을 재구성해 보았다. 이 표를 살펴보면, 미국의 놀이치료자들이 언급했던 '부모상담(Parent Consultation)'과 상당히 유사한 개입 형태로도 볼 수 있다.

〈표 12-3〉 **부모교육상담에서 나눌 수 있는 내용**

| | |
|---|---|
| 1. 놀이치료에 대한 이해 | • 놀이치료에서의 놀이가 갖는 의미들<br>• 아동기의 놀이의 중요성<br>• 놀이치료의 일반적인 과정과 효과 등 |
| 2. 내담 아동에 대한 이해 | • 연령 및 발달 단계의 특성<br>• 타고난 기질과 성향<br>• 아동만의 고유한 강점과 취약점 등 |

| | |
|---|---|
| 3. 적절한 양육 방법, 상호작용 방법, 훈육 방법에 대한 정보제공 및 격려 | • 부모의 양육가치관, 양육태도가 아동에게 미칠 수 있는 영향들 코칭해 주기<br>• 모아 상호작용의 결과로 나타나는 행동들을 설명해 주기<br>• 부모가 부적절한 훈육을 줄여 가고, 적절한 훈육을 연습하고 점검받고, 격려 받을 기회를 마련해 주기 |
| 4. 부모 자신에 대한 이해 | • 육아 과정에서 부모가 '자신'을 이해하고 들여다보는 기회를 갖도록 격려<br>• 부모가 자녀의 어떤 모습과 상황을 볼 때, 화가 나는지, 짜증이 나는지를 자기탐색 해 보도록 돕기<br>〈예시: 남편이나 확대가족의 일로 짜증이 났는데, 자녀에게 화풀이를 하게 되는지? 또는 옆집 아이가 시험에 100점 맞았는데, 그 소리에 화가 나고 답답해지고 불안해지는지 등〉 |

결국, 부모교육상담에서는 부모가 아동을 이해하고, 효과적인 상호작용을 하는 방법을 배우고 연습해 볼 수 있도록 놀이치료자가 부모에게 적절한 코칭을 하고 공감과 격려를 보탠다. 상당수의 부모들은 자녀가 놀이치료 받는 동안, 놀이치료자와 갖는 부모교육상담의 기회를 통해, 자녀에게 더 적절한 태도와 방식을 사용하기 시작한다. 즉, 부모교육상담을 통해 내담 아동에 대한 놀이치료의 효과도 배가되며, 내담 아동의 정서적 안정과 사회성의 성장도 촉진된다.

하지만 부모교육상담을 받아도 부모가 정서적 안정을 찾기가 어렵고, 또 다른 깊은 어려움이 많을 때는 성인 상담전문가에게 개별상담을 받을 수 있도록 권유하거나 의뢰하게 된다.

### (2) 부모상담(Parent Consultation)(김광웅, 강은주, 진화숙, 2008)

놀이치료는 아동상담이지만, 상담을 성공적으로 진행하기 위해 부모나 보호자의 협조가 필수적임은 이미 알려진 사실이다. 김광웅 등(2008)은 『Linking Parents to Play Therapy』(McGuire & McGuire, 2001)를 번역하면서 "부모상담이라는 말을 폭넓게 사용하지만, 그 안에는 두 가지 의미가 혼재할 수 있다"고 하였다. 첫 번째 의미는 Parent Consultation이고, 두 번째 의미는 Parent Counseling이다. 전자(Parent Consultation)는, 놀이치료라는 과정을 통해 어떻게 효과적으로 아동을 도와줄 것인가에 관련해 치료자와 부모 간의 이해 증진과 협조관계에 초점을 맞춘 작업이다. 또한, 『Linking Parents to Play Therapy』에서는 '놀이치료에서의 부모상담'을 주로 'Parent Consultation'을 의미한다고 보았다.

부모상담을 'Parent Consultation'의 의미로 보는 것은 신숙재 등(2000)이 언급한 '부모교육상담'과도 유사한 개념이다. 왜냐하면 놀이치료자들은 내담 아동과 놀이치료회기 후에 그 부모와 회기 후 상담을 하거나, 별도 회기의 부모상담을 실시할 수도 있는데, 이때 부모교육상담이나 부모상담(Parent Consultation)으로 그 회기가 이루어지는 게 통상적이기 때문이다.

### (3) 부모-자녀관계 치료(Child-Parent Relationship Therapy, 이하 'CPRT')(김은정, 정연옥 공역, 2006; 김양순 역, 2008)

CPRT의 시초는 Filial Therapy(부모놀이치료)였다. 1960년대 Bernard Guerney가 개발하였고, 이후 아동관계 향상 가족치료(Child Relationship Enhancement Family Therapy: CREFT)로 불리기도 하였다. 당시 그는 다음과 같은 신념으로 부모놀이치료를 시도하였다고 한다.

첫째, 아동의 심리치료 과정에서 부모들이 소외감을 자주 느끼며, 치료를 조기 종결하는 경우들을 관찰했다.

둘째, 부모들은 일반적으로 악하거나 장해가 있는 것이 아니라, 자녀와 긍정적인 관계를 맺고 훈육하는 기술이 부족한 것이다.

셋째, 전문가들은 아동의 삶에 일시적으로 존재한다. 이에 반해, 부모는 자녀의 삶에서 가장 의미 있는 대상이고, 지속적인 대상으로 존재한다.

넷째, 내담 아동의 부모가 자녀의 치료과정에서 의미 있는 역할을 할 때, 치료자와 내담 아동은 보다 큰 치료적 이로움을 얻는다.

이후 1970년대와 1980년대에 걸쳐 Guerney와 그 동료들을 비롯해 여러 연구자들이 부모놀이치료(Filial Therapy)가 아동과 부모, 가족의 관계 회복에 효과적이라는 연구 결과들을 보고했다(Guerney & Stove, 1971; Parpal & Maccoby, 1985; Sywulak, 1977 재인용). 그들은 부모놀이치료가 모든 문제 유형의 아동을 치료하는 데 가치가 있다고 결론 내릴 수 있을 정도로 충분한 향상을 보고하였다.

### (4) 부모교육(Parent Education)(신숙재, 이영미, 한정원, 2000)

육아를 처음 시작하는 부모들은 '내가 육아를 너무 모르는 것 같다'고 생각하곤 한다. 연령이 어리거나, 성향이 까다로운 자녀를 키우다 보면, '엄마인 내가 이렇게 노력을 하는데도, 저 아이는 왜 달라지지 않지?'라는 생각에 빠지면서 큰 좌절감을 맛보기도 한다. 또, '해도 해도 궁금한 점들 투성'이어서, 어디 가서 자꾸 물어보고 싶어진다.

그래서 많은 부모들이 육아에 대한 의문과 질문을 해결하기 위해, TV나 인터넷 매체, 다양한 육아 서적들을 찾아 내용들을 배우려 한다. 하지만 아동 발달이나 심리의 내용들, 타고난 성향과 육아에 적합한 대처 방식들을 일반적인 부모들이 혼자 공부하면서, 전문적인 내용들을 왜곡해서 받아들여 잘못된 실천을 하는 경우들도 적지 않게 발생한다.

따라서 육아와 아동 발달에 대해서는 부모 혼자 공부를 하기보다는 풍부한 전문 지식과 정보, 경험을 가진 전문가들이 진행하는 부모교육에 참가하는 게 효과적이다. 육아종합지원센터, 청소년상담복지센터 등 아동 관련 공공 기관, 또는 전문가들이 소속된 전문상담센터들에서는 아동 발달 및 육아와 관련된 정보를 부모들이 효과적으로 배울 수 있는 기회들을 마련한다.

대규모 인원을 대상으로 하는 부모교육 특강, 소집단(6~8명 이내) 부모교육의 형태로 구성되기도 하는데, 부모들이 알고 싶어 하는 특정 주제를 정해 진행하곤 한다. 기본적으로는 인간 및 아동 발달에 대한 기본적 이해, 아동의 발달 단계와 각 연령대에 나타나는 독특한 특성들, 부모자녀 간 효과적인 상호작용 방법들을 주제로 하는 경우가 많다.

더 구체적으로 예시를 들면, '우리 아이 자존감은', '정서지능 발달을 돕는 방법', '우리 아이 기질에 대한 이해', '청소년기 자녀와의 상호작용 방법', '부모-자녀 간 갈등을 해결하는 방법' 등을 주제로 부모교육을 한다.

### (5) 기타 분류: 부모상담(Parent Counseling[2])(김광웅, 강은주, 진화숙, 2008)

바로 앞 '(2) 부모상담(Parent Consultation)'에서 설명했던 바와 같이, 부모상담의 두 가지 형태 중 후자인 Parent Counseling은 "주로 부모 자신의 문제에 초점을 두어 상담하는 것"을 의미한다. 즉, 부모가 자녀의 놀이치료자와 나누는 양육 코칭이나 육아 자문, 부모교육상담만으로는 부모가 자신의 인생에서 겪어 왔던 깊고 다양한 어려움들을 모두 해결할 수 없는 경우, 부모는 별도로 성인 상담전문가에게 개별상담을 받는 것이 더 도움 될 수 있다.

부모가 가진 정서적, 대인관계상 어려움은 오래전 과거부터 있어 왔을 수 있는데, 이런 어려움이 결혼하고 자녀를 양육하면서 표면화되거나 유지, 또는 악화되는 경우들이 있다.

### 2) 임상 현장에서의 실제적인 분류

놀이치료 관련 문헌들을 통해서 앞에 [그림 12-2]와 같이, 놀이치료자가 내담 아동의 부모와 협력할 수 있는 방법의 형태를 4가지로 알아보았다. 더불어, 대학교와 대학원을 졸업한 놀이치료자들이 임상 현장에서 오늘 하루, 이번 일주일간 내담 아동의 놀이치료를 진행하면서 부모를 돕는 작업을 하려면, 각 회기에 대한 구조화를 점검해 보아야 한다. 즉, 임상 현장에서는 놀이치료자가 어떤 시점에, 어떤 목적으로 부모를 만나고, 어떤 내용을 면담하는가에 따라, 부모상담의 회기를 명명하는 것이 달라질 수 있다.

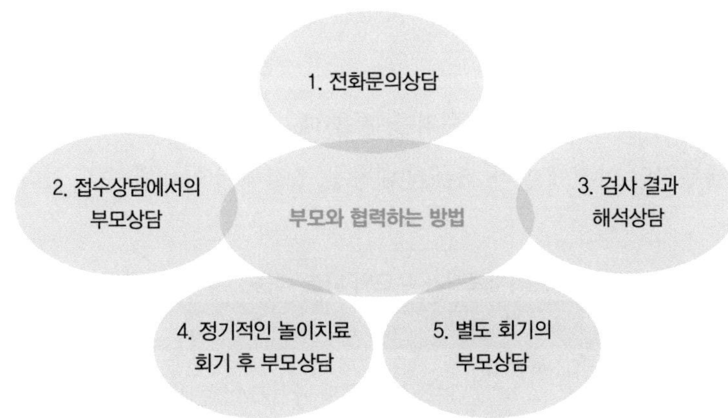


[그림 12-2] 부모와 협력하는 방법: 임상 현장에서의 실제적 분류

2) 한국어 번역본에서는 모두 '부모상담'으로 표기되고 통용되곤 하지만, 영어 원서들에서는 단어가 차이 있게 표기되는 바, 한글 단어 뒤에 (영문 단어)를 표기하였다.

따라서 임상 현장에서 놀이치료자가 구조화할 수 있는 부모상담의 종류를 다음과 같이 분류해 보았다. 이 분류는 관련 문헌들을 토대로 하되, 국내 임상 현장의 상황들을 고려하여 저자가 직접 재구성하였다.

### (1) 전화문의상담

놀이치료자가 내담 아동의 부모와 최초로 접촉하는 시간은 바로 '전화문의상담'이라 할 수 있다. 자녀에게 어려움이 생기면, 부모들은 전문적 도움을 받을 상담기관을 검색해 보고, 상담기관의 데스크로 전화를 해 온다. 물론 데스크에 걸려온 문의전화를 해당 놀이치료자가 아닌 다른 직원이 받는 경우도 종종 있다. 부모는 전문상담센터에 최초로 전화를 해서, 놀이치료에 관한 여러 사항을 문의하고, 간단한 절차를 안내받는다.

신숙재 등(2000)에 의하면, 문의상담은 아동과 관련된 의미 있는 타인—부모, 교사, 보호자 등—이 전화로 상담기관과 접촉하는 과정이라 하였다. 전화는 비대면 방식이지만, 놀이치료자는 최초로 부모와 소통하는 시간을 갖게 된다. 전화문의상담이 중요한 시작점이지만, 부모가 상담기관으로 내방한 정식 상담은 아니기 때문에, 놀이치료자는 전화문의상담을 진행할 때, 그 내용, 목적, 초점을 미리 숙지해 둠으로써 부모와 아동에게 꼭 필요한 절차들을 안내하는 것이 중요하다.

#### ① 문의상담의 내용

놀이치료자가 부모로부터 전화문의를 받을 때, 〈표 12-4〉를 기초로 하되, 각 상담기관의 세부적인 여건에 따라 조금씩 내용을 조절해서 안내할 수도 있다.

〈표 12-4〉 **전화문의상담에서 놀이치료자가 부모와 나눌 내용**

| 나눌 내용 | 놀이치료자 반응 예시 |
|---|---|
| 1. 아동의 이름, 나이(학년), 연락처를 확인한다. | "아동의 이름과 나이가 어떻게 되나요?" |
| 2. 아동이 현재 겪고 있는 어려움(문제)에 대해 부모에게 질문한다. | "어떤 점 때문에 전화를 주셨나요?"<br>"어머님께서는 어떤 어려움 때문에 상담을 받고 싶으신가요?" |

| | |
|---|---|
| 3. 잠시 경청한 후, 공감해 드린다. | "아 네~ 어머니, 아이가 수업시간에 집중을 잘 못하고, 이 태도 때문에 담임 선생님으로부터 자꾸 지적받게 돼서 걱정이 많으셨겠습니다." |
| 4. 센터에서 실시하고 있는 상담 방법 및 이론적 배경, 상담의 전체 과정 안내 | "저희 센터 (놀이치료) 선생님들은 아동중심 놀이치료 이론을 바탕으로 아이들을 만나십니다."<br>"놀이치료의 전체 과정은 아이들의 연령에 따라 조금씩 달라질 수 있습니다. 대략은 1년 전후가 걸릴 수도 있습니다."<br>"접수상담이나 정기상담을 예약하시길 원하시면, 예약방법을 더 알려드리겠습니다." |
| 5. 기관의 위치, 행정적 절차, 상담비용 납부 방법 등 | 1) 기관의 위치와 주소는 문자, 이메일, 상담센터 홈피 등을 활용해서 안내할 수 있다.<br>2) 여타의 행정 절차는 기관이 정한 내규에 따라 안내한다. |
| 6. 전화 마무리 | "더 궁금하신 점이 있으시면, 추후 접수상담 하시는 시간에, 또는 이후 정기상담에 오시면서 담당 놀이치료 선생님과 더 의논하실 수 있습니다." |

**② 문의상담의 목적**

문의상담의 목적은 "깊은 상담을 해 주는 게 아니다." 왜냐하면 짧은 시간 전화로 상담을 해 준다고 해서 아동의 어려움이나 부모의 어려움이 한순간에 다 해결되지 않기 때문이다. 상담을 통해 아동이 회복되어가고, 성장하며, 부모-자녀 간 갈등을 해결해 가기 위해서는 정기적인 놀이치료에 참여하는 것이 안전하다.

따라서 놀이치료자는 전화문의상담을 통해 부모가 '놀이치료의 필요성'을 인식할 수 있도록 부모의 주 호소 중 핵심을 간단하면서도 정확하게 경청하고, 공감해 준다. 더불어, 어렵게 전화를 하셨던 것을 격려해 드리면서 상담의 과정에 대해 필요한 절차를 안내한다.

결국, 문의상담은 '접수상담을 약속하기 위한 준비 시간'이 되는 것이고, '부모로 하여금 자녀의 상담이나 놀이치료에 대한 확실한 동기를 갖게 돕는 시간'이 된다.

**③ 문의상담에서 기준**

전화문의상담이 진행된 후, 내담 아동과 부모가 실제로 접수상담에 올지 여부는 부모의 상담 동기가 얼마나 있냐에 따라 달라질 수 있다. 하지만 놀이치료자가 부모

의 전화문의를 받을 때 기본적으로 가져야 하는 기준은 '어떻게 하는 것이 궁극적으로 아동에게 이로움을 주는가'이다. 많은 아동들이 그들 삶의 여정 속에서 정서적 · 행동적 어려움을 겪을 때, 실제로 놀이치료센터를 내방하여 '자기만의 특별한 공간과 시간을 갖는 경험'은 아동이 이후 인생에서 안정과 성숙을 이루어 가는 매우 유익한 경험이 되기 때문이다. 놀이치료가 갖는 이러한 가치를 부모에게 짧게 안내해 줄 수 있다.

#### ④ 전화문의상담의 역할분담

기관마다 인력 배치와 역할분장은 조금씩 다르다. 전화문의상담을 전담으로 받는 직원을 배치하기도 하고, 수련 중인 인턴들이 전화문의를 받기도 한다.

또 다른 경우에는 놀이치료자들이 서로 번갈아 문의상담에 임할 수도 있다. 각 상담기관마다 각 기관의 내부 방침과 여건에 따라 전화문의상담에 응하는 역할을 정할 수 있다.

다만, 놀이치료나 상담에 대한 어느 정도의 지식이 있어야 전화문의상담을 하는 것이 효과적일 때가 많다. 왜냐하면 비대면 전화지만, 부모는 문의상담을 통해 놀이치료에 대해 정확히 안내받을 첫 번째 기회를 갖기 때문이다. 또한, 놀이치료자는 부모와 라포 형성을 이미 시작하는 계기가 될 수도 있기 때문이다.

놀이치료에 대해 잘 모르던 부모 입장에서는 전화문의상담을 통해 "놀이치료자들이 전문성을 갖고 있구나. 그럼, 내가 자녀를 부탁하고 전문적 도움을 받을 수 있겠구나"라는 신뢰감과 긍정적 기대를 가질 수 있다.

#### ⑤ 아동이 준비되어 오는 것도 중요함

전화문의를 받다 보면, 적지 않은 부모님들이 다음과 같은 걱정과 질문을 해 오신다. "접수상담을 예약하고는 싶은데요. 아이에게 뭐라고 설명해 줘야 하지요? 뭐라고 설명한 후 데려갈지 걱정되어서요ㅠㅠ"라고 말씀하시는 경우가 종종 있다.

놀이치료자는 〈표 12-5〉와 같은 방법을 부모님에게 간단히 안내해 줄 수 있다. 이 예시는 신숙재 등(2000)이 언급한 것을 토대로 저자가 재구성하였다. 또한, 부모님은 접수상담을 오기 전에 이러한 설명 방법을 자녀에게 시도해 볼 수 있다. 물론, 부모님들은 놀이치료자만큼 자연스럽게 설명하지 못할 수도 있다. 따라서 놀이치료자는 부모의 걱정을 공감해 주면서 이렇게 마무리할 수 있다. "어머님, 이렇게 설명해 보시고요. 나머지는 아동이 센터에 왔을 때 저희가 알아서 하겠습니다. 어차피 아이와 함께 접수상담을 오시게 되면, 저희 놀이치료자들이 아이에게 한 번 더 설명할 것이고, 놀이치료에 대한 아이의 의견도 들어 볼 것입니다."

〈표 12-5〉 **접수상담 오기 전 부모가 자녀에게 '놀이치료/상담'에 대해 이야기해 주는 방법**

| |
|---|
| "민서야, 요즘 우리 둘 다 너무 힘들었지. 그동안 그 어려움을 해결하려고 너도, 나도 노력했고 말이야. 근데 뭔가 해결이 잘 안 되고 계속 어려웠어." |
| "그래서, 이제는 그 어려운 점을 해결할 수 있도록 우리를 도와주는 전문가 선생님을 만나러 갈까 해. 그래서 내일(또는 이번 주 안에) 상담센터라는 곳에 가 보려 해." |
| "너는 전문가 선생님과 '놀이'나 '이야기'를 할 거고, 엄마 아빠도 선생님과 여러 가지 의논을 할 거야. 전문가 선생님을 매주 한 번씩 만나면서 우리에게 가장 도움이 되는 방법들이 뭔지 찾아볼까 해." |

접수상담을 오기 전에, 부모가 자녀에게 〈표 12-5〉와 같은 설명을 하는 것은 아이를 존중하는 방법이 될 수 있다.

그런데 부모님들은 이미 마음이 많이 지쳤고, 조급해져 있을 수도 있으며, 아이에게 큰 실망감을 느낄 수도 있다. 이런 불편한 마음이 있는 상태에서 '놀이치료실을 가게 되는 이유'를 설명하다 보면, 역효과가 날 수도 있다.

따라서 놀이치료자들은 부모님이 다음의 사항들을 주의하시면서 설명해 보시도록 권할 수 있다.

〈표 12-6〉 **부모가 자녀에게 '상담/놀이치료'에 대해 설명할 때, 주의할 점**

| |
|---|
| 1. 아이가 이해할 수 있는 언어로 설명하시기<br>– 부모가 느끼는 '자녀의 어려움'에 대해 간단하고, 솔직하면서도, 아이가 이해할 수 있는 언어로 설명하자는 마음을 먼저 가져 보시기<br>⇨ 〈표 12-5〉의 표준적 설명을 참고하시기 |
| 2. 놀이치료센터를 가는 것이 '처벌/비난의 의미가 아님.<br>– 적절한 이유를 전달할 수 있도록 부모님의 불편함 감정을 조절한 후, 차분히 말씀하시기 |

⇨ "네가 내 말을 안 들어서 가는 거야." (×)
⇨ "너 때문에 내가 힘들어서 가는 거야." (×)
⇨ "그런데 다니면서 매운 맛을 봐야 돼." (×)

3. 놀이치료센터를 가는 것에 대해 거짓말/둘러대기를 삼가시기
– 불필요한 거짓말이나 둘러대기는 도움이 되지 않음.
⇨ "그냥 어디 좀 가는 거야." (×)
⇨ "학원 같은 데 가는 거야." (×)

부모가 자녀에게 이러한 설명을 얼마나 적절히 하느냐는 그 부모의 성격, 부모-자녀 간 관계의 질을 볼 수 있는 단서가 되기도 한다. 놀이치료자가 이런 방법을 부모에게 알려 주는 것이 전화문의상담에서 늘 필수적이지는 않다.

전화문의를 해 온 부모가 놀이치료자에게 먼저 질문했을 때에는 대답해 줄 수 있다.

전화문의상담에서 이런 질문을 하지 않은 부모의 경우, 그 자녀가 접수상담이나 정기상담에 왔을 때, 놀이치료자가 비슷한 의미로 직접 아동에게 설명하면 된다.

### (2) 초기 면접(접수상담)에서의 부모상담

전화문의상담을 통해 놀이치료의 의미를 적절히 이해하신 부모들은 초기 면접(접수상담)을 예약한 후 놀이치료센터로 내방하게 된다. 부모와의 실제적인 첫 회기가 바로 초기 면접(접수상담)이 된다. 이 첫 회기에서 놀이치료자가 부모와 어떤 내용을 나누는지를 이 장의 뒤편 '4. 첫 회기(초기 면접)와 상담 초기에서 부모상담' 부분에 자세히 기술하여 살펴볼 것이다.

여기서는 초기 면접(접수상담)을 하기 전에, 각 상담기관들이 '접수상담의 시간 구조'를 어떻게 할지 정하는 것에 초점 두어 살펴보겠다. 접수상담의 시간 구조는 모든 놀이치료 기관이 어느 정도 공통점을 갖지만, 각 상담기관의 특성과 내부적인 지침에 맞게, 그리고, 내담 아동과 부모에게 유익하도록 미리 체계를 만들어 놓는 게 필요하다.

〈표 12-7〉 **놀이치료센터가 초기 면접(접수상담)의 체계를 적합하게 만들기 위해 사전에 고려할 사항들**

| 점검과 논의를 통해 결정할 사항 | 가능한 결론 |
|---|---|
| 1. 누가 초기 면접(접수상담)을 진행할 것인가? | 1) 가장 경력이 많은 놀이치료자가 하는 방안<br>2) 경력과 상관없이 기관에 소속된 모든 놀이치료자가 번갈아 접수상담을 하는 방안 |
| 2. 초기 면접(접수상담)에 누구를 참여시킬 것인가? | 1) 초기 면접 첫 회기부터 아동과 주 양육자를 연달아 만나는 방안<br>2) 초기 면접(접수상담)에서는 주 양육자(부모)만 만나고, 두 번째 회기부터 아동을 만나는 방안 |
| 3. 시간구조화를 어떻게 할 것인가?(1회기 50분을 기준으로 했을 때) | *위 2-1)의 경우: 아동 놀이치료회기(25분) +주 양육자 상담(25분)<br>*위 2-2)의 경우: 첫 회기에서는 부모상담 회기만 50분 실시한 후, 두 번째 회기에서 놀이치료 회기(40분) + 주 양육자 회기 후 상담(10분) 실시 |
| 4. 어디서 할 것인가? | 1) 아동은 놀이치료실에서<br>2) 부모는 부모상담실에서 |

### (3) 검사 결과 해석상담

통상적으로 첫 회기(초기 면접, 접수상담), 그리고 두 번째, 세 번째 방문 회기들에서는 아동을 이해하기 위한 심리검사 체크리스트, 혹은 임상심리전문가가 실시하는 종합심리검사, 발달평가 등을 하는 경우들이 흔하다. 즉, 놀이치료의 전체 과정 중 상담 초기에 심리검사나 발달평가를 실시하게 된다. 어떤 검사 종류가 있는지에 대해 자세한 내용들은 이 책의 '제6장 놀이치료에서의 발달평가' 및 심리검사 강의 자료들을 참고하기 바란다.

특히, 만 6세 이하의 유아들은 종합심리검사를 실시하기에 다소 어린 연령이기 때문에 부모가 기재하는 체크리스트들을 잘 활용하는 것이 중요하다. 아동의 타고난 성향이 어떨지, 현재 가장 어려운 영역이 무엇일지, 그리고 부모는 이 위기 상황에서 어떤 양육태도로 대처하고 있는지 등을 확인해 봄으로써, 놀이치료자는 내담아동의 주 호소와 그 원인들이 주 호소에 미친 영향력을 파악해 볼 수 있고, 더불어 부모의 어려움을 더 면밀히 이해할 수 있다.

이런 탐색의 과정을 통해 아동에 대한 놀이치료의 목표도 구체화하고, 향후 놀이치료의 과정에서 부모를 어떻게 돕고, 부모와 어떻게 협력할지 실질적인 대안들을

찾아갈 수 있다. 놀이치료자-아동-부모 3자가 맺게 되는 이 특별한 '치료적 관계'를 위해 어린 유아들의 상담 초기[3]에는 놀이치료자가 부모에게 몇 가지 심리검사 체크리스트를 안내하기도 한다.

부모가 자가 체크를 하고, 놀이치료자나 임상심리사가 전산 채점을 한 후, 거기서 드러난 수치와 그래프가 의미하는 것들에 대해 '결과상담', '해석상담' 시간을 가질 수 있다. 검사의 종류가 종합심리검사냐, 단일한 체크리스트냐에 따라, 결과상담을 위해 구조화하는 소요 시간은 달라질 수 있다. 또한, 검사의 종류에 따라 특별한 교육과 워크숍을 수강해야 체크리스트를 사용하고 실시할 수 있는 자격을 얻을 수 있다. 따라서 놀이치료자는 각 검사를 실시하기 이전에 필요한 준비 사항과 자격 기준을 확인해 봐야 한다. 더 자세한 내용은 각 검사의 개발자 유의 사항을 확인 후 준비 과정을 거쳐 실시해야 한다.

〈표 12-8〉 **결과상담(해석상담)을 하게 되는 심리검사들**

| 연령대 | 사용 가능한 검사 |
|---|---|
| 만 1.5세 ~5세 | • CBCL(Child Behavior Checklist, 아동행동평가척도) |
| 만 3세 ~6세 | • JTCI 유아용(Junior Temperament & Character Inventory, 기질 및 성격검사)<br>• PAT(Parenting Attitude Test, 부모양육태도검사) |
| 만 5/6세 ~초등, 중등 | • Full Battery(종합심리평가)(지능검사 + 정서검사 + ATA + JTCI)<br>• ATA(Advances Test of Attention, 정밀주의집중력검사)<br>• JTCI 초등학생/청소년용<br>• CBCL 초등학생/청소년용<br>• PAT 초등학생/청소년용 |

### (4) 정기적인 놀이치료에서의 회기 후 부모상담

통상적으로 내담 아동들은 매주 1회 놀이치료 회기에 온다. 또한, 〈표 12-7〉에서 본 바와 같이, 초기 면접 1회기(50분)에서 놀이치료를 25분 실시한 후, 회기 후 부모상담을 25분 실시한다. 하지만 두 번째 회기부터는 놀이치료 40분, 회기 후 부모상담을 10분 실시하는 게 통상적이다.

3) 놀이치료의 전체 과정에 대한 용어들은 이 책의 '제11장 놀이치료 과정 분석'을 더 참고하길 바란다.

회기 후 부모상담 시간을 어떻게 보내는가에 대해서는 이 장의 '3. 부모상담의 기본적인 준비 사항' 및 '5. 정기적 및 지속적인 부모상담'을 참고하길 바란다.

#### (5) 별도 회기의 부모상담

통상적으로 매주 놀이치료 회기 후에 '회기 후 부모상담'으로 10분(최대 15분) 할애되기 때문에, 놀이치료자가 부모와 이야기 나눌 시간이 부족할 수가 있다. 이런 경우, 별도 회기를 50분씩 미리 배정하여 부모상담을 실시할 수 있다. 별도 회기의 부모상담에서는 매주 이루어졌던 '회기 후 부모상담'에서 시간 부족으로 충분히 의논하지 못한 이슈들을 더 풍부하게 상담할 수도 있고, 아동과 부모의 어려움에 대해 더 알아보고 코칭해 주는 시간으로 사용할 수도 있다.

더 자세한 내용은 이장의 뒤에 이어지는 '3. 부모상담의 기본적인 준비 사항' 및 '5. 정기적 및 지속적인 부모상담' 부분을 더 참고할 수 있다.

## 3. 부모상담의 기본적인 준비 사항

### 1) 빈도와 기간

#### (1) 부모상담의 빈도

놀이치료자가 내담 아동을 주 1회 만난다면, 양육자(부모, 법적 보호자)도 주 1회 만나게 된다. McGuire와 McGuire(2008)도 놀이치료자들에게 매주 15분의 부모상담을 권고하였다. 국내의 경우, 통상적으로 놀이치료(아동상담) 1회기를 50분으로 하는 경우가 많이 보고되는데, 1회기(50분) 중 40분은 내담 아동과의 놀이치료시간으로 할애하고, 나머지 10분은 '회기 후 부모상담'을 한다.

그런데 이 '회기 후 부모상담' 10분 동안, 놀이치료자가 아동의 특징과 놀이의 주제를 부모에게 설명하고, 부모는 지난 일주일간의 생활을 치료자에게 털어놓고 의논하기에 시간이 부족하기 쉽다. 따라서 놀이치료자는 별도 회기를 마련하여 부모에게 '양육 코칭이나 양육 상담'을 할 시간을 확보하는 게 효과적이다. Ray(2016)도 놀이치료자가 부모에게 적절한 양육의 자원을 제공하고 지식과 기술을 가르치며

진행 과정을 모니터링하기 위해서는 부모와 놀이치료자 간의 일관적인 접촉이 필요하다고 하였다. 즉, 놀이치료의 과정이 보다 효과적으로 이루어지려면, 놀이치료자가 부모와 정기적으로, 충분한 시간을 확보해서 만나는 것이 중요하다.

그 빈도와 관련하여 Ray(2016)는 부모상담의 빈도는 매 3주 차 혹은 5주 차가 적당하다고 하였다. 물론, 내담 아동이나 부모가 보다 위기적인 상황에 있거나 지원이 더 필요하다면, 그 빈도는 더 잦아질 수도 있다. Ray(2016)의 권고를 국내 상황과 연결해서 보자면, 매 3~5주마다 1회씩 만나는 건 별도 회기의 부모상담을 위해 적절해 보이는데, 실제로 '매 3주마다' 혹은 '매 4주마다'라는 식으로 정기성을 가져도 부모에게 도움 될 수 있다.

Ray(2016)는 좀 다른 경우도 언급하였는데, 만약 어떤 부모가 매주 부모상담을 요청한다면, 개인적인 상담이 더 필요하다는 신호로 보기도 한다. 이런 경우 부모 개인의 인생에서 상처나, 좌절, 현재 가족/사회생활에서의 대인관계 및 적응상 어려움 등이 너무 깊어 '한 명의 내담자로서' 개인상담이 필요할 수 있으니, 성인상담 전문가에게 의뢰하는 것이 부모에게 도움 될 수 있다.

내담 아동의 부모와 얼마나 자주 만날 것인가에 대해 표준적인 횟수를 정하되, 구체적인 빈도와 횟수는 아동과 가족의 동기나 어려움의 심각성, 기타 현실적 여건에 따라 달라질 수 있다.

**〈표 12-9〉 놀이치료자가 1회기 내의 시간을 할애하는 방안(일반적 예시)**

[만약 김철수 아동이 오후 3시에 놀이치료 1회기를 왔다면, 그 시간은 다음과 같이 사용할 수 있다.]

| 시간 | 만나는 사람 | 상담의 성격 | 장소 |
|---|---|---|---|
| 3:00~3:40 | 내담 아동 | 놀이치료 회기 | 놀이치료실 |
| 3:40~3:50 | 양육자(부모) | 회기 후 부모상담 | 부모상담실 |

### (2) 전체 상담의 기간

내담 아동을 위한 정기적인 놀이치료를 시작할 때, 많은 부모들은 "놀이치료를 다니는 데, 전체 기간이 얼마나 걸리나요?"라는 질문을 종종 한다. 이에 놀이치료자들도 적절한 답변을 하게 되는데, 정작 이에 대한 정확한 답변을 하기는 어려운 점이 있다.

전체 기간을 예상하려면, 내담 아동이 놀이치료 회기에서 반응하는 양상을 우선 몇 주 이상 관찰하며 상호작용해 봐야 하고, 아동이 가진 내적 자원, 부모가 놀이치료의 의미를 이해하는 정도, 부모가 일상에서 아동과 지내는 방법에 대해 변화 노력을 기울이는 정도 등 다양한 변수들을 고려해야 하기 때문이다. 무엇보다 몇 개월 이상 놀이치료 회기 안에서 아동이 놀이로 드러내는 내용과 주제의 흐름, 정서의 표현 양식, 자존감의 정도, 행동 조절의 정도 등이 어떻게 변화하는지 면밀히 살피는 기간이 충분히 필요하기 때문이다.

놀이치료의 이런 특징 때문에, 놀이치료를 시작하는 시점에서 "이 아동에게 놀이치료가 6개월 걸립니다. 이 아동은 1년 걸립니다"라고 단정적으로 답변하기가 어려운 것이다. 또한, 각 내담 아동마다 어려움을 겪는 이유와 현상, 그 정도가 모두 다르기 때문에 소요되는 전체 기간을 미리 정하기는 어려운 게 현실이다.

만약, 내담 아동이 가진 내적 자원, 그리고 환경이 가진 여러 가지 조건들이 양호한 경우, 6개월 정도로도 큰 성과를 보는 경우도 있지만, 대개는 1년이나 그 이상의 기간 동안 놀이치료가 진행되는 경우가 더 많다. 김광웅과 김화란(2009)은 "치료 종결을 언제 하느냐 하는 것은 아주 중요한 일이기 때문에, 치료 기간을 사전에 강박적으로 한정하는 것은 오히려 치료 결과에 불리할 수 있음을 기억할 필요가 있다"고 하였다. Landreth(2009)도 놀이치료의 전체 과정에서 '종결 과정'의 중요성을 강조하였다. 즉, 놀이치료의 과정 동안, 놀이의 변화된 신호들을 신중하게 살피고, 아동이 일상생활에서 적응하는 정도를 확인하면서, 아동의 의견을 존중하여 종결 시점을 신중하게 의논하고 준비해 가도록 권하고 있다.

따라서 단지 부모님의 의견으로 인해 놀이치료의 종결을 성급하게 혹은 일방적으로 서두르거나 한정하는 것은 아동의 놀이치료의 과정에서 볼 수 있는 효과나 결과 면에서 오히려 불리해질 수 있고, 또 임상 현장에서 이런 점들을 보기도 한다.

### 2) 소요 시간과 장소

별도의 부모상담 1회기를 하는 데 소요되는 시간과 장소는 내담 아동의 특성과 양육자의 여건에 따라 달라질 수 있다. Ray(2016)는 "일반적으로 부모상담은 30~50분 정도"라고 권고하였다. 이 정도의 소요 시간이 보장되어야 놀이에서 아동이 드러낸

상징적 주제, 내담 아동이 일상생활에서 보이는 양상 및 그것의 발달적·내적 의미에 대해 놀이치료자가 부모에게 어느 정도의 안내와 의논, 코칭을 해 줄 수 있기 때문이다. 부모는 내담 아동과 일주일을 생활하기 위해 자녀를 이해하는 데 도움 되는 정보를 놀이치료자로부터 듣는다.

한편, Ray(2016)는 놀이치료와 부모상담의 순서에 대해 몇 가지 권고 사항을 언급하였는데, 그 내용은 〈표 12-10〉과 같다.

〈표 12-10〉 **놀이치료에서 부모상담 시간을 구조화할 때 권고 및 유의 사항**

① 아동이 자신의 시간(놀이치료 회기)을 부모와 나누어 쓰지 않으면서 놀이치료를 받는 것이 중요하다.
② 놀이치료 회기 전보다는 놀이치료 회기를 마친 후에 부모상담을 한다.[4]
③ 부모를 위한 상담 시간이 더 필요한 경우, 아동의 놀이치료 회기 시간을 보장하는 상태에서 별도의 부모상담(부모상담) 회기를 마련한다.
⇨ 이에 대해 치료자와 부모가 협의를 한다.
④ 부모상담의 시간은 아동이 없을 때 진행하는 것이 이상적이다.
⑤ 아동의 유익을 위해 놀이치료자는 아동의 삶에 관련된 중요한 양육자들을 상담에 포함시킬 수 있다. (예 친부모, 양육권이 있는 조부모, 입양부모 등)

## 3) 참여자

앞의 〈표 12-10〉의 ⑤와 같이, 놀이치료자들은 "누구를 만나 아동의 생활과 심리에 대해 의논할 것인가?"에 대해 반드시 짚어 본 후 상담 회기를 구조화하는 계획을 세운다. 놀이치료 과정 동안, 아동의 유익을 위해 아동과 가장 많은 시간을 함께 보내는 어른을 부모상담에 포함시킬 수 있다. 어떤 부모상담에서는 어머니와 대리 양육자인 할머니가 참여할 수도 있고, 또 다른 상담에서는 어머니와 새아버지가 참여할 수도 있다.

---

4) McGuire와 McGuire(2008)는 이에 대해 아동에게 선택권을 주는 방법도 권한다. "선생님은 너와의 놀이 시간 전이나 후에 엄마와도 만날 거야. 네가 놀이한 거나 말한 거에 대해 모두 엄마에게 말하지는 않지만, 네가 집과 학교에서 더 잘 지낼 수 있도록 어떻게 노력할지에 대해 엄마와 의논할 수 있거든. 선생님이 너희 엄마를 우리 놀이 시간 전에 만날지, 놀이 시간 후에 만날지를 네가 정할 수 있어."

놀이치료자는 내담 아동을 위한 계획을 세우는 것처럼, 그 아동의 유익을 위해 부모상담의 계획도 세워 볼 수 있다. 아동의 상황이나 특성에 따라, 주 양육자 1인을 만날 수도 있고, 그 외 양육에 관여하는 어른을 함께 만날 수도 있으므로, 부모상담에 참여하는 양육자 인원이 1인 또는 2인이 될 수도 있다.

단, 부모가 법적으로 이혼을 했거나, 한쪽 부모가 사망한 경우, 놀이치료자는 법적으로 양육권을 가진 부모와 회기 후 상담 및 별도 회기의 부모상담을 하게 된다. 아동의 바람직한 성장을 위해 놀이치료자가 면접교섭권을 가진 부모를 만나야 한다면, 만남 이전에 법적 보호자인 부모의 동의를 사전에 구해야 한다.

### 4) 내담 아동에 대한 존중

놀이치료자들이 부모상담을 하는 동안, 내담 아동이 머무를 장소와 시간에 대해 미리 고려하지 못하는 일이 간혹 발생한다. 부모상담은 분명 내담 아동과 가족, 부모를 돕는 목적으로 이루어지는데, 이 시간 동안, 아이의 거취에 대해 고려하지 못하여 또 다른 어려움이 생길 수도 있다. 다음 몇 가지 유의 사항을 살펴보고, 내담 아동과 청소년들이 이용하는 놀이치료센터답게 놀이치료실, 부모상담실, 대기실 공간 등을 적절히 구분하여 사용하는 지혜가 필요하겠다.

#### (1) 놀이치료실은 '회기 후 부모상담'을 위한 장소가 아니다

'회기 후'라는 말에서 볼 수 있듯이, 놀이치료 회기 40분이 끝나면, 내담 아동과 놀이치료자는 놀이실을 나온다. 그리고 놀이치료자와 부모는 부모상담실로 입실하여 회기 후 상담을 한다. 부모가 놀이치료자와 '회기 후 부모상담'을 하는 동안, 내담 아동은 대기실에서 연령에 맞는 동화책을 읽거나, 간단하고 정적인 놀이(퍼즐 맞추기, 색종이 접기, 도안에 색칠하거나 빈 종이에 그림 그리기 등)를 하면서 10분간 양육자를 기다리게 된다. 아동이 대기실에서 기다리는 시간은 만 3세 이상 되는 대부분의 내담 아동들에게 그리 힘든 일은 아닐 수도 있다. 하지만 간혹 어떤 아동이 심심해하거나 외로워할 수 있고, 이를 대비해서 일부 상담센터들은 전공학생들이 자원봉사나 인턴 근무를 하며, 부모를 기다리는 내담 아동들을 살펴 주고, 상호작용을 하는 경우들도 있다.

즉, 놀이치료실은 아동의 특별하고 상징적인 놀이를 위해 준비된 공간이기 때문에, 그날 예정된 놀이치료 시간이 끝나면 퇴실하는 게 규칙이다. 놀이치료를 위한 공간과 부모상담을 위한 공간을 적절히 구분하여 운용하는 것도 놀이치료자들이 반드시 고려할 부분이다. 따라서 적절한 지침을 준수하는 아동상담센터들은 '놀이치료실'과 더불어 '부모상담실'을 인테리어 이전 단계부터 각 방의 특성에 맞게 구분하여 설계한다. 별도 회기에 부모상담의 목적으로 만나는 부모상담도 역시 '부모상담실'에서 진행된다.

#### (2) 부모상담 시간에 어린 아동을 포함시키지 않는다

전통적으로, 그리고 통상적으로 놀이치료자가 부모상담 시간에 어린 아동을 참여시키지는 않는다. 이렇게 하는 데에는 보통 2가지 이유가 있다.

첫째, 유아기 발달 단계에 있는 만 3~6세 정도의 내담 아동들은 어른들의 대화를 옆에서 기다리기가 어렵기 때문이다.

둘째, 기다리기 힘들어하던 아동이 어른들의 대화를 방해하는 것을 예방해야 하기 때문이다.

이런 이유들을 해결해야만 놀이치료자와 부모가 부모상담 시간을 집중해서 보낼 수 있다.

#### (3) 아동이 성장함에 따라, 부모상담 시간에 아동을 참여시키는 방안을 고려할 수도 있다

아동이 유아기를 지나 학령기로 성장해 감에 따라, 자신과 상황, 부모와 타인에 대해 이해하는 능력은 점차 성장한다. 따라서 아동이 성장해 감에 따라 '부모상담' 시간에 아동을 참여시키는 것도 고려해 볼 수 있다. Ray(2016)에 의하면, 특히 가족 문제해결이나 가족의 치료적 활동을 위해서는 더욱 그러하다고 하면서, 놀이치료자는 부모가 아동과 효과적으로 의사소통하는 능력이 있는지에 대해 고려해야 한다고 강조하였다. 만약 부모가 아동을 부정적으로 공격하는 의사소통 방법을 가지고 있다면, 부모상담에 아동을 함께 참여시키기 이전에 놀이치료자가 부모에게 대화기술을 먼저 지도하는 시간을 갖도록 권한다.

# 4. 첫 회기[5)](초기 면접/접수상담)와 상담 초기의 부모상담

## 1) 초기 면접(접수상담)과 상담 초기의 부모상담

국내에서 첫 회기 부모상담은 주로 초기 면접(접수상담)으로 이루어진다. 초기 면접 한 회기를 50분으로 가정했을 때, 놀이평가를 25분, 부모상담을 25분 진행한다. 그러니, 놀이치료자는 첫 회기 부모상담을 바로 초기 면접(접수상담)에서 하게 된다.

첫 회기 부모상담에서 가장 중요한 것은 '관계 형성'이다. 내담 아동이 놀이치료자를 신뢰하고 안전하게 여길 수 있도록, 놀이치료자는 관계 형성을 위한 이론적 및 실무적 준비를 한다. 마찬가지로, 내담 아동의 부모가 놀이치료자의 조언과 정보를 잘 이해하고 실천해 갈 수 있도록 놀이치료자는 첫 회기의 부모상담을 시작점으로 하여 적절한 상담관계를 형성해 간다.

## 2) 준비할 양식들

접수 면접지, 아동행동평가척도(Child Behavior Checklist, 6~18), 기질 및 성격검사(Temperament and Character Inventory), 부모양육태도검사(Parenting Attitude Test) 등을 준비한다. 또한, 정기상담 동의서 등 비밀보장과 사생활 보호를 알리고, 구체적 정보에 근거한 자발적 동의를 구하기 위한 서류 양식들을 준비한다.

단, 첫 회기(초기 면접) 부모상담에 할애된 소요 시간이 상담기관에 따라 다소 차이가 있을 수 있어, 기관의 시간구조화 체계에 따라, 이러한 서면 양식들 중 1~2가지는 첫 회기에, 나머지 2~3가지는 정기상담이 시작된 상담 초기에 부모가 체크하도록 제공할 수도 있다.

---

5) 첫 회기: 아동 및 부모와 대면하는 첫 번째 회기를 의미하며, 참고문헌들에서 자주 언급된 용어다. 통상적으로, 첫 회기, 초기 면접, 접수상담을 동일한 용어로 볼 수 있다. 이 책의 제3장에서는 첫 회기를 '초기 면접'이란 용어로 기술하였는데, 제12장 부모상담을 집필하면서 문맥의 의미를 효과적으로 전달하기 위해 '첫 회기', '초기 면접' 용어를 번갈아 사용하였다. 한편, 실제 현장에서는 첫 회기를 '접수상담'이라고 부르는 경우가 흔하기 때문에, 간혹 ( ) 안이나, 일부 문장 표기에서는 '접수상담'이란 용어를 사용하게 되었다.

〈표 12-11〉 **첫 회기(또는 상담 초기) 부모상담에서 준비할 수 있는 양식들**

| | 양식의 종류 | 사용 용도 |
|---|---|---|
| 1 | 접수 면접지 | *아동의 발달사, 부모의 주 호소, 부모의 양육태도를 부모가 직접 기록한 후, 놀이치료자에게 제출하는 양식이다.<br>*놀이치료자가 보관하며, 이후 부모상담에서 추가로 파악한 내용을 기록하는 양식이다. |
| 2 | 아동행동평가척도 (Child Behavior Checklist, 6~18) | *아동 · 청소년의 사회적응 및 정서행동 문제를 평가하기 위해 사용됨. 최근 아동 · 청소년이 겪고 있는 내적 · 외적 어려움의 정도를 파악해 보는 데 사용됨. 부모의 고통과 관찰한 내용이 반영된다. |
| 3 | 기질 및 성격검사 (Temperament and Character Inventory) | *아동 · 청소년의 타고난 성향과 고유한 인성을 종합적으로 평가하기 위해 사용된다. 이를 통해 자녀의 선천적 성향에 대한 부모의 이해를 넓히는 데 도움을 줄 수 있는 척도다.<br>*이 검사를 실시하기 위해선 임상심리전문가가 실시하는 특별한 워크숍과 강의를 들어야 한다. |
| 4 | 부모양육태도검사 (Parenting Attitude Test) | *자녀에 대한 부모의 양육방식과 양육태도를 파악함으로써 적절한 양육태도를 찾아가기 위한 방안을 논의하는 데 사용된다. |
| 5 | 정기상담 동의서 | *놀이치료의 개념, 특징, 전체 상담과정의 특성들을 간단명료하게 안내하는 서류다.<br>*부모에게 간단히 설명한 후, 부모는 해당 내용을 숙지할 수 있다.<br>*부모가 내용을 모두 숙지한 후, 자발적 동의를 하며, 이에 대한 친필 서명을 한다. |

## 3) 첫 회기[6]와 상담 초기에 나눌 내용들

Ray(2016)는 첫 회기 부모상담에서 놀이치료자가 다음의 7가지에 대해 부모와 이야기 나누기를 권한다. 발달사, 부모의 주 호소, 놀이치료의 개념과 의미, 비밀보장, 부모의 일관성, 진보에 대한 어려움, 종결 등이 그 7가지다. 물론 국내에서도 부모와의 첫 회기에서 이러한 내용들을 다루는데, 현실적으로는 첫 회기 부모상담을 위한 소요시간에 따라 7가지 초점 중 이야기 나누는 내용의 순서와 분량은 다소 달라질 수 있다.

미국의 경우(Ray, 2016)처럼, 첫 회기 부모상담을 아동의 내방 없이, 놀이치료자

6) 첫 회기=초기 면접, 접수상담과 동의어로 이해해도 된다.

가 부모와만 상담하는 경우에는 1시간 이상~2시간까지 긴 시간을 미리 구조화해 놓기 때문에, 다음의 7가지 초점들을 모두 다룰 수도 있다.

하지만 국내 임상 현장에서는 통상적으로 첫 회기 부모상담을 초기 면접(접수상담) 중 30분가량 하는 경우가 많기 때문에, 초기 면접 이후 별도로 부모상담 회기를 1~2회기 더 가지면서 그 7가지 초점에 대해 더 이야기 나눌 수 있다.

[그림 12-3]은 Ray(2016)의 7가지 초점을 토대로 하되, 본 저자가 국내 임상 현장의 통상적인 절차를 반영하여 재구성하였다. 더욱 자세한 내용은 제3장 놀이치료 초기 면접 실습, 제5장 아동-양육자 상호작용 평가, 제7장 사례개념화 등을 더 참고하길 권한다.

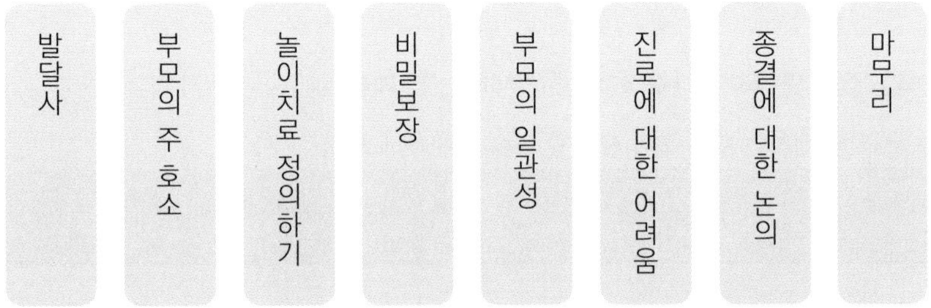


[그림 12-3] 초기 면접(접수상담)또는 상담 초기에 부모상담에서 나눌 내용들

### (1) 부모의 주 호소

놀이치료자가 아동의 발달사에 대해 부모의 답변을 듣고 면담하다 보면, 자녀에 대해 부모가 가장 크게 걱정하는 점들이 명확해진다. 또한, '접수 면접지'상에 [주 호소]를 기재하는 칸이 있기 때문에, 부모가 직접 기록한 '주 호소' 내용을 놀이치료자가 살펴보면서 이야기 나눈다.

부모가 기재한 주 호소 외에 놀이치료자가 부모에게 반영하고, 질문해 보고 경청해 봐야 할 내용은 2가지가 더 있다.

첫째, "이 주 호소가 많이 걱정되셨겠어요. 혹시 이 내용 외에 다른 어려움은 없으신가요?"라고 물어볼 수 있다.

둘째, "놀이치료를 통해 부모님은 어떤 도움을 받고 싶으세요?"라고 질문할 수 있다.

이런 과정을 통해 놀이치료자는 부모가 놀이치료에 대해 알고 있는 개념, 기대하는 점을 명료화할 수 있고, 부모가 향후 양육에서 보완할 점들이 어떤 내용들인지

파악하고, 부모상담 계획을 세워 볼 수 있다.

Ray(2016)는 "부모의 기대에 대한 명료화는 부모에게 놀이치료를 소개하기 전에, 특히 중요한 과정 중 하나"라고 하였다. 그런데 많은 경우에 부모의 주 호소문제와 아동의 주 호소가 일치하지 않기도 한다. 이런 불일치는 놀이치료의 정기적 회기를 시작하면서 더욱 분명해지기도 한다. 부모가 '자녀가 변화하기를 기대하는 점'과 아동이 '놀이치료를 통해 자신이 변화하고 싶은 점' 간에 불일치에 대해 놀이치료자는 내담 아동/양육자 양쪽의 요구를 모두 고려해서 전체적인 사례개념화를 정리하고, 상담목표를 세워 볼 수 있다. 결국, 내담 아동과의 치료적 관계를 효과적으로 형성하기 위해 놀이치료의 처음 시작 회기부터 '부모의 기대'에 대해 민감하게 인식하고 의논해 보기를 권한다.

〈표 12-12〉 **'접수 면접지' 중 [주 호소]를 기재하는 칸(예시)**

3. 주소(변화되길 원하는 행동부터 순위별로 작성해 주세요.)

| | 내용 | 언제 부터 | 빈도/ 정도 | 대처 방법 |
|---|---|---|---|---|
| 1 | | | | |
| 2 | | | | |

### (2) 발달사

놀이치료자는 아동들의 일반적·정상적 발달에 대한 전문적 지식을 세밀히 가져야 하며 동시에, 각 내담 아동의 독특한 발달적 역사(personal history)에 대해서도 탐색하고 이해하는 시간을 가져야 한다. 생물학적인 발달적 이정표를 아동의 삶의 맥락에서 이해해야 하는데, 특히 가족의 구성원과 역동, 가족의 이동, 가족원의 출생과 사망, 그리고 여러 환경적 사건들을 두루 살펴본다. 즉, 아동이 지난 몇 년을 살아오는 동안, 발달적 이정표들을 드러낼 때, 환경과 어떻게 상호작용을 주고받아 왔는지, 환경은 아동에게 어떤 영향을 미쳐 왔을지를 살펴본다. 이를 통해 놀이치료자는 내담 아동의 삶과 내적 심리의 발달에 대해 종합적인 이해를 해 본다.

아동의 배경과 관련된 정보 수집을 위해 정기상담 동의서에 '개인정보 수집'에 대해 사전 동의를 얻는 문구를 포함한다.

초기 면접(접수상담)의 부모상담에서 아동의 발달사(personal history)에 대해 면담하는 중요한 이유가 4가지 있다.

첫째, 놀이치료가 단순히 '일시적인 문제해결'을 넘어서 '아동 전체를 이해하고자 하는 과정'이라는 메시지를 보여 주기 때문이다.

둘째, 아동의 현재 주 호소/문제에 집중하기보다는 '아동의 지나온 삶과 앞으로의 성장으로 이어지는 과정'에 초점을 맞추는 긍정적 분위기를 마련하기 때문이다.

셋째, 놀이치료사가 아동의 발달사에 대해 질문하고, 부모가 답변하는 과정을 통해 '아동의 주 호소에 대한 부모의 염려'를 부모도 충분히 표현하고 이해받는 시간을 가질 수 있기 때문이다.

넷째, 첫 회기(또는 초기 과정에서)의 부모상담 시간을 통해 놀이치료자가 내담 아동의 인생사와 부모의 고충에서 핵심적인 내용들을 인지하게 됨으로써, 이후 내담 아동 및 부모와의 상담 시간을 좀 더 효율적으로 사용할 수 있기 때문이다.

한편, 아동의 발달사에 대한 정보를 부모가 놀이치료자에게 잘 전달하려면, 놀이치료자가 체계적인 서면 양식을 마련해 놔야 한다. 통상적으로 '접수 면접지' 또는 '접수상담기록지'라고 부르는 전문적 양식들이 각 놀이치료센터/아동청소년상담센터들에서 사용된다. 물론 이 '접수 면접지'가 구조화된 형태(format)는 각 센터들의 여건에 따라 조금씩 달라질 수 있다. 하지만 보편적으로 〈표 12-13〉의 내용들이 포함되어 있는지를 미리 점검하여 양식을 구조화한다. 〈표 12-13〉은 Ray(2011)가 제시했던 표를 토대로 하되, 본 저자가 국내 임상 현장을 고려하여 아프가 수치 문항을 제외한 후 제시하였다

또한, 〈표 12-13〉 자체는 접수 면접지가 아니기 때문에, 〈표 12-13〉의 내용들을 참고하되, 이 내용들을 그대로 서술형 질문처럼 인쇄해 놓기보다는, 세분화된 표로 구조화시켜서 '접수 면접지' 양식을 만들어 사용한다.

구조화시킨 '접수 면접지' 양식의 예시는 이 책의 '제3장 놀이치료 초기 면접 실습'에 제시하였다. McGuire와 McGuire(2008)에 의하면, 해당 내용을 서술형 질문지로 물어보면, 부모가 답변을 쓰는 데 있어서 부담감이 훨씬 증가한다고 보았다. 따라서 아동의 발달사(personal history)에 관해 탐색해야 할 내용을 적절히 세분화된 표로 구조화 했을 때, 답변하는 부모들의 불안을 감소시킬 수 있다.

〈표 12-13〉 **아동의 발달사에 대해 알아봐야 하는 내용들**

1. 계획된 임신 여부, 임신 기간 동안 약물복용 여부 등
2. 출산 과정에서 어려움이 있었는지 여부
3. 예정일에 태어났는지 여부(출산 지연, 혹은 조산 등)
4. 출생 후 아동은 병원에 얼마나 있었는지
5. 출생 시 아동의 몸무게/키
6. 출산 이후 다른 어려움이 있었는지
7. 수유에 어려움이 있었는지
8. 신생아 시기의 수면 상태 및 현재의 수면습관
9. 영유아기 때 아동과 돈독한 관계를 맺었다고 느끼는지
10. 영유아기 때 아동의 기질은 어떠했는지
11. 유아기 동안 아동과 상호작용한 사람은 누구인지. 아동과 가장 많은 시간을 보낸 사람은 누구인지(주 양육자).
12. 아동이 양육자와의 관계에서 단절/이별을 경험한 적이 있는지
13. 아동과 양육자들과의 관계가 어떠한지
14. 아동과 형제들과의 관계는 어떠한지
15. 다른 아동들과 비교해 보면, 아동의 발달에서 다른 점을 느꼈는지
16. 앉기 시작한 월령
17. 걷기 시작한 월령, 어려움이 있었는지
18. 말하기 시작한 월령,어려움이 있었는지
19. 배변훈련을 마무리한 월령, 배변훈련의 과정에 대해 써 주세요.
20. 현재에도 배변훈련과 관련된 어려움이 남아 있는지
21. 만 3세 이상의 아동인 경우:
    1) 한글, 수를 아는지
    2) 한글을 읽을 수 있는지
    3) 한글을 어느 수준까지 읽을 수 있는지
    4) 한글 읽기에 어려움이 있는지
22. 만 3세 이상의 아동인 경우:
    1) 한글을 쓸 수 있는지
    2) 한글 쓰기에 어려움이 있는지
23. 신체활동/운동을 하는 정도
24. 만약, 학교를 다니고 있다면, 학교에서 어떻게 생활하는지
25. 교사와 같은 권위적인 대상과는 어떻게 지내는지
26. 친구들이 얼마나 있는지, 친구들과의 관계는 어떠한지
27. 현재 일상생활에서 아동과 상호작용하는 사람들은 누구인지, 그들과의 관계는 어떠한지
28. 아동기 동안, 이사를 몇 회가 했는지, 그 과정에 대해 기재해 주세요.
29. 아동이 전학했던 학교가 몇 곳이었는지, 전학 과정과 전학한 학교에서의 적응 과정을 기재해 주세요.
30. 가족, 친구, 반려동물 등을 잃는(사별한) 중요한 상실을 경험한 적 있는지

### (3) 놀이치료의 개념과 의미 안내

놀이치료자가 부모의 주 호소와 아동의 발달사에 대해 어느 정도의 탐색과 나눔을 진행했다면, '놀이치료'에 대해 부모에게 안내하고 설명한다. 부모가 '놀이치료의 개념, 효과, 과정의 특징들'을 충분히 이해하는 것은 이후 놀이치료의 전체 과정을 순조롭고 효과적으로 진행하는 데에 도움이 된다.

적지 않은 부모들이 놀이치료센터를 방문하면서도 '놀이치료의 개념'을 잘못 알거나, 그 효과에 대한 믿음을 충분히 갖지 못하기도 한다. 부모가 놀이치료에 대해 잘 모를 때, 놀이치료자는 다음의 3가지를 '부모가 이해할 수 있는 언어로' 설명해 주는 것이 필요하다. '정기상담 동의서' 양식을 제작할 때, 놀이치료의 기본 개념과 일반적 효과, 소요되는 기간 등에 대한 문구를 포함시키는 것도 효과적인 안내 방법 중 하나다. 물론, 서면화된 안내 문구가 있더라도, 놀이치료자가 그 의미를 직접 설명하는 시간을 잠시라도 갖기를 권한다.

① '놀이치료'가 무엇인지, 그리고 아동은 놀이치료에서 일반적으로 어떤 체험을 하게 되는지
② 놀이치료를 정기적으로 함으로써 아이에게 어떤 변화와 효과들이 생기는지
③ 내담 아동에게 부족했던 내적 체험은 뭔지, 그것에 대해 놀이치료자와 부모는 앞으로 어떻게 논의하고 실질적인 대안을 찾아갈 건지

놀이치료자는 2~3문장으로 된 '놀이치료의 표준적인 정의'를 암기해 보고, 그 표준적인 정의에 내담 아동의 특성(내적 · 외적)을 연결하여 부모가 이해할 수 있는 안내를 해 볼 수 있다. 부모에게 이런 안내와 설명을 효과적으로 하기 위해, 당연히 놀이치료자는 전문적 지식을 공부해야 하지만, 동시에 전문적 내용에 대한 자신감을 갖고 임하는 것이 필요하다.

결국, 놀이치료자는 놀이치료의 전체 과정에서 아동이 어떤 내적 체험(교정적 체험)을 하게 되는지, 그 내적 체험이 아동의 외적 태도를 어떻게 달라지게 촉진하는지 등에 대한 전문적인 정보와 방향성을 부모에게 제공할 수 있다.

**[놀이치료에 대한 자연스러운 안내 예시]**

–유치원 7세반에 다니는 범수는 부모에게 공격적인 말과 행동을 자주 보여 부모는 아동의 '예의 없음'에 대해 걱정이 많다. 가족들은 범수에 대해 "구제불능이다", "도대체 말을 들어먹질 않는다", "다른 사람이 얼마나 불편해하는지, 범수는 전혀 신경 쓰지를 않는다"며 하소연하였다.

–놀이치료자가 어머니의 주 호소를 경청하고 공감한 후에, "놀이치료가 무엇이고, 놀이치료가 어떻게 범수를 도울 수 있는지"를 안내해 볼 수 있다. 그 예시가 되는 치료자의 반응은 다음과 같다.

⇨ "범수가 자신의 불편한 감정들(화, 짜증, 심심함)을 너무 무례하게 드러낸다고 생각하시는 거죠. 또 범수가 다른 사람이나 가족이 얼마나 불편해할지는 전혀 생각하지 않는 것 같아 걱정이 크시고요."

⇨ "놀이치료에서 범수는 놀이를 통해 자신을 표현할 시간을 가질 거예요. 놀이치료 시간 동안, 범수는 '누가 나를 비난하지 않네. 지적하지 않네. 혼내지 않네'라고 느끼면서, '안전감'이라는 걸 느끼게 될 거예요. 그리되면, 아동이 무의식에 내면화시켰던, 자기에 대한 지각, 환경에 대한 지각을 부지불식간에 드러내게 되요. 저는 아이의 놀이를 지켜보면서 놀이치료자들이 사용하는 여러 언어적 반응을 해 주고, 비언어적 교감도 할 거예요."

⇨ "간혹 범수가 공격적·파괴적 행동을 할 때, 제가 '제한 설정'이라는 대화기법을 사용할 겁니다. 제가 제한 설정의 대화방법을 사용하면, 범수가 자신의 불편한 감정을 이해받고 수용 받는 내적 체험을 하고, 더불어 현실에서 해도 되는 행동과 안 되는 행동을 구별해 보는 경험을 하게 됩니다. 또, 사회적으로 수용 가능한 방법으로 자기 감정을 표현할 새로운 방법을 찾는 경험도 하게 될 거예요. 아이들이 자기 내부에 있는 불편한 감정들을 인식하고 처리하는 능력이 생기면, 주변 사람들의 감정에 대해서도 어떻게 알아채고 대처할지 방법들을 하나씩 키워 갈 수 있어요."

⇨ "그렇게 되면, 지금 어머님이 걱정하시는 주 호소들이 차차 그 정도나 빈도가 줄어들고, 어떤 행동은 없어지기도 해요. 물론, 범수가 놀이치료에서 하게 될 여러 경험들이 단기간 내에 모두 성취된다고 말씀드릴 수는 없어요. 저와 범

수가 특별한 만남을 정기적으로 가지면서, 저도 범수의 생활과 내적 세계에 대해 더 알아갈 것이고, 그래야 범수와 어떤 상호작용을 해 갈지 더 구체적으로 임할 수 있거든요."

⇨ "놀이치료를 하는 과정에서 범수가 자기를 적절히 향상시키는 방향을 찾아나가리라 저도 기대해 보겠습니다."

### (4) 비밀보장 및 사생활 보호

놀이치료자는 가능한 '부모'와 '아동'에게 비밀보장에 대해 분명하게 설명해야 한다. 이때 정기상담 동의서[7]를 활용하면서 설명하는 것이 더 효과적이라고 본다. 간혹 어떤 부모는 '자녀의 놀이치료에서 비밀보장이 중요한 이유'를 잘 모를 수 있다.

그래서 접수상담이나 초기 과정에서 놀이치료자는 '아동이 법적이고 윤리적인 경계 안에서 비밀을 보장받을 권리가 있음'을 부모에게 안내해야 한다. 미국의 경우, 대부분의 법적 규정에 의하면, 아동의 정신건강 비밀보장은 부모에게 속한다. 하지만 상담 분야의 윤리규정에 의거해, 아동상담 전문가들은 '아동에게 해롭지 않는 한' 아동의 유익을 위한 비밀보장을 권고 받는다.

이렇게 하는 이유는 놀이치료자의 주요 내담자는 '아동'이고, '아동이 놀이치료에서 안전한 환경'을 보장받아야 하는 점 때문이다. 놀이치료자는 '아동이 다른 사람의 감정이나 다른 사람의 옳고 그른 기준을 신경 쓰지 않은 채 자기를 표현할 수 있는 환경'을 조성한다. 놀이치료실은 아동이 안전감을 느끼면서 마음에 억눌렸던 내용들을 하나씩 표현할 수 있는 환경이어야 한다. 만약 부모님이 "너 왜 그 놀이했어? 이렇게 해야지, 다음엔 그 놀이 하지 마!"라고 말하는 경우, 부모님의 이런 지시적 언급은 아이의 내적 표현인 놀이를 취조하고 폄훼하거나 비난하는 말투로 드러나게 된다. 이후 아이는 놀이실에서 표현하려던 동기가 저하되어, 그다음 회기에 왔을 때 자신의 진정한 내적 성장을 위한 표현을 중단하거나 줄이게 된다.

즉, 부모가 아동의 놀이에 대해 약간이라도 평가나 개입을 하게 되면, 그 자체가 아동의 정서적 안정과 자기실현, 자아의 향상에 방해가 된다. 보다 효과적인 놀이치료의 과정을 위해 놀이치료자는 아동의 놀이에 대한 어떤 내용을 부모와 공유하는

---

7) '정기상담 동의서' 양식은 제2장을 참고하기 바란다.

것이 유익할지 그 범위를 적절히 정하고, 내용을 선별할 수 있어야 한다.

〈표 12-14〉 **놀이회기 내용 중 어디까지 부모에게 전달하는 게 유익한가에 대한 설명의 예시**

| 혜민이가 드러낸 놀이 장면 | 놀이치료자가 전달하는 예시 |
|---|---|
| * 올해 만 4세가 된 혜민이는 유치원 5세반에 입학했다. 만 3세경, 귀여운 여동생이 태어났다. 사실 만 2세까지 엄마는 혜민이를 열심히 돌보고 혜민이가 좋아하는 놀이도 함께 자주 해 주었다. 만 2세 2개월 무렵, 엄마가 둘째를 임신하고 입덧이 지속적으로 심하게 있으면서, 하루 중 누워 있거나 기운이 떨어지는 시간이 늘어났다. 아무래도 둘째 임신 전만큼 혜민의 식사, 목욕, 외출, 놀이 등을 활기차게 해 내기가 힘들었다. 이런 와중에 혜민은 짜증과 반항적 태도가 늘기 시작했고, 엄마는 놀이치료실을 방문하게 되었다. | |
| ⇨ 주인공이 언니 토끼가 집과 마당을 자유롭게 다니며 놀고 있다.<br>*언니 토끼 1: (엄마를 즐거운 목소리로) 엄마~ 나랑 놀아요. 나 그네 밀어 줘요.<br>*엄마 토끼 1: 잠깐만 언니야, 엄마는 지금 아기 우유를 줘야 해. 너 혼자 놀 수 있지.<br>*언니 토끼 2: (잔뜩 실망한 목소리로) 히잉~ 엄마는 맨날 동생만 돌봐 주고~~;;<br>*엄마 토끼 2: 이따가 놀아 줄게. 지금은 동생 맘마를 줘야 하잖아.<br>*언니 토끼 3: (할 수 없이 혼자 놀면서 엄마를 기다린다. 잠시 후) 엄마~ 아기 우유 다 먹었어요. 나 이제 블록 만들 건데, 같이 만들어요~.<br>*엄마 토끼 3: (단호한 목소리로) 아직 안 돼! 동생 기저귀 갈아 줘야 해. 기저귀를 갈아야 잠시 후에 코 자거든.<br>*언니 토끼 4: (더 풀죽은 목소리로) 히잉~~ 엄마는 맨날 맨날 '동생, 동생' 동생만 돌봐 주고, 나랑은 하나도 안 놀아 주고ㅜㅜ 엄마 미워~~.<br>*엄마 토끼 5: 어어~ 그런 말 나쁜 말 하면 못써요. 엄마한테 혼나야겠구나.<br>*언니 토끼 5: 엄마는 놀아 주지 않고, 만날 만날 나만 미워하고! | ⇨ "놀이는 아이가 무의식에 갖고 있던 지각(perception)이라는 것을 드러내는 창이기도 합니다. 최근 혜민이는 엄마가 자신보다 아기를 더 예뻐한다고 지각하는 것이지요. 혜민이가 마음에 갖고 있는 '엄마-아기 간의 관계에 대한 인식'이라고 보시면 됩니다. 그런데 이 지각이란 것이 혜민이 관점에서 주관적으로 만들어지고, 내면에서 강렬하게 만들어지는 것이라서, 이 놀이 장면을 놀이치료자가 수용해 주는 것이 중요합니다."<br>"몇 개월 또는 그 이상의 기간 동안, 꾸준히 놀이치료에서, 아동이 무의식의 주제를 드러내고, 놀이치료자가 이를 이해해 주면서, 동시에 아동이 가진 여러 장점들을 격려해 주는 과정을 통해, 아이는 내면화되었던 부정적인 지각을 차츰 줄여 가고, 자신의 중요한 사람들에 대한 지각을 점차 긍정적으로 변화시켜 갈 수 있지요. 아동이 가진 자기와 자아의 힘이 차츰 성장하다 보면, 엄마의 말과 태도에 대해 오해하고 저항하던 혜민의 마음도 점차 줄어갈 수 있습니다." |

### (5) 놀이치료에서 진보의 어려움과 과정의 특성

놀이치료를 통해 아동들은 점차 내적으로 중요한 체험들을 하면서 자아의 힘을 키워 가고, 예전에 가졌던 심리적 어려움과 불편한 감정들을 점차 줄여 갈 수 있다. 또 살면서 생길 수 있는 여러 부정적인 감정들을 아이가 스스로 인식하고 적절히 표현할 수 있는 방법들도 알아간다.

이처럼 '놀이치료를 통해 아동이 좋아지고 있음'을 알아 갈 수 있으나, 그 과정에서 부모가 꼭 알아야 할 점들이 있다. 대표적인 두 가지 특징을 〈표 12-15〉에서 살펴본다.

〈표 12-15〉 **놀이치료의 과정의 진보에서 나타나는 대표적 특징과 어려움**

| 대표적 특징 | 의미 설명 예시 |
|---|---|
| 1. 아동이 좋아지고 있음은 '놀이'를 통해 알 수 있다. | -"놀이치료자가 함께 하는 수용적이고 안전한 환경에서 아동은 놀이를 통해, 자신의 심리적 어려움과 불편한 감정들을 점차 줄여 가고, 내적인 잠재력은 점차 드러내고, 늘려 갑니다."<br>-"또한, 아동은 다양한 놀이 장면들을 확장하고 통합하면서, 보다 자신감 있고 성숙한 삶의 태도를 보여 줍니다."<br>-"혜민의 놀이에서처럼, 점차 언니토끼가 엄마에 대한 오해를 줄이고, 자기 나이에 맞는 놀이를 찾고, 가족 내에서 언니가 하는 역할을 수행하는 장면들이 나타납니다. 또한, 아기와 언니 중 누가 중요한가에만 연연하기보다, 언니와 아기가 각자 다른 점이 무엇인지, 언니는 무엇을 할 수 있는지를 알아 갑니다. 또한, 5세인 내가 친구랑 어떻게 어울리는 가에 관심을 더욱 늘려 갑니다." |
| 2. 상당수의 아동들이 놀이치료 2~4회기를 지나면서 '부정적 감정들'을 주변 사람들에게 강하게 드러내기 시작한다. | -"놀이치료를 시작한지 최소 2회기 또는 4~5회기가량 지나면서, 아동들이 가까운 부모나 어른들에게 부정적인 감정을 강하게 드러내곤 합니다. 그런데 이는 '진보(진전)의 한 과정이나 신호'로 봅니다."<br>-"즉, 아동이 이전보다 '수용적인 치료환경'에 놓이게 되면, 안전감을 느끼기 시작하면서 내적인 것을 분별없이 쏟아내기도 합니다."<br>-"하지만 아동이 부정적 감정을 강렬하게 드러내면, 부모는 당황하고, '놀이치료를 하기 전보다 놀이치료를 하면서 더 나빠졌다'고 생각하기 쉽습니다."<br>-"그래서 제가 지금 시기-전체 과정 중 상담 초기-에 미리 설명을 드립니다."[8]<br>-"또한, 이런 독특한 시기와 현상을 체험하고 지나면서, 아동은 부정적인 감정을 인식하고 적절히 표현하는 방법을 습득해 갑니다. 점차 긍정적 감정을 이전보다 더 많이 갖게 되고, 최종적으로는 부정적 감정의 비중보다 긍정적 감정의 비중이 더 우세해져서 일상생활에서 전체적으로 안정된 모습이 많아집니다." |

### (6) 부모의 자발적 동기와 일관성의 중요성

놀이치료가 효과적이기 위해서는 부모가 내담 아동을 정기적으로 데리고 오는 것에 협조적이어야 한다. 통상적으로 다수의 내담 아동들은 주 1회 놀이치료에 온다. 하지만 아동의 발달사, 애착 관련 경험, 정서 및 행동 조절의 정도, 유치원이나 학교에서의 부적응 정도, 가족 내 갈등의 강도 등을 고려하여 주 2회나 주 3회로 주별 횟수를 늘리는 경우들도 있다. 매주 1회냐, 2회냐를 정하는 것은 아동의 정서적 안정과 가족 내 평화로운 분위기의 증진을 위해, 그리고 원활한 사회생활을 돕기 위해 놀이치료자의 전문적 소견을 바탕으로 아동 및 부모와 의논하고 조율한 후, 아동이 최종적으로 정할 수 있다.

드문드문 치료를 오는 건 아동의 진전을 방해하는 격이 되고, 앞으로의 발전 가능성에 한계를 유발하게 된다. 결국, 내담 아동이 놀이치료를 오는 동안, 보다 의미 있는 내적 체험을 하면서, 자기(self)와 자아(ego)를 성장시켜 가기 위해서는 상담의 정기성에 대한 부모의 이해와 동기, 일관성 있는 협조가 중요하다.

### (7) 종결의 특징과 절차

종결에 대한 논의는 상담 시작 시점부터 짧게라도 설명하는 게 좋다. 이렇게 하는 것은 자녀의 문제를 늘 직면해야 하는 부모들이 불안감과 부담감을 조금이라고 내려놓게 도와줄 수 있다. 치료자는 가능한 상황에서 부모가 미래의 희망을 갖도록 필요한 정보를 제공해 줄 수 있다. 〈표 12-18〉을 참고해 본다.

**[종결에 대해 부모에게 안내하는 예시]**

–"놀이치료를 충분히 지속하다 보면, 아동은 놀이치료에서 '연령에 맞는 놀이'를 하는 빈도와 지속시간이 더욱 늘어납니다. 즉, 놀이치료 시작 당시의 어려움들은 점차 줄고, 어떤 해결책들도 놀이에서 등장합니다. 아동은 마음에 '이제 나는 혼자서 잘 지낼 수 있다'는 자기 확신감을 싹틔워 가는 신호로 봅니다."

"놀이치료실 밖 일상생활에서도 안정을 찾아가고, 나이에 맞는 여러 기능을

8) 상담 초기를 지나면서 일상생활에서 아동이 보이게 될 특징을 부모가 미리 알게 되면, 부모님들은 몇 주 후에 그 현상을 체험하면서 놀이치료자에게 고마워하거나 안심하기도 한다.

더 많이 드러내고, 자기 능력을 더 많이 사용해서 단체생활에도 더 많이 적응해 갑니다."

"이렇게 성장과 변화의 표시들이 더 늘어나다 보면, '이제는 놀이치료실에 오는 것보다도 친구들과 더 놀고 싶어 하고, 학교와 학교 밖에서 더 많은 것들을 배우고 싶어 하며, 놀이치료실에 시큰둥한 반응을 보이기'도 합니다."

"이런 긍정적 변화들이 몇 주 동안 계속 안정적으로 유지되고, 부모님들도 자녀와의 상호작용이나 지도에 자신감이 더 생기게 됩니다. 바로 그런 시점에서 종결을 준비할 수 있지요. 즉, 종결은 아동, 놀이치료자, 부모님 모두가 협의하고, 서로 이해하며 받아들일 수 있도록 준비해 나가는 것이 매우 중요합니다."

–만약 부모가 "놀이치료가 도움 되지 않아요."라고 언급하면서, 먼저 이른 종결을 거론할 때, 놀이치료자는 다음의 예시와 같이 말해 볼 수 있다.

**[조기 종결에 대한 부모와 놀이치료자의 토론 예시]**

* 부모 1: "놀이치료를 얼마나 더 해야 하나요? 이게 도움이 되는 건가요? 아직 잘 모르겠어요."

* 놀이치료자 1: "혜민이가 달라지는 것을 언제쯤 느낄 수 있는지 궁금하시고, 정말 변화가 가능은 한 건지도 의구심이 드실 수 있어요. 제가 확실히 말씀드릴 수 있는 건 저도 혜민에게 놀이치료가 필요 없기를 지향하며, 치료에 임한다는 점입니다. 매주 놀이치료 회기 후 부모상담에서 어떻게 진행되고 있고, 어떤 진전과 변화 신호가 있었는지를 제가 어머님께 말씀드리고 있고, 또 앞으로도 그럴 거예요. 저도 혜민이를 위해 어떤 점이 최선인지 더 생각해 보겠습니다.

최종적으로 혜민이가 놀이치료를 계속 할지 아닌지는 어머니가 결정하시겠지만, 그 결정을 저와 의논하셨으면 합니다. 또 어머님이 어떤 불만족스러운 점이 있으시다면, 저에게 꼭 말씀해 주시기를 부탁드려요. 어머님 입장에서는 그러실 수 있음을 저도 이해합니다.

만약, 어머님이 종결을 결정하시게 되면, 저는 어머님의 결정을 존중하고 이해할 겁니다. 하지만 어머니께서 저에게 종결에 대해 말씀해 주신 시점과 실제적인 종결 사이에 최소한 2회기 정도의 여유 기간을 주셨으면 합니다. 그 시간은 저와 숙명이

가 그동안의 치료적 관계를 적절히 종결하기 위한 최소한의 시간이기 때문입니다."

### 4) 첫 회기 부모상담을 위한 시간구조화

국내의 놀이치료센터들은 초기 면접(접수상담 1회기)을 50~60분으로 시간구조화한 후, 그중 아동을 25~30분, 부모를 25~30분 만나는 경우가 많다. 미국의 경우는 국내와 다른 시간구조화를 하고 있는데, Ray(2016)와 Goodyear-Brown(2021)을 통해 미국 놀이치료센터들의 시간구조화를 참고해 볼 만하다.

Ray(2016)는 "놀이치료자는 부모로 하여금 자신의 취약성을 드러내고, 정직하며, 배우고자 하는 의지를 갖고, 놀이치료 과정에 확신을 갖도록 돕는 안전한 관계의 시작을 위해 부모와 연합해 간다. 첫 회기 부모상담은 종종 길게 하는 데, 최소한 1시간이나 사례의 깊이에 따라 2시간으로 연장될 수 있다"고 하였다. 부모와 놀이치료자가 아동이 겪고 있는 여러 어려움들에 대해 좀 더 편안하게 필요한 이야기를 나눌 수 있도록 하기 위함이다. 이에 대해 Goodyear-Brown(2021)은 "놀이치료자가 먼저 부모에게 우산이 되어 주는 역할을 해 줄 수 있다"고 하였다. 그래야만 이후에 부모가 자녀인 내담 아동에게 우산 역할을 해 줄 수 있다고 보았다.

상담 초기에 놀이치료자-모 간에 라포가 조금씩 만들어지는 상태에서, 놀이치료자가 [질문-반응(경청, 단순 반영),-반영(내용 반영, 감정 반영)]을 순환적으로 적절히 하게 되면, 부모는 방어를 서서히 내려놓고, 아동의 발달사와 부모의 이전시기 어려움들에 대해 하나씩 기억해 내고 추가적인 대화를 시작하게 된다.

첫 회기나 상담 초기에 놀이치료자가 아동의 발달사를 알기 위해 너무 질문만 쏟아내게 되면, 부모는 놀이치료자에 대한 안전감과 신뢰감을 만들지도 못한 상태에서 너무 많은 것들을 대답해야 하는 부담을 갖게 되고, 놀이치료자가 부모를 이해해 주는지를 확실히 느끼기가 어려워진다.

부모와의 첫 만남은 '부모와 놀이치료자'가 긴 시간, 서로 집중, 유익한 정보를 주고받는 상호작용의 기회다. 부모는 치료자에게 아동의 배경, 발달사와 특징, 부모가 가졌던 어려움과 기대 등을 알려 준다. 반대로 치료자는 부모에게 이해와 수용, 공감과 지지를 전하면서 동시에 놀이치료에 대한 중요한 정보를 알려 주는 시간이다. 이때 두 사람 간에 오고가는 모든 정보는 '관계 형성'이라는 궁극적인 목표의 맥락에서 주고받는 것이다.

단, 꼭 주의해야 할 점은 부모에게 충고를 주려 하기, 부모를 가르치려 하기를 삼가고 자제하는 것이다.

## 5. 정기적 및 지속적인 부모상담[9) -회기 후 부모상담을 중심으로-

부모들은 종종 어려움이 크다고 호소하며, 실질적인 도움을 놀이치료자에게 요청한다. 특별한 에피소드를 묘사하고, 이때 부모가 어떻게 해야 하는지 방법을 알고 싶어 한다. 그러나 첫 회기는 아직 관계 형성이 충분하게 형성된 시점이 아니기 때문에, 교육과 코칭을 하기 시기상조라고 본다. 즉, 첫 회기는 부모와 치료자에게 모두 무거운 시간일 수 있기 때문에, 이후 정기적인 만남을 의논하는 것이 중요하다.

국내의 경우, 1회기 50분인 경우, 아동의 놀이치료에 40분을, 회기 후 부모상담에 10분을 할애한다. 또한 회기 후 부모상담 시간이 부족할 경우, 월 1회 정도로 별도 부모상담을 1회기/50분씩 진행할 수도 있다. 여기서는 회기 후 부모상담과 별도 부모상담에서 부모와 나눌 수 있는 내용들을 살펴본다. 물론, 모든 사례에 다 들어맞는 지속적인 부모상담[10)]의 구조를 딱 하나로 제공하고, 딱 이런 내용으로만 부모 상담을 하라고 하기는 어렵다. 하지만 다양한 사례에 효과적인 요소들을 제시하자면 다음과 같다(Ray, 2016).

### 1) 주 호소 목록의 준비

이전 첫 회기 부모상담 시간에 '아동에 대한 부모의 주 호소'와 '상담에 대한 기대'를 명확히 해 놓는데, 그 주 호소 내용을 이후 정기적인 회기 후 상담 시간에 활용하

9) 정기적인 부모상담은 '회기 후 상담'과 '별도 회기의 부모상담'을 모두 일컫는 용어로, 놀이치료의 전체 과정에서 정기적이고 지속적으로 이루어지는 게 아동에게도, 부모에게도 도움된다.

10) 여기서의 부모상담은 '회기 후 부모상담'과 '별도 회기의 부모상담'을 모두 언급한다.

는 것이 중요하다. 접수 면접지에 기재된 주 호소 목록을 이후 정기적인 부모상담에서도 활용하는 것이 자연스럽고 유용한 대화를 촉진한다. Ray(2016)는 주 호소 목록을 "치료자와 부모가 이야기 나눌 안건과 같다"고 하였다.

간혹 부모가 주 호소들의 둔 우선순위와 놀이치료자가 생각하는 주 호소들의 우선순위가 다를 수도 있다. 부모에게 가장 어려운 점이 무엇인지를 순서를 체크해 보게 한 후, 부모의 입장을 이해해 주면서 정기적인 상담을 진행하는 것이 효과적일 수 있다.

## 2) 정기적인 부모상담 회기 내에 다룰 내용들 4가지

정기적인 부모상담에서 놀이치료자는 다음의 4가지를 언급할 수 있다. Ray(2016)은 이런 과정을 '지속적인 부모상담의 단계(4단계)'라고 언급하였다. 이 장에서는 국내 임상 현장의 상황을 고려하여 그 4단계를 좀 더 간결하게 기술하고자 한다. 다음의 〈표 12-16〉에서 그 4단계의 내용을 ①~④로 요약하여 제시하였다.

놀이치료자가 부모와 이러한 4단계 내용을 나누는 것은 상담의 전체 과정 중 상담초기냐, 상담 중기냐, 말기냐, 종결 과정이냐에 따라, 그 4가지 중 어디에 더 비중을 둘지를 조절해야 한다. 또한, 아동의 주요 문제 유형이 내면화냐 외현화냐에 따라서도 각 단계에 두는 비중이 달라질 수 있고, 부모가 궁금해하는 측면에 따라서도 각 4단계 중 어디에 비중을 둘 건지는 달라질 수 있다.

〈표 12-16〉와 관련된 더 자세한 내용을 공부하기 원한다면, Ray(2016)를 참고하길 바란다.

〈표 12-16〉 **정기적인 부모상담 회기에서 놀이치료자 부모와 나눌 4단계**

| 단계 | 내용의 초점 |
|---|---|
| 1. 지난 한 주간 어떻게 지내셨는지 안부를 묻기 | -지난 한 주간 어떻게 지내셨는지에 대한 안부 인사를 통해, 아동의 주 호소 중 어떤 에피소드로 자연스럽게 이야기를 나눌 수 있다. |
| 2. 놀이치료 회기에서의 진보와 관련된 신호 알려드리기 | -놀이치료 회기에서 아동이 진전하고 있는 신호와 그 내적 의미를 알려드린다. 더욱 자세한 건 제8장, 제10장, 제11장 등을 참고하여 설명한다. |

| | |
|---|---|
| | –특히, 놀이 회기에서 아동이 놀이에서 보이는 진보들을 놀이치료자가 부모에게 설명하기 위해서는 우선 치료자가 아동에 대한 사례개념화가 충분히 되어야 하고, 놀이 주제에 대해서도 공부가 되어 있어야 한다.<br>–이를 통해 부모가 자녀를 이해하는 데 도움 될 만한 정보를 나누는 것이다. 부모는 놀이치료자로부터 자녀에 대해 배우기를 기대한다. |
| 3. 기술 개념에 대해 하나씩 코칭 해드리기 | –부모가 취약한 양육기술에 대해 하나씩 가르쳐 드린다. 어떤 부모는 행동 반영이나 감정 반영을 자녀에게 하기 어려워하고, 또 다른 부모는 자녀가 무엇을 할 때, 언제 격려를 해야 하는지 모른다.<br>–따라서 부모가 양육 장면에서 더 보완하고 습득해야 할 양육기술, 상호작용 방법을 정기적인 부모상담 시간에 코칭하고, 정기적으로 점검하는 시간을 갖는 것이 아동과 가족 전체를 보호하는 방법이 된다.<br>–Ray(2016)는 '반영적 경청'을 가장 먼저 가르쳐야 할 양육기술이라고 하였다. 나머지 양육기술은 아동의 특성과 부모의 욕구에 따라 놀이치료자가 결정하여 진행해 볼 수 있다.<br>–한 회기에 여러 개의 양육기술들을 코칭하기보다는 부모가 자신 있는 것을 먼저 지지함으로써 유지를 돕고, 반면, 부모가 자신 없는 것은 더 쉽게 원리를 교육하고, 부모가 반복 실천할 수 있도록 점검과 보완, 격려를 제공해 주는 게 도움 된다.<br>–또한, 부모가 새로운 기술들을 실천하는 데 좀 더 자율성과 책임감을 늘려 가도록 돕고, 동시에 놀이치료자에 대한 의존을 줄여 간다. |
| 4. 역할놀이 해 보기 | –놀이치료가 양육 코칭을 할 때, 부모가 수긍하거나 이해한 것처럼 보여도, 막상 일상에서 부모가 그 기술을 실천하는 것에서 부족함을 보이곤 한다.<br>–이때, 놀이치료자가 아동의 주 호소와 관련된 에피소드를 놓고, 그 상황에서 적합하게 할 수 있는 예시(혹은 시나리오)를 마련해 놓는다. 이 시나리오를 토대로 부모가 '자녀의 역할'을, 치료자가 '부모의 역할'을 해 본다.<br>–이를 통해 부모는 자녀의 입장이 되어 봄으로써 자녀의 마음을 이해할 수 있게 되고, 치료자가 보여 주는 '바람직한(보완된) 부모의 언급'을 보고 습득하게 된다.<br>–특히, 부모와 놀이치료자가 역할 연습을 할 때에는 부모가 '자녀의 역할'을 해 보는 게 더 쉬운지, '부모의 역할'부터 해 보는 게 쉬운지도 감안해서 그 순서를 부모가 정해 보게 할 수도 있다. |

## 참고문헌


김광웅, 김화란(2009). **처음 만나는 놀이치료**. 서울: 학지사.

숙명여자대학교 심리치료대학원 놀이치료실(2021). 실습안내서. 숙명여자대학교 놀이치료학과. 미간행.

신숙재, 이영미, 한정원(2000). **아동중심 놀이치료: 아동상담**. 서울: 동서문화원.

유재령(2006). 아동상담자의 윤리적 실천행동 관련변인. 숙명여자대학교 대학원 박사학위논문.

유재령(2008). 놀이치료사를 위한 윤리강령 개요 교육 강의자료집. 한국놀이치료학회.

유재령(2020). 놀이치료에서의 부모상담. 2020년도 한국놀이치료학회 사례연구회 대체강좌(온라인교육) 강의자료집. 한국놀이치료학회.

유재령(2020). 한국놀이치료학회 제11차 놀이심리상담사 1급 자격연수 강의자료집. 한국놀이치료학회.

유재령(2021). 부모상담-부모와 협력적 관계 맺어가기-. 숙명여자대학교 심리치료대학원 놀이치료학과 21학년도 2학기 [놀이치료 실습 및 수퍼비전] 강의 자료집. 미간행.

Bradshaw, J. (2004). **상처받은 내면아이 치유**(오제은 역). 서울: 학지사. (원서 출판 1990).

Giordano, M., Landreth, G. L., & Jones, L. (2009). **놀이치료 관계 형성을 위한 핸드북**(이미경 역). 서울: 학지사. (원서 출판 2005).

Goodyear-Brown, P. (2021). Delight in me: Harnessing the power of interpersonal neurobiology in family play therapy. 한국놀이치료학회 국제학술대회.

Guerney, B., & Stover, L. (1997). *Filial therapy: Final report*. USA: National Institute on Mental Health.

Jackson, Y. (1998). Applying APA ethical guidelines to individual play therapy with children. *Internation Journal of Play Therapy, 7*(2), 1-15.

Kottman, T. E., & Schaefer, C. E. (2006). **놀이치료 사례집**(김은정, 정연옥 공역). 서울: 학지사. (원서 출판 1993).

Landreth, G. L. (2009). **놀이치료: 치료관계의 기술**(유미숙 역). 서울: 학지사. (원서 출판 1991).

Landreth, G. L., & Bratton, S. E. (2008). **놀이치료를 통한 부모-자녀 관계치료: 10세션 부모-자녀 놀이치료 모델**(김양순 역). 서울: 학지사. (원서 출판 2006).

McGuire, D. K., & McGuire, D. E. (2008). **놀이치료에서의 부모상담**(김광웅, 강은주, 진화숙 공역). 서울: 학지사. (원서 출판 2001).

Parpal, M., & Maccoby, E. E. (1985). Maternal responsiveness and subsequent child compliance. *Child Development, 56*, 1326-1334.

Ray, D. C. (2016). **고급 놀이치료: 아동상담 임상을 위한 필수조건, 지식 그리고 기술**(이은아김, 김성원 공역). 서울: 시그마프레스. (원서 출판 2011).

Sywulak, A. E. (1977). *The effect of filial therapy on parental acceptance and child adjustment*. PA: Pennsylvania State University.

한국놀이치료학회 윤리강령(2019). http://www.playtherapykorea.or.kr

제13장

# 놀이치료 상호작용 역할 연습

## 1. 역할 연습

역할 연습(Role Play)이란 내담자와의 상담 장면을 재연하여 실제처럼 행동해 보면서 배우게 하는 방법을 말한다(이장호, 1986). 놀이치료에서 역할 연습은 가상의 학습 상황을 통해 놀이치료자의 기술훈련을 촉진하는 훈련 방법을 의미하며, 안전한 환경에서 다양한 관점을 경험하고 치료적 반응을 실험해 볼 수 있다는 이점이 있다(박현아, 2020; 조미영, 2018).

또한 역할 연습은 집단으로 이루어지기 때문에 놀이치료자에게 관점을 확장할 기회를 제공한다. 놀이치료자는 역할 연습을 통해 자기 자신에 대한 통찰과 성찰의 기회를 얻고, 새로운 행동 양식을 개발하게 된다(박현아, 2020; 이장호, 1986).

다음은 역할 연습 방법의 예다(Drewes & Mullen, 2008).

① 각 구성원은 최소 1번은 아동(또는 양육자), 1번은 치료자의 역할을 맡는다.
② 나머지 구성원들은 역할 연습 장면을 지켜보며 기록을 한다.
③ 돌아가면서 놀이치료자의 긍정적인 행동을 이야기를 나눈다.
④ 더 향상될 수 있는 행동과 방법을 제안한다.
⑤ 토의 후에는 각자 짝을 지어 역할놀이를 하며 학습한 내용을 다시 연습해 본다.

역할 연습에서 동료들에게 하는 피드백은 구성원들이 자신의 수행을 다각도로 되돌아보고 통찰을 얻고 성장하도록 하기 위한 것이기 때문에, 도움이 되는 의견을 제시해야 한다. 다음은 역할 연습을 위한 피드백 양식의 예다. Drewes와 Mullen(2008)을 참고하였고 스스로에게, 다른 구성원에게 좋은 피드백을 하기 위해 활용할 수 있는 질문들을 포함하였다(유미숙, 박현아, 이영애, 2021).

〈표 11-1〉 **역할 연습 피드백 양식**

| ① 피드백 제공자: |
|---|
| ② 역할 연습 참여자: |

| ③ 역할 연습에 대한 피드백: | • 역할 연습을 관찰하면서 무엇을 보았는가?<br>• 역할 연습을 관찰하면서 무엇을 느꼈는가?<br>• 이런 상황이 겪게 된다면 어떻게 다르게 반응하고 싶은가? |
|---|---|
| ④ 역할 연습에서 관찰한 긍정적인 행동: | |
| ⑤ 역할 수행을 향상을 돕기 위한 제안: | |

## 2. 상호작용 역할 연습

실제 놀이치료 상황은 교과서에 실린 사례처럼, 혹은 치료자의 생각대로만 흘러가지 않는다. 때문에 아동과 양육자에게 보다 적절한 반응을 하기 위해서 다양한 상황에서의 역할 연습이 필요하다. 아래에는 놀이치료 초기 과정에서 필요한 반영 기법 및 상황들에 필요한 역할과 놀이치료 과정에서 흔히 사용하는 기술들을 연습할 수 있도록 양식을 제시하였다.

놀이치료 초기 과정에서 중요한 목표 중 하나는 아동과 양육자와의 적절한 상담관계를 형성하거나 작업 동맹을 맺는 것이다. 이를 위해서는 적극적인 경청, 주의집중 기술이 필요하고, 아동의 경우 언어적인 표현뿐 아니라 비언어적인 표현과 놀이를 통해 자신을 표현하는 경우도 많기 때문에 이에 대해 적절히 반영하는 것이 중요하다. 또한 첫 회기 때 놀이치료실과 놀이치료자에 대해 소개하는 방법에 대해서도 연습이 필요하다.

## 1) 적절한 치료관계 형성하기

놀이치료 초기 과정에서 중요한 치료관계를 형성하기 위해서는 적극적 경청, 주의집중 기술, 아동의 비언어적 행동에 반영하기, 내용 반영하기 등을 연습해 보는 것이 바람직하다.

### (1) 적극적 경청 연습

**◈ 연습 순서(Neufeldt, 2010)**

---

① 누군가 자신의 말을 귀 담아 듣고 있다는 느낌이 들게 하는 것이 무엇인지에 관해 이야기를 나눈다.
② 이때, 동료들과 서로에게 초점을 맞추고, 상대방의 이야기를 경청하며 서로의 경험을 이해하고자 노력한다.
③ 자신이 이해한 것을 상대방에게 전달한다.

---

**◈ 워크시트의 예**

---

이름:
① 연습 주제: 적극적 경청
② 경청되고 있다는 느낌이 들게 하는 요소들
 –
 –
 –
 –
 –

③ 두 명씩 짝을 지어 상담자/내담자 순서를 정하여 내담자 역할 학생은 최근 즐거웠던/슬펐던/화났던/고민되는/대인관계에서 갈등이 있었던 일을 주제로 이야기한다.
④ 상담자 역할 학생은 이야기를 경청하며 반영한다.
⑤ 상담자 역할 학생은 내담자 역할 학생에게 자신이 이해한 것을 이야기한다.
⑥ 역할을 바꾸어 진행한다.

---

### (2) 주의집중 기술 연습

주의집중 기술은 다른 사람의 현재 경험의 흐름을 따라가는 기술로, 상대방에게 어떤 일이 일어나고 있는가를 따라가기 위해 지속적으로 살펴보고 경청하는 방법이다 (Kurtz, 2007). 주로 성인 내담자의 비언어적 행동에 주목하고 관찰하는 연습이다.

#### ◈ 연습 순서

① 학생들은 3인 1조가 되어 각각 상담자, 내담자(성인), 관찰자 역할을 맡는다.
② 내담자 역할을 맡은 학생:
말과 비언어적 행동이 일치할 수 있도록 실제 경험에 대해 이야기하는 것이 좋다. 그러나 반드시 실제 문제를 말해야 하는 것은 아니며, 대집단 활동에서 다른 학생들이 알게 되더라도 무방한 수준의 경험에 대해 이야기한다.
③ 상담자 역할을 하는 학생:
내담 학생의 비언어 행동에 주의를 집중하여 그의 경험을 따라간다. 상담자는 경청 반응을 사용하여 내담자의 현재 경험의 흐름을 따라가며 이해하고 있음을 내담자와 소통한다. 내담자가 자신의 말이 경청되고 있고, 이해받고 있다는 느낌을 경험할 수 있게 하는 것이 중요하다.
④ 10분 정도 후, 학생 상담자와 관찰자는 학생 내담자의 비언어적 행동을 관찰한 것에 대해 논의한다.
⑤ 세 사람은 역할 연습 경험에 대한 느낌을 나눈다.
⑥ 학생들이 세 역할을 모두 해 볼 때까지 연습을 반복한다.

#### ◈ 워크시트의 예

이름:
① 연습 주제: 주의집중 기술
② 맡은 역할: 상담자/내담자/관찰자
③ 이야기 내용

④ 비언어적 행동 관찰

⑤ 경험에 대한 느낌 나누기

⑥ 역할 바꾸기(②~⑤ 반복)

---

### (3) 아동의 비언어적 행동 반영하기 연습

행동 반영하기는 놀이치료자의 눈에 보이고 관찰되는 아동의 비언어적 행동을 언어적으로 묘사하는 것을 말한다(Ray, 2016). 이러한 반응은 아동으로 하여금 치료자가 자신에게 관심을 가지고 수용하고 이해하고 있음을 느끼게 하고, 결과적으로 관계 형성을 촉진한다. 아동의 비언어적 행동을 반영하는 것은 성인 내담자로부터 보고 들은 것에 대해 반응함으로써 치료자의 이해를 전달하는 것과 마찬가지다(유미숙 외, 2021).

놀이치료자는 자신이 관찰한 아동의 행동을 언급할 때, 아동이 먼저 놀잇감을 명명하기 전에 치료자가 먼저 자신의 관점에 따라 명명하지 않는다(예 '그것을 모래 속에 넣고 있구나'). 또한 아동이 자신의 놀이를 치료자가 지켜보고만 있다거나 자신에게 관심이 없다고 느낄 정도로 드물게 반응하거나, 아동의 놀이에 방해할 정도로 자주 반응해서는 안 된다. 비언어적 행동에 대한 반응은 놀잇감이 아닌 아동 개인에게 초점을 맞추어 아동이 통제감을 느낄 수 있도록 한다(예 '네가 검은색 물감으로 종이에 칠했구나')(이미경, 2009).

### ◈ 연습 순서

① 학생들은 3인 1조가 되어 각각 놀이치료자, 내담자(아동), 관찰자 역할을 맡는다.
② 아동 역할을 맡은 학생은 말을 하지 않고 여러 가지 놀잇감을 가지고 논다.
③ 놀이치료자 역할을 맡은 학생은 아동의 비언어적 놀이행동에 대해 언어로 반응한다.
④ 10분 정도가 지나면, 학생 상담자와 관찰자는 학생 내담자의 비언어 놀이행동에 대해 논의한다.
⑤ 세 사람은 역할 연습 경험에 대한 느낌을 나눈다.
⑥ 학생들이 세 역할을 모두 해 볼 때까지 연습을 반복한다.

### ◈ 워크시트의 예

이름:
① 연습 주제: 아동의 비언어적 행동 반영하기
② 맡은 역할: 상담자/내담자/관찰자
③ 놀이행동에 대한 논의

④ 경험에 대한 느낌 나누기

⑤ 역할 바꾸기(②~④ 반복)

### ◈ 비언어적 행동 반영하기 연습

| |
|---|
| CT: (아동이 아기 인형의 옷을 갈아입힌다.) |
| T: |
| CT: (아동이 인형의 집 가구를 재정리한다.) |
| T: |
| CT: (아동이 병원놀이 세트에서 약통을 꺼내어 곰인형에게 약을 먹인다.) |
| T: |
| CT: (아동이 선반 위의 놀잇감을 보면서 선반을 따라 천천히 움직인다.) |
| T: |
| CT: (아동이 가면을 썼다 벗고, 다른 가면을 썼다 벗는다.) |
| T: |
| CT: (아동이 스케치북에 작은 물고기를 그리고 그 옆에 큰 물고기를 그린다.) |
| T: |

#### (4) 내용 반영하기 연습

내용 반영하기는 아동이 말한 것을 치료자가 약간 다른 용어로 반복하여 언급하는 것이다(Ray, 2016; 이미경, 2009). 성인 상담에서 내담자의 말을 재진술하거나 요약하는 것과 같다. 이러한 반응은 아동으로 하여금 치료자가 자신의 이야기를 귀담아 듣고 이해한다는 것을 느끼게 하며, 치료자의 언어를 통해 자신이 했던 말을 다시 들음으로써 자신을 이해할 기회를 얻게 한다(Giordano, Landreth, & Jones, 2009). 내용 반영하기 역할 연습을 할 때는 아동 역할을 맡은 학생이 자신의 놀이를 언어로 설명하는 것이 필요하다.

### ◈ 연습 순서

① 학생들은 3인 1조가 되어 각각 놀이치료자, 내담자(아동), 관찰자 역할을 맡는다.
② 아동 역할을 맡은 학생은 놀잇감을 가지고 놀면서 내용을 이야기한다.
③ 놀이치료자 역할을 맡은 학생은 아동이 이야기한 내용에 대해 반응한다.

④ 10분 정도가 지나면, 학생 상담자와 관찰자는 학생 내담자의 놀이행동에 대해 논의한다.
⑤ 세 사람은 역할 연습 경험에 대한 느낌을 나눈다.
⑥ 학생들이 세 역할을 모두 해 볼 때까지 연습을 반복한다.

### ◈ 워크시트의 예

이름:
① 연습 주제: 내용 반영하기
② 맡은 역할: 상담자/내담자/관찰자
③ 놀이 내용에 대한 논의

④ 경험에 대한 느낌 나누기

⑤ 역할 바꾸기(②~④ 반복)

### ◈ 내용 반영하기 연습

CT: "(가족 인형을 가지고 놀면서) 가족들이 배가 고파요. 그래서 내가 음식을 만들고 있어요.

T:

CT: "(아동이 장난감 돈을 주면서) 이 가게에서 제일 비싼 것을 주세요."

T:

CT: "(아동이 치료자에게 수갑을 채우며) 선생님은 나쁜 사람인데 경찰에게 잡혔어요."

T:

CT: "(총을 다트판에 겨누며) 난 총을 여기다 쏠 거예요."

T:

## 2) 놀이치료 구조화하기

놀이치료 회기를 구조화하는 것은 아동이 환경에 대해 일관성과 숙달감을 느낄 수 있게 한다(Ray, 2016). 양육자는 아동이 놀이치료실에서 무엇을 경험하며, 그것이 어떤 효과를 가져오는지에 대해 궁금해하기 때문에 치료자는 그에 대해 이야기해야 한다. 치료 구조화는 처음 놀이치료를 진행할 때와 종결할 때를 비롯하여 다양한 상황에서 필요하다.

### (1) 회기 시작 전 놀이치료실로 데려가기

#### ◈ 대기실 상황 연습

이름:

* 대기실에서 아동을 처음 만나 함께 놀이치료실로 가기 전에 필요한 것들에 대해 생각해 보고, 아동과 함께 놀이치료실로 갈 때 할 수 있는 말을 적어 보시오.

**Tip!**

1. 회기 전 화장실에 다녀오게 함.
2. 놀이치료실에 가는 것에 대해서는 아동의 선택권이 없으므로 "지금 갈까? 같이 가고 싶니?" 등의 질문을 하지 않고, "지금 놀이치료실로 가자."고 이야기함.
3. 분리에 어려움이 있는 경우, "네가 장난감이 많은 방에 가서 재미있게 노는 동안 엄마(아빠)는 여기에 앉아서 널 기다리실 거야."라고 설명함.
4. 입실 거부 시, 양육자와 함께 치료실 문 앞까지 올 수 있도록 함.
5. 치료실 문을 열어서 어떤 곳인지 먼저 보여 줄 수 있음.

### (2) 놀이치료 회기 시작하기

**◈ 놀이치료 회기 시작 연습**

이름:

* 아동에게 놀이치료자를 어떻게 소개할지, 첫 시간을 시작할 때 할 수 있는 말들은 어떤 것이 있을지에 대해 생각한 후 적어 보시오.

**Tip!**

1. 구조화는 환경에 대한 일관성과 안전감을 갖도록 돕는 것임.
2. 놀이치료실이 무엇을 하는 곳인지, 몇 시까지 있을 수 있는지, 언제 또 올 수 있는지와 같은 내용을 아동이 이해하도록 함.
3. "○○야, 여기가 놀이치료실이야. 여기에서는 네가 원하는 여러 가지 방법으로 놀잇감을 가지고 놀 수 있어."라고 안내함.
4. 놀이치료자는 아동의 연령에 적절한 방식으로 놀이치료와 놀이치료자를 소개하도록 함. "어린이들은 여기에서 놀이를 하거나 이야기를 하면서 자기 마음을 알게 돼. 선생님은 여기에서 너와 함께 할 거야. 끝나기 5분 전에 알려 줄게. 이제 ○○이가 해 보고 싶은 게 있다면 해 보자."
5. 탐색이나 긴장을 이유로 구조화가 어려운 경우 아동의 상태를 고려하여 구조화는 유연하게 적용함.
   (예 "너 지금 궁금한 게 엄청 많구나. 그럼 선생님이 잠깐 기다릴게. 그런데 우리 오늘 첫날이라 꼭 해야 할 이야기가 있으니까, 한 바퀴 둘러본 후에는 여기에 앉아 줘.")

참고: 유미숙 외(2021).

### (3) 놀이치료 회기 마치기

### ◈ 놀이치료 회기 마치기 연습

---

이름:

* 아동이 놀이치료 회기를 마칠 때 일어날 수 있는 일들에 대해 예상해 보고, 치료자는 어떻게 이야기할 수 있을지에 대해 생각한 후 적어 보시오.

---

**Tip!**

1. 아동이 준비할 수 있도록 끝나는 시간 5분 전에 퇴실 안내를 함.
   "○○야. 오늘 놀이 시간이 5분 남았단다."
2. 놀이에 너무 몰두해 있다면, "이제 1분 남았다"라고 한 번 더 알려 준 후, 시간이 되면 "이제 대기실에 갈 시간이야."라고 함.
3. 퇴실을 거부할 때, "○○야. 네가 여기 더 있고 싶구나. 하지만 오늘 놀이치료 시간은 끝났어. 다음 주에 다시 올 수 있단다."라고 말함.
4. 퇴실 안내 후에는 행동 트래킹과 놀이 상황에 대한 반영은 하지 않기.
5. 지속적인 퇴실 거부 시 치료자는 온화하지만 단호하게 퇴실을 알리고 문쪽으로 천천히 향하거나 문을 열고 퇴실을 알림.

참고: 이미경(2009).

#### (4) 양육자에게 놀이치료에 대해 설명하기

### ◈ 놀이치료에 대해 설명하기 연습

이름:

* 양육자에게 놀이치료에 대해 설명할 때 고려할 사항에 대해 생각하고, 놀이치료에 대해 어떻게 설명할지에 대해 적어 보시오.

Tip!

1. 놀이치료자는 놀이치료에 관한 일반적인 설명과 더불어 자신의 이론적 접근과 내담 아동의 주 호소문제에 대한 전문적인 견해를 제시할 수 있어야 함.
2. 놀이치료자의 이론적 지향, 그것이 현재 내담 아동의 주 호소문제 및 발달 수준을 고려할 때 어떻게 도움이 되는지, 치료자의 역할은 무엇인지 등을 설명함.

예 "저는 아이가 놀이라는 언어를 통해 자신을 표현하고, 일상생활에서 잘 적응할 수 있도록 도울 것입니다. 현재 ○○는 학교와 가정에서 적응이 어려운 부분들이 있습니다. 저는 그런 행동이 현재 아동이 자신이 처한 환경에서 욕구를 어떻게 충족해야 하는지 이해하지 못해 혼란스러워하고 있음을 보여 주는 방식이라고 생각합니다. 아이는 놀이치료를 통해 새로운 환경에서 탐색하고 도전하면서 자신에 대한 관점을 변화시킬 기회를 얻게 될 것입니다. 아이가 자기 자신을 바라보는 시각이 변하면, 더 나은 결정을 하며 삶을 향상시킬 수 있으리라 기대합니다."

참고: 유미숙 외(2021).

### (5) 아동과 양육자에게 놀이치료 종결 안내하기

#### ◈ 놀이치료 종결 안내하기 연습

이름:

* 양육자에게 놀이치료 종결을 안내할 때 고려해야 할 사항에 대해 생각한 후 어떻게 안내할지에 대해 적어 보시오.

* 아동에게 놀이치료 종결을 안내할 때 고려해야 할 사항에 대해 생각한 후 어떻게 안내할지에 대해 적어 보시오.

**Tip!**

1. 아동의 주 호소문제에 진보가 있을 때, 아동의 기분이 나아지고 일상에서의 적응 수준이 향상되었을 때, 아동 또는 양육자의 거부나 이사와 같은 환경적 변화가 있을 때 놀이치료의 종결을 논하게 됨(Ray, 2016).
2. 아동의 행동에서 자아주도적인 변화를 관찰하는 것은 아동이 치료관계를 종결할 준비가 되었는지 여부를 평가하는 데 도움이 됨(이미경, 2009).
3. 치료자는 종결 여부를 결정하기 위해 먼저 양육자와 이야기를 나눔. 이때 양육자는 아동이 놀이치료 전의 모습으로 되돌아가지는 않을까 불안할 수 있으므로, 이를 다루고(유미숙 외, 2021) 양육자를 격려하는 것이 필요함.
4. 아동에게도 종결에 대한 의사를 확인하고, 받아들일 수 있도록 돕기. 회기를 시작할 때 종결에 대한 이야기를 꺼내어 아동의 반응을 관찰하고, 아동이 경험할 수 있는 불안을 다루어야 함.
5. 종결은 최소 마지막 회기 3~4주 전부터 논의되는 것이 좋으나, 연령이 어릴 경우 좀 더 짧게 진행하는 것이 긍정적임.
6. 치료를 종결하기로 결정하였다면 놀이치료사는 아동에게 각 회기 마지막마다 놀이치료 시간이 얼마나 더 남았는지 재확인함.

   예 "이제 놀이치료 시간이 2번/1번 더 남았단다."
   "이번 시간이 마지막 놀이치료 시간이란다."

참고: 유미숙 외(2021), 이미경(2009).

### 3) 놀이치료 과정에서 사용하는 기술들

다음은 놀이치료 과정에서 필요한 기술들로, 치료관계 형성과 더불어 아동의 자기개념, 자기인식, 책임감 발달을 촉진하게 도와주는 기술들이다.

#### (1) 감정 반영하기

감정 반영하기는 놀이치료 상황에서 아동이 표현한 감정을 언어로 반응해 주는 것이다(Ray, 2016). 이는 치료자가 아동의 감정과 욕구를 수용한다는 것을 의미하며, 아동은 치료자의 반응을 통해 자신이 이해받고 있다는 것을 느낄 뿐 아니라 자신의 감정을 언어로 표현하는 방법을 배울 수 있다(Giordano et al., 2009).

### ◈ 감정 반영하기 연습

| |
|---|
| CT: 아동이 펀치백을 때리고는 웃는다. |
| T: |
| CT: 아동이 병원놀이 세트를 조심스럽게 연다. 아동은 주사기를 꺼내기 시작하다가 재빨리 다시 넣은 후, 다른 놀잇감을 가지고 놀기 시작한다. |
| T: |
| CT: 아동이 가족 인형을 가지고 놀고 있다. 한 인형이 다른 인형에게 소리를 지른다. |
| T: |
| CT: 아동이 치료자의 손목에 수갑을 채운 후 웃는다. |
| T: |
| CT: 아동이 물통을 떨어뜨려 치료실 바닥 전체에 물이 쏟아졌다. |
| T: |

**Tip!**

1. 놀이치료자는 감정 신호(목소리 톤, 표정 등 비언어적 행동과 내용 등)를 민감하게 알아차릴 수 있어야 하고, 아동의 감정을 언어로 표현할 수 있도록 다양한 감정 언어를 알고 있어야 함. 놀이치료사의 목소리와 톤은 아동의 감정과 일치하고, 자신의 반응들과도 일치해야 함.
2. 감정 단어를 검색하기. 감정 카드를 활용하기.
3. 감정 신호에 민감해지기 위해 오늘 하루 또는 지금 자신이 경험하는 감정들을 적어 보기.
4. '감정들'을 나타내는 단어 20개를 적어 보기(예 행복한, 슬픈, 두려운).

5. 감정을 인정해 주는 반응의 예

예 "네가 좌절감을 느끼는구나. 네가 기뻐 보인다."
"네가 행복해 보이는구나. 네가 슬프구나."
"네가 화났구나. 네가 ~하길 정말로 원하는구나."
"네가 혼동스럽구나. 네가 ~하는 것을 싫어하는구나"(이미경, 2009).

참고: 유미숙 외(2021).

### (2) 책임감 돌려주기

놀이치료의 목적 중 하나는 아동이 자신이 하는 행동의 가능성을 인식하고, 그것에 대한 책임을 질 수 있게 하는 것이다(Ray, 2016). 아동이 놀이치료자에게 질문을 하거나 도움을 청할 때, 놀이치료자는 아동이 스스로 답변을 찾거나 문제를 해결하여 책임감을 발달시키는 반응을 할 수 있다. 단, 아동이 그 행동을 할 수 있는 능력이 있을 때만 책임감을 돌려준다(유미숙 외, 2021).

#### ◈ 책임감 돌려주기 연습

| CT: 무엇을 가지고 제일 먼저 놀까요? |
|---|
| T: |
| CT: 이게 어떤 종류의 물고기죠? |
| T: |
| CT : 7세 아동이 바닥에 물을 쏟고 "치워 주세요"라고 말한다. |
| T: |
| CT: (병원놀이 세트 중 주사기를 들고) 이건 뭐예요? 어떻게 쓰는 거죠? |
| T: |
| CT: 무지개를 무슨 색으로 그릴까요? |
| T: |
| CT: 아동이 인형 옷의 지퍼를 올리려고 애쓰고 있다. |
| T: |

Tip!

1. 책임감 돌려주기 반응의 예

예 "여기서 네가 원하는 것을 결정하는 사람은 바로 너란다."
"그것은 네가 원하는 대로 될 수 있단다."
"너는 그 색깔을 네가 원하는 색깔로 여기고 그릴 수 있단다."
"여기서는 그 글자를 네가 원하는 글자로 여기고 사용할 수 있단다."

2. 의사결정권과 자기책임감을 배울 기회를 가진 아동들은 주도적이고 스스로 동기를 유발할 수 있으며, 좀 더 자신의 생활에서 통제감을 느낄 수 있음.

3. 아동을 돕는 것에 대한 지침

–아동이 하나의 과제를 완성하려고 애를 쓸 때 바로 돕지 않고 아동이 도움을 청할 때까지 기다림. 아동이 그 과제를 해결하려고 노력하는 동안 아동을 격려함.
예 "너는 그것을 하는 방법을 알아내고 있구나."
–아동이 연령에 적합한 과제를 스스로 해냈을 때 격려함.
예 만 3세 아동이 플라스틱 병뚜껑을 여는 데 어려움이 있다면 치료자와 한 팀이 되어 해결하는 것이 적합함.
–과제 해결을 위해 시도하지 않고 도움을 청하는 아동은 돕지 않음.
–아동이 과제를 해결하려고 하고, 도움을 청하고, 그 과제가 아동 연령에 비해 어려워 보일 때 "네가 하려는 방법을 보여 주렴"이라고 반응함.
–아동과 치료자가 함께 과제를 해결하는 동안 아동을 격려함. "네가 열심히 ~를 한다"
– 과제 해결 시 "네가 해냈구나"라고 하며 아동과 아동의 성취감에 초점을 둠.

### (3) 자아존중감 촉진하기(격려하기)

아동이 자신을 긍정적으로 생각하도록 격려하는 기술이다. 격려하는 반응은 아동이 자신의 노력을 인정하고 자신의 가치와 능력들을 소중히 여기도록 돕는다. 또한 자신을 자랑스럽게 여기며 자아존중감을 단지 타인의 평가에 따라 결정하지 않도록 한다.

이에 비해 칭찬은 아동의 능력과 자아존중감을 판단하므로, 놀이치료에서는 자아존중감을 촉진할 수 있는 격려를 사용한다. 다음 연습은 이미경(2009)이 제시한 것을 참고하여 재구성하였다.

## ◈ 격려하기 연습

이름:

1. 아동이 그림을 그리고 난 후, "선생님, 제 그림 어때요?"라고 묻는다.
   격려하기와 칭찬하기의 예를 써 보시오.

*격려하기의 예:

*칭찬하기의 예:

2. 아동이 놀잇감으로 음식을 만든 후, "선생님을 위해 만들었어요. 어때요?"라고 묻는다. 격려하기와 칭찬하기의 예를 써 보시오.

*격려하기의 예:

*칭찬하기의 예;

**Tip!**

1. 격려는 아동의 노력을 인정하고, 내재적 동기를 발달시키도록 함. 아동이 자신을 자랑스럽게 여기며, 자아존중감을 단지 타인의 평가에 따라 결정하지 않도록 함.
2. 칭찬은 아동의 능력과 자존감을 판단함. 치료자가 생각하는 아동의 능력들을 전달하게 되기 때문에 아동은 자신의 가치가 타인의 긍정적 · 부정적 언급에 따라 달라진다는 것을 배움.
3. 격려하는 언급들의 예

   예 "너는 어떻게 ~하는지를 아는구나." / "너는 네가 원하는 대로 만드는구나."
   "네가 해냈구나./ 네가 맞혔구나." / "네가 열심히 애쓰는구나./ 네가 열심히 했구나."
   "너는 네 (그림을) 정말 좋아하는구나." / "너는 네가 원하는 방법을 아는구나."
   "너는 네 (탑)을 자랑스러워하는구나." / "너는 (곤충들에) 대해 많이 아는구나."

### (4) 제한 설정

제한 설정은 아동이 놀이치료실에서도 일관된 현실적인 경계선을 가질 수 있도록 돕기 위해 사용된다(Ray, 2016). 제한 설정은 아동들을 위한 안전한 환경을 보장하고, 자아통제력과 자아책임감을 가르친다. 전형적으로 제한은 자기 자신이나 타인을 해치려 하거나, 놀이치료실과 놀잇감을 보호하기 위해 설정된다. 제한 설정은 일관적인 방법으로 설정하고, 치료자는 침착하고 인내심 있는 태도를 보이며 단호한 목소리로 제한을 설정한다(이미경, 2009). 제한 설정은 주로 3단계(ACT)로 이루어지는데, A: 감정을 인정하기 – C: 제한을 전달하기 – T: 대안을 제시하기 단계로 진행된다.

**◈ 제한 설정 연습**

---

이름:

※ 다음과 같은 경우, 제한 설정하는 방법에 대해 생각하고 적어 보시오.

1. (화난 목소리로) "나는 이 사자가 싫어요."라고 하면서 창문으로 던지려고 한다.
A: 감정을 인정하기

C: 제한을 전달하기

T: 대안을 제시하기

2. (아동은 흥분한 것처럼 보인다. 사인펜으로 바닥에 그림을 그리기 시작한다.)
A: 감정을 인정하기

C: 제한을 전달하기

T: 대안을 제시하기

---

## 참고문헌


김현희(2019). 놀이치료자의 자기효능감 증진을 위한 훈련 프로그램의 적용. **놀이치료연구, 23**(2), 1-17.

박현아(2020). 초보 아동 중심 놀이치료자 학습공동체 참여경험에 대한 사례 연구. 숙명여자대학교 대학원 박사학위논문.

유미숙, 박현아, 이영애(2021). **놀이치료 관찰 및 실습.** 서울: 학지사.

이장호(1986). **상담심리학 입문.** 서울: 박영사.

조미영(2018). 놀이치료자의 수련경험에 대한 현상학적 연구. 숙명여자대학교 대학원 박사학위논문.

Drewes, A. A., & Mullen, J. A. (2008). *Supervision can be playful.* Rowman & Littlefield Pub Inc.

Giordano, M., Landreth, G., & Jones, L. (2009). **놀이치료 관계 형성을 위한 핸드북**(이미경 역). 서울: 학지사.

Kurtz, R. (2007). *Body-centered psychotherapy: The Hakomi method: The integrated use of mindfulness, nonviolence, and the body.* Mendocino, CA: LifeRhythm.

Neufeldt, S. A. (2010). **상담 · 심리치료 실습과 수련감독 전략**(강진령 역). 서울: 학지사. (원서 출판 2007).

Ray, D. C. (2016). **고급 놀이치료**(이은아김, 민성원 공역). 서울: 시그마프레스. (원서 출판 2011).

# 찾아보기

## 인명

## 내용

ㅊ



ㅌ



ㅍ



ㅎ

# 저자 소개

**| 유미숙**(Yoo Mee Sook)

숙명여자대학교 대학원 아동복지학과 박사(아동상담 전공)
미국 Fairleigh Dickinson University에서 Play Therapy Seminars 과정 이수
한국놀이치료학회 공인 놀이심리상담전문가(놀이치료전문가)
한국놀이치료학회 이사, 고문(2대 학회장 역임)
현 숙명여자대학교 아동복지학부 명예교수

**| 이영애**(Lee Young Ae)

숙명여자대학교 대학원 아동복지학과 박사(아동상담 전공)
미국 The Association for Play Therapist 주관 Play Therapy Seminars 과정 이수
한국놀이치료학회 공인 놀이심리상담전문가(놀이치료전문가)
한국놀이치료학회 이사, 고문(13, 14대 학회장 역임)
현 숙명여자대학교 심리치료대학원 놀이치료학과 부교수

**| 유재령**(Yoo Jae Ryoung)

숙명여자대학교 대학원 아동복지학과 박사(아동심리치료 전공)
한국놀이치료학회 공인 놀이심리상담전문가(놀이치료전문가)
한국놀이치료학회 이사, 고문(17대 학회장 역임)
현 숙명여자대학교 심리치료대학원 놀이치료학과 겸임교수
도담도담 아동청소년상담센터 소장

**| 차효정**(Cha Hyo Jung)

숙명여자대학교 대학원 아동복지학과 박사(아동심리치료 전공)
미국 The Association for Play Therapist 주관 Play Therapy Seminars 과정 이수
한국놀이치료학회 공인 놀이심리상담전문가(놀이치료전문가)
한국놀이치료학회 권익복지위원장, 이사, 고문(19대 학회장 역임)
현 숙명여자대학교 심리치료대학원 놀이치료학과 겸임교수
마음공간 아동 · 청소년상담센터 소장

**| 진미경**(Jin Mi Kyoung)

The Univ. of Texas at Austin, Human Development and Family Science, Ph.D.

한국놀이치료학회 공인 놀이심리상담전문가(놀이치료교육전문가)

한국상담심리학회 상담심리사 1급

여성가족부 청소년상담사 1급

한국놀이치료학회 운영위원 및 이사

현 숙명여자대학교 아동복지학부 교수

**| 최진희**(Choi Jin Hee)

숙명여자대학교 대학원 아동복지학과 박사(아동심리치료 전공)

살레시오교육영성센터, 소은희마인드피아 의원 놀이치료사

한국놀이치료학회 공인 놀이심리상담전문가(놀이치료전문가)

여성가족부 청소년상담사 1급

한국놀이치료학회 운영위원 및 이사

현 숙명여자대학교 심리치료대학원 놀이치료학과 초빙대우교수

**| 이소연**(Lee So Yean)

Washington State University 심리학과 박사(임상심리 전공)

한국놀이치료학회 공인 놀이심리상담전문가(놀이치료전문가)

여성가족부 청소년상담사 1급

한국놀이치료학회 이사

현 숙명여자대학교 아동복지학부 교수

**| 채은영**(Chae Eun Young)

숙명여자대학교 대학원 아동복지학과 박사(아동심리치료 전공)

한국놀이치료학회 공인 놀이심리상담전문가(놀이치료전문가)

한국상담심리학회 상담심리사 1급

한국놀이치료학회 운영위원 및 이사

전 라임아동청소년상담센터장

현 숙명여자대학교 심리치료대학원 놀이치료학과 초빙대우교수

# 놀이치료 실습 및 슈퍼비전
Play Therapy Practicum and Supervision

2022년 9월 20일 1판 1쇄 발행
2023년 7월 20일 1판 2쇄 발행

지은이 • 유미숙 · 이영애 · 유재령 · 차효정 · 진미경 · 최진희
이소연 · 채은영

펴낸이 • 김진환
펴낸곳 • (주)학지사
04031 서울특별시 마포구 양화로 15길 20 마인드월드빌딩
대표전화 • 02-330-5114 팩스 • 02-324-2345
등록번호 • 제313-2006-000265호

홈페이지 • http://www.hakjisa.co.kr
페이스북 • https://www.facebook.com/hakjisabook

ISBN 978-89-997-2741-2 93180

정가 19,000원